高等学校法学专业学习辅导与习题集系列

民事诉讼法学
学习指南与习题集

主　编　宋朝武
撰稿人（以撰写章节先后为序）
　　　　杨秀清　谭秋桂　胡思博

高等教育出版社·北京

内容简介

本书共包括三部分：第一部分为各章重点难点解析及习题自测。该部分在体例上与马工程重点教材《民事诉讼法学》的章结构相对应，归纳出每章的学习目标、知识结构图、重点难点解析，并在每章设置了习题自测，通过单项选择题、多项选择题、不定项选择题、名词解释、简答题、论述题、案例分析题等题型考查学生掌握重要知识点的情况。第二部分为综合试卷。该部分包括编写组根据教材内容编写的两份期末考试模拟试卷及西南政法大学、南京师范大学、西北政法大学、中国政法大学近期的期末考试试题，以帮助学生进一步掌握教材重要知识点。第三部分为参考答案。该部分包括每章自测习题的参考答案和综合试卷的参考答案，并给出了详细解析，帮助学生检验学习效果。

图书在版编目（CIP）数据

民事诉讼法学学习指南与习题集 / 宋朝武主编 . -- 北京：高等教育出版社，2022. 8

ISBN 978-7-04-058732-6

Ⅰ. ①民…　Ⅱ. ①宋…　Ⅲ. ①民事诉讼法 - 法的理论 - 中国 - 高等学校 - 教材　Ⅳ. ①D925.101

中国版本图书馆 CIP 数据核字(2022) 第 094669 号

Minshi Susong Faxue Xuexi Zhinan yu Xitiji

策划编辑　程传省　　责任编辑　程传省　杨丽云　　封面设计　杨立新　　版式设计　童　丹
责任绘图　杨伟露　　责任校对　胡美萍　　责任印制　田　甜

出版发行	高等教育出版社	网　　址	http://www.hep.edu.cn
社　　址	北京市西城区德外大街 4 号		http://www.hep.com.cn
邮政编码	100120	网上订购	http://www.hepmall.com.cn
印　　刷	北京七色印务有限公司		http://www.hepmall.com
开　　本	787mm× 1092mm　1/16		http://www.hepmall.cn
印　　张	25.25		
字　　数	610 千字	版　　次	2022 年 8 月第 1 版
购书热线	010-58581118	印　　次	2022 年 8 月第 1 次印刷
咨询电话	400-810-0598	定　　价	55.00 元

本书如有缺页、倒页、脱页等质量问题，请到所购图书销售部门联系调换

物 料 号　58732-00

编写说明

民事诉讼法学是一门理论性与实践性紧密结合的法学学科，它以我国现行《民事诉讼法》及相关规范性文件为依据，内容丰富、涉及面广、应用性强。为使学生能够准确理解、系统掌握民事诉讼法学的知识点，学好该门课程，提高分析问题和解决问题的能力，我们依据马克思主义理论研究和建设工程重点教材《民事诉讼法学》的体例及内容，编写了这本《民事诉讼法学学习指南与习题集》。本书以教材体例结构为纲，精炼阐释民事诉讼法学的基本原理和基础知识，全面剖析各章的基本内容、重点与难点，有针对性地编写了自测习题，并收录了 2 套模拟试卷和部分高校的考试试卷。书后所附参考答案，能够更好地帮助学生检验学习效果。

本书由谭秋桂（绪论、第一章至第三章、第十九章至第二十二章）、胡思博（第四章至第十章）、杨秀清（第十一章至第十八章）执笔，全书由宋朝武统稿审定。由于作者水平有限，错讹之处在所难免，敬请广大读者批评指正。

宋朝武

2022 年 3 月

本书引用规范名称及缩略语

名称	缩略语
《中华人民共和国民事诉讼法》	《民事诉讼法》
《中华人民共和国仲裁法》	《仲裁法》
《中华人民共和国公证法》	《公证法》
《中华人民共和国人民调解法》	《人民调解法》
《中华人民共和国民法典》	《民法典》
《中华人民共和国环境保护法》	《环境保护法》
《中华人民共和国消费者权益保护法》	《消费者权益保护法》
《中华人民共和国人民陪审员法》	《人民陪审员法》
《中华人民共和国国家赔偿法》	《国家赔偿法》
《中华人民共和国担保法》	《担保法》
《中华人民共和国物权法》	《物权法》
《中华人民共和国人民法院组织法》	《人民法院组织法》
《最高人民法院关于适用〈中华人民共和国民事诉讼法〉的解释》	《民诉法解释》
《最高人民法院关于人民法院登记立案若干问题的规定》	《登记立案规定》
《最高人民法院关于民事诉讼证据的若干规定》	《证据规定》
《最高人民法院关于适用简易程序审理民事案件的若干规定》	《简易程序规定》
《最高人民法院关于审理涉及人民调解协议的民事案件的若干规定》	《人民调解协议规定》
《最高人民法院关于人民法院民事调解工作若干问题的规定》	《民事调解工作规定》
《最高人民法院关于人民调解协议司法确认程序的若干规定》	《调解协议确认规定》
《最高人民法院关于建立健全诉讼与非诉讼相衔接的矛盾纠纷解决机制的若干意见》	《诉讼与非诉讼衔接机制意见》
《最高人民法院关于审理票据纠纷案件若干问题的规定》	《票据纠纷案件规定》
《最高人民法院关于民事审判监督程序严格依法适用指令再审和发回重审若干问题的规定》	《民事监督若干问题的规定》
《最高人民法院关于审理环境民事公益诉讼案件适用法律若干问题的解释》	《环境公益诉讼解释》

续表

名称	缩略语
《最高人民法院关于审理消费民事公益诉讼案件适用法律若干问题的解释》	《消费公益诉讼解释》
《最高人民法院、最高人民检察院关于检察公益诉讼案件适用法律若干问题的解释》	《两高检察公益诉讼解释》
《最高人民法院关于适用〈中华人民共和国民事诉讼法〉执行程序若干问题的解释》	《执行程序适用解释》
《最高人民法院关于人民法院执行工作若干问题的规定(试行)》	《执行规定》
《最高人民法院关于限制被执行人高消费及有关消费的若干规定》	《限制高消费及有关消费规定》
《最高人民法院关于人民法院民事执行中查封、扣押、冻结财产的规定》	《查封扣押冻结规定》
《最高人民法院关于人民法院民事执行中拍卖、变卖财产的规定》	《拍卖变卖规定》
《最高人民法院关于人民法院办理执行异议和复议案件若干问题的规定》	《办理执行异议和复议案件规定》
《最高人民法院关于民事执行中变更、追加当事人若干问题的规定》	《变更、追加执行当事人规定》
《最高人民法院关于人民法院网络司法拍卖若干问题的规定》	《网络司法拍卖规定》
《最高人民法院关于执行和解若干问题的规定》	《执行和解规定》
《最高人民法院关于执行担保若干问题的规定》	《执行担保规定》
《最高人民法院关于人民法院办理仲裁裁决执行案件若干问题的规定》	《仲裁执行规定》
《最高人民法院关于人民法院确定财产处置参考价若干问题的规定》	《确定财产处置参考价规定》
《最高人民法院关于公证债权文书执行若干问题的规定》	《公证债权文书执行规定》
《最高人民法院关于公布失信被执行人名单信息的若干规定》	《失信名单信息规定》
《最高人民法院关于适用〈中华人民共和国民事诉讼法〉审判监督程序若干问题的解释》	《审判监督若干问题的解释》
《人民法院在线诉讼规则》	《在线诉讼规则》
《关于向国外送达民事或商事诉讼文书和非诉讼文书海牙公约》	《海牙送达公约》
《关于从国外调取民事或商事证据的公约》	《海牙取证公约》
《承认及执行外国仲裁裁决公约》	《纽约公约》

目　录

第一部分　各章重点难点解析及习题自测

第二部分 综合试卷

第三部分 参考答案

第一部分

各章重点难点解析及习题自测

绪　　论

【学习目标】

（一）理解

民事诉讼法学的研究对象；我国民事诉讼法学的发展历程；马克思主义与我国民事诉讼法学的关系；学习民事诉讼法学的方法；学习民事诉讼法学的意义。

（二）熟悉

民事诉讼法学是研究民事诉讼法律规范和民事诉讼实践运行规律的科学；民事诉讼与相关纠纷解决机制的关系；学习民事诉讼法学对于完善个人知识体系、提高职业能力的具体影响。

（三）掌握

我国民事诉讼法学发展的每个阶段的标志性事件及其显著特征；马克思主义哲学、马克思主义基本原理、马克思主义法学理论、毛泽东思想、中国特色社会主义理论体系和习近平新时代中国特色社会主义思想对我国民事诉讼法学研究与发展的影响；在学习民事诉讼法学过程中熟练运用宏观与微观相结合、理论与实践相结合、程序法与实体法相结合、原则性与灵活性相结合、比较的方法。

【知识结构图】

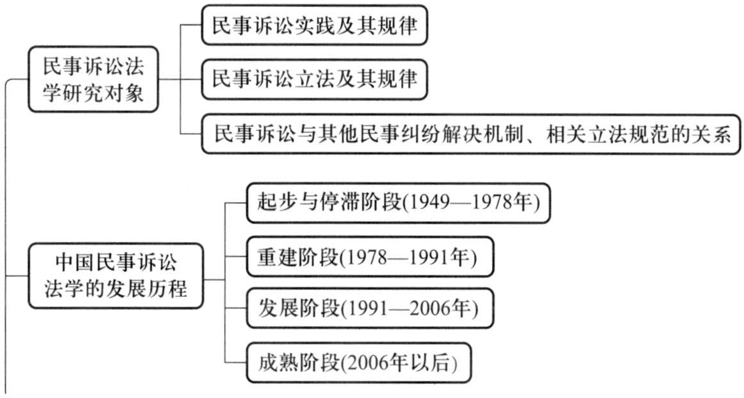

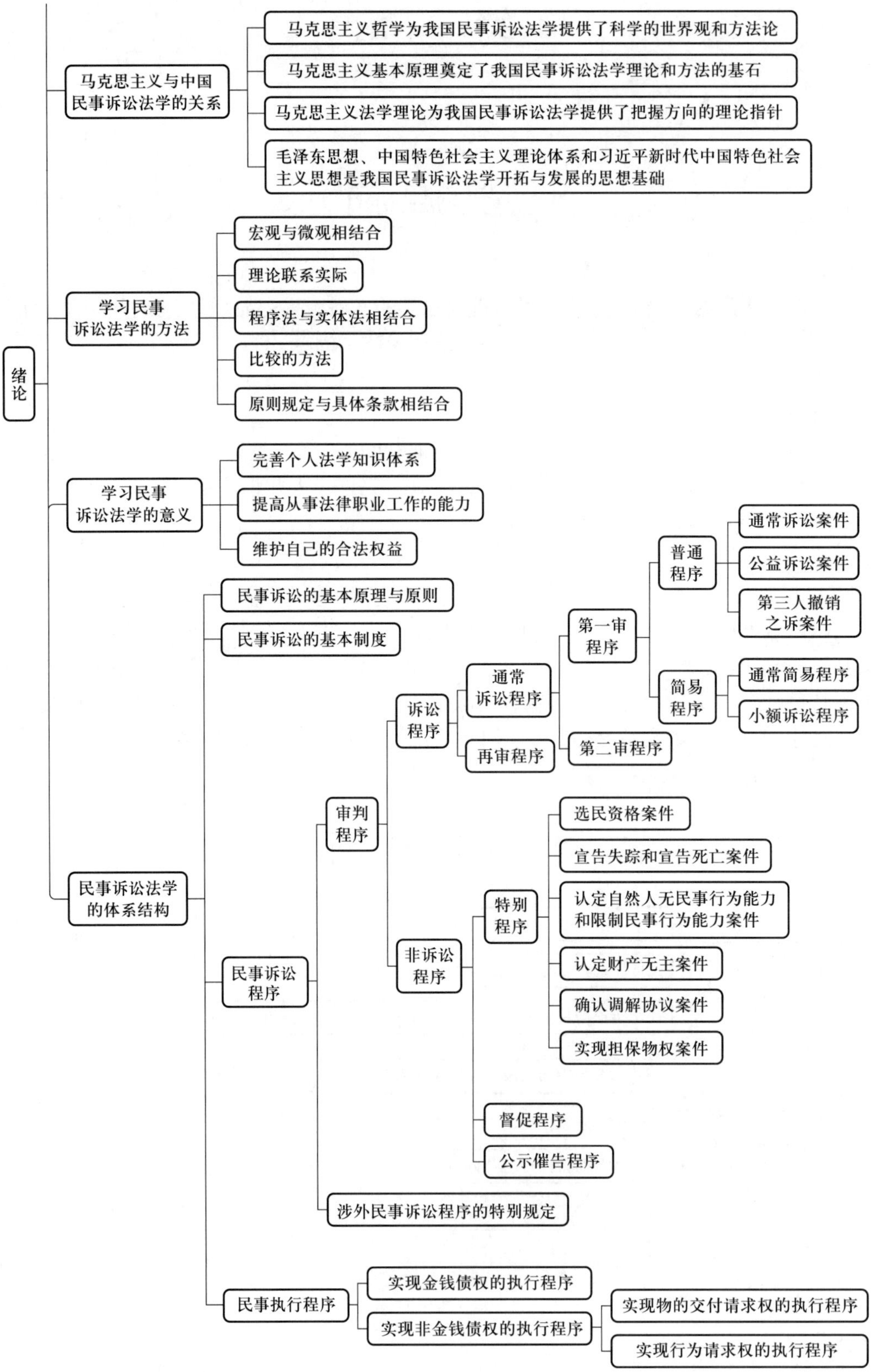

绪论
马克思主义与中国民事诉讼法学的关系
马克思主义哲学为我国民事诉讼法学提供了科学的世界观和方法论
马克思主义基本原理奠定了我国民事诉讼法学理论和方法的基石
马克思主义法学理论为我国民事诉讼法学提供了把握方向的理论指针
毛泽东思想、中国特色社会主义理论体系和习近平新时代中国特色社会主义思想是我国民事诉讼法学开拓与发展的思想基础
学习民事诉讼法学的方法
宏观与微观相结合
理论联系实际
程序法与实体法相结合
比较的方法
原则规定与具体条款相结合
学习民事诉讼法学的意义
完善个人法学知识体系
提高从事法律职业工作的能力
维护自己的合法权益
民事诉讼法学的体系结构
民事诉讼的基本原理与原则
民事诉讼的基本制度
民事诉讼程序
审判程序
诉讼程序
通常诉讼程序
第一审程序
普通程序
通常诉讼案件
公益诉讼案件
第三人撤销之诉案件
简易程序
通常简易程序
小额诉讼程序
第二审程序
再审程序
非诉讼程序
特别程序
选民资格案件
宣告失踪和宣告死亡案件
认定自然人无民事行为能力和限制民事行为能力案件
认定财产无主案件
确认调解协议案件
实现担保物权案件
督促程序
公示催告程序
涉外民事诉讼程序的特别规定
民事执行程序
实现金钱债权的执行程序
实现非金钱债权的执行程序
实现物的交付请求权的执行程序
实现行为请求权的执行程序

【重点难点解析】

绪论部分的重点是熟悉和掌握新中国民事诉讼法学的发展历程、马克思主义与新中国民事诉讼法学的关系以及民事诉讼法学的学习方法；难点是马克思主义与新中国民事诉讼法学的关系。

一、民事诉讼法学的研究对象

民事诉讼法学是一门独立的法学学科，其研究对象包括三个方面：一是民事诉讼实践及其规律，二是民事诉讼立法及其规律，三是民事诉讼与其他民事纠纷解决机制的关系。其中，民事诉讼与其他民事纠纷解决机制的关系包括民事诉讼与调解、仲裁、公证、破产、强制执行等的关系。

二、新中国民事诉讼法学的发展历程

中国自古就有民事诉讼实践与规范，但新中国的民事诉讼法学直到19世纪80年代才萌芽。自1949年中华人民共和国成立以来，我国民事诉讼法学经历了四个阶段：一是起步与停滞阶段（1949—1978年），起点是新中国成立，终点是党的十一届三中全会召开。这个阶段的显著特征是刚起步就停滞，形成的成果主要是翻译苏联的民事诉讼法学著作、学习和介绍苏联的民事诉讼法学理论与实践。二是重建阶段（1978—1991年），起点是党的十一届三中全会召开，终点是1991年《民事诉讼法》颁行。这一阶段的主要成果是开始国家民事诉讼立法工作（包括制定1982年《民事诉讼法（试行）》和1991年《民事诉讼法》）、出版民事诉讼法学教材、编译除苏联以外的其他国家的民事诉讼法规范与理论著作。三是发展阶段（1991—2006年），起点是1991年《民事诉讼法》颁行，终点是中国民事诉讼法学研究会成立。这一阶段我国民事诉讼法学取得了巨大发展，参与、推动了民事审判方式改革的全过程。四是成熟阶段（2006年以后），标志是2006年中国法学会民事诉讼法学研究会从中国法学会诉讼法学研究会中分立出来，中国民事诉讼法学走上独立发展阶段。这一阶段，我国民事诉讼法学专家学者全程参与《民事诉讼法》的四次修改过程，提出了建设性的意见和建议，民事诉讼法学理论稳步发展。

三、马克思主义与新中国民事诉讼法学的关系

新中国民事诉讼法学始终以马克思主义为指导，运用马克思主义提供的世界观和方法论构建中国特色社会主义民事诉讼法学理论体系。具体来说，辩证唯物主义和历史唯物主义相统一的马克思主义哲学是新中国民事诉讼法学的世界观和方法论；人民观的基本立场，关于自然、社会和人类思维发展的一般规律的基本观点，一切从实际出发、实事求是、普遍联系、对立统一、辩证分析、社会基本矛盾分析、历史分析、阶级分析、群众路线的基本方法，是新中国民事诉讼法学的基本立场、基本观点和基本方法的基石；马克思主义法学立场、观点、理念和方法，是新中国民事诉讼法学的重要思路渊源；毛泽东思想、中国特色社会主义理论体系和习近平新时代中国特色社会主义思想是新中国民事诉讼法学开拓与发展的思想基础，尤其是“让人民群众在每一个司法案件中感受到公平正义”，已经成为指导民事诉讼法学研究的重要思想。

四、学习民事诉讼法学的方法

学习民事诉讼法学，应当注重多种方法的结合，尤其要重视理论联系实际、程序法与实体法相结合、原则规定与具体条款相结合。

五、学习民事诉讼法学的意义

学习民事诉讼法学，主要有三个方面的意义。首先，民事诉讼法学是法学理论体系的重要、不可或缺的内容，所以学习该门课程是完善自身法学知识体系不可或缺的环节。其次，民事诉讼法学具有极强的实践性和广泛的应用性，实践中绝大多数案件是通过民事诉讼程序解决的，因此学习该门课程是提高法律职业能力不可或缺的内容。最后，民事诉讼法学具有极强的实用性，学习该门课程有利于维护自身合法权益。

【习题自测】

一、单项选择题

1. 关于我国民事诉讼法学发展历程的表述，下列哪一选项是正确的？（　　）

A. 新中国成立后，我国民事诉讼法学是从研究我国民事诉讼实践与立法开端的

B. 没有民事诉讼立法，就没有民事诉讼法学

C. 我国民事诉讼法学专家学者参与了 20 世纪 90 年代民事审判方式改革的整个过程

D. 2006 年中国法学会民事诉讼法学研究会从中国法学会诉讼法学研究会中分立出来，是新中国民事诉讼法学发展的重要标志性事件

2. 我国《民事诉讼法》自正式颁行以来，已经进行了几次修改？（　　）

A. 2　　B. 3　　C. 4　　D. 5

3. 关于马克思主义与新中国民事诉讼法学的关系，下列哪一表述是正确的？（　　）

A. 马克思主义始终是研究中国民事诉讼法学的世界观和方法论

B. 在中国民事诉讼法学发展历程中，中国特色社会主义理论体系始终发挥着重要作用

C. 马克思主义是新中国民事诉讼法学研究的重要内容

D. 遵循马克思主义指导，更有利于中国特色社会主义民事诉讼法学的发展

二、多项选择题

1. 民事诉讼法学研究的对象包括下列哪些选项？（　　）

A. 民事诉讼实践　　B. 民事诉讼立法

C. 民事诉讼规律　　D. 民事诉讼与相邻学科的关系

2. 关于马克思主义与新中国民事诉讼法学的关系，下列哪些表述是正确的？（　　）

A. 马克思主义为新中国民事诉讼法学提供了科学的世界观和方法论

B. 马克思主义奠定了新中国民事诉讼法学理论与方法的基石

C. 马克思主义法学理论为新中国民事诉讼法学提供了把握方向的理论指针

D. 毛泽东思想、中国特色社会主义理论体系和习近平新时代中国特色社会主义思想是新中国民事诉讼法学开拓与发展的思想基础

3. 关于我国民事诉讼法学发展的阶段性，下列表述正确的是（　　）。

A. 我国民事诉讼法学是与民事诉讼立法、实践同步发展的

B. 编译不同国家的民事诉讼法典及理论著作，是我国民事诉讼法学发展阶段性的重要标志

C. 检察民事公益诉讼制度的建立，是我国民事诉讼发展阶段性的重要标志

D. 无论在哪个阶段，理论与实践相结合，都是推动我国民事诉讼法学发展的重要因素

第一章　民事诉讼法概述

【学习目标】

（一）理解

民事纠纷的概念；民事诉讼法的法律渊源；司法解释在我国民事诉讼法律渊源中的地位；人民法院组织法、民事实体法中有关民事诉讼程序的规范、其他规范性文件和指导性案例、我国缔结或者参加的国际条约作为民事诉讼法的法律渊源的原因与体现；民事诉讼法与相邻部门法的关系；我国民事诉讼法的立法根据；我国民事诉讼法的特色。

（二）熟悉

民事诉讼和民事诉讼法的特征；民事诉讼法与刑事诉讼法、行政诉讼法的区别；民事诉讼法与仲裁法、人民调解法、公证法、企业破产法的关系；民事诉讼法与民事实体法的关系。

（三）掌握

民事纠纷的特征及其解决机制的体系构成；民事诉讼的概念；民事诉讼在民事纠纷解决体系中的地位；民事诉讼法的概念；我国民事诉讼法的任务；我国民事诉讼法的效力。

【知识结构图】

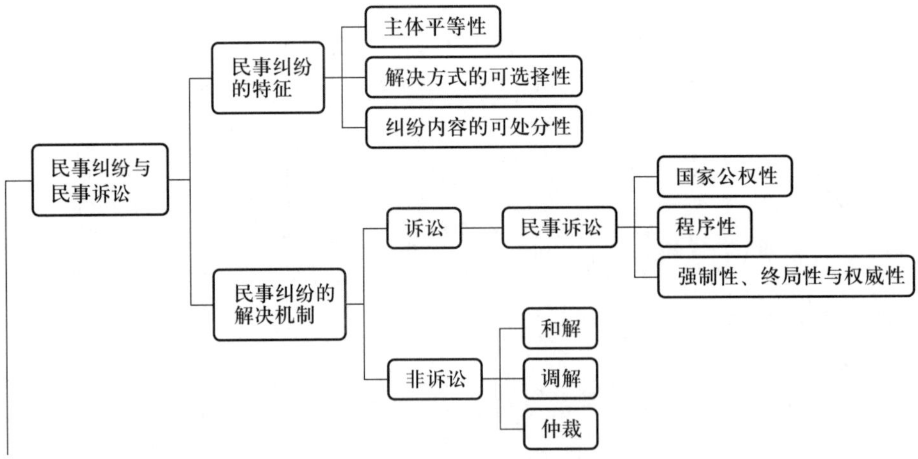

- 民事诉讼法概述
  - 民事诉讼法
    - 民事诉讼法的概念
    - 民事诉讼法的特征
      - 基本法
      - 公法
      - 程序法
    - 民事诉讼法的法律渊源
      - 宪法
      - 民事诉讼法
      - 人民法院组织法
      - 民事实体法中有关民事诉讼程序的规定
      - 司法解释
      - 其他规范性文件和指导性案例
      - 我国缔结或者参加的国际条约
    - 民事诉讼法与相邻部门法的关系
      - 与其他诉讼法的关系
        - 与刑事诉讼法的关系
        - 与行政诉讼法的关系
      - 与民事实体法的关系
      - 与仲裁法的关系
      - 与劳动争议调解仲裁法的关系
      - 与农村土地承包经营纠纷调解仲裁法的关系
      - 与人民调解法的关系
      - 与企业破产法的关系
      - 与公证法的关系
  - 我国民事诉讼法的立法根据、任务与效力
    - 立法根据
      - 以宪法为根据
      - 结合民事审判工作实际、立足中国国情
    - 任务
      - 保护民事诉讼权利
      - 保证正确及时审理民事案件
      - 确认和保护民事实体权利
      - 教育公民自觉遵守法律
    - 效力
      - 对人的效力
      - 对事的效力
      - 时间效力
      - 空间效力

【重点难点解析】

一、民事纠纷与民事诉讼

理解民事纠纷的特征是掌握民事诉讼的概念和特征的重要途径。民事纠纷是平等主体之间发生的、以民事权利义务为内容的社会纠纷。它有三个基本特征：主体平等性、内容可处分性和解决方式可选择性。民事纠纷的解决机制包括诉讼和非诉讼两种类型，其中非诉讼机制主要包括和解、调解、仲裁三种方式。和解属于自力救济方式，没有第三方的介入；调解与仲裁属于社会救济方式，有第三方从中斡旋或者裁断。

由此可见，民事诉讼是解决民事纠纷的一种方式，而且是一种通过国家公权力强制解决民事纠纷的方式。民事纠纷与其他纠纷解决方式的根本差异在于：民事诉讼是通过国家公权力裁断纠纷，而其他纠纷解决方式不是依靠公权力裁断纠纷。这就决定了：第一，民事诉讼具有国家公权性、程序性、强制性、终局性和权威性等特征；第二，在民事纠纷解决的体系中，民事诉讼处于主导地位，通过其他方式无法解决的民事纠纷都可以通过民事诉讼解决，同时通过其他方式解决民事纠纷都不得与民事诉讼相冲突，民事诉讼为其他纠纷解决方式提供制度上的保障；第三，民事诉讼并非是解决民事纠纷的唯一方式。

二、民事诉讼法

民事诉讼法是国家制定或者认可的，规范民事诉讼活动、调整民事诉讼法律关系的法律规范的总和。它既是法院审判民事案件的准则，也是当事人和其他诉讼参与人进行民事诉讼活动的准则。

从法律位阶和效力层次来看，民事诉讼法是基本法；从公法与私法的划分看，民事诉讼法是公法；从实体法与程序法的划分看，民事诉讼法是程序法。

民事诉讼法的法律渊源包括：(1) 宪法；(2) 民事诉讼法；(3) 人民法院组织法；(4) 民事实体法中有关民事诉讼程序的规范；(5) 司法解释；(6) 其他规范性文件和指导性案例；(7) 我国缔结或者参加的国际条约。

民事诉讼法与刑事诉讼法的关系。二者均属于程序法的范畴，且在基本原则、审判组织、制度和程序等方面有许多相同或者相似之处。但二者的区别也十分明显：目的与任务不同；起诉主体不同；诉讼主体地位不同；裁判执行不同；原则不完全相同；程序不完全相同。

民事诉讼法与行政诉讼法的关系。二者均为程序法，在基本原则、基本制度、诉讼程序等方面有许多相同或者相似之处。二者区别主要体现为：诉讼主体地位不同；诉讼客体不同；起诉条件不同；证明责任的分配不同；调解适用的范围不同。

民事诉讼法与民事实体法的关系。二者之间的联系体现为：终极价值相同并且二者相互作用、相互补充；但二者又相互独立且呈分离态势。

民事诉讼法与仲裁法的关系。二者的受案范围是相互冲突的：纠纷当事人选择仲裁，法院就失去对纠纷的主管权。当事人对于仲裁协议的效力有异议，一方请求仲裁机构作出决定，另一方请求法院作出裁定的，由法院裁定。仲裁保全、仲裁裁决的执行、撤销和不予执行仲裁裁决适用《民事诉讼法》的规定。

民事诉讼法与劳动争议调解仲裁法、农村土地承包经营纠纷调解仲裁法的关系。劳动争议实行先仲裁后诉讼的规则。当事人不服劳动争议仲裁的，可以向法院提起诉讼，适用民事诉讼法的规定。农村土地承包经营纠纷实行可裁可审、裁后可诉的规则。

民事诉讼法与人民调解法的关系。人民调解是解决民事纠纷的方式，但不是民事诉讼的必经程序，经人民调解达成协议的，当事人可以向法院申请司法确认。

民事诉讼法与企业破产法的关系。企业破产法是处理企业破产案件的法律，与民事诉讼法的关系是特别法与一般法的关系。企业破产法没有规定的程序事项，适用民事诉讼法的规定。

民事诉讼法与公证法的关系。公证是预防纠纷的一种方式，民事诉讼是解决民事纠纷的方式。公证对民事诉讼案件事实具有证明作用，经公证的民事法律行为、有法律意义的事实和文书在民事诉讼程序中具有更强的证明力；公证可以完成诉前证据保全工作；经公证依法赋予强制执行效力的债权文书，可以直接作为执行依据。

三、我国民事诉讼法的立法根据、任务与效力

我国民事诉讼法的立法根据是以宪法为根据，结合民事审判工作经验和实际情况、立足中国国情。《民事诉讼法》第 1 条规定："中华人民共和国民事诉讼法以宪法为根据，结合我国民事审判工作的经验和实际情况制定。"

我国民事诉讼法的任务包括四个方面：保护当事人行使诉讼权利；保证人民法院正确、及时审理民事案件（查明事实、分清是非，正确适用法律，审理民事案件）；确认和保护民事实体权利（确认民事权利义务关系，制止民事违法行为，保护当事人合法权益）；教育公民自觉遵守法律。通过完成上述任务，维护社会秩序、经济秩序，保障社会主义建设事业顺利进行。

民事诉讼法对人的效力范围包括：中国自然人、法人和非法人组织；居住在中国境内的外国人、无国籍人以及在中国营业的外国企业和外国组织；不在中国境内居住或者营业，但在中国进行民事诉讼的外国人、无国籍人、外国企业和外国组织；依法不享有或者放弃外交豁免权的外国人。

民事诉讼法对事的效力范围包括：民事纠纷案件；适用《民事诉讼法》审理的非民事纠纷案件（选民资格案件）；民事非纠纷案件（如宣告死亡案件）；商事纠纷案件；劳动争议案件；农村土地承包合同纠纷案件；申请撤销或者不予执行仲裁裁决案件。

民事诉讼法的时间效力包括：生效时间、失效时间以及是否具有溯及力。

民事诉讼法的空间效力，是指民事诉讼法适用的空间范围。

我国民事诉讼法的特色包括方便当事人参加诉讼、重视调解、调判结合、强化对民事诉讼的监督等几个方面。

【习题自测】

一、单项选择题

1. 下列哪一选项的表述是正确的？（　　）

A. 只有依赖于民事实体法，民事诉讼法的价值才能实现
B. 民事诉讼主体与民事主体必然是一致的
C. 诉权与民事实体权利是可以分离的
D. 民事诉讼法是保障民事实体法功能的工具
2. 民事诉讼的开始是基于（　　）。
A. 检察院的追诉权　　B. 利害关系人的起诉权
C. 受害人的控告权　　D. 法院的审判权
3. 解决民事纠纷最有效、最权威的方式是（　　）。
A. 民事诉讼　　B. 仲裁　　C. 调解　　D. 和解
4. 从规定的内容来看，民事诉讼法属于（　　）。
A. 基本法　　B. 程序法　　C. 法律部门　　D. 组织法
5. 作为解决民事纠纷的方式之一，从性质上看，民事诉讼属于（　　）。
A. 自力救济　　B. 公力救济　　C. 社会救济　　D. 诉讼救济

二、多项选择题

1. 关于民事纠纷的表述，下列哪些选项是正确的？（　　）
A. 有财产争议的案件都是民事纠纷
B. 民事纠纷的当事人可以自行和解解决
C. 民事纠纷的当事人可以选择不同的方式解决
D. 行政机关不可能成为民事纠纷的主体
2. 民事纠纷的解决机制包括（　　）。
A. 和解　　B. 调解　　C. 诉讼　　D. 仲裁
3. 民事诉讼的特征包括（　　）。
A. 公权性　　B. 程序性　　C. 强制性　　D. 平等性
4. 下列表述中，（　　）体现了民事诉讼在民事纠纷解决体系中的主导地位。
A. 通过其他途径没有解决的纠纷，最终可以通过民事诉讼解决
B. 通过调解达成的协议，当事人可以向法院申请司法确认
C. 法院裁定撤销仲裁裁决的，该仲裁裁决即失去效力
D. 一方申请仲裁机构确认仲裁协议的效力，另一方可以申请法院确认仲裁协议的效力
5. 民事诉讼法的基本特征包括（　　）。
A. 基本法　　B. 公法　　C. 程序法　　D. 部门法
6. 关于民事诉讼法与民事实体法的关系，下列哪些表述是正确的？（　　）
A. 民事诉讼法与民事实体法追求的终极价值有相同之处
B. 民事诉讼法具有补充、丰富、发展民事实体法的功能
C. 民事诉讼法与民事实体法相互作用，没有民事诉讼法，民事实体法规定的权利将失去保障
D. 民事诉讼法的一些规则建立在民事实体法的规则之上
7. 关于民事诉讼与公证的关系，下列表述正确的是（　　）。
A. 公证通过国家证明权解决民事纠纷

B. 经公证证明的事实，当事人无须举证证明，但有相反证据足以反驳的除外
C. 债务人不履行公证机构依法赋予强制执行效力的债权文书，债权人可以直接申请执行
D. 在执行公证债权文书的过程中，债务人可以债权人为被告提起诉讼，请求判令不予执行公证债权文书

8. 我国民事诉讼法的任务包括（　　）。
A. 保护公民行使诉讼权利
B. 保证法院正确、及时审理民事案件
C. 确认和保护民事权利
D. 教育公民自觉遵守法律

9. 我国民事诉讼法对人的效力范围包括（　　）。
A. 中国自然人、法人和非法人组织
B. 居住在中国境内的外国人、无国籍人以及在中国营业的外国企业和外国组织
C. 在中国法院进行诉讼的外国人、无国籍人、外国企业和外国组织
D. 依法不享有或者放弃外交豁免权的外国人

10. 关于民事诉讼与商事仲裁的关系，下列哪些表述是正确的？（　　）
A. 民事诉讼与商事仲裁在解决纠纷时都具有终局性
B. 民事诉讼和商事仲裁都具有司法性
C. 民事诉讼对商事仲裁具有保障和监督作用
D. 有效的商事仲裁协议可以排除法院对该纠纷的主管权

三、不定项选择题

1. 从纠纷解决机制的类型来看，下列哪些选项属于社会救济？（　　）
A. 当事人在合同中约定，因履行该合同发生的争议，由某仲裁机构仲裁
B. 王强所在的公司以违反工作纪律为由解除与其之间的劳动合同关系，王强不服，申请仲裁
C. 赵某与张某因相邻关系发生争议，向人民调解委员会申请调解
D. 张某与陈某协议离婚并到婚姻登记机关办理离婚登记手续

2. 下列哪些选项属于民事诉讼法的法律渊源？（　　）
A.《人民法院组织法》第 3 条规定：人民法院依照宪法、法律和全国人民代表大会常务委员会的决定设置
B.《民法典》第 1082 条规定：女方在怀孕期间、分娩后 1 年内或者终止妊娠后 6 个月内，男方不得提出离婚；但是，女方提出离婚或者法院认为确有必要受理男方离婚请求的除外
C.《民法典》第 1166 条规定：行为人造成他人民事权益损害，不论行为人有无过错，法律规定应当承担侵权责任的，依照其规定
D.《民法典》第 1246 条规定：违反管理规定，未对动物采取安全措施造成他人损害的，动物饲养人或者管理人应当承担侵权责任；但是，能够证明损害是因被侵权人故意造成的，可以减轻责任

3. 关于民事诉讼与刑事诉讼、行政诉讼的关系，下列表述正确的是（　　）。

A. 民事诉讼主体地位是平等的,刑事诉讼、行政诉讼的主体地位是不平等的
B. 三大诉讼的原则不完全相同
C. 三大诉讼的裁判执行不同
D. 民事诉讼可以调解,刑事诉讼、行政诉讼不得调解
4. 关于民事诉讼与人民调解的关系,下列说法正确的是(　　)。
A. 人民调解是解决民事纠纷的必经途径
B. 人民调解协议具有合同效力
C. 任何一方当事人都可以向法院申请确认人民调解协议
D. 一方当事人不履行经法院确认的人民调解协议的,另一方当事人可以向法院提起诉讼
5. 下列哪些争议可以适用民事诉讼法的规定进行解决?(　　)
A. 选民资格争议
B. 股东资格争议
C. 继承人资格争议
D. 是否符合授予学位条件争议
6. 下列哪些案件可以适用我国民事诉讼法的规定进行审判?(　　)
A. 一个英国人与一个美国人在美国联合航空公司纽约飞往伦敦的飞机上发生殴打后,美国人要求损害赔偿
B. 中国甲公司与美国乙公司在签订的买卖合同中约定了仲裁条款,该纠纷的标的物在中国
C. 中国公民甲与中国公民乙在日本办理结婚登记,甲在日本起诉离婚
D. 没有放弃司法豁免权的某国驻华大使在北京市驾驶汽车时将乙撞伤,乙要求损害赔偿
7. 下列哪些说法符合我国现行法律的规定?(　　)
A. 劳动争议实行先仲裁后诉讼的制度
B. 农村土地承包经营合同纠纷实行调解、仲裁、诉讼并行的制度
C. 商事争议实行或裁或审、一裁终局的制度
D. 民事诉讼是劳动争议仲裁、农村土地承包经营仲裁、商事仲裁的保障
8. 下列哪些纠纷可以适用民事诉讼法解决?(　　)
A. 李明驾车撞伤刘力,刘力要求赔偿损失,但在赔偿数额上双方未能达成一致
B. 商贩王强因占路经营,被城管队员拖走部分货物,索要无果后,准备通过诉讼程序解决
C. 华夏汽车制造有限公司认为光明机械制造有限公司生产和销售的汽车防撞设备侵犯了本公司的专利权,要求光明机械制造有限公司停止侵权并赔偿损失
D. 张静冒用其姐张铮的身份证与马朋办理了结婚登记手续,张铮起诉要求撤销其与马朋之间的婚姻关系

四、名词解释

1. 民事纠纷
2. 民事诉讼
3. 民事诉讼法
4. 民事诉讼法的法律渊源

5. 民事诉讼法的效力
6. 民事诉讼法对人的效力
7. 民事诉讼法对事的效力

五、简答题

1. 简述民事诉讼的特征。
2. 简述民事纠纷的特征及其解决机制。

六、论述题

论我国《民事诉讼法》的特色。

七、案例分析题

2020年1月20日,某县水产局渔政股执法人员在巡逻中发现,刘某在长江支流禁捕区域违规捕鱼。执法人员要求刘某到水产局接受处理,刘某拒绝并跳入河中。执法人员递去绳索想拉刘某上岸,刘某拒绝。大约10分钟后,刘某体力不支没入水中,执法人员营救无果。3天后,刘某的尸体在河流下游被捞出。刘某的亲属认为执法人员过度执法、见死不救导致刘某死亡,要求水产局赔偿损失。因交涉无果,刘某的亲属以水产局为被告向某县法院提起民事诉讼。

问题:

1. 如何认识刘某亲属与水产局之间这一纠纷的性质?
2. 某县法院是否应当受理刘某亲属提起的民事诉讼?为什么?

第二章　民事诉讼的基本理论

【学习目标】

（一）理解

诉的理由；识别诉讼标的的方法；反诉的性质；诉的变更与追加；民事诉讼法律关系的学说；分析民事诉讼法律关系的意义；民事诉讼价值及其分析意义；民事诉讼价值的协调与实现；民事诉讼模式及其分析意义；我国民事诉讼模式。

（二）熟悉

不同类型的诉；诉权的保护方法；诉讼标的的功能；民事诉讼法律关系的概念；民事诉讼法律关系的内容与客体；民事诉讼法律事实及其分类；民事诉讼效益价值的实现方式；民事诉讼模式的类型；既判力对民事诉讼程序的影响。

（三）掌握

诉与诉权的概念；诉的要素；诉讼标的概念及其识别理论；诉的类型；反诉的概念；反诉的构成要件；诉权的概念与特征；民事诉讼法律关系的构成要素；诉讼行为的类型；民事诉讼程序公正价值与实体公正价值的关系；当事人主义诉讼模式与职权主义诉讼模式的特征；既判力的概念及其范围。

【知识结构图】

- 民事诉讼的基本理论
  - 诉与诉权
    - 诉
      - 诉的概念
      - 诉的要素
        - 当事人
        - 诉讼标的
        - 诉的理由
      - 诉的类型
        - 给付之诉
        - 确认之诉
        - 变更之诉(形成之诉)
      - 反诉
      - 诉的变更与追加
    - 诉权
      - 诉权的概念
      - 诉权的特征
        - 以民事诉讼法为行使依据
        - 纠纷当事人平等享有诉权
        - 诉权的行使贯穿于诉讼的全过程
      - 对诉权的保护
        - 从立法上健全和完善诉权保护法律制度
        - 建立和健全对司法活动的监督制约机制
        - 提高公民法律意识
  - 诉讼标的
    - 诉讼标的的概念
    - 诉讼标的的功能
      - 双方当事人进行诉讼活动的基础与中心
      - 判别诉的变更和客观合并的依据
      - 确定法院审判对象的依据
      - 决定既判力的客观范围
  - 民事诉讼法律关系
    - 概述
      - 概念
      - 不同学说
        - 一面关系说
        - 两面关系说
        - 三面关系说
      - 法律关系的意义
        - 指引未来的立法活动
        - 指引当事人依法进行诉讼活动
        - 指导民事审判活动有序进行

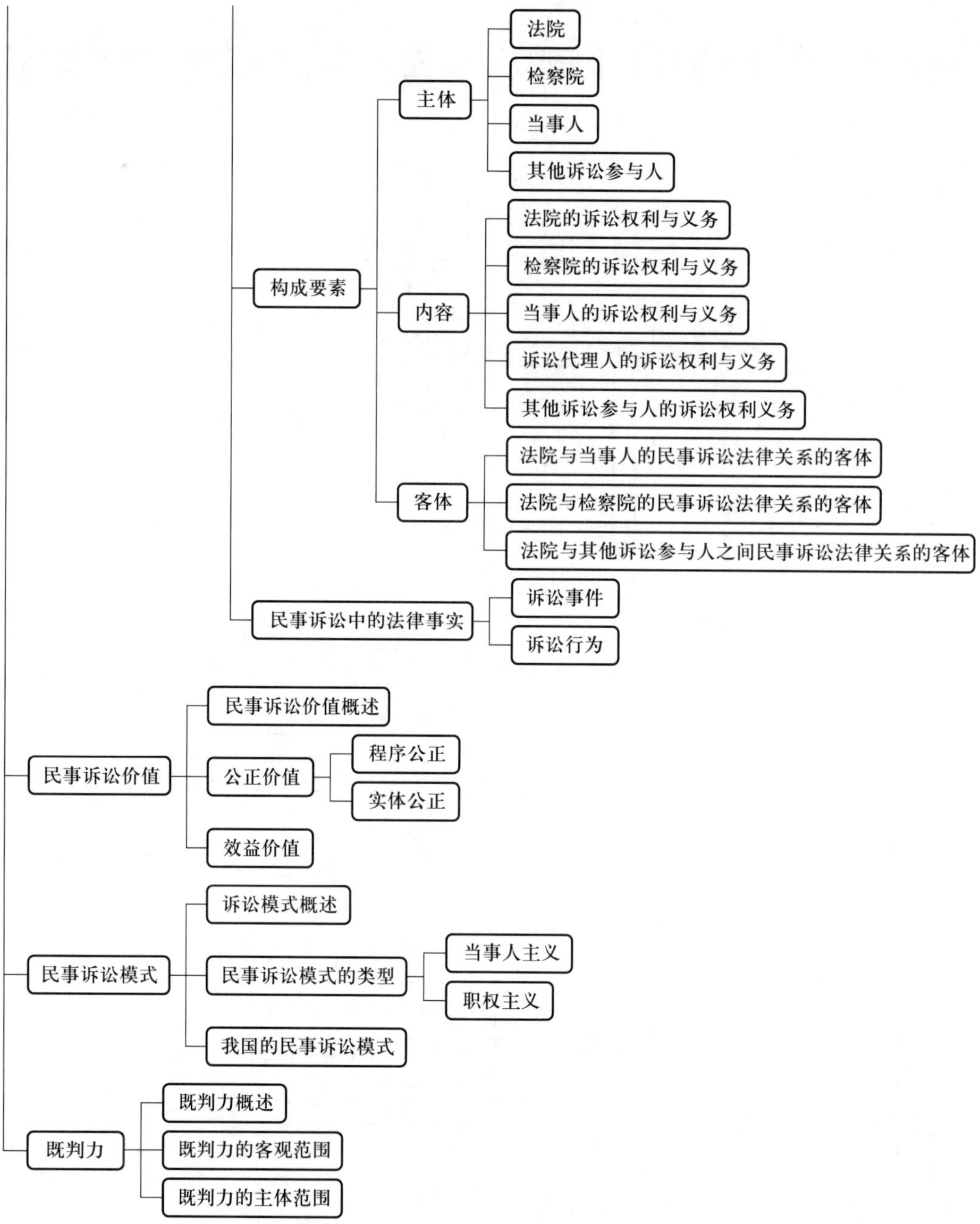

【重点难点解析】

本章内容理论性强，抽象概念较多，而且有些问题还存在较大的理论争议，读者应当在理解教材所写内容的基础上，参考其他著作以加深对相关理论问题的理解。本章的重点包括诉和诉权的概念、诉的要素、诉的类型、诉权的性质、诉讼标的的概念与功能、诉讼标的的识别方法、民事诉讼法律关系的构成要素、民事诉讼价值的概念与内容、民事诉讼价值的协调及其在我国的实现、民事诉讼模式的概念及类型、我国民事诉讼模式的完善路径、既判力的概念及其范围等；难点主要是诉讼标的的概念及其识别方法、民事诉讼价值的内容及其相互关系、既判力的范围等。

一、诉的概念、要素与类型

诉是一种请求，是指当事人向法院提出的针对其权利主张进行裁判的请求。一个完整的诉包括诉的主体、诉的客体、诉的理由三个要素。诉的主体就是当事人，诉的客体就是诉讼标的，诉的理由就是提起该诉的事实和法律依据。

在理论上，诉的类型分为给付之诉、确认之诉和变更之诉三种。给付之诉就是请求对方给付一定的金钱、交付一定的物或者完成一定的行为义务的诉。具有给付请求权是提起给付之诉的基础，没有给付请求权就不得提起给付之诉。根据给付的内容不同，给付之诉可分为金钱给付之诉、物的交付给付之诉、行为给付之诉；根据给付的时间不同，给付之诉可分为现在的给付之诉和将来的给付之诉。法院审理给付之诉，首先要确认当事人之间是否存在一定的民事法律关系，然后再判决被告是否履行给付义务。正是在这个意义上，一般认为给付之诉中包括确认之诉。

确认之诉是指请求法院确认其主张的法律关系是否存在的诉。主张法律关系存在的，是积极的确认之诉，如请求判决确认存在收养关系；主张法律关系不存在的，是消极的确认之诉，如请求判决确认不存在收养关系。确认之诉具有以下三个特点：(1) 发生争议的法律关系必须具有现实意义，如果法律关系已经结束，则不能作为确认之诉的诉讼标的。(2) 诉讼本身只要求确认某种法律关系是存在还是不存在，而不要求确认具有什么权利义务。(3) 双方当事人只是对法律关系是否存在发生争议，而不是对行使权利和履行义务的具体内容或方式发生争议，不涉及权利的行使与义务的履行问题。

变更之诉也称形成之诉，是指请求法院判决改变某种法律关系的诉。变更之诉具有三个特点：(1) 当事人对现存的法律关系没有争议，只是对是否变更或如何变更的问题发生争议。(2) 双方当事人争执的主要内容是有法律意义的事实，而不是权利的享有与义务的承担。(3) 法院判决生效之前法律关系处于不变状态，变更判决生效之后，其法律关系发生变更或消灭。

变更之诉与确认之诉的区别主要体现为：(1) 前提和基础不同。变更之诉的当事人对于现存某种法律关系没有争议而是在是否要改变某种法律关系的问题上发生争议；确认之诉的当事人对于双方现在是否存在某种法律关系发生争议。(2) 争议的内容不同。变更之诉争议的是双方之间是否存在引起该法律关系发生变更的法律事实；确认之诉争议的是双方是否存在法律关系以及该法律关系是否有效的问题。(3) 裁判的后果不同。法院依变更之诉作出变更某种法律关系的判决，该法律关系自判决生效之时发生变更；法院依确认之诉作出确认双方存在某种法律关系的判决，该法律关系自成立之时即已生效。

反诉是指法院受理本诉讼后，本诉讼的被告以本诉讼的原告为被告，向受理本诉讼的法院提起的与本诉讼有牵连关系的一种独立的反请求。反诉是一个独立的诉，但是在反诉的时间、反诉的主体、提起反诉的法律关系、反诉的管辖、反诉适用的程序等方面又具有特色，这些因素也构成了反诉的条件。

诉的变更通常是指诉讼请求的变更,包括诉讼请求的量的变更和质的变更两种。诉的追加是指在原有的诉讼请求的基础上,增加新的诉讼请求,其实质是诉的合并。

二、诉权的概念、特征与诉权的保护

诉权是当事人请求法院对其民事权益进行司法保护的权利。诉权是诉的基础,没有诉权就不可能有诉。诉权是一种抽象的权利,不同于诉讼权利或者实体权利,但与诉讼权利、实体权利又有密切的联系。

诉权具有以下特征:诉权的行使须以民事诉讼法为依据;诉权为纠纷当事人平等享有;诉权的行使贯穿民事诉讼的全过程。

对诉权的保护要从立法、司法和普法三个方面着手:一是要健全和完善诉权保护法律制度;二是要进一步建立和健全对司法活动的监督制约机制,坚持严格执法;三是要大力加强法治宣传教育,提高全社会的法律意识,确保公民、法人和其他组织依法行使诉权。

三、诉讼标的的概念与功能

诉讼标的,是指当事人之间发生争议并请求法院裁判的权利主张或者民事法律关系,也就是诉讼对象。

任何一个案件都有诉讼标的,且多数民事案件只有一个诉讼标的,只有少数民事案件才有两个或者两个以上的诉讼标的。离婚案件是具有两个或者两个以上诉讼标的的典例。

诉讼标的具有以下五个方面的功能:(1) 诉讼标的是双方当事人进行诉讼活动的基础与中心,是当事人进行攻击防御的对象;(2) 诉讼标的是判别诉的客观变更或者诉的客观合并的依据;(3) 诉讼标的是判定当事人是否重复起诉的根据;(4) 诉讼标的是确定法院审判对象的依据;(5) 诉讼标的决定了既判力的客观范围。

四、民事诉讼法律关系

民事诉讼法律关系是指受民事诉讼法调整的法院、当事人及其他诉讼参与人之间在民事诉讼中产生的权利义务关系。

关于民事诉讼法律关系,主要有三种不同的观点。一面关系说认为,民事诉讼法律关系是当事人之间在民事诉讼中的权利义务关系;两面关系说认为,民事诉讼法律关系是法院与当事人之间的权利义务关系,即原告与法院、被告与法院之间的权利义务关系;三面关系说认为,民事诉讼法律关系既包括法院与当事人在民事诉讼中的权利义务关系,还包括当事人之间在民事诉讼中的权利义务关系,从而形成了原告与法院、被告与法院、原告与被告之间的三面关系。

民事诉讼法律关系是分析民事诉讼实质的一种工具:用权利和义务的观点分析民事诉讼中的一切现象,能够比较好地解释民事诉讼中各种主体之间关系的特征以及民事诉讼程序产生、变更、消灭的原因。既然民事诉讼的实质是民事诉讼中的权利义务关系,那么民事诉讼立法的重心应是权利和义务的合理配置,当事人进行民事诉讼、法院审判民事案件就是权利的行使和义务的履行。

民事诉讼法律关系由主体、内容和客体三个要素构成。主体包括法院、检察院、当事人、其他诉讼参与人。内容就是各主体在民事诉讼中享有的权利和承担的义务。对民事案件进行审理和作出裁判是法院的诉讼权利和义务；对民事诉讼活动和法院的审判活动、执行行为进行监督，既是检察院的权利，也是检察院的义务；当事人在民事诉讼中享有广泛的诉讼权利，也要依法履行法律规定的义务；其他诉讼参与人因参加诉讼的身份、目的不同，均在法律规定的范围内享有相应的权利和承担相应的义务。客体是主体之间诉讼权利义务所指向的对象。法院与当事人之间的客体是案件事实、实体权利请求和争议的民事法律关系；法院与检察院之间的客体是生效裁判确认的案件事实和适用的法律；法院与其他诉讼参与人之间的客体是案件事实。同时，民事诉讼法律关系的主体不同于诉讼主体。诉讼主体是能够引起民事诉讼程序发生、变更、消灭的人，包括法院、检察院和当事人。

引起民事诉讼法律关系发生、变更、消灭的事实包括诉讼事件和诉讼行为两类。诉讼事件就是不以人的意志为转移的、能够引起民事诉讼法律关系发生、变更和消灭的客观情况，如一方当事人死亡；诉讼行为是民事诉讼法律关系的主体有目的、有意识实施的能够产生民事诉讼法律效果的行为。诉讼行为包括法院的诉讼行为、检察院的诉讼行为、当事人的诉讼行为、其他诉讼参与人的诉讼行为。

五、民事诉讼价值

民事诉讼价值是指民事诉讼的客体对诉讼主体主观需求满足的程度以及民事诉讼程序功能具体实现的程度。民事诉讼的价值主要体现为公正和效益两个方面，公正又包括程序公正和实体公正两个方面。

民事诉讼程序公正价值主要体现为平等性、中立性、参与性和公开性；民事诉讼实体公正价值则体现为认定的事实符合客观真相、正确适用法律、裁判结果符合实体公正等。

程序公正与实体公正历来就是一对矛盾，在这个问题上，“程序工具主义”与“程序至上主义”都是不可取的，应当采取统一的价值观：看到两者的相互依赖性，既不过分强调某一方面，又不将两者置于绝对的水平面上。

公正与效益之间是既相互冲突又相互统一的关系。效益本身应当包含公正，公正也离不开效益。民事诉讼制度应当在公正与效益之间实现合理的平衡，在确保最低限度的程序公正的基础上，以较少的司法资源解决更多的纠纷。

总的来看，民事诉讼价值在我国的实现，就是要以习近平法治思想为指导，坚持“司法为民”“公正司法”，坚持以事实为根据，以法律为准绳，健全事实认定符合客观真相、办案结果符合实体公正、办案过程符合程序公正的法律制度。

六、民事诉讼模式

民事诉讼模式是指当事人与法院在民事诉讼中权限范围划分的表现形式。模式研究是分析民事诉讼体制的重要手段，可以为民事诉讼程序制度的完善提供指导方向，可以为民事审判方式改革提供理论支撑。

理论上一般将全世界范围内的民事诉讼体制分为当事人主义诉讼模式和职权主义诉讼模式两类。当事人主义诉讼模式的基本特征是：民事诉讼程序的启动和进行依赖于当事人，法院或者法官不得主动依职权启动和推进民事诉讼程序；作为法院判断对象的主张只能来源于当事人，法院或者法官裁判所依据的证据资料只能依赖于当事人，法院或者法官不得在当事人指明的证据范围之外主动收集证据。当事人主义诉讼模式的核心是辩论主义:法院不得将当事人在辩论中没有出现的要件事实作为判决基础,法院必须将当事人在辩论中没有争议的事实作为判决基础且不得作出相反的认定,法院认定事实所需要的证据资料必须从当事人提出的证据方法中获得,不得依职权调取证据。

职权主义诉讼模式的基本特征是职权进行主义和职权探知主义:程序的进行由法院依职权推进;诉讼对象的确定、诉讼主张由法官依职权决定,法官可以不受当事人的约束在当事人主张之外认定案件事实;法院在诉讼资料的取得、证据的收集方面享有主动权。

我国现行的民事诉讼模式正处于"强化当事人权利、弱化法院职权"的改革过程之中。

七、既判力

既判力也称判决实质上的确定力,是指法院作出的判决发生法律效力后,当事人和法院都受该判决所判定的内容拘束。当事人在判决生效后不得就该判决所判定的权利义务或者民事法律关系另行提起诉讼,即不得对既判的案件提出相异的诉讼主张,法院不得在后诉中再作出与该判决所判定的内容相矛盾的新判断。

既判力的范围分为主体范围和客观范围两个方面。主体范围也称为主观范围,是指既判力及于哪些主体、哪些人受既判力拘束;客观范围是指生效判决对哪些事项具有拘束力。一般认为,判决既判力的主体范围原则上只及于当事人,在特定情况下及于以下三种人,称为既判力主体范围的扩张:当事人实体权利义务的承继人;为当事人或者其承继人的利益占有诉讼标的物的人;以自己的名义为他人的利益进行诉讼的人。既判力的客观范围限于诉讼标的,即当事人主张的权利或者民事法律关系。

【延伸阅读】

张卫平著:《转换的逻辑:民事诉讼体制转型分析》,法律出版社 2004 年版。

【习题自测】

一、单项选择题

1. 从诉的类型来看,下列哪些案件属于给付之诉?( )

A. 甲起诉请求判决与乙离婚

B. 乙起诉请求确认与丙之间存在收养关系

C. 甲起诉请求判决解除与乙之间合同

D. 甲起诉请求判决乙向其赔礼道歉

2. 既判力的客观范围是指下列哪一选项?( )

A. 判决主文判定的案件事实

B. 判决主文判定当事人之间的权利义务关系

C. 判决主文判定的当事人的诉讼请求

D. 判决主文中产生既判力的判定事项

3. 甲与乙系夫妻关系，因家庭矛盾，甲诉至法院请求判决解除与乙之间的婚姻关系，从理论上看，该诉属于下列哪一选项？（ ）

A. 确认之诉　　B. 变更之诉

C. 给付之诉　　D. 离婚之诉

4. 原告请求法院判令被告向其赔礼道歉，从诉的类型来看，本案属于下列哪一选项？（ ）

A. 确认之诉　　B. 给付之诉

C. 变更之诉　　D. 形成之诉

5. 下列哪一选项属于消极确认之诉？（ ）

A. 请求确认收养关系成立　　B. 请求解除婚姻关系

C. 请求确认合同无效　　D. 请求变更共有关系

二、多项选择题

1. 关于诉讼标的的表述，下列哪些选项是正确的？（ ）

A. 除了争议的法律关系，诉讼标的还包括法律关系发生、变更、消灭的事实

B. 诉讼标的的功能是确定法院的裁判对象，而不是决定当事人的诉讼范围

C. 诉的客观变更涉及诉讼标的的改变，诉的客观合并不涉及诉讼标的的变化

D. 诉讼标的确定了裁判既判力的客观范围

2. 关于民事诉讼法律关系的表述，下列哪些选项是正确的？（ ）

A. 民事诉讼法律关系包括当事人之间的实体权利义务关系

B. 法院是民事诉讼法律关系的当然主体

C. 民事诉讼法律关系能够指引审判活动有序进行

D. 不同主体之间民事诉讼法律关系的客体完全不同

3. 当事人与法院之间民事诉讼法律关系的客体，包括下列哪些选项？（ ）

A. 诉讼标的　　B. 实体权利请求

C. 案件事实　　D. 诉讼标的物

4. 受判决既判力拘束的人，包括下列哪些选项？（ ）

A. 原告在判决生效后死亡，该原告的继承人

B. 金钱给付的判决生效，占有被告房屋的人

C. 财产代管人以自己的名义起诉失踪人的债务人

D. 离婚判决生效后的任意第三人

5. 影响民事诉讼法律关系运行的原因包括（ ）。

A. 诉讼行为　　B. 诉讼事件

C. 诉讼原因　　D. 诉讼结果

三、不定项选择题

1. 关于确认之诉与变更之诉的关系，下列说法正确的是（ ）。

A. 依确认之诉作出的判决可能否定判决生效之前的法律关系，依变更之诉作出的判决不可能改变判决生效之前的法律关系

B. 变更之诉中包含确认之诉
C. 确认之诉与变更之诉的当事人都是对是否存在某种事实存在争议
D. 依消极确认之诉与变更之诉作出的支持原告主张的判决,都会改变现有的法律关系

2. 关于反诉的要件,下列选项正确的是(   )。
A. 在法院受理案件后、法庭辩论终结前提出
B. 反诉的当事人限于本诉的当事人
C. 反诉不违反专属管辖规定
D. 在第一审程序中提出

3. 关于诉权的表述,下列选项正确的是(   )。
A. 任何公民、法人和其他组织都享有诉权
B. 各种诉讼权利的总和就是诉权
C. 诉权的行使依据是《民法典》等实体法律规范
D. 诉权只是在起诉阶段发挥作用

4. 下列案件中诉讼标的发生变更的有(   )。
A. 甲诉乙请求判决偿还借款,在诉讼过程中,甲又增加提出支付利息的请求
B. 甲诉乙请求判决离婚,在诉讼过程中,甲又增加提出分割共同财产的请求
C. 甲诉乙请求判决解除租赁合同,在诉讼过程中,甲又将解除租赁合同的请求变更为乙按照租赁合同的约定支付租金
D. 甲诉乙请求判决离婚,在诉讼过程中,甲又变更为请求判决解除同居关系

5. 关于民事诉讼价值的表述,下列选项正确的是(   )。
A. 就程序公正与程序效益的关系而言,程序公正的价值应当优先于程序效益的价值
B. 就程序公正与实体公正的关系而言,程序公正价值优越于实体公正价值
C. 程序公开是实现程序公正与实体公正的保障
D. 程序参与是实现结果公正的保障

6. 关于既判力,下列表述正确的是(   )。
A. 既判力是确定判决的实质确定力
B. 当事人不得提出与确定判决相异的主张,法院不得作出与确定判决相矛盾的新判决,这是既判力的消极效果
C. 既判力与一事不再理的内容是一致的
D. 既判力的拘束对象只能是当事人

四、名词解释

1. 诉
2. 诉的要素
3. 诉权
4. 诉讼行为
5. 民事诉讼模式
6. 当事人主义
7. 辩论主义

8. 职权主义
9. 既判力

五、简答题

1. 简述诉讼标的与诉讼请求的关系。
2. 简述学习民事诉讼法律关系的意义。
3. 简述不同类型的诉的特点。

六、论述题

论诉的要素与类型,并举例说明。

七、案例分析题

1992年6月16日,许某、杜某在同一妇产医院各自生下一名男孩。许某之子取名姚某,杜某之子取名郭某。2020年,姚某被诊断为肝癌,许某准备移植一部分肝给姚某。在手术前检查时,医院发现许某与姚某之间不存在亲子关系。后经调查发现,许某和杜某错抱孩子,许某与郭某存在亲子关系,杜某与姚某存在亲子关系。杜某、杜某之夫、姚某以医院错换孩子造成姚某失去治疗肝病机会,给全家人造成精神损害为由,将妇产医院诉至法院,请求判令妇产医院赔偿姚某已经支付和未来需要支付的医疗费,并赔偿精神损失。

问题:

1. 从理论上看,本案涉及哪些法律关系?
2. 本案当事人提出了哪些诉的类型?
3. 本案的诉讼标的是什么?
4. 法院应当如何审理杜某、杜某之夫、姚某三人提出的诉讼请求?

第三章　民事诉讼法的基本原则

【学习目标】

（一）理解

民事诉讼法基本原则在民事诉讼中的指导作用以及与民事诉讼立法的关系。

（二）熟悉

民事诉讼法基本原则的体系和民事诉讼法特有原则的确定。

（三）掌握

当事人平等原则、处分原则、辩论原则、诚信原则、自愿合法调解原则、民事检察监督原则、支持起诉原则、在线诉讼与线下诉讼效力等同原则、同等原则和对等原则的概念与内容。

【知识结构图】

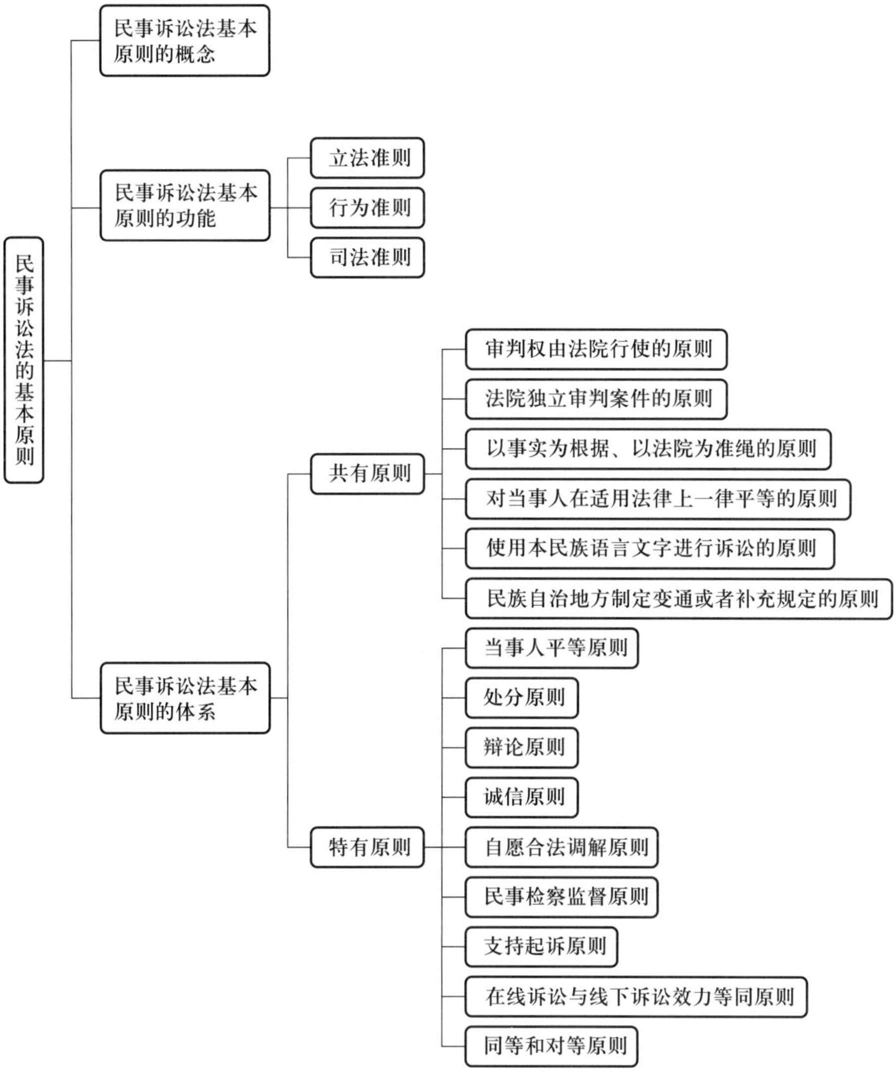

【重点难点解析】

一、民事诉讼法基本原则的概念与功能

民事诉讼法的基本原则是指在民事诉讼的全过程或者在民事诉讼的重要阶段起指导作用的行为准则。它集中体现了我国民事诉讼法的精神实质和立法目的,为法院的审判活动和诉讼参与人的诉讼活动指明了方向。

民事诉讼法基本原则的功能主要体现为三个方面:一是立法准则,立法者在制定和修订民事诉讼法时,必须以民事诉讼法的基本原则为依据;二是行为准则,审判人员、检察人员、当事人及其他诉讼参与人的行为必须以民事诉讼法的基本原则为指导;三是司法准则,当出现民事诉讼法条文没有具体规定的情形时,民事诉讼法的基本原则就会成为司法者处理案件、完成司法任务的依据和准则。

二、我国民事诉讼法基本原则的体系

我国民事诉讼法的基本原则分为共有原则和特有原则两种类型。共有原则就是三大诉讼法均必须共同遵守的基本原则,包括:审判权由法院行使的原则,法院独立审判案件的原则,以事实为根据、以法律为准绳的原则,对当事人在适用法律上一律平等的原则,使用本民族语言、文字进行诉讼的原则,民族自治地方制定变通或者补充规定的原则。

特有原则是指根据民事诉讼自身特点而规定的、仅适用于民事诉讼活动的基本原则,包括当事人平等原则、处分原则、辩论原则、诚信原则、自愿合法调解原则、民事检察监督原则、支持起诉原则、在线诉讼与线下诉讼效力等同原则、同等和对等原则。

三、当事人平等原则

当事人平等原则,是指当事人在民事诉讼中享有平等的诉讼权利,具有平等的诉讼地位。当事人平等原则包括两个方面的内容:一是当事人诉讼地位平等,具体表现为,当事人平等地享有某些相同和对等的诉讼权利、依法平等地承担诉讼义务;二是法院应当平等地保障当事人行使诉讼权利,具体表现为,法院应当平等地对待双方当事人,应当为当事人平等地行使诉讼权利创造条件,应当对当事人提出的主张和证据予以平等的关注并在作出裁判时将双方的观点均考虑在内。

四、处分原则

处分原则,是指民事诉讼当事人有权在法律规定的范围内,自由支配和处置自己依法享有的民事权利和诉讼权利的原则。处分原则包括以下内容:处分权的享有者限于当事人及其法定诉讼代理人;处分的对象是民事权利和诉讼权利;处分原则贯穿于民事诉讼的全过程;处分权的行使不得违反法律的强制性规定。

五、辩论原则

辩论原则,是指在民事诉讼中,双方当事人就有争议的事实和法律适用问题,在法院的主持下陈述各自的主张和意见,相互进行辩驳,从而影响法院作出裁判的原则。辩论原则的内容包括:辩论权是当事人享有的一项重要的诉讼权利;当事人行使辩论权的范围包括实体问题、程序问题和法律适用问题三个方面;辩论包括口头辩论和书面辩论两种形式;辩论权贯穿于民事诉讼程序的全过程;法院应当保障当事人的辩论权。

六、诚信原则

诚信原则,是指在民事诉讼中,法院、检察院、当事人以及其他诉讼参与人必须公正、诚实和善意地行使权力(权利)与实施民事诉讼行为。诚信原则的内容包括:诚信原则对当事人的适用、对其他诉讼参与人的适用、对法院的适用、对检察院的适用等几个方面。其中,对当事人的适用包括:禁止恶意提起诉讼、禁止提起虚假诉讼、禁止滥用诉讼权利、真实义务、诉讼促进义务等。对法院的适用包括禁止滥用自由裁量权、禁止突袭裁判等。

违反诚信原则的法律后果包括:否定已经实施的诉讼行为的效力;承受相应的法律制裁;承担由此增加的诉讼费用;申请国家赔偿。

七、自愿合法调解原则

自愿合法调解原则,是指法院在审理民事案件时,对于能够调解解决的纠纷,在双方当事人自愿的基础上,通过说服劝导的方式,促使双方当事人互谅互让,达成一致的合法调解协议的原则。自愿合法调解原则包括以下内容:调解是法院处理民事案件的一种重要方法;调解应当遵循自愿、合法的原则;调解贯穿于民事诉讼的全过程。

根据自愿合法调解原则的要求,法院应当尽量用调解的方式解决纠纷,但是经调解不成的,也应当及时判决。即"能调则调、当判则判、调判结合、案结事了"。

八、民事检察监督原则

民事检察监督原则,是指检察院对于法院行使民事审判权和执行权行为的合法性进行监督的原则。民事检察监督原则的内容包括:民事检察监督的目的在于纯洁司法环境、净化诉讼秩序、维护司法公正;民事检察监督的范围包括审判活动和执行活动、民事调解活动,民事检察监督是全程监督。民事检察监督的方式包括抗诉、检察建议两种。

九、支持起诉原则

支持起诉原则,是指对于损害国家、集体或者个人民事权益的行为,受损害的单位或个人不敢、无力或者不便提起诉讼的,机关、社会团体、企业事业单位可以支持其向法院起诉的原则。

支持起诉的适用条件包括:支持起诉的前提是加害人的行为侵犯了国家、集体或者个人的民事权益;支持起诉的主体只能是国家机关、团体和企业事业单位;支持起诉的对象限于受害人且受害人还没有起诉;支持起诉人必须与案件没有利害关系。

十、在线诉讼与线下诉讼效力等同原则

在线诉讼与线下诉讼效力等同原则,是指民事诉讼活动通过信息网络平台在线进行的,与线下诉讼活动具有同等法律效力。

在线诉讼具有便民诉讼、提高效率、促进司法改革等现实意义。在线诉讼与线下诉讼效力等同原则的依据主要包括:程序保障的全面性、自愿适用的全面性、技术保障的全面性。

十一、同等和对等原则

同等和对等原则,是涉外民事诉讼特有的两个原则,是指外国人、无国籍人、外国企业和组织在我国法院起诉和应诉时,赋予他们同我国的当事人享有同等的诉讼权利义务,实行同等原则;外国法院对我国公民(自然人)、法人和非法人组织的民事诉讼权利加以限制的,我国法院

对该公民、企业和组织的民事诉讼权利加以同样的限制，实行对等原则。

【延伸阅读】

张卫平著:《民事诉讼：关键词展开》，中国人民大学出版社 2005 年版。

【习题自测】

一、单项选择题

1. 下列可以作为支持起诉的主体是（　　）。

A. 某企业家

B. 某法学专家

C. 某有限责任公司

D. 某律师

2. 下列可以作为支持起诉的方式是（　　）。

A. 以受害人名义起诉　　B. 帮助受害人收集提供证据

C. 作为受害人的代理人参加诉讼　　D. 与受害人共同参加诉讼

3. 根据民事诉讼法的规定，检察院有权实行法律监督的范围是（　　）。

A. 当事人的诉讼活动　　B. 第三人的诉讼活动

C. 法院和当事人的诉讼活动　　D. 法院的审判活动

4. 对于调解不成的案件，法院应当（　　）。

A. 继续努力促使双方达成调解协议　　B. 建议双方和解

C. 及时判决　　D. 要求当事人接受法院的调解方案

5. 外国公民或组织在我国法院起诉和应诉，同中国公民、法人和其他组织享有的诉讼权利和义务是（　　）。

A. 平等的　　B. 对等的　　C. 同等的　　D. 不同的

二、多项选择题

1. 民事诉讼法的基本原则（　　）。

A. 反映了民事诉讼的基本原理与内在规律

B. 是制定、适用、解释民事诉讼法的依据

C. 是法院、当事人及其他诉讼参与人进行民事诉讼活动必须遵循的根本规则

D. 是制定民事诉讼相关法律的依据

2. 关于当事人平等原则的表述，下列哪些选项是正确的？（　　）

A. 当事人平等原则是民事实体权利平等原则的内在要求

B. 在民事诉讼中，双方当事人享有某些相同的诉讼权利，是平等原则的体现

C. 在民事诉讼中，双方当事人享有对等的诉讼权利，是平等原则的体现

D. 法院平等地保障当事人行使诉讼权利是平等原则的内容

3. 关于辩论原则，下列表述正确的是（　　）。
A. 所有的审判程序都必须进行辩论
B. 辩论的范围既包括实体问题，也包括程序问题
C. 开庭审理阶段的辩论，必须采取口头方式
D. 剥夺当事人辩论权是法定的再审事由
4. 关于法院调解的表述，下列哪些选项是正确的？（　　）
A. 法院调解是尊重当事人处分权的体现
B. 调解是法院行使审判权的一种方式
C. 对任何案件来说，法院调解都不是必经程序
D. 调解书送达后，当事人一方反悔的，法院应当及时判决
5. 下列哪些选项属于民事检察监督的范围？（　　）
A. 法院作出的调解书
B. 法院在执行程序中作出的裁定书
C. 法院作出的宣告死亡判决书
D. 法院作出的不予受理裁定书

三、不定项选择题

1. 关于民事诉讼法基本原则的体系，下列哪些选项是正确的？（　　）
A. 民事诉讼法的基本原则分为共有原则和特有原则
B. 三大诉讼法都可以适用的原则，不能称为民事诉讼法的基本原则
C. 特有原则是适用于国内民事诉讼活动的基本原则
D. 以事实为依据、以法律为准绳属于民事诉讼法的基本原则
2. 关于处分原则的表述，下列哪些选项是正确的？（　　）
A. 在民事诉讼中，所有主体都享有处分权
B. 在民事诉讼中，处分实体权利要通过处分诉讼权利实现
C. 处分权只能在法庭辩论终结前行使
D. 有些民事案件，处分权可以限制适用
3. 关于民事诉讼法的诚信原则，下列哪些选项是正确的？（　　）
A. 民事诉讼法的诚信原则，主要是拘束当事人
B. 民事诉讼法的诚信原则是一条道德准则
C. 民事诉讼法的诚信原则与实体法的诚信原则在内容上是一致的
D. 当事人应当推进诉讼进程，是诚信原则的内容之一
4. 违反诚信原则的法律后果包括（　　）。
A. 否定已实施行为的效力
B. 承受司法制裁
C. 承担因此增加的费用、赔偿对方因此遭受的损失
D. 可以不履行相关判决确定的义务
5. 下列可以支持起诉的案件是（　　）。
A. 甲公司与乙公司因买卖合同发生纠纷

B. 甲遭受家庭暴力

C. 甲失踪，其财产有灭失的风险

D. 甲因交通事故受伤

四、名词解释

1. 民事诉讼法的基本原则

2. 平等原则

3. 处分原则

4. 民事检察监督原则

5. 支持起诉原则

五、简答题

1. 简述处分原则及其内容。

2. 简述民事诉讼法基本原则的功能。

3. 简述民事诉讼法特有原则的内容。

六、论述题

1. 论民事诉讼的辩论原则。

2. 论民事诉讼的调解原则。

3. 论民事诉讼的诚信原则。

七、案例分析题

某房地产开发有限责任公司（以下简称“开发公司”）将其位于长江市黄河区“海市蜃楼”小区的两栋住宅楼承包给某建筑工程公司（以下简称“工程公司”）建造，双方签订了建设工程承包合同。工程完工后，双方产生纠纷：开发公司称工程公司延误工期，应当赔偿损失；工程公司称开发公司没有按时支付工程款，应当承担违约责任。协商无果后，2020 年 3 月，工程公司向法院提起诉讼，请求法院判令开发公司支付工程余款 1 200 余万元并承担违约责任。开发公司在答辩状中反驳工程公司的主张并提起反诉，请求法院判令工程公司赔偿因其耽误工期造成的损失 1 000 万元。经法院调解，双方达成协议：工程公司放弃要求开发公司承担违约责任的主张，折抵延误工期造成的损失后，开发公司向工程公司支付工程款 600 万元。

问题：

本案体现了民事诉讼法的哪些原则？

第四章　民事审判的基本制度

【学习目标】

（一）理解

民事审判基本制度与民事诉讼其他基本制度的区别；民事审判基本制度与民事诉讼法基本原则的区别；合议庭与审判委员会的关系；两审终审制度与再审制度、检察监督制度的关系。

（二）熟悉

合议庭在不同审理程序中的组成形式、活动规则；回避的方式与程序；公开审判制度的具体内容、公开审判制度的例外；两审终审制度的内容、理由。

（三）掌握

民事审判基本制度的作用和体系；合议制度的概念、合议庭的组成与适用范围、合议制度与陪审员制度的关系；回避制度的概念、回避的情形和人员、回避事由；公开审判制度的概念、公开审判的内容；两审终审制度的概念与例外情形；陪审制度的概念与内容。

【知识结构图】

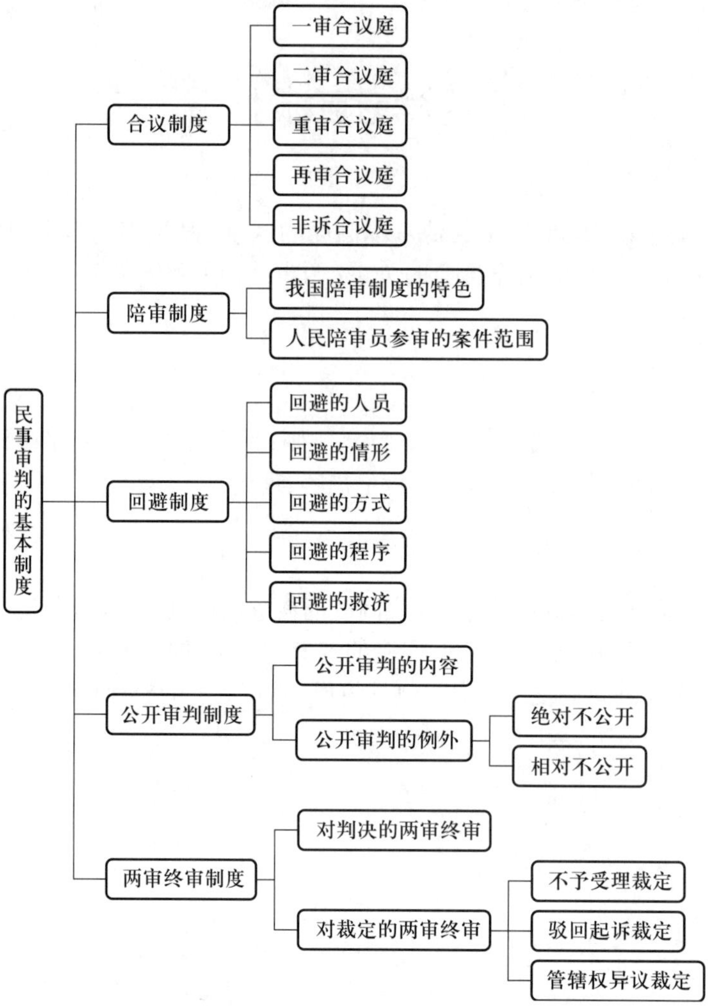

【重点难点解析】

一、民事审判基本制度与民事诉讼法基本原则的区别

1. 前者是从法院的角度出发,是规范法院的审判行为;而后者对法院和当事人的诉讼行为均具有规范作用。

2. 前者比后者在内容上更为具体,即前者具有直接操作性;而后者具有概括性和抽象性的特点,对民事诉讼活动发挥着指导和协调的功能。

3. 前者的效力限于法院的审判活动范围;而后者在民事诉讼的全过程或主要阶段发挥效力。

二、合议庭的组成形式与适用程序

(一) 第一审合议庭的组成形式

根据《民事诉讼法》第 40 条第 1 款的规定,法院审理第一审民事案件,合议庭有两种组成形式:

1. 由审判员和陪审员共同组成合议庭,合议庭的人数为单数。陪审员除不能担任审判长外,与审判员有同等的权利义务。

2. 由审判员组成合议庭,合议庭的人数为单数。

(二) 其他程序合议庭的组成形式

根据《民事诉讼法》第 41 条的规定,由审判员组成的合议庭,适用于第二审程序、重审程序、再审程序。此外,法院审理选民资格案件、重大或疑难的非讼案件、适用公示催告程序作出的除权判决,也由审判员组成合议庭。

(三) 合议庭的活动规则

合议庭的审判长由院长或者庭长指定审判员一人担任;院长或者庭长参加审判的,由院长或者庭长担任。合议庭评议案件,实行少数服从多数的原则。评议中的不同意见,必须如实记入笔录。

三、回避的情形和决定

(一) 回避的情形

根据《民事诉讼法》第 47 条、《民诉法解释》第 43 条和第 44 条的规定,审判人员有下列情形之一的,应当自行回避,当事人有权申请其回避:(1) 是本案当事人或者当事人近亲属的;(2) 本人或者其近亲属与本案有利害关系的;(3) 担任过本案的证人、鉴定人、辩护人、诉讼代理人、翻译人员的;(4) 是本案诉讼代理人近亲属的;(5) 本人或者其近亲属持有本案非上市公司当事人的股份或者股权的;(6) 与本案当事人或者诉讼代理人有其他利害关系,可能影响公正审理的。

审判人员有下列行为之一的,当事人有权申请其回避:(1) 接受本案当事人及其受托人宴请,或者参加由其支付费用的活动的;(2) 索取、接受本案当事人及其受托人财物或者其他利益的;(3) 违反规定会见本案当事人、诉讼代理人的;(4) 为本案当事人推荐、介绍诉讼代理人,或者为律师、其他人员介绍代理本案的;(5) 向本案当事人及其受托人借用款物的;(6) 有其他不正当行为,可能影响公正审理的。

回避的人员包括审判人员、书记员、执行员、翻译人员、鉴定人、勘验人、技术调查官等。

(二) 回避的决定

被申请回避的人员在法院作出是否回避的决定前,应当暂停参与本案的工作,但案件需要采取紧急措施的除外。院长担任审判长或独任审判员时的回避,由审判委员会决定;审判人员的回避,由院长决定;其他人员的回避,由审判长或独任审判员决定。

申请人对决定不服的，可以在接到决定时申请复议一次。复议期间，被申请回避的人员，不停止参与本案的工作。

四、不公开审理的情形

（一）应当不公开审理的案件

1. 涉及国家秘密的案件。此类案件因涉及党、政、军等方面的秘密，为防止泄密，避免给国家利益造成损害，不公开审理。

2. 涉及个人隐私的案件。此类案件因涉及当事人之间的私人生活领域，为尊重和维护当事人的隐私权，为避免对社会产生负面影响，不公开审理。

（二）可以不公开审理的案件

1. 涉及商业秘密的案件。涉及商业秘密的案件通常关系到生产工艺、配方、贸易联系、购销渠道等技术秘密、商业情报及信息。

2. 离婚案件。离婚案件往往涉及当事人情感生活的私密空间、伦理道德领域和公序良俗。

上述两类案件的当事人若提出不公开审理的申请，法院应根据案件具体情况，依职权决定是否不公开审理，属于相对不公开审理的案件。

五、一审终审的情形

（一）不可上诉的第一审判决

1. 基层法院及其派出法庭适用小额诉讼程序作出的第一审判决。

2. 基层法院适用特别程序、督促程序、公示催告程序作出的第一审判决。

3. 最高人民法院作出的第一审判决。

（二）不可上诉的第一审裁定

除不予受理、驳回起诉和管辖权异议以外的所有裁定，都不准上诉。

六、陪审制度的主要内容

我国的陪审制度是指由审判员、人民陪审员共同组成合议庭审理民事案件的制度。

根据法律规定，法院审理第一审民事案件，有下列情形之一的，由人民陪审员和法官组成合议庭进行：(1) 涉及群体利益、公共利益的；(2) 人民群众广泛关注或者其他社会影响较大的；(3) 案情复杂或者有其他情形，需要由人民陪审员参加审判的。

法院审理下列第一审民事案件，由人民陪审员和法官组成 7 人合议庭进行：(1) 根据《民事诉讼法》提起的公益诉讼案件；(2) 涉及征地拆迁、生态环境保护、食品药品安全，社会影响重大的案件；(3) 其他社会影响重大的案件。

第一审民事案件原告或者被告申请由人民陪审员参加合议庭审判的，法院可以决定由人民陪审员和法官组成合议庭审判。

人民陪审员不参加下列案件的审理：(1) 依照《民事诉讼法》适用特别程序、督促程序、公示催告程序审理的案件；(2) 申请承认外国法院离婚判决的案件；(3) 裁定不予受理或者不需要开庭审理的案件。同时，人民陪审员不得参与审理由其以人民调解员身份先行调解的案件，法院不得安排人民陪审员参加案件执行工作。

【延伸阅读】

1. 王亚新:《陪审制改革与司法公信力的提升》,载《人民法院报》2015 年 4 月 26 日,第 2 版。

2. 王亚新:《组织与程序视角下的民事诉讼审判主体——以审判组织与回避制度为中心》,载《财经法学》2015 年第 2 期。

3. 蔡虹、夏先华:《我国裁判文书上网的问题研究与对策分析》,载《公民与法(法学版)》2016 年第 3 期。

4. 吴英姿:《人民陪审制改革向何处去?——司法目的论视域下中国陪审制功能定位与改革前瞻》,载《苏州大学学报(法学版)》2014 年第 3 期。

【习题自测】

一、单项选择题

1. 某区法院在开庭审理原告许某与被告某饭店之间劳动合同纠纷一案之前,书面告知许某合议庭由审判员甲、乙和人民陪审员丙组成时,许某未提出回避申请。在开庭审理过程中,许某方知人民陪审员丙系被告法定代表人的弟弟,遂提出回避申请。关于本案的回避,下列哪一说法是正确的?(   )

A. 许某可在知道丙与被告法定代表人是兄弟关系时提出回避申请

B. 法院对回避申请作出决定前,丙不停止参与本案的审理

C. 应由审判长决定丙是否回避

D. 法院作出回避决定后,许某可对回避决定提出上诉

2. 在不同的审判程序中,审判组织的组成往往是不同的。关于审判组织的适用,下列哪一选项是正确的?(   )

A. 适用简易程序审理的案件,当事人不服一审判决上诉后发回重审的,可由一名审判员独任审理

B. 适用简易程序审理的案件,判决生效后启动再审程序进行再审的,可由一名审判员独任审理

C. 适用普通程序审理的案件,当事人双方同意,经上级法院批准,可由一名审判员独任审理

D. 选民资格案件只能由审判员组成的合议庭进行审理

3. 下列哪一类非讼案件不需要组成合议庭进行审理?(   )

A. 选民资格案件　　B. 重大或疑难案件

C. 认定财产无主案件　　D. 法院作出除权判决案件

4. 关于回避的决定,下列哪一说法是错误的?（　　）
A. 院长担任审判长或独任审判员时的回避,由审判委员会决定
B. 审判长的回避,由院长决定
C. 其他审判人员的回避,由审判长决定
D. 鉴定人员的回避,由审判长或独任审判员决定
5. 应当回避的审判人员在第一审程序中未回避,第二审法院如何处理?（　　）
A. 裁定撤销原判决,发回原审法院重审
B. 直接改判
C. 进行调解
D. 驳回上诉、维持原判决
6. 第二审法院发回重审的案件,原审法院应当如何确定审判人员?（　　）
A. 由审判员一人独任审理
B. 按照第一审程序另行组成合议庭
C. 由审判员一人独任审理或按照第一审程序另行组成合议庭
D. 由原合议庭继续进行审理
7. 当事人申请回避的时间,下列哪一说法是正确的?（　　）
A. 必须在案件开始审理时提出
B. 回避事由在案件开始审理后知道的,也可以在法庭辩论终结前提出
C. 在判决作出之前提出
D. 在上诉时提出
8. 公众申请查阅裁判文书,其申请符合要求,下列哪一情形法院应当同意?（　　）
A. 判决书、裁定书尚未发生法律效力
B. 判决书、裁定书已失去法律效力
C. 判决书、裁定书涉及国家秘密、商业秘密、个人隐私的内容
D. 判决书、裁定书未通过信息网络向社会公开
9. 法院审理第一审民事案件时,下列哪一类案件不需要人民陪审员参加审理?（　　）
A. 适用简易程序审理的案件　　B. 人民群众广泛关注的案件
C. 涉及群体利益的案件　　D. 涉及社会公共利益的案件
10. 当事人对下列哪一裁定不能提起上诉?（　　）
A. 不予受理裁定　　B. 驳回起诉裁定
C. 管辖权转移裁定　　D. 管辖权异议裁定

二、多项选择题

1. 审判人员有下列哪些行为,当事人有权申请其回避?（　　）
A. 接受本案当事人及其受托人宴请
B. 索取、接受本案当事人及其受托人财物
C. 违反规定会见本案当事人
D. 向本案当事人及其受托人借用款物
2. 下列哪些案件属于不公开审理的案件?（　　）

A. 涉及国家秘密的案件　　B. 涉及个人隐私的案件
C. 离婚案件　　D. 涉及商业秘密的案件

3. 公开审判制度包括下列哪些内容？（　　）
A. 法院应当在案件开庭审理 3 日前公告当事人的姓名或名称、案由和开庭审理的时间、地点
B. 开庭审理案件的过程向社会公开
C. 宣判公开
D. 公众可查阅裁判文书

4. 审判人员应当回避而没有回避的，当事人可以采取下列哪些救济措施？（　　）
A. 对回避决定申请复议　　B. 对回避决定提出异议
C. 对判决书提起上诉　　D. 对判决书申请再审

5. 下列哪些判决，当事人不得提起上诉？（　　）
A. 第一审法院按照简易程序作出的判决
B. 第一审法院按照小额诉讼程序作出的判决
C. 第二审法院对上诉案件作出的判决
D. 最高人民法院审理的第一审民事案件所作出的判决

三、不定项选择题

1. 下列哪些案件适用于独任制审理？（　　）
A. 适用小额诉讼程序审理的案件
B. 适用简易程序审理的案件
C. 二审法院发回重审的案件
D. 对一审生效裁判进行再审审理的案件

2. 下列哪些人员适用于回避制度？（　　）
A. 书记员　　B. 翻译人员　　C. 鉴定人　　D. 证人

3. 合议庭评议案件时，应遵循下列哪些规则？（　　）
A. 人民陪审员可以不参加案件评议
B. 合议庭全体成员均应当参加案件评议
C. 合议庭评议案件实行少数服从多数的原则，按照多数人的意见作出决定
D. 少数人的意见应当如实写入笔录

4. 另行组成合议庭是指原来审理该案的审判人员，一律不得参加新组成的合议庭，其适用于下列哪些案件？（　　）
A. 二审法院发回重审的案件
B. 当事人不服重审后所作出的判决，再次提起上诉的案件
C. 对一审生效裁判进行再审的案件
D. 对二审生效裁判进行再审的案件

5. 关于合议庭的组成，下列哪些说法是正确的？（　　）
A. 合议庭至少由 3 名审判人员组成，但最多不得超过 9 名
B. 审判员的人数应多于陪审员

C. 陪审员不得担任审判长

D. 合议庭的人数必须是单数

四、名词解释

1. 合议制度

2. 陪审制度

3. 回避制度

4. 公开审判制度

5. 两审终审制度

五、简答题

1. 简述回避的事由。

2. 简述公开审判制度的内容。

六、论述题

论合议庭与审判委员会的关系。

七、案例分析题

张某起诉后,在接到法院送达的《合议庭组成人员通知书》等诉讼材料时,虽知晓审判员李某为合议庭的组成人员,但并不知其是被告赵某的舅舅,直至开庭当日在法庭上见到李某本人时,方了解相关情况。

问题:

1. 此时张某是否有权申请李某回避? 如有权申请回避,合议庭该如何处理?

2. 如果张某在一审判决作出后,以李某未回避为由提起上诉,二审法院应如何处理?

3. 如果张某在一审判决作出后并未提起上诉,待一审判决生效后又以李某未回避为由申请再审,法院应如何处理?

第五章　当事人与诉讼代理人

【学习目标】

（一）理解

当事人在不同程序中的不同称谓；当事人的行为对民事诉讼程序的发生、变更、消灭的作用；诉讼代理人的作用。

（二）熟悉

当事人概念的变迁；确定当事人的意义；当事人适格；诉讼代理人的种类。

（三）掌握

当事人的概念和特征；民事诉讼权利能力与民事诉讼行为能力；当事人的权利和义务；共同诉讼的概念和特征；必要共同诉讼的概念和特征；必要共同诉讼产生的原因、类型；必要共同诉讼人的内部关系；普通共同诉讼的概念、特征和构成要件；普通共同诉讼人之间的关系；诉讼代表人的概念、性质、种类、产生方式；人数确定的代表人诉讼；人数不确定的代表人诉讼；第三人的概念、特征和作用；有独立请求权第三人参加诉讼的条件、诉讼地位；无独立请求权第三人的类型、参加诉讼的条件、诉讼地位；诉讼代理人的概念和特征；法定诉讼代理人的诉讼地位、范围、权限；法定诉讼代理权的取得与消灭；委托诉讼代理人的诉讼地位、范围、权限；委托诉讼代理权的取得、变更与消灭。

【知识结构图】

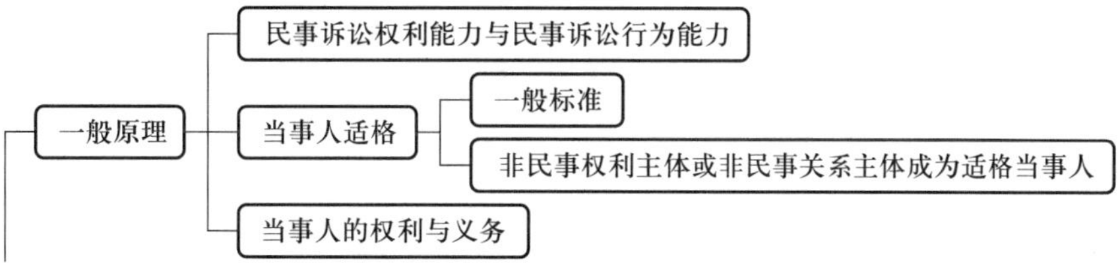

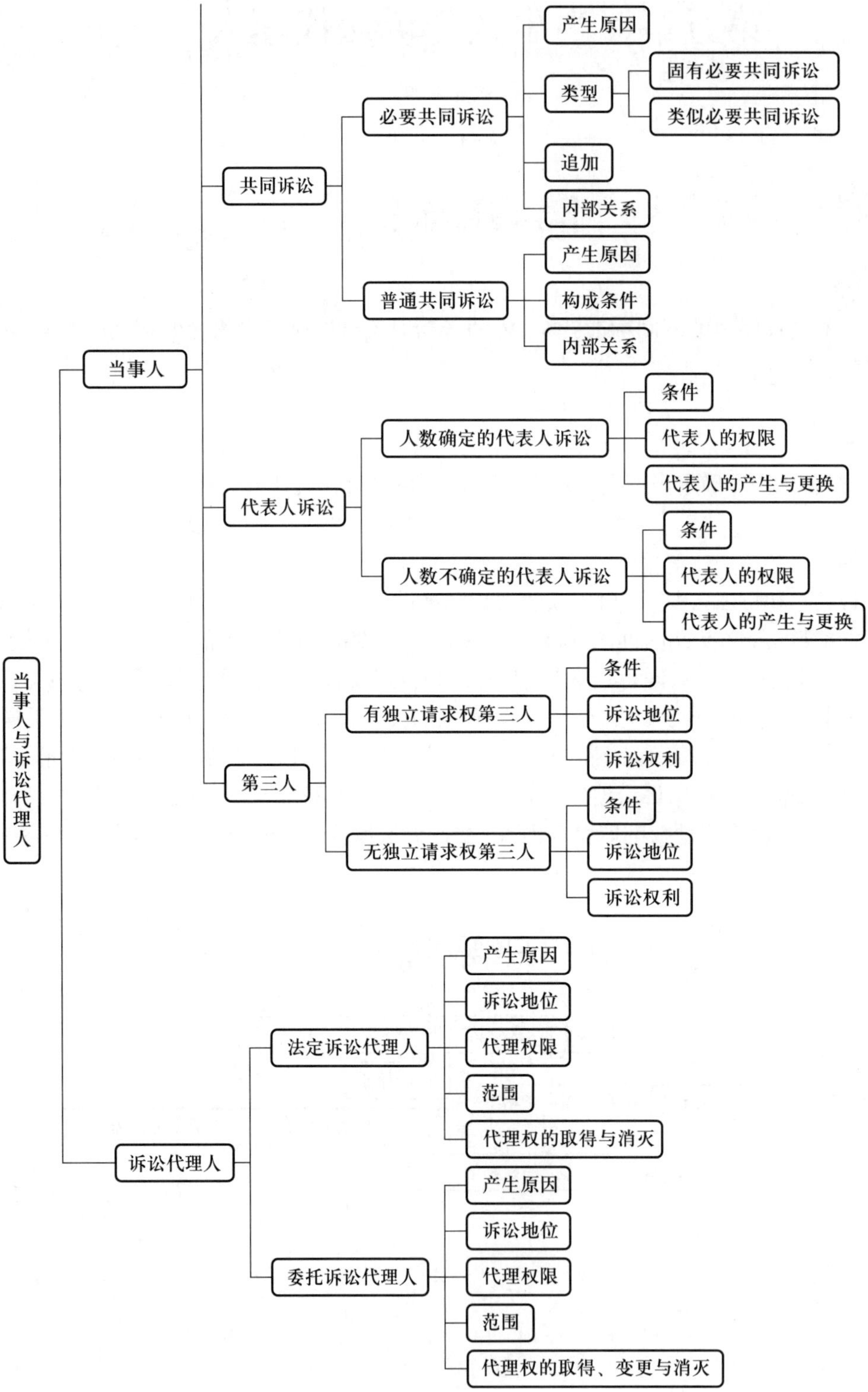
当事人与诉讼代理人
当事人
共同诉讼
必要共同诉讼
产生原因
类型
固有必要共同诉讼
类似必要共同诉讼
追加
内部关系
普通共同诉讼
产生原因
构成条件
内部关系
代表人诉讼
人数确定的代表人诉讼
条件
代表人的权限
代表人的产生与更换
人数不确定的代表人诉讼
条件
代表人的权限
代表人的产生与更换
第三人
有独立请求权第三人
条件
诉讼地位
诉讼权利
无独立请求权第三人
条件
诉讼地位
诉讼权利
诉讼代理人
法定诉讼代理人
产生原因
诉讼地位
代理权限
范围
代理权的取得与消灭
委托诉讼代理人
产生原因
诉讼地位
代理权限
范围
代理权的取得、变更与消灭

【重点难点解析】

一、当事人适格的理解

以自己的名义向法院提起诉讼或者被法院通知应诉的人，仅表明了当事人在诉讼中的诉讼地位，是程序意义上的当事人，不一定是适格的当事人。例如，甲的姐姐借钱给乙，乙到期后不予偿还，甲以自己的名义向法院提起诉讼要求乙归还借款，甲就不是一个适格的原告。所谓当事人适格，是指在具体的案件中有资格起诉或应诉，成为原告或被告，并受法院的裁判约束的人，又称为正当当事人。为了使诉讼在适格的当事人之间进行，使法院作出的裁判具有实际意义，需要有一定的标准来判断当事人是否适格。一般来讲，判断当事人是否适格应当以当事人是否是所争议的民事法律关系（即本案诉讼标的）的主体为标准。根据这一标准，只要是民事法律关系或民事权利的主体，并以该民事法律关系或民事权利为诉讼标的进行诉讼的人，就是适格的当事人。

但是在以下情形下，非民事权利主体或非民事法律关系主体也可以成为适格的当事人：

1. 公益诉讼中的原告。在公益诉讼中，被告实施的违法行为并未直接造成原告财产权或人身权的损害，而是对不特定多数人的利益造成了损害。按照当事人适格的标准，公益诉讼中的原告（法律规定的机关和有关组织，包括检察院），并不是适格的当事人。但是，由于公益诉讼中的原告提起诉讼的目的不是维护自身的利益而是维护社会公共利益，就需要突破当事人适格的标准。

2. 依法对他人的民事法律关系或民事权利享有管理权的人。比如，失踪人的财产代管人、遗产管理人、遗嘱执行人以及清算组等。当受其管理的民事法律关系或民事权利发生争议以后，这些人可以自己的名义起诉。

3. 在消极的确认之诉中，对诉讼标的有确认利益的人。例如，原告要求法院确认他与被告之间不存在父子关系，在此类诉讼中要求原告是所争议的法律关系的主体，就与此类诉讼的性质相悖。因此通常认为，在消极的确认之诉中，原告只要对该诉讼标的有确认利益，就可以成为适格的当事人；而被告只要对作为原告诉讼标的的法律关系有争议，就可以成为适格的被告。

4. 死亡公民的人格保护。死者人格中的名誉权由继承人行使。《民诉法解释》第 69 条规定，对侵害死者遗体、遗骨以及姓名、肖像、名誉、荣誉、隐私等行为提起诉讼的，死者的近亲属为当事人。可见，死者的近亲属为了维护死者的名誉权，可以作为适格的当事人向侵权人提出侵权之诉。

二、民事诉讼权利能力与民事诉讼行为能力

（一）民事诉讼权利能力

民事诉讼权利能力，简称诉讼权利能力，又称当事人能力，是指能够成为民事诉讼当事人，享有民事诉讼权利和承担民事诉讼义务的法律上的资格。

诉讼权利能力与民事权利能力有密切的关系。通常情况下，有民事权利能力的人，才具有

诉讼权利能力。但是，特殊情况下，二者也可能不一致，没有民事权利能力的人，也可以具有诉讼权利能力，成为民事诉讼当事人。具有诉讼权利能力的人包括：

1. 自然人。自然人在民事活动中与他人发生纠纷，可以作为原告起诉或被告应诉。自然人的民事权利能力始于出生，终于死亡，所以自然人的诉讼权利能力也从出生开始享有，到死亡时终止。

根据最高人民法院的司法解释，自然人作为诉讼当事人的情形还包括：(1) 以经营者身份作为当事人。即自然人为个体工商户时，个体工商户以营业执照上登记的经营者为当事人。(2) 以接受劳务一方作为当事人。提供劳务一方因劳务造成他人损害，受害人提起诉讼的，以接受劳务一方为被告。(3) 以直接责任人员为当事人。法人或其他组织应登记而未登记即以法人或其他组织名义进行民事活动，或者他人冒用法人、其他组织名义进行民事活动，或者法人或其他组织依法终止后仍以其名义进行民事活动的，以直接责任人员为当事人。

2. 法人。我国的法人分为营利法人、非营利法人和特别法人，它们都可以作为诉讼当事人。法人的诉讼权利能力始于依法成立，到法人终止时消灭。法人作为当事人需要注意以下问题：一是法人解散的，在依法清算并注销前，以该法人为当事人；未依法清算即被注销的，以该法人的股东、发起人或者出资人为当事人。二是法人被吊销营业执照的，不影响其当事人资格。

3. 非法人组织。非法人组织是民事诉讼中的第三类当事人，也是最为复杂的一类当事人，是指合法成立、有一定的组织机构和财产，但又不具备法人资格的组织。非法人组织的诉讼权利能力的开始和终止，与法人相同。非法人组织一般包括个人独资企业、合伙企业、不具有法人资格的专业服务机构等。

（二）民事诉讼行为能力

民事诉讼行为能力，简称诉讼行为能力，又称诉讼能力，是指当事人亲自进行诉讼活动，以自己的行为行使诉讼权利和承担诉讼义务的法律上的资格。

诉讼权利能力是成为诉讼当事人的资格，无此能力者，不得成为诉讼当事人。诉讼权利能力仅是实施诉讼行为的资格，因而有诉讼权利能力而无诉讼行为能力的人，可以成为当事人，但不能亲自进行诉讼，而要由其法定代理人或者法定代理人委托的诉讼代理人代为诉讼。

法人为当事人时，由其法定代表人进行诉讼。非法人组织为当事人时，由其主要负责人进行诉讼。

三、共同诉讼

民事诉讼中的共同诉讼，是法院处理涉及多数当事人民事争执的一种诉讼制度。它是指当事人一方或者双方为二人以上，诉讼标的是共同的或者属于同一种类，在诉讼过程中合并审理的一种诉讼形式。共同诉讼属于诉的合并，其意义在于简化诉讼程序，节省时间和费用，避免法院在同一事件处理上作出相互矛盾的判决。

共同诉讼是诉讼主体的合并，原告一方为二人以上的，称为共同原告；被告为二人以上的，称为共同被告。共同原告和共同被告，在民事诉讼中统称为共同诉讼人。

（一）共同诉讼的特征

1. 原告或者被告一方为二人以上，在民事诉讼理论中，原告为二人以上的共同诉讼，称为“积极的共同诉讼”；被告为二人以上的共同诉讼，称为“消极的共同诉讼”；原、被告均为二人以上的共同诉讼，称为“混合的共同诉讼”。

2. 共同诉讼人在同一诉讼程序中进行诉讼。只有当一方或双方为二人以上的当事人在同一诉讼程序中进行诉讼时，才能成为共同诉讼。

（二）必要的共同诉讼

必要的共同诉讼，是指当事人一方或者双方为二人以上，其诉讼标的是共同的，法院必须合并审理并作出同一判决的诉讼形式。当事人的诉讼标的是共同的，表明他们在民事权利、义务上具有共同的利害关系，诉讼标的的同一性又是由民事实体法律关系决定的。如果共同诉讼人在民事实体法律关系中存在着共同的利害关系，即享有共同的权利或承担共同的义务，其诉讼标的就是共同的。诉讼标的是共同的，在司法实践中常见有以下两种情形：

1. 共同诉讼人对诉讼标的具有共同的权利或义务。例如，财产共有人的共有财产被他人侵占引起的诉讼，因连带债权或连带债务而产生的诉讼，对合伙组织的诉讼，等等，均属这种情况。

2. 共同诉讼人的诉讼权利或义务，是基于同一事实或法律上的原因而产生的。这是指共同诉讼人对于诉讼标的本来没有共同的权利或者义务关系，只是由于同一事实或法律上的原因，才产生了共同的权利或者义务。例如，甲、乙、丙三人共同对丁实施侵权行为，将丁打伤，丁以甲、乙、丙三人为共同被告提起诉讼。甲、乙、丙三人之间本无共同义务，由于共同实施了侵权行为这一事实，在法律上应共负损害赔偿的责任，成了共同诉讼人。

（三）必要共同诉讼的分类

必要共同诉讼可以进一步区分为固有必要共同诉讼和类似必要共同诉讼。其中，前者是指按照法律规定，必须数人一同起诉或应诉才是适格的当事人，法院对于争议的法律关系应当作出合一判决。固有必要共同诉讼强调在当事人的资格上必须合一确定，倘使当事人未能一起进行诉讼，即造成主体不适格。因此，在固有必要共同诉讼中，共同诉讼人之间牵连性最强。在实体法的依据上，固有必要共同诉讼包括数当事人对诉讼标的有共同权利，或者根据同一的事实上及法律上的原因而享有权利、义务。比如，共同共有人为排除他人对共有物使用造成的妨害而提起的诉讼。

类似必要共同诉讼是指数人就诉讼标的，不必一同起诉或应诉，当事人有选择单独诉讼或共同诉讼的权利，但是如果数人共同起诉或共同应诉，法院必须并案审理，合一确定的诉讼。这类共同诉讼的典型是因连带之债引起的诉讼。在连带债权中，数个债权人均可要求债务人履行义务；而在连带债务中，债权人可以要求部分或者全体债务人履行全部清偿义务。因而在连带之债引起的诉讼中，既可以由一个债权人提起诉讼，也可以由全体债权人共同提起诉讼；债权人既可以向部分债务人起诉请求清偿，也可以向全体债务人起诉请求清偿。无论哪一种情形，当事人都是适格的。但是，若债权人选择了全体共同起诉或选择向全体债务人提起诉讼，法院裁判对诉讼标的便需合一确定。

四、代表人诉讼

（一）代表人诉讼概述

诉讼代表人是一种独立的诉讼主体，不同于一般的诉讼代理人。其与诉讼代理人的区别主要是：(1) 诉讼代表人是本案当事人，与本案诉讼标的有法律上的利害关系，并以自己的名义进行诉讼；而诉讼代理人不是本案当事人，与本案诉讼标的没有法律上的利害关系，以被代理人的名义进行诉讼。(2) 诉讼代表人参加诉讼，既是为了保护自己的民事权益，也是为了保护被代表的其他当事人的民事权益；而诉讼代理人参加诉讼的目的则是保护被代理人的民事权益。(3) 在代表人诉讼中，诉讼上的法律后果由诉讼代表人和被代表人全体共同享有与承担；而诉讼代理人在代理权限内所实施的诉讼行为，其法律后果由被代理人享有与承担。

另外，虽然代表人诉讼制度建立在共同诉讼制度的基础之上，以众多当事人之间具有共同利害关系作为内在联系，但是，两者之间有着明显区别：

(1) 当事人的人数不同。共同诉讼要求当事人一方或双方为 2 人以上，而代表人诉讼则要求当事人一方或双方为 10 人以上。

(2) 进行诉讼活动的主体不同。共同诉讼要求全体当事人共同进行诉讼，而代表人诉讼要求诉讼代表人代表全体进行诉讼。

(3) 诉讼行为的效力不同。共同诉讼分为必要的共同诉讼和普通的共同诉讼。在必要的共同诉讼中，共同诉讼人中一人的行为经全体承认的，对全体发生效力；在普通的共同诉讼中，共同诉讼人中一人的行为只对本人发生效力。而诉讼代表人的诉讼行为，除对本人发生效力外，还对被代表的当事人发生效力。

(4) 法院裁判的效力不同。在共同诉讼中，法院的裁判只对参加诉讼的当事人有拘束力；而在代表人诉讼中，法院作出的裁判，不仅对所有向法院登记的权利人有效，而且对那些虽然没有向法院登记，但在诉讼时效期间内向法院起诉的其他权利人也有效。

（二）代表人诉讼的类型

根据《民事诉讼法》第 56、57 条的规定，我国的代表人诉讼有两种类型：第一，人数确定的代表人诉讼；第二，人数不确定的代表人诉讼。

1. 人数确定的代表人诉讼。人数确定的代表人诉讼，是指当事人一方人数众多，诉讼标的是共同的或属于同一种类型，由众多当事人共同推选出数人作为代表代为实施诉讼行为的诉讼形式。

《民事诉讼法》第 56 条和《民诉法解释》第 76 条规定，在人数确定的代表人诉讼中，可以由全体当事人推选共同的代表人，也可以由部分当事人推选自己的代表人；推选不出代表人的当事人，在必要的共同诉讼中可由自己参加诉讼，在普通的共同诉讼中可以另行起诉。另外，代表人的诉讼行为对其所代表的当事人发生效力，但代表人变更、放弃诉讼请求或者承认对方当事人的诉讼请求，进行和解，必须经被代表的当事人同意。

人数确定的代表人诉讼的特点是：(1) 当事人一方人数众多，不仅人数在 10 人以上，而且在起诉时人数已确定。(2) 众多当事人对诉讼标的享有共同的权利或者承担共同的义务，或者诉讼标的属于同一种类。(3) 诉讼代表人由众多当事人共同选定，而不是由法院指定。

2. 人数不确定的代表人诉讼。人数不确定的代表人诉讼，是指由人数不确定的共同诉讼人通过推选等方式产生代表人，由代表人以全体共同诉讼人的名义进行的诉讼。

人数不确定的代表人诉讼须具备下列条件：(1) 当事人一方人数众多且具体人数在起诉时尚未确定。(2) 诉讼标的为同一种类，没有共同的诉讼标的。(3) 推选出诉讼代表人。

人数不确定的代表人诉讼的诉讼代表人的产生方式有三种：一是选定，即由向法院登记的权利人选出诉讼代表人；二是商定，即在权利人推选不出代表人时，由法院与参加登记的权利人通过协商方式产生代表人；三是指定，即在协商不成的情况下，由法院在参加登记的权利人中指定代表人。

五、第三人

民事诉讼中的第三人，是指原、被告之外的利害关系人，由于与案件的审理结果有法律上的利害关系或者对原、被告之间争议的诉讼标的享有独立的请求权，参加到原、被告之间已经开始的诉讼中的第三方当事人。我国《民事诉讼法》第 59 条规定，对当事人双方的诉讼标的，第三人认为有独立请求权的，有权提起诉讼；对当事人双方的诉讼标的，第三人虽然没有独立的请求权，但案件的处理结果同他有法律上的利害关系的，可以申请参加诉讼，或由法院通知其参加民事诉讼。该规定为第三人的确定提供了法律上的根据和标准。根据第三人参加诉讼的根据不同，可以将第三人分为有独立请求权的第三人和无独立请求权的第三人两种类型。前者对原、被告所争议的诉讼标的有独立的请求权，后者仅与案件的处理结果有法律上的利害关系。

(一) 有独立请求权的第三人

有独立请求权的第三人，是指对原、被告之间争议的诉讼标的，认为有独立的请求权，因而参加到原、被告之间已经开始的诉讼中来的第三方当事人。有独立请求权的第三人具有以下特征：

1. 对原、被告之间争议的诉讼标的认为有全部或部分的独立请求权。所谓“独立请求权”，是指第三人认为原告和被告之间争议的诉讼标的，其拥有该诉讼标的的全部或部分合法权益，无论原告胜诉还是被告胜诉，都将损害该第三人的合法权益。

2. 在本诉审理的过程中参加诉讼。有独立请求权的第三人参加诉讼须在本诉已经开始且尚未终结之时。只有这样，第三人才有机会在原、被告之间的诉讼进行过程中维护自己的权益。原则上，有独立请求权的第三人应当在一审程序中参加诉讼。但是，第一审程序中未参加诉讼的有独立请求权的第三人，申请参加第二审程序的，法院可以准许。第二审法院可以根据当事人自愿原则予以调解，调解不成的，发回重审。

3. 以起诉的方式参加诉讼。根据《民诉法解释》第 81 条的规定，有独立请求权的第三人有权向法院提出诉讼请求和事实、理由，成为当事人。由此可见，有独立请求权的第三人是以提出诉讼的方式参加诉讼的。

(二) 无独立请求权的第三人

无独立请求权的第三人，是指对原、被告之间的诉讼标的虽然没有独立的请求权，但其与案件的处理结果有法律上的利害关系，为了维护自己的利益而参加到诉讼中去的诉讼参加人。

无独立请求权的第三人具有以下特征：

1. 与案件处理结果有法律上的利害关系。无独立请求权的第三人参加诉讼的根据，不是对本诉原告和被告争议的诉讼标的有独立的请求权，而是与案件处理结果有法律上的利害关系。比如，甲因出国学习，将钢琴存放在乙家，后钢琴被丙借去使用，并损坏。甲在回国后发现钢琴被损坏，对乙提起诉讼，要求乙赔偿。这一案件的处理结果必然影响到丙的利益，丙可以作为无独立请求权的第三人参加诉讼。

2. 所参加的诉讼正在进行中。与有独立请求权的第三人参加诉讼的时间相同，无独立请求权的第三人也是在原、被告之间的诉讼进行的过程中参加诉讼的。

3. 自己申请参加诉讼或由法院通知其参加诉讼。无独立请求权的第三人参加诉讼的方式有两种：(1) 第三人本人申请，经法院同意后参加诉讼；(2) 由法院依职权通知其参加诉讼。

（三）无独立请求权的第三人与有独立请求权的第三人的区别

1. 参加诉讼的根据不同。无独立请求权的第三人参加诉讼是由于案件处理结果与其有法律上的利害关系；而有独立请求权的第三人参加诉讼的根据则是其对原、被告争议的诉讼标的享有独立的请求权。

2. 诉讼地位不同。无独立请求权的第三人不是完全独立的当事人；而有独立请求权的第三人处于原告的诉讼地位。

3. 享有的权利不同。无独立请求权的第三人只享有为维护其自身民事权益而应有的权利，如参加庭审、提供证据等，只有在法院判决其承担实体义务时才能享有上诉权；而有独立请求权的第三人则自始至终享有原告的一切权利。

4. 参加诉讼的方式不同。无独立请求权的第三人是以“通知参诉”或“申请参诉”的方式参加诉讼的；而有独立请求权的第三人是以起诉方式参加诉讼的。

六、法定诉讼代理权的取得与消灭

（一）法定诉讼代理权的取得

法定诉讼代理人的诉讼代理权来源于其监护人的身份，代理诉讼是监护权的内容之一。因此，法定诉讼代理权的取得依赖于监护权的取得。

（二）法定诉讼代理权的消灭

法定诉讼代理人的代理权因监护的消灭而消灭。引起监护权消灭的情形主要有：

1. 被监护人取得或恢复民事行为能力。

2. 监护人死亡或丧失民事行为能力。

3. 因离婚或解除收养关系，监护人失去监护权。

【延伸阅读】

1. 肖建国、宋春龙：《民法上补充责任的诉讼形态研究》，载《国家检察官学院学报》2016年第2期。

2. 熊跃敏:《消费者群体性损害赔偿诉讼的类型化分析》,载《中国法学》2014 年第 1 期。

【习题自测】

一、单项选择题

1. 赵某与刘某将共有商铺出租给陈某。刘某瞒着赵某,与陈某签订房屋买卖合同,将商铺转让给陈某。后因履行合同发生纠纷,刘某将陈某诉至法院。赵某得知后,坚决不同意刘某将商铺转让给陈某。关于本案相关人的诉讼地位,下列哪一说法是正确的? (　　)

A. 法院应依职权追加赵某为共同原告

B. 赵某应以刘某侵权提起诉讼,陈某为无独立请求权的第三人

C. 赵某应作为无独立请求权的第三人参加诉讼

D. 赵某应作为有独立请求权的第三人参加诉讼

2. 徐某注册成立一打印设计服务中心并领取了个体工商户营业执照,该中心未起字号。不久,徐某应征入伍,将该中心转让给同学李某经营,未办理工商变更登记。后该中心在承接一广告公司的打印设计服务业务时,收到款项却未能按期交货,遭广告公司起诉。下列哪一选项是本案的适格被告? (　　)

A. 李某　　B. 李某和徐某

C. 李某和该服务中心　　D. 李某、徐某和该服务中心

3. 精神病患者姜某冲入向阳幼儿园将入托的小明打伤,小明的父母与姜某的监护人朱某及向阳幼儿园协商赔偿事宜无果,拟向法院提起诉讼。关于本案当事人的诉讼地位,下列哪一选项是正确的? (　　)

A. 姜某是被告,朱某是无独立请求权的第三人

B. 姜某与朱某是共同被告,向阳幼儿园是无独立请求权的第三人

C. 向阳幼儿园与姜某是共同被告

D. 姜某、朱某、向阳幼儿园是共同被告

4. 小桐是由菲特公司派遣到苏拉公司工作的人员,一次外出工作时,不慎造成路人周某的左脚骨折,因赔偿医疗费问题,周某起诉至法院。关于本案适格的被告,下列哪一选项是正确的? (　　)

A. 苏拉公司和菲特公司为共同被告　　B. 苏拉公司和小桐为共同被告

C. 苏拉公司为被告　　D. 菲特公司为被告

5. 通常情况下,判断当事人适格的标准是(　　)。

A. 当事人是否具有民事诉讼权利能力和民事诉讼行为能力

B. 当事人是否在诉讼时效内提起诉讼

C. 当事人是否是发生争议的民事法律关系的主体

D. 当事人在起诉时能够提供相应的证据

6. 关于人数确定的代表人诉讼,下列哪一说法是正确的? (　　)

A. 只能是必要共同诉讼

B. 只能是普通共同诉讼

C. 既可能是必要共同诉讼,也可能是普通共同诉讼

D. 以上说法均不正确

7. 委托诉讼代理人行使下列哪一诉讼权利时,不需要经当事人的特别授权?( )

A. 放弃诉讼请求　　B. 进行自认

C. 提起反诉　　D. 提起上诉

8. 下列哪一类共同诉讼属于类似必要共同诉讼?( )

A. 企业法人分立的,因分立前的民事活动发生纠纷的,以分立后的企业为共同诉讼人

B. 无民事行为能力人、限制民事行为能力人造成他人损害的,无民事行为能力人、限制行为能力人和监护人为共同被告

C. 债权人将全体合伙人作为被告提起偿还借款的诉讼

D. 养父母作为共同原告提起解除与被告收养关系的诉讼

9. 在一审程序中,无独立请求权的第三人不具有下列哪些诉讼权利?( )

A. 提出管辖权异议　　B. 承认对方当事人的事实主张

C. 向法庭陈述自己的意见　　D. 提出证据

10. 某市法院受理中国人郭某与外国人珍妮的离婚诉讼,郭某委托黄律师作为代理人,在授权委托书中仅写明为“全权代理”。关于委托代理的表述,下列哪一选项是正确的?( )

A. 郭某已经委托了代理人,可以不出庭参加诉讼

B. 法院可以向黄律师送达诉讼文书

C. 黄律师可以代为放弃诉讼请求

D. 如果珍妮要委托代理人代为诉讼,必须委托中国公民

二、多项选择题

1. 律师作为诉讼代理人参加诉讼,应向法院提交下列哪些材料?( )

A. 律师事务所与当事人签订的委托代理协议

B. 当事人的授权委托书

C. 律师的执业证

D. 律师事务所的证明材料

2. 程某诉刘某偿还借款的诉讼过程中,程某将其对刘某的债权转让给了谢某。依据相关规定,下列哪些选项是正确的?( )

A. 如程某撤诉,法院可以准许其撤诉

B. 如谢某申请以无独立请求权第三人身份参加诉讼,法院可予以准许

C. 如谢某申请替代程某诉讼地位的,法院可以根据案件的具体情况决定是否准许

D. 如法院不予准许谢某申请替代程某诉讼地位的,可以追加谢某为无独立请求权的第三人

3. 我国有权提起公益诉讼的主体包括( )。

A. 法律规定的机关　　B. 法律规定的有关组织

C. 公民个人　　D. 社会团体

4. 对于必要共同诉讼人之间的内部关系,下列说法正确的是( )。

A. 一般情况下,共同诉讼人中一人的诉讼行为经其他共同诉讼人承认,对其他共同诉讼

人发生效力

B. 共同诉讼人之一发生诉讼中止事由的，整个诉讼都应当中止审理

C. 共同诉讼人之一不服一审判决提出上诉的，不论未提起上诉的其他共同诉讼人是否承认上诉行为，上诉的效力都及于全体共同诉讼人

D. 共同诉讼人之一发生延期审理事由的，整个诉讼都应当延期审理

5. 关于有独立请求权的第三人提起的参加之诉，下列说法正确的是（　　）。

A. 有独立请求权的第三人在参加之诉中处原告的诉讼地位

B. 在参加之诉中，本诉的原告和被告属于共同被告

C. 有独立请求权的第三人提起参加之诉的方式为起诉

D. 本诉原告撤诉的，不影响参加之诉的独立存在

三、不定项选择题

1. 委托诉讼代理人的范围不包括（　　）。

A. 基层法律服务工作者

B. 当事人所在社区、单位或者有关社会团体推荐的人

C. 具有民事诉讼权利能力和民事诉讼行为能力的普通公民

D. 当事人的近亲属

2. 非民事权利主体或非民事法律关系主体成为适格的当事人，包括下列哪些人？（　　）

A. 公益诉讼中的原告　　B. 遗产管理人

C. 遗嘱执行人　　D. 原告死亡后，其遗产继承人

3. 在人数不确定的代表人诉讼中，其代表人是如何产生？（　　）

A. 商定，在权利人推选不出代表人时，由法院与参加登记的权利人通过协商方式产生

B. 选定，由在法院登记的权利人选出代表人

C. 指定，在协商不成的情况下，由法院在参加登记的权利人中指定代表人

D. 另诉，推选不出代表人的当事人，基于普通共同诉讼的特点，可以另行起诉

4. 法院通知未参加诉讼的共同诉讼人参加诉讼，被通知的共同诉讼人不愿意参加诉讼的，法院应如何处理？（　　）

A. 被通知的原告明确表示放弃实体权利的，其可不参加诉讼

B. 被通知的原告既不愿意参加诉讼，又不放弃实体权利，仍追加为共同原告，其不参加诉讼，不影响法院对案件的审理和判决

C. 被通知的被告不愿意参加诉讼的，不影响法院对案件的审理和裁判，法院所作出的裁判，对未参加诉讼的被告亦有拘束力

D. 被通知的被告明确表示放弃实体权利的，其可不参加诉讼

5. 根据民事诉讼理论，关于当事人的表述，下列哪些选项是正确的？（　　）

A. 依法解散、依法清算并被撤销的法人可以自己的名义作为当事人进行诉讼

B. 被宣告为无民事行为能力的成年人可以自己的名义作为当事人进行诉讼

C. 不是民事主体的非法人组织依法可以自己的名义作为当事人进行诉讼

D. 中国消费者协会可以自己的名义作为当事人，对侵害众多消费者权益的企业提起公益诉讼

四、名词解释

1. 民事诉讼权利能力

2. 必要共同诉讼

3. 人数不确定的代表人诉讼

4. 有独立请求权的第三人

5. 委托诉讼代理人

五、简答题

1. 简述公益诉讼中的原告。

2. 简述无独立请求权第三人的类型。

六、论述题

1. 论当事人适格。

2. 论对必要共同诉讼人的追加。

七、案例分析题

老张过世后遗留房产一套,其在遗嘱中写明,将该房产赠与生前照顾其衣食起居的保姆小王。老张的大儿子张一和二儿子张二认为,小王是在老张生前病重期间,通过哄骗方式使其父书写的该遗嘱,进而将小王诉至法院。

问题:

1. 在诉讼中,法院查明老张还有一个小儿子张三,此时一审法院应如何处理?

2. 张三基于小王对老张生前的照顾,不愿参加诉讼,但也未明确表示放弃继承权,一审法院应如何处理?

3. 如果一审法院未查明张三的存在并判决遗嘱有效,张一和张二不服一审判决提起上诉,在二审诉讼中,张三主动申请参加诉讼活动的,二审法院应如何处理?

第六章　管辖制度

【学习目标】

(一) 理解

管辖权是国家公权力的重要组成部分，是保证法院及时、公正地行使审判权的基本制度。

(二) 熟悉

主管与管辖的关系、确定管辖的原则、管辖的法律分类与理论分类、管辖恒定等内容。

(三) 掌握

管辖的概念和作用；级别管辖的概念；确定级别管辖的标准；各级法院管辖第一审民事案件的范围；地域管辖的概念和分类；一般地域管辖的适用原则和例外规定；特殊地域管辖的适用情形；专属管辖的案件类型；协议管辖的适用条件；应诉管辖的适用情形；共同管辖与选择管辖的关系；裁定管辖的概念和种类；移送管辖的适用条件；指定管辖的适用情形；管辖权转移的概念和适用；管辖权异议的概念；提起管辖权异议的条件；管辖权异议的处理程序。

【知识结构图】

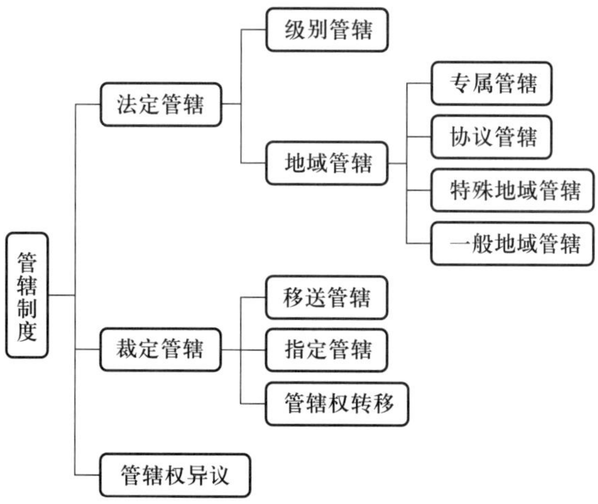

【重点难点解析】

一、管辖理论分类的理解

(一) 法定管辖和裁定管辖

以确定管辖的依据是法律规定还是法院裁定为标准,将管辖分为法定管辖和裁定管辖。法定管辖有级别管辖和地域管辖之分,裁定管辖有移送管辖、指定管辖、管辖权转移之分。从二者的关系来看,法定管辖是原则,裁定管辖是例外,二者相辅相成,充分体现了管辖的确定性和灵活性相结合原则。

(二) 强制管辖和任意管辖

以管辖的法律规范是否具有强制性为标准,将管辖分为强制管辖和任意管辖。强制管辖,是指某类案件只能由法律规定的特定的法院管辖,其他法院无管辖权,当事人也不得以协议方式变更管辖法院,如级别管辖和专属管辖。任意管辖,是指有关管辖的规定不是强制规范,而是授权性规范或倡导性规范,当事人单方或双方可以选择管辖法院,如共同管辖、选择管辖和协议管辖。

(三) 共同管辖和合并管辖

共同管辖和合并管辖是以诉讼关系为标准对管辖所作的分类。两个或两个以上的法院对同一案件具有管辖权的,称为共同管辖。合并管辖,也称牵连管辖,是指对某一案件有管辖权的法院,对与该案存在牵连关系但无管辖权的另一案件一并管辖和审理的制度。

二、专属管辖

专属管辖,是指法律规定某些特殊类型的民事案件必须由特定的法院管辖,其他法院无权管辖,当事人也不能协议变更管辖法院。专属管辖主要有以下几种:

1. 因不动产纠纷提起的诉讼,由不动产所在地法院管辖。
2. 因港口作业中发生纠纷提起的诉讼,由港口所在地法院管辖。
3. 因继承遗产纠纷提起的诉讼,由被继承人死亡时住所地或主要遗产所在地法院管辖。

三、协议管辖

协议管辖,是指双方当事人在纠纷发生前后,以书面协议的方式约定案件的管辖法院。协议管辖的特征是:

1. 协议管辖只适用于第一审案件。
2. 协议管辖的案件必须是合同纠纷或者其他财产权益纠纷。
3. 协议约定案件的管辖法院必须是被告住所地、合同履行地、合同签订地、原告住所地、标的物所在地等与争议有实际联系的地点的法院。
4. 协议管辖不得违反有关级别管辖和专属管辖的规定。

5. 协议管辖必须采用书面形式,口头协议无效。

四、移送管辖

移送管辖,是指法院受理案件后,发现本法院对该案没有管辖权,依法裁定将案件移送给有管辖权的法院审理。移送管辖的特征是:

1. 法院已经受理案件。

2. 移送的法院发现本院对已经受理的案件没有管辖权。

3. 受移送的法院对案件有管辖权。

4. 在下列情况下不得移送:(1) 有管辖权的法院受理案件后,根据管辖恒定的原则,其管辖权不受行政区域变更、当事人住所地或居所地变更的影响。(2) 两个以上法院对案件都有管辖权时,由先立案的法院管辖,先立案的法院不得将案件移送给另一个有管辖权的法院。(3) 受移送的法院认为本院对移送来的案件无管辖权,也不得再自行移送,应报请上级法院指定管辖。

五、管辖权转移

管辖权转移,是指经上级法院的决定或同意,将案件的管辖权从有管辖权的法院转移给无管辖权的法院。

(一) 上调转移

上调转移即管辖权的向上转移,包括:上级法院对下级法院管辖的第一审案件有权决定由自己审理;下级法院因特殊原因将自己管辖的第一审案件报请上级法院审理。前者由上级法院作出决定后管辖权即发生转移,后者须经上级法院同意后管辖权才能发生转移。

(二) 下放转移

下放转移即管辖权的向下转移,即上级法院将自己管辖的第一审案件,交由下级法院审理。根据《民事诉讼法》和《民诉法解释》的规定,为切实维护当事人的审级利益,避免受到地方保护主义的影响,下放转移必须遵行更为严格的条件和程序限制:一是须报请其上级法院批准;二是仅限于三种类型的案件,即破产程序中有关债务人的诉讼案件、当事人人数众多且不方便诉讼的案件、最高人民法院确定的其他类型案件;三是该下级法院不得再交由其下级法院审理。

六、指定管辖

指定管辖,是指上级法院以裁定方式指定其辖区内的下级法院对某一案件行使审判权的一种管辖制度。指定管辖的特征是:

1. 受移送的法院认为自己对移送来的案件无管辖权。

2. 有管辖权的法院基于特殊原因,不能行使管辖权。特殊原因主要包括:一是该法院的全体法官均需回避,无法组成合议庭对案件进行审判;二是有管辖权法院的辖区内发生了不可抗拒的事由,如地震、水灾等。

3. 法院之间因管辖权发生争议，经协商未能解决。(1) 积极争议。积极争议是指两个或两个以上的法院均认为自己对某一案件有管辖权，争相受理这一案件。(2) 消极争议。消极争议是指两个或两个以上的法院都认为本院对某一案件无管辖权，都不愿受理该案件。

【延伸阅读】

1. 李浩:《不予再审"管辖错误"后遗留问题研究》，载《法学家》2017 年第 2 期。

2. 李浩:《删而未除的"管辖错误"再审——基于 2013 年以来最高人民法院裁定书的分析》，载《法学研究》2015 年第 2 期。

3. 李浩:《民事诉讼管辖制度的新发展——对管辖修订的评析与研究》，载《法学家》2012 年第 4 期。

4. 李浩:《管辖错误:取消还是保留——兼析《民事诉讼法修正案(草案)第 41 条》，载《政治与法律》2012 年第 4 期。

5. 王亚新:《民事诉讼管辖:原理、结构及程序的动态》，载《当代法学》2016 年第 2 期。

6. 王亚新、雷彤:《合同案件管辖之程序规范的新展开——以〈民事诉讼法〉司法解释第 18 条的理解适用为中心》，载《法律适用》2015 年第 8 期。

7. 汤维建:《"管辖错误"作为再审事由不宜删除》，载《法学家》2011 年第 6 期。

8. 傅郁林:《司法职能分层目标下的高层法院职能转型——以民事再审级别管辖裁量权的行使为契机》，载《清华法学》2009 年第 5 期。

9. 肖建国、刘东:《管辖规范中的合同履行地规则研究》，载《现代法学》2015 年第 5 期。

【习题自测】

一、单项选择题

1. 关于管辖，下列哪一表述是正确的？（　　）

A. 军人与非军人之间的民事纠纷，应由军事法院管辖，体现了专属管辖的原则

B. 中外合资企业与外国公司之间的合同纠纷，应由中国法院管辖，体现了维护司法主权的原则

C. 最高人民法院通过司法解释授予部分基层法院对专利纠纷案件享有初审管辖权，体现了平衡法院案件负担的原则

D. 不动产纠纷由不动产所在地法院管辖，体现了管辖恒定的原则

2. 下列哪一选项不是协议管辖的必备条件？（　　）

A. 协议管辖只适用于第一审案件，不适用于第二审、再审和重审的案件

B. 协议管辖不得违反有关级别管辖和专属管辖的规定

C. 当事人协议选择的管辖法院必须是唯一且确定的

D. 协议必须采用书面形式，口头协议无效

3. 被告在答辩期间提出管辖异议，又针对起诉状的内容进行答辩的，法院应当如何处理？（　　）

A. 对管辖异议进行审查

B. 可以对案件进行审理

C. 向当事人进行释明,要求其作出明确的意思表示

D. 不可对管辖异议进行审查

4. 双方当事人以信息网络方式订立买卖合同并交付标的物,合同中对履行地没有约定,下列哪一地点为合同履行地?（　　）

A. 出卖人住所地　　B. 发货地

C. 收货地　　D. 买受人住所地

5. 因产品、服务质量不合格造成他人财产、人身损害提起的诉讼,下列哪一法院无管辖权?（　　）

A. 产品制造地的法院　　B. 产品销售地的法院

C. 服务机构注册地的法院　　D. 服务提供地的法院

6. 公民的经常居住地是指公民离开住所地至起诉时已连续居住一年以上的地方,但下列哪一地方除外?（　　）

A. 外出上学的地方　　B. 外出工作的地方

C. 住院就医的地方　　D. 在雇主家帮助看管小孩的地方

7. 关于移送管辖的说法,下列哪一选项是错误的?（　　）

A. 有管辖权的法院受理案件后,根据管辖恒定的原则,其管辖权不受行政区域变更、当事人住所地或居所地变更的影响

B. 两个以上法院对案件都有管辖权的,由先立案的法院管辖,先立案的法院不得将案件移送给另一个有管辖权的法院

C. 受移送的法院认为本院对移送来的案件无管辖权,也不得再自行移送,应报请上级法院指定管辖

D. 移送管辖只能发生在同级法院之间,上下级法院之间不发生移送管辖

8. 下列哪一案件,当事人提出管辖异议的,法院应当进行审查?（　　）

A. 二审法院发回重审的案件　　B. 按第一审程序再审的案件

C. 按简易程序审理的案件　　D. 按第二审程序再审的案件

9. 两个以上法院都有管辖权的案件,甲法院在立案后发现其他有管辖权的法院已先立案,其应如何处理?（　　）

A. 裁定驳回起诉

B. 裁定将案件移送给先立案的法院

C. 判决驳回诉讼请求

D. 裁定不予受理

10. 位于甲省的A县法院与位于乙省的B县法院因案件管辖权发生了争议,在协商不成的情况下,应报请哪一级法院指定管辖?（　　）

A. A县法院和B县法院均可报请其上级的中级法院

B. A县法院报请甲省高级法院

C. B县法院报请乙省高级法院

D. 报请最高人民法院

二、多项选择题

1. 居住在A地的甲与居住在B地的乙同在C地某饭店吃饭期间,因争抢座位发生殴打,甲将乙打倒在地并反复踢踹。后救护车将乙送至D地医院进行救治,乙因医治无效而死亡。现乙的亲属欲起诉甲,下列哪些法院具有管辖权?( )

A. A地法院　　B. B地法院　　C. C地法院　　D. D地法院

2. 法院受理案件后,被告对案件管辖有不同看法,依据法律和司法解释规定,其可以采取下列哪些救济措施?( )

A. 向受诉法院提出管辖权异议

B. 向受诉法院的上级法院提出异议

C. 在法院对管辖异议裁定驳回的情况下,可以对该裁定提起上诉

D. 在法院对案件作出终审判决后,以管辖错误申请再审

3. 根据《民事诉讼法》及相关司法解释的规定,下列哪些法院对专利纠纷案件享有管辖权?( )

A. 知识产权法院　　B. 最高人民法院确定的高级法院

C. 最高人民法院确定的中级法院　　D. 最高人民法院确定的基层法院

三、不定项选择题

1. 关于管辖制度的表述,下列哪些选项是错误的?( )

A. 对下落不明或者宣告失踪的人提起的民事诉讼,均由原告住所地法院管辖

B. 因共同海损或者其他海损事故请求损害赔偿提起的诉讼,由被告住所地法院管辖

C. 甲区法院受理某技术转让合同纠纷案件后,发现自己没有管辖权,裁定将案件移送给市中级人民法院审理,这属于管辖权的转移

D. 管辖协议约定两个以上与争议有实际联系的地点的法院,原告可以向其中一个法院起诉

2. 关于涉外离婚案件的管辖,下列哪些选项是正确的?( )

A. 在国内结婚并定居国外的甲和乙,如定居国法院以离婚诉讼须由婚姻缔结地法院管辖为由不予受理,甲向人民法院提出离婚诉讼的,由婚姻缔结地或者一方在国内的最后居住地人民法院管辖

B. 在国外结婚并定居国外的甲和乙,如定居国法院以离婚诉讼须由国籍所属国法院管辖为由不予受理,乙向人民法院提出离婚诉讼的,由一方原住所地或者在国内的最后居住地人民法院管辖

C. 甲居住在国外,乙居住在国内,在甲向其居住国法院起诉要求与乙离婚后,乙又向人民法院起诉与甲离婚,人民法院没有管辖权

D. 甲和乙双方在国外但未定居,甲向人民法院起诉离婚的,应由甲或者乙原住所地人民法院管辖

四、名词解释

1. 应诉管辖

2. 裁定管辖

3. 管辖权转移

4. 移送管辖

5. 选择管辖

五、简答题

1. 简述中级人民法院管辖第一审民事案件的范围。

2. 简述一般合同纠纷的特殊地域管辖。

六、论述题

论管辖权异议。

七、案例分析题

居住在西安市A区的甲与居住在北京市B区的乙在成都市C区签订了商品房买卖合同，约定甲将其位于重庆市D区的商品房以100万的价格卖给乙，并约定发生纠纷后由“西安市A区或成都市C区法院”管辖。后双方因房款支付发生纠纷，甲欲起诉乙。

问题：

1. 本案是否为专属管辖案件？

2. 甲应向何地法院提起诉讼？

第七章　民事诉讼证据

【学习目标】

（一）理解

民事诉讼证据与证据材料的区别；证据能力和证据的证明力；民事诉讼证据的作用。

（二）熟悉

视听资料与电子数据的区别；鉴定人与证人的区别；证据保全的类型；本证、反证的证明标准。

（三）掌握

民事诉讼证据的特征；民事诉讼证据的理论分类和法定种类；原始证据和传来证据；言词证据和实物证据；直接证据和间接证据；本证和反证的概念；当事人陈述的特点；书证的特点；物证的特点；视听资料的特点；电子数据的特点；证人证言的特点；鉴定意见的特点；鉴定人与专家辅助人的区别；勘验笔录的特点；当事人收集证据和法院收集证据的情形。

【知识结构图】

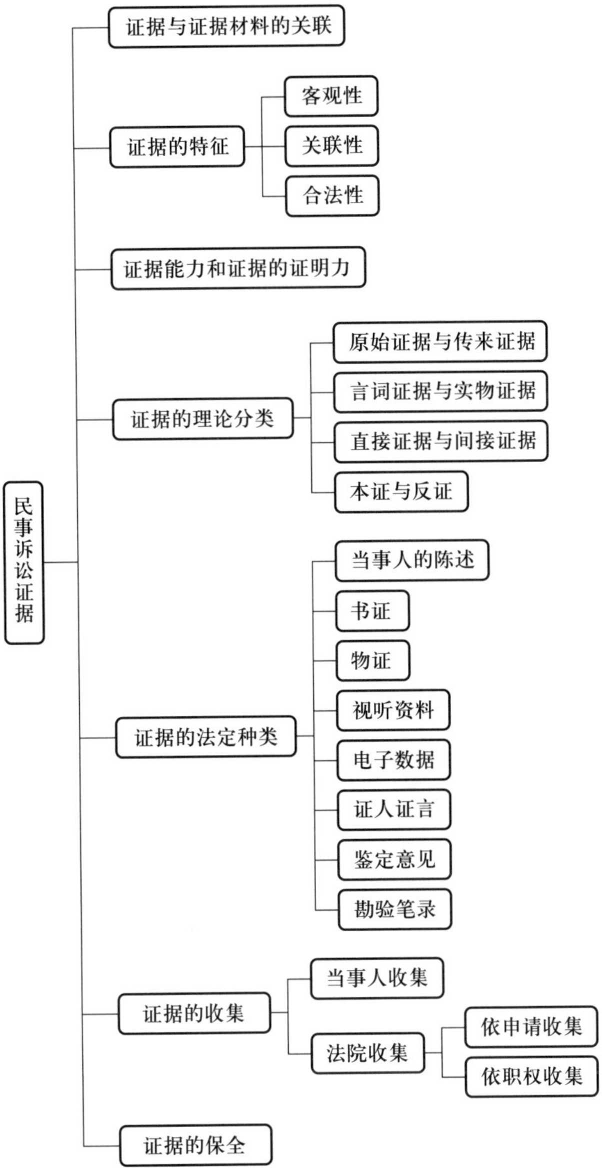

【重点难点解析】

一、民事诉讼证据与证据材料

民事诉讼证据，是指能够证明案件事实的一切物质材料或信息，即用于证明民事案件客观情况的事实。因此，必须符合法律规定的形式、具备法律规定的条件，才能称为民事诉讼证据，成为法院处理民事诉讼案件的依据。

证据材料是当事人向法院提供的、用以证明案件事实的资料。这些资料并不一定符合法律规定的民事诉讼证据形式，或者不一定具备民事诉讼证据的特征，尚不能称为民事诉讼证据。因此，民事诉讼证据与证据材料之间既有区别，又有联系：民事诉讼证据均来源于证据材料，证据材料经过法定程序查证后，才能成为民事诉讼证据。

区分“证据”与“证据材料”两个不同的概念，有助于我们了解民事诉讼证据所具有的特征，解决“事实说”面临的问题。

二、证据能力和证据的证明力

(一) 证据能力

我国民事诉讼法中没有证据能力的概念，其常见于英美法系国家的证据学理论及立法中。证据能力是指证据符合法律的规定因此具有在法庭审理过程中出示并成为证据调查对象的资格，可以认定案件事实的依据。大陆法系称为证据资格，英美法系则称为证据的可采性。证据能力涉及证据的适格性。在法律上，可采纳的证据也可称为适格的证据。针对不同证据，证据能力有不同的要求。证据能力在证据法上属于证据可采性与证据排除的问题。

然而，证据的可采性与有无证据能力有时并非完全一致。无证据能力，便无成为证据的资格；虽有证据能力，但审判人员经审查判断，认为已有充分的证据、立证价值甚微或已无必要的，也不得采纳为诉讼上的证据。

(二) 证据的证明力

证据的证明力，或称证据力，是指证据能够证明案件事实的能力。证据的证明力体现的是证据在证明待证事实方面的作用大小与强弱、分量与程度。

证据的证明力是由证据的真实性与关联性确定的。在诉讼中对证据证明力的认定，实质上是对某一证据本身是否具有客观性、与待证事实是否具有关联性以及关联性大小的确认。从发展历史来看，证据证明力的确定经历了从“法定证据原则”到“自由心证原则”的演变。即在证据是否具备证明力以及证明力大小的问题上，经历了由“法律规定”发展为“允许法官自由作出判断”的过程。例如，我国《民事诉讼法》第 74 条规定：“人民法院对视听资料，应当辨别真伪，并结合本案的其他证据，审查确定能否作为认定事实的根据。”由此可见，对证明力的认定是审判人员的职能所在。但是，即使在现代，也还保留着由法律直接规定证明力有无及大小的做法。例如，为了避免审判人员恣意判断证据，《证据规定》规定了审判人员在某些情况下如何认定证据证明力的内容。

(三) 证据能力与证据证明力的关系

证据能力是证据证明力的前提，有证据能力的证据才有证明力可言，凡有证明力的证据，在证据能力上均具有适格性。

在诉讼中，举证主体所提供的证据均会引起某一证据是否具有为法律所容许的资格的争执，或某一证据是否与待证事实具有关联性即有关证明价值的争执。上述两方面的争执往往成为当事人质证的主要内容。当事人对证据能力和证明力的质疑，既不存在孰先孰后的问题，也不存在互为前提的问题。例如，某一书证被一方当事人提交法庭后，对方当事人既可以对该书证的制作方式或来源提出质疑，也可以就该书证与待证事实是否具有关联性提出质疑。这些质疑既可同时提出，也可仅就其中一个方面提出，并不存在顺序先后或者互为前提的问题。同样，对证据的证据能力和证明力的审查判断是审判人员采证的基本内容。审判人员对证据能力的审查判断属于对证据的形式要件进行的审查判断，而对证据证明力的审查判断属于对证据的实质要件进行的审查判断。二者的统一构成了审判人员对证据进行审查判断的完整内容。二者之间同样不存在孰先孰后或者互为前提的问题。

总之，对证据能力的采证属于形式要件的认定，它涉及证据的合法性；对于证据证明力的采证属于实质要件的认定，它涉及证据的客观性与关联性。

三、原始证据与传来证据运用的一般规则

（一）原始证据优先原则

当事人和法院在诉讼中应当优先收集、提供、采纳原始证据。书证应当提交原件。提交原件或者原物确有困难的，可以提交复制品、照片、副本、节录本。提交外文书证，必须附有中文译本。调查人员调查收集的物证应当是原物。被调查人提供原物确有困难的，可以提供复制品或者照片。提供复制品或者照片的，应当在调查笔录中说明取证情况。调查人员调查收集计算机数据或者录音、录像等视听资料的，应当要求被调查人提供有关资料的原始载体；提供原始载体确有困难的，可以提供复制件。提供复制件的，调查人员应当在调查笔录中说明其来源和制作经过。

（二）补强证据规则

即传来证据必须与原物、原件相互印证才能作为认定案件事实的依据。当事人提交书证复印件的，法院应当结合其他证据和案件具体情况，审查判断书证复制品等能否作为认定案件事实的根据。无法与原件、原物核对的复印件、复制品，无正当理由未出庭作证的证人证言，不能单独作为认定案件事实的依据。

四、言词证据和实物证据

言词证据，是以人的陈述形式来证明案件事实的证据，包括当事人陈述、证人证言、鉴定意见等。实物证据，是以客观存在的物质形式或其记载的内容来反映案件事实的证据，主要包括物证、书证、勘验笔录、视听资料、电子数据等。

（一）言词证据的特点

1. 言词证据具有形象性和生动性。这是因为人的陈述能够按照一定的思维方式和逻辑，形象而生动地展现案件事实的前因后果与来龙去脉，通过较为详细的情节表述，有利于再现案件事实的面目。这一点是实物证据所不能比拟的。

2. 言词证据较易失真且不易固定。这是因为言词证据的内容是受人的主观意志和思想所支配的，除了利害关系和个人品质等因素之外，每个人对案件事实在生理上的感知能力、记忆

能力和表达能力等方面的差异，也会造成言词证据失真、贬损其证明力的结果。同时，言词证据所反映的情况往往不易固定，同一个人对同一案件事实的陈述在不同的时间和不同的场合可能会出现不尽相同之处。

（二）实物证据的特点

1. 客观性较强。作为客观存在的一种物质形式，实物证据一般可以通过人的触觉、视觉等直接感受和观察到，比如体现当事人之间权利义务关系的书面合同等。因此，这类证据有利于确定案件事实。

2. 可变性较强。一方面，基于自然的原因，如风吹、日晒、沙埋、水淹等，可能使实物证据产生变形、变质甚至灭失；另一方面，由于人为因素，如伪造、篡改等，可能使实物证据失真。

3. 间接性较强。物证通常是以物体的外形、质量、状态、规格、特征来证明案件事实。外形等并不能直接说明案件事实，而需要借助专业技术鉴定、逻辑推理等才能说明案件事实。这就使实物证据的证明程序相对比较复杂。

五、间接证据的使用规则

间接证据与案件主要事实的联系是间接的。任何一个间接证据，都只能从某一个侧面证明案件事实的一个部分。而且，单独的一个间接证据无法起到证明案件主要事实的作用，只有若干间接证据组合起来，形成一个完整的证据链条，才能证明案件的主要事实。因此，在间接证据的使用方面必须注意遵循以下规则：

1. 单个间接证据不能单独证明案件的待证事实。
2. 间接证据本身必须真实可靠并且必须具有关联性。
3. 各个间接证据之间必须协调一致，相互印证，不存在矛盾。
4. 运用间接证据组成的证据体系进行推理时，所得出的结论应当是肯定的、唯一的。

六、本证和反证

根据证据对当事人所主张的事实的证明作用，可将证据分为本证和反证。本证是对待证事实负有举证责任的一方当事人提出的，能够证明待证事实成立的证据。反证则是对待证事实不负举证责任的一方当事人提出的，能够证明该事实不存在或不真实的证据。

本证与反证的区分是以证据与待证事实之间的关系为标准的，而不是以证据是由哪一方当事人提出为标准。也就是说，并非原告提出的证据都是本证，被告提出的证据都是反证。在民事诉讼中，原告和被告都有权利提出事实主张，也都有权利提出相反的证据证明对方提出的主张不成立。比如，甲诉乙要求乙返还 10 万元借款，甲出示的由乙亲自书写的借条就是本证，乙提出借条为假的证据属于反证。

证明作用的不同，决定了本证和反证采取不同的证明标准。本证的证明标准要求更高，必须使法官达到确信的程度；反证的证明标准则低一些，只要足以动摇法官的心证、使待证事实真伪不明即可。当本证和反证的证明力相当时，即待证事实处于真伪不明的状态时，由本证方当事人承担举证不能的后果。

七、法院收集证据的情形

（一）法院依职权调查收集的证据

1. 涉及可能损害国家利益、社会公共利益的。
2. 涉及身份关系的。
3. 涉及公益诉讼的。
4. 当事人有恶意串通损害他人合法权益可能的。
5. 涉及依职权追加当事人、中止诉讼、终结诉讼、回避等程序性事项的。

（二）法院根据当事人的申请调查收集的证据

1. 证据由国家有关部门保存，当事人及其诉讼代理人无权查阅调取的。
2. 涉及国家秘密、商业秘密或者个人隐私的。
3. 当事人及其诉讼代理人因客观原因不能自行收集的其他证据。

【延伸阅读】

1. 张卫平：《当事人文书提出义务的制度建构》，载《法学家》2017 年第 3 期。
2. 张卫平：《民事诉讼法修改与民事证据制度的完善》，载《苏州大学学报（哲学社会科学版）》2012 年第 3 期。
3. 李浩：《民事证据制度的再修订》，载《中外法学》2013 年第 1 期。
4. 汤维建、王德良：《我国司法鉴定体制改革研究》，载《中国司法鉴定》2015 年第 5 期。
5. 毕玉谦：《辨识与解析：民事诉讼专家辅助人制度定位的经纬范畴》，载《比较法研究》2016 年第 2 期。

【习题自测】

一、单项选择题

1. 甲水果商店向乙公司订购了 2 000 公斤的红心猕猴桃，红心猕猴桃运送到水果商店后，甲水果商店发现有二十多箱已经腐烂，双方因责任承担和赔偿问题引发诉讼。在诉讼过程中，甲水果商店向法院提交了收货后用手机拍摄的红心猕猴桃腐烂的数张照片，以证明其诉讼主张。该照片属于哪一证据种类？（　　）

A. 视听资料　　B. 电子数据　　C. 物证　　D. 书证

2. 甲县的个体工商户张某与乙县的汇丰公司在丙县签订了香梨的买卖合同，收货后张某发现部分香梨已经腐烂，未达到合同约定的供货标准。张某退货被拒后，准备向法院起诉。为证明香梨的腐烂状况，张某向法院申请诉前证据保全。关于诉前证据保全，下列哪一表述是正确的？（　　）

A. 张某只能向甲县法院申请诉前证据保全

B. 法院应当在收到诉前证据保全申请后 15 日内作出保全裁定

C. 法院作出保全裁定后,应在 5 日内采取证据保全措施

D. 张某在法院采取保全措施后 30 日内未起诉的,法院应当解除保全

3. 甲公司诉乙公司专利侵权。经法院委托,丙鉴定中心出具鉴定意见,认定乙公司侵犯了甲公司的专利权。乙公司提出异议,并申请某大学燕教授出庭对专业问题提出意见。关于鉴定的说法,下列哪一选项是正确的?( )

A. 鉴定人在鉴定过程中可以询问当事人

B. 鉴定人应当出庭作证,但有正当理由可以不出庭

C. 燕教授的诉讼地位是鉴定人

D. 燕教授出庭费用由乙公司垫付,由败诉方承担

4. 在一起医疗纠纷诉讼中,原告申请其同学王某(某医院的主任医生)作为专家辅助人出庭对鉴定意见进行质证。下列哪一表述是正确的?( )

A. 被告可对王某进行询问

B. 王某在庭上的陈述属于鉴定意见

C. 被告以王某与原告存在利害关系为由申请其回避的,法院应予准许

D. 王某出庭的费用,由败诉方当事人承担

5. 张平因李华借钱不还,将李华诉至法院。张平为证明其诉讼主张,向法院提交了李华书写的借条及其从银行柜员机转账汇款的交易凭条。对该转账汇款的交易凭条在证据理论分类上的证据属性及证明力,下列哪一说法是正确的?( )

A. 属于传来证据,证明力较低　　B. 属于原始证据,证明力较高

C. 视为原始证据,证明力较高　　D. 属于传来证据,不具有证明力

6. 下列哪一证据,当事人不得向法院申请收集?( )

A. 涉及国家秘密、商业秘密或者个人隐私的证据

B. 证据由国家有关部门保存,当事人及其诉讼代理人无权查阅调取的证据

C. 由对方当事人所持有的证据

D. 当事人及其诉讼代理人因客观原因不能自行收集的其他证据

7. 在诉讼中,甲认为乙向法院提交的借据上的签名非其签字,申请鉴定,乙提出异议。此时法院的下列哪一做法是正确的?( )

A. 将乙提交借据上的签名送鉴定机构进行鉴定

B. 责令甲重新提交签名

C. 组织双方当事人对乙提交借据上的签名进行质证

D. 要求乙提供甲在借据上的签名系真实的证据

8. 书证在对方当事人的控制之下,承担举证证明责任的当事人应当在何时书面申请法院责令对方当事人提交?( )

A. 答辩期限届满前　　B. 法庭辩论终结前

C. 宣判前　　D. 举证期限届满前

9. 当事人在诉讼中申请证据保全的,最晚应当在何时提出?( )

A. 答辩期限届满前　　B. 法庭辩论终结前

C. 宣判前　　D. 举证期限届满前

10. 下列哪一选项不是实物证据的特点？（　　）

A. 可变性较强　　B. 客观性较强

C. 生动性较强　　D. 间接性较强

二、多项选择题

1. 张志军与邻居王昌因琐事发生争吵并相互殴打。之后，张志军诉至法院要求王昌赔偿医药费等损失共计 3 000 元。在举证期限届满前，张志军向法院申请事发时在场的方强(26 岁)、路芳(30 岁)、蒋勇(13 岁)出庭作证，法院准其请求。开庭时，法院要求上列证人签署保证书，方强签署了保证书，路芳拒签保证书，蒋勇未签署保证书。法院因此允许方强、蒋勇出庭作证，未同意路芳出庭作证。张志军在开庭时向法院提供了路芳的书面证言，法院对该证人证言不同意组织质证。关于本案，法院的下列哪些做法是合法的？（　　）

A. 批准张志军要求事发时在场人员出庭作证的申请

B. 允许蒋勇出庭作证

C. 不允许路芳出庭作证

D. 对路芳的证言不同意组织质证

2. 下列哪些人员不能作为证人？（　　）

A. 9 岁以下的未成年人　　B. 诉讼代理人

C. 书记员　　D. 翻译人员

3. 法院对下列哪些证据应当依职权调查收集？（　　）

A. 当事人有恶意串通损害他人合法权益可能的证据

B. 涉及可能有损国家利益、社会公共利益的证据

C. 与证明待证事实没有太大意义的证据

D. 合同原件在对方当事人手中

4. 对于间接证据的使用，必须遵循以下哪些规则？（　　）

A. 单个间接证据不能单独证明案件的待证事实

B. 间接证据本身必须真实可靠并且必须具有关联性

C. 各个间接证据之间必须协调一致，相互印证，不存在矛盾

D. 运用间接证据组成的证据体系进行推理时，所得出的结论应当是肯定的、唯一的

5. 下列哪些证据属于法定的证据种类？（　　）

A. 当事人陈述　　B. 鉴定结论

C. 电子数据　　D. 视听资料

三、不定项选择题

1. 关于证据的客观性，下列说法正确是(　　)。

A. 证据必须以某种能够被人感知的形式体现出来

B. 证据必须是客观存在的事实

C. 证据的客观性与证据的真实性有时不完全一致

D. 证据的内容客观性其实强调的是证据的真实性

2. 当本证和反证的证明力不能相互抵消时，将会发生何种法律效果？（　　）

A. 待证事实处于真伪不明的状态

B. 由本证方当事人承担举证不能的后果

C. 由反证方当事人承担举证不能的后果

D. 由本证方当事人和反证方当事人共同承担举证不能的后果

3. 下列哪些证据不属于原始证据？（ ）

A. 证人转述他人的陈述　　B. 拷贝到电脑里的手机录音内容

C. 物证的复制品　　D. 由双方当事人签字确认的合同复印件

4. 甲公司在报纸上刊登不实消息以毁损其商业竞争对手乙公司的声誉。现乙公司以该报纸作为证据，将甲公司诉至法院。该报纸属于下列哪一类证据？（ ）

A. 物证　　B. 书证

C. 当事人陈述　　D. 既是物证又是书证

5. 关于证人与鉴定人的关系，下列哪些说法是正确的？（ ）

A. 是否具有专业知识不同　　B. 了解案件事实的时间相同

C. 都是回避的主体　　D. 是否具有可替代性不同

四、名词解释

1. 证据的关联性

2. 证据的证明力

3. 直接证据

4. 反证

5. 物证

五、简答题

1. 简述证据能力与证据证明力的关系。

2. 简述处分性书证与报道性书证。

3. 简述不能作为证人的人员范围。

六、论述题

论文书提出命令。

七、案例分析题

张三将李四诉至法院，请求李四向其支付货款。同时，张三告知法院双方之间仅签订了一份书面买卖合同并由李四所持有，对此，李四表示否认。后张三又向法院提交了双方在签订合同时的视频，在该视频中有合同被李四拿走的影像，但该视频系张三在现场通过手机偷录所得。法院认为，偷录的视频不能在民事诉讼中作为证据使用，故认定双方之间不存在合同的买卖关系，判决驳回张三的诉讼请求。

问题：

法院的上述做法是否正确？理由是什么？

第八章　民事诉讼证明

【学习目标】

（一）理解

广义证明与狭义证明；严格证明与自由证明；证明责任与举证责任。

（二）熟悉

证明标准与发现真实的关系；自认的构成与类型；证据交换程序与质证程序。

（三）掌握

民事诉讼证明的概念、证明对象的概念、证明对象的范围；免予证明的事实与范围；证明责任的概念与作用、证明责任分配及其规则；证明标准的概念与作用、证明标准的类型；举证期限、证据交换、逾期举证的法律后果；质证的概念、质证的主体、质证的客体、质证的内容；认证的概念与方法。

【知识结构图】

- 民事诉讼证明
  - 证明对象
    - 构成要件
    - 范围
      - 实体法事实
      - 程序法事实
      - 证据性事实
      - 外国法律和地方法规习惯
    - 免证事实
      - 自认的事实
      - 自然规律及定理定律
      - 众所周知的事实
      - 根据法律推定的事实
      - 根据已知的事实和日常生活经验法则推定的事实
      - 已为生效裁判所确认的事实
      - 已为生效仲裁裁决所确认的事实
      - 已为有效的公证文书所证明的事实
  - 证明责任
    - 证明责任分配的一般规则
    - 证明责任分配的特殊规则
  - 证明标准
    - 证明标准的作用
    - 证明标准的类型
      - 高度盖然性
      - 排除合理怀疑
  - 证明程序
    - 举证期限
      - 目的
      - 延长与再次确定
      - 逾期举证的法律后果
    - 证据交换
      - 概念
      - 适用范围
      - 程序
    - 质证
      - 概念
      - 主体
      - 客体
      - 内容
      - 程序
    - 认证
      - 概念
      - 方法

【重点难点解析】

一、证明对象的理解

民事诉讼中的证明对象,简称证明对象,也称待证事实、证明客体,是指凡是需要当事人用证据加以证明的事实就是证明对象。

明确民事诉讼中的证明对象具有十分重要的意义。只有明确了证明对象才能进一步确定证明责任的分配,以及对证明对象的证明需要达到的证明标准,并进一步明确如何进行证明的程序。证明对象的确定使诉讼证明成为有意识、有目的的活动,使当事人的举证、质证和法院的查证、认证更加具有针对性,避免不必要的、没有意义的证明活动可能导致的诉讼拖延和司法资源的浪费。

(一)证明对象的构成条件

根据民事诉讼法的一般理论,只有同时具备以下三个条件的事实,才能成为民事诉讼中的证明对象。

1. 双方当事人对案件事实存在争议。民事诉讼贯彻辩论主义原则,该原则的宗旨在于,将法院裁判的基础建立在当事人事实主张的范围内,凡是当事人没有争议的事实或自认的事实都应当作为法院裁判的基础。因此,根据辩论主义的要求,双方当事人没有争议的事实无须证明。只有双方当事人存在争议的案件事实,才需要当事人提供证据予以证明。

2. 对该案件事实的证明具有法律上的意义。诉讼证明的最终目的在于帮助法官认定案件事实,并在此基础上依据民事实体法和民事程序法解决当事人之间的纠纷。因此,在诉讼中需要当事人运用证据予以证明的案件事实,必须具有民事实体法和民事程序法上的意义。

3. 该案件事实是当事人在诉讼中主张的事实。根据辩论主义原则的要求,法院只能在当事人主张的范围内认定案件事实。当事人没有主张的事实,即使法官形成心证也不得作为裁判的基础。因此,需要通过证据予以证明的案件事实,必须是当事人在诉讼中提出主张的案件事实。当事人没有主张的案件事实,不能成为证明对象。

(二)证明对象的范围

在民事诉讼中,需要当事人用证据加以证明的事实主要有以下四类:

1. 实体法事实。众所周知,民事诉讼所要解决的就是当事人之间关于实体权益的争议。所以,当事人所主张的实体法事实为对方当事人所争执时,就成为证明的对象,也是民事诉讼中最主要的证明对象。

需要由当事人用证据加以证明的实体法事实可以进一步划分为关于民事法律关系发生、变更和消灭的事实以及发生民事争议的事实两个组成部分。前一类事实指民事法律关系构成要素的事实,具体包括民事法律关系主体的事实、民事法律行为的事实以及民事法律关系发生、变更和消灭的事实。后一类事实指当事人因民事权利义务关系的状态、成立、变更和消灭发生争议的事实。

2. 程序法事实。程序法事实是指能够引起民事诉讼法律关系发生、变更或消灭的事实。程序法事实不直接涉及当事人之间实体权益的分配，但对民事诉讼程序的开始、进行和终止，都具有重要的意义，如一方当事人提出管辖权异议或先予执行申请等。此类事实必须由该当事人提出证据加以证明，法院不能依职权主动认定。

3. 证据性事实。证据是证明案件事实的手段或根据，在进入诉讼程序之初时，所有的证据都处于真伪不明的状态。因此，证据只有经过当事人之间的质证、辩论，以及法官对证据的审查判断后，才能查明其真伪。这个过程是证明证据真实性的过程，这些被证明的证据性事实，也是证明对象。

4. 外国法律和地方性法规、习惯。法官都熟悉本国的法律，但对域外法律规定相对了解不全面。在审理涉外案件的过程中，如果一方当事人主张援引某一外国法律来解决纠纷，则该外国法律的内容应当作为证明对象，由主张方加以证明。另外，由于我国幅员辽阔，各级地方政府在本行政区域内制定的地方性法规或当地通行的习惯不一定为法官所了解，因此，为了更好审理民事案件，地方性法规和习惯应当成为证明对象。

二、自认的理解

自认是指在诉讼过程中一方当事人对另一方当事人主张的、于己不利的事实表示的承认。

（一）自认的构成要件

根据我国《民事诉讼法》及有关司法解释的规定，自认必须同时具备以下条件：

1. 自认的事实必须是对方当事人主张的事实。一方当事人主动承认对方当事人没有主张的事实，属于当事人陈述。只有一方当事人承认对方当事人主张的事实，才可能构成自认。

2. 自认的事实必须是于己不利的事实。所谓“于己不利”，就是法院将作出不利于承认一方的事实认定。当事人对有利于自己的事实的承认，不构成自认。

3. 自认的时间必须是在民事诉讼过程中。当事人或其代理人在口头辩论或准备程序中，承认对方当事人所主张的事实为真实的，称为自认。当事人在诉讼外承认对方当事人所主张的事实，没有诉讼上自认的效力。换言之，不是在民事诉讼过程中作出的承认，不构成民事诉讼上的自认。

4. 自认不得违反法律和司法解释的强制性规定。根据《民诉法解释》第 92 条第 2 款的规定，涉及身份关系、国家利益、社会公共利益等应当由法院依职权调查的事实，不适用自认的规定。另外，《证据规定》第 8 条还规定，《民诉法解释》第 96 条第 1 款规定的事实，也不适用有关自认的规定；自认的事实与已查明事实不符的，不予确认。

（二）自认的类型

1. 根据表现的形式不同，自认可分为明示自认与默示自认。明示自认是指当事人明确作出承认的意思表示而成立的自认。明示自认既可在法庭审理中以口头形式作出并经庭审笔录固定，也可在起诉状、答辩状、代理词等书面材料中作出。默示自认又称拟制自认，是指一方当事人对另一方当事人所主张的案件事实保持沉默而不加争执与反驳，经法定程序推定其承认该事实而成立的自认。《民诉法解释》第 92 条第 1 款规定，一方当事人在法庭审理中，或者在起诉状、答辩状、代理词等书面材料中,对于己不利的事实明确表示承认的,另一方当事人无需举证证明。该款规定的就是明示自认。《证据规定》第4条规定,一方当事人对于另一方当事人主张的于己不利的事实既不承认也不否认,经审判人员说明并询问后,其仍然不明确表示肯定或者否定的,视为对该事实的承认。该条规定则是默示自认。

2. 根据作出自认的主体不同,可将自认分为当事人自认与诉讼代理人自认。当事人是最主要的自认主体,当事人自认也是自认的基本形式。《证据规定》第5条规定,当事人委托诉讼代理人参加诉讼的,除授权委托书确排除的事项外,诉讼代理人的自认视为当事人的自认。

(三)自认的效力

自认的效力也就是因自认而产生的法律后果。一般认为,自认的效力包括以下几个方面:

1. 对自认当事人的拘束力。作出自认的当事人必须受自认内容的拘束,不能再对自认所涉及的案件事实提出相反的主张。但为了保障当事人在诉讼中自由协商的权利,《民诉法解释》第107条规定:"在诉讼中,当事人为达成调解协议或者和解协议作出妥协而认可的事实,不得在后续的诉讼中作为对其不利的根据,但法律另有规定或者当事人均同意的除外。"

2. 免除对方当事人的证明责任。自认一旦作出,对方当事人就无需对自认的案件事实承担证明责任。

3. 对法院的拘束力。通常情况下,法院应当将当事人自认的事实作为认定案件事实的依据。自认对法院的拘束力并不仅限于第一审法院,对第二审法院和再审法院同样具有拘束力。但是,自认对法院的拘束力并不是绝对的。法院认为当事人的自认是出于恶意或为了达到规避法律或其他非法目的的,或者与法院查明的事实不一致的,可以不受自认的约束。

(四)自认的撤回

根据《证据规定》第9条第1款的规定,有下列情形之一的,作出自认的当事人可以在法庭辩论终结前撤销自认:(1)经对方当事人同意的;(2)自认是在受胁迫或者重大误解情况下作出的。

三、证明标准

证明标准是指对于当事人提出的事实主张和证据,法官形成内心确信所要达到的程度或最低限度。证明标准主要是为审判人员设定的,主要用于限制法官滥用事实判断上的自由裁量权,但不排除法官的主观心证。

(一)证明标准的作用

1. 证明标准具有抑制当事人起诉并指示其如何起诉的作用。民事诉讼实行"谁主张,谁举证"的原则。当事人只有提供充分的证据,其主张的事实才可能得到法院的支持,才有可能获得胜诉的结果。因此,当事人会根据自己收集证据的情况,选择合适的诉讼类型并恰当地提出民事实体法律关系主张。

2. 证明标准具有促进、引导当事人举证的作用。证明标准是法官在对有关证据资料进行自由评价后对待证事实作出判断的尺度,它是法官对待证事实形成内心确信的标准。这一标准对当事人的举证结果具有决定性的意义，也就会影响当事人的举证动机、举证策略、举证路线以及举证重心。因此，证明标准对于当事人的举证活动具有促进和引导作用。

3. 证明标准具有决定免除证明责任所要达到的证明程度的作用。当负有证明责任的一方当事人所提供的证据使法官确信该事实存在或者不存在时，就免除了该当事人的证明责任。

4. 证明标准具有落实公共政策导向的作用。国家的公共政策并不鼓励耗费过多的社会资源和公共成本去解决私人纠纷。为落实这一公共政策导向，民事诉讼实行较低的证明标准，即在不放弃发现客观真实的追求的同时，以较低的证明程度作为认定案件事实的标准，从而落实国家对于私人纠纷解决的政策导向。

（二）证明标准的类型

1. “盖然性”证明标准。这一证明标准源于法官不得以无从发现证据而拒绝裁判的诉讼理念和西方自由心证制度。在理论上，“盖然性”又分为高度盖然性的证明标准、较高的盖然性的证明标准和低的盖然性的证明标准。

2. 对不同的证明对象规定不同的证明标准。这是指在证明标准上有“证明”和“疏明”之分。“证明”是指当事人提出的证据可以使法官对待证事实达到确信的程度；“疏明”是指当事人对自己所主张的事实虽然没有达到证明的程度，但是提出的证据达到使法官大致确信的程度。

3. “高度可能性”的证明标准。这一证明标准是在承认认识的绝对性与相对性的基础上产生的，不仅是通行于许多国家的证明标准，也是我国民事诉讼的证明标准。

4. 特殊事实的证明标准。这是我国民事诉讼对欺诈、胁迫、恶意串通事实的证明，以及对口头遗嘱或者赠与事实的证明，所采用的要达到排除合理怀疑的程度的证明标准。

四、逾期举证的法律后果

1. 当事人逾期提供证据的，法院可以责令其说明逾期提供证据的理由，必要时还可以要求其提供相应的证据。

2. 当事人因故意或者重大过失逾期提供的证据，将直接导致该证据不能作为定案根据。

3. 当事人逾期提供的证据与案件基本事实有关，法院在采纳后，将依照民事诉讼法的有关规定对其予以训诫、罚款；非因故意或者重大过失逾期提供的证据，法院在采纳后，将对其予以训诫、罚款。

4. 一方当事人要求另一方当事人赔偿因逾期提供证据致使其增加的交通、住宿、就餐、误工、证人出庭作证等必要费用的，法院可予支持。

五、电子数据的认证规则

法院对于电子数据的真实性，应当结合下列因素综合判断：(1) 电子数据的生成、存储、传输所依赖的计算机系统的硬件、软件环境是否完整、可靠；(2) 电子数据的生成、存储、传输所依赖的计算机系统的硬件、软件环境是否处于正常运行状态，或者不处于正常运行状态时对电子数据的生成、存储、传输是否有影响；(3) 电子数据的生成、存储、传输所依赖的计算机系统的硬件、软件环境是否具备有效的防止出错的监测、核查手段；(4) 电子数据是否被完整地保存、传输、提取,保存、传输、提取的方法是否可靠;(5) 电子数据是否在正常的往来活动中形成和存储;(6) 保存、传输、提取电子数据的主体是否适当;(7) 影响电子数据完整性和可靠性的其他因素。法院认为有必要的,可以通过鉴定或者勘验等方法,审查判断电子数据的真实性。

【延伸阅读】

1. 张卫平:《民事诉讼中举证迟延的对策分析》,载《法学家》2012 年第 5 期。

2. 李浩:《论适用举证期限的几个问题》,载《法律适用》2013 年第 10 期。

3. 潘剑锋:《民事证明责任论纲——对民事证明责任基本问题的认识》,载《政治与法律》2016 年第 11 期。

4. 毕玉谦:《论庭审过程中法官的心证公开》,载《法律适用》2017 年第 7 期。

5. 毕玉谦:《民事公益诉讼中的证明责任问题》,载《法律适用》2013 年第 10 期。

6. 熊跃敏:《民事诉讼中法院释明的实证分析——以释明范围为中心的考察》,载《中国法学》2010 年第 5 期。

【习题自测】

一、单项选择题

1. 下列哪一情形可以产生自认的法律后果?(　　)

A. 被告在答辩状中对原告主张的事实予以承认

B. 被告在法院调解过程中对原告主张的事实予以承认,但双方未能达成调解协议

C. 被告认可其与原告存在收养关系

D. 被告在原告起诉前承认的事实

2. 某化工厂排放未经处理过的废水导致附近水源严重污染,众多村民因饮用被污染的水后生病住院。现村民以水源被污染为由,将该化工厂诉至法院。关于化工厂排放的废水与村民生病住院之间是否存在因果关系的举证责任分配,下列哪一选项是正确的?(　　)

A. 应由受害村民承担举证责任

B. 应由某化工厂承担举证责任

C. 应由法院依职权裁量分配举证责任

D. 应由双方当事人协商分担举证责任

3. 李某以王某书写的借条为依据,起诉要求王某偿还 10 万元借款并支付利息 5 000 元。王某辩称已还款 5 万元,其有李某书写的收据,但王某并未向法院提交该证据。据此,一审法院判决王某返还李某 10 万元借款并支付 5 000 元利息。在一审判决生效之前,王某因找到李某书写的收据并提起上诉。关于王某在二审提交李某书写的收据,下列哪一选项是正确的?(　　)

A. 因不属于新证据,法院不予采纳

B. 法院应采纳该证据,但应对王某进行训诫

C. 未经李某同意,法院不采纳该证据

D. 经李某同意,法院可以采纳该证据

4. 关于免于证明的事实,当事人对下列哪一选项不能用相反的证据予以反驳?( )

A. 自然规律以及定理、定律

B. 根据法律规定推定的事实

C. 根据已知的事实和日常生活经验法则推定出的另一事实

D. 众所周知的事实

5. 在我国民事诉讼中,对通常事实的证明标准是下列哪一选项?( )

A. 可能性

B. 高度可能性

C. 排除合理怀疑

D. 盖然性

6. 下列哪一事实适用于自认?( )

A. 涉及身份关系的事实

B. 涉及国家利益的事实

C. 涉及社会公共利益的事实

D. 涉及商业秘密的事实

7. 当事人逾期提供证据的,将不会产生下列哪项法律后果?( )

A. 法院判决该当事人败诉

B. 法院责令该当事人说明理由,必要时要求其提供相应的证据

C. 对方当事人对逾期提供证据未提出异议,视为未逾期

D. 承担经济赔偿责任

8. 下列哪一选项的案件事实不是民事诉讼中的证明对象?( )

A. 双方当事人没有争议的案件事实

B. 双方当事人有争议的案件事实

C. 案件事实的证明具有法律上的意义

D. 案件事实是当事人主张的事实

9. 高度危险作业致人损害的侵权诉讼,加害人应对下列哪一事实承担举证责任?( )

A. 损害结果

B. 受害人故意造成损害的事实

C. 侵权行为

D. 侵权行为与损害结果之间的因果关系

10. 作出自认的当事人于法庭辩论终结前,在下列何种情况下申请撤回自认的,法院应当不准许?( )

A. 经对方当事人同意的

B. 有充分证据证明其自认行为是在受欺诈情况下作出的

C. 有充分证据证明其自认行为是在受胁迫情况下作出的

D. 有充分证据证明其自认行为是在重大误解情况下作出的

二、多项选择题

1. 王文与王武系兄弟关系,因继承父亲的遗产发生纠纷并诉至法院。王文向法院提交了其父生前书写的关于遗产分配的遗嘱复印件,遗嘱中有"本遗嘱的原件由王武负责保管"的笔迹,并有王武的签名。在举证期限内,王文书面申请法院责令王武提交遗嘱原件,法院通知王武提交,但王武无正当理由拒绝提交。在此情况下,依据相关规定,下列哪些行为是合法的?( )

A. 王文只能向法院提交遗嘱的复印件

B. 法院可以对王武进行拘留

C. 法院可以认定王文所主张的遗嘱内容为真实

D. 法院可以根据王武的行为作出判决支持王文的诉讼请求

2. 下列哪些事实属于民事诉讼证明对象？（　　）

A. 实体法事实　　B. 程序法事实

C. 证据性事实　　D. 外国法律和地方性法规、习惯

3. 当事人在诉讼中的自认，有下列哪些表现形式？（　　）

A. 法庭审理中的口头形式　　B. 起诉状的书面形式

C. 答辩状的书面形式　　D. 代理词的书面形式

4. 关于举证责任分配的特殊规则，下列哪些说法是正确的？（　　）

A. 建筑物或者其他设施以及建筑物上的搁置物、悬挂物发生倒塌、脱落、坠落致人损害的侵权诉讼，由所有人、管理人或者使用人对其无过错承担举证责任

B. 饲养的动物致人损害的侵权诉讼，由动物饲养人或者管理人就受害人有过错承担举证责任

C. 医疗损害责任纠纷，医疗机构或者其医务人员就其无过错担举证责任

D. 因共同危险行为致人损害的侵权诉讼，由实施危险行为的人就其不存在主观过错承担举证责任

5. 在民事诉讼中，对下列哪些事实的证明采用排除合理怀疑的证明标准？（　　）

A. 欺诈　　B. 乘人之危

C. 胁迫　　D. 恶意串通

三、不定项选择题

1. 张力与李平系多年好友，关系密切。李平因急用钱曾向张力借用 5 万元，没有给张力写借据。事后，张力多次向李平索要借款无果，便诉至法院。在开庭过程中，针对张力的诉讼主张，法官反复询问李平是否有向张力借用 5 万元钱不还的事实，李平面无表情，沉默不语。关于法院对本案的处理，下列哪些选项是正确的？（　　）

A. 法院认定张力与李平之间存在借钱不还的事实

B. 法院应以扰乱法庭秩序为由对李平进行训诫

C. 法院应视为李平认可张力的诉讼主张

D. 法院应以扰乱法庭秩序为由对李平进行罚款

2. 关于法院确定当事人的举证期限，下列哪些说法是正确的？（　　）

A. 适用第一审普通程序审理的案件，法院确定的举证期限不得少于 15 日

B. 在第二审程序中，如果当事人提供了新的证据，法院确定的举证期限不得少于 10 日

C. 适用简易程序审理的案件，法院确定的举证期限不得超过 15 日

D. 适用小额诉讼程序审理的案件，法院确定的举证期限不得超过 10 日

3. 一般而言，适用“疏明”证明标准的待证事实主要限于（　　）。

A. 法律特别规定的实体性事项

B. 外国法律和地方性法规、习惯

C. 与当事人的实体权利义务无关的程序性事项

D. 证据性事实

4. 下列哪些证据，在开庭审理阶段无需进行质证？（　　）

A. 法院依当事人申请调查收集的证据

B. 法院依职权调查收集的证据

C. 涉及国家秘密、商业秘密、个人隐私或者法律规定应当保密的证据

D. 当事人在审理前的准备阶段认可的证据

5. 证人因路途遥远，交通不便难以出庭时，可以通过下列哪些方式作证？（　　）

A. 书面证言　　B. 视听传输技术

C. 视听资料　　D. 让当事人代为转述证言

四、名词解释

1. 证明对象

2. 证明责任

3. 证明标准

4. 质证

5. 证据交换

五、简答题

1. 简述证明责任分配的一般规则。

2. 简述逾期举证的法律后果。

六、论述题

论质证。

七、案例分析题

甲公司将乙诉至法院，要求乙向其支付剩余的房屋装修款5万元。在法院的指定举证期限内，除甲公司向法院提交了装饰装修服务合同及有关证据材料外，乙没有提交任何证据。举证期限届满后，乙突然向法院提交了几张照片，欲证明家里的厕所在装修完毕后存在漏水的问题。对于乙逾期提交的照片，甲公司提出异议，法院责令乙说明逾期提交照片的理由，但乙保持沉默。

问题：

1. 对于乙逾期提交的照片，法院是否应当采纳？

2. 如果法院不采纳乙逾期提交的照片，理由是什么？

3. 如果法院采纳乙逾期提交的照片，对乙可以采取哪些强制措施？

第九章　法院调解与诉讼和解

【学习目标】

（一）理解

法院调解的地位；诉前调解的性质；诉讼外调解与和解的关系；我国提倡多元化纠纷解决机制的目的和意义。

（二）熟悉

法院调解的程序；调解协议与调解书的区别；调解书的内容；诉讼和解的作用。

（三）掌握

法院调解的概念和特征；法院调解与判决的关系；法院调解的原则；调解书与调解笔录、调解协议的关系；调解书的生效和法律效力；诉讼和解的概念和意义；诉讼和解与法院调解的区别；诉讼和解的范围；诉讼和解的法律效力。

【知识结构图】

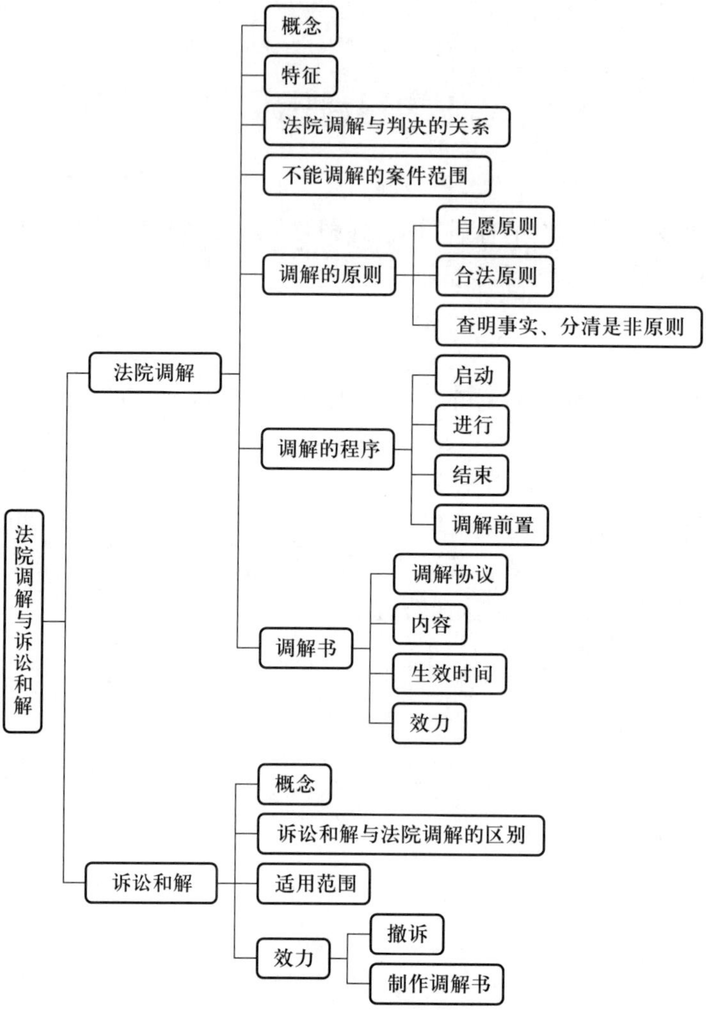

【重点难点解析】

一、法院调解的特点

法院调解,是指在审判人员的主持之下,双方当事人就他们之间发生的民事权益争议,通过自愿、平等协商,互谅互让,达成协议,解决纠纷的诉讼活动和结案方式。法院调解主要有如下特点:

1. 是在法院审判人员的主持之下,当事人相互协商解决纠纷的诉讼活动。
2. 贯穿民事诉讼程序的全过程:一审程序、二审程序、审判监督程序。
3. 是法院审理民事案件,解决民事纠纷的一种结案方式。

4. 是法院行使审判权和当事人行使诉权相结合的产物。

二、不适用法院调解的案件范围

1. 适用特别程序、督促程序、公示催告程序审理的案件。
2. 涉及婚姻等身份关系确认性质的案件。
3. 其他根据案件性质不能进行调解的案件。

三、法院调解与判决的关系

1. 法院调解不是解决民事纠纷的必经程序,即并非一切诉讼案件都必须经过法院调解。应当遵循“能调则调,当判则判,调判结合,案结事了”的民事审判工作指导方针,根据案件的具体情况分别处理。

2. 对于当事人明确表示不愿接受调解的,不能违背调解自愿原则强制进行调解。

3. 对于当事人以拖延诉讼时间为目的要求调解的,在查明其目的后应当及时判决。

4. 对于根本没有达成调解协议可能性的案件,或经过调解以后无法达成调解协议的案件,也应当及时作出判决,以防久调不决。

5. 对于当事人之间恶意串通,企图通过调解方式侵害他人合法权益的,应当依照《民事诉讼法》第 115 条的规定处理。

四、法院调解的原则

(一) 自愿原则

自愿原则,是指法院进行调解时,必须以双方当事人的自愿为前提,不得违背当事人的自主意志强行启动调解程序,以及强迫当事人接受调解方案。自愿原则具体表现在程序与实体两个方面。

1. 在程序方面,自愿表现为法院采用调解的方式解决民事纠纷。除离婚等必须进行调解的案件以外,对于任何案件进行调解,都必须首先征得当事人双方同意,即不论是调解的启动还是调解的进行,都需要征得当事人双方的同意,在当事人双方自愿的条件下进行,不得强迫调解。

2. 在实体方面,自愿表现为当事人双方对调解协议的内容,即实体民事权益的处分必须自愿,且属于真实意思表示。

(二) 合法原则

合法原则,是指法院调解不仅必须依法进行,而且调解的过程以及调解中达成协议的内容也要符合法律的规定。

1. 在程序方面,法院调解的启动、方式、步骤以及调解协议的达成与调解书的制作、送达,均应符合法律规定。

2. 在实体方面,调解协议的内容不得违反法律、行政法规的强制性规定,不得损害国家利益、社会公共利益和他人的合法权益。

（三）查明事实、分清是非的原则

查明事实、分清是非的原则，是指法院调解应当在事实清楚、是非分明的基础上进行。

查明案件事实，分清双方当事人之间的是与非，是促使当事人达成协议的重要手段。同时，只有查明案件事实，分清是非，才能使审判人员抓住当事人争议的焦点，找准解决纠纷的切入点，实施合理的调解措施，为正确进行调解、达成调解协议提供依据。

五、不能适用诉讼和解的范围

1. 适用特别程序、公示催告程序、督促程序的民事案件不适用诉讼和解。

2. 单纯的确认之诉，即确认民事法律行为无效、确认合同无效、确认身份关系以及婚姻关系等案件不适用诉讼和解。

3. 对于当事人人数众多，在起诉时尚未确定的诉讼案件，不适用诉讼和解。

4. 对于涉及身份关系，诸如亲子关系、收养关系、婚姻关系的案件，不适用诉讼和解。

六、诉讼和解后的程序事项

（一）撤诉

撤诉是指达成和解协议中的原告，可以向法院申请撤销对被告的起诉。对于原告的撤诉申请，法院应当进行审查。审查的内容包括：(1) 达成和解协议的当事人双方是否具有民事诉讼行为能力；(2) 当事人是否作出和解的意思表示及其意思表示的真实性；(3) 和解协议内容是否属于当事人处分权的范畴，所涉及的内容与事项当事人能否自由处分；(4) 和解协议的内容是否违反法律、行政法规的强制性规定，是否侵害国家利益和社会公共利益、危害他人的合法利益，以及协议内容是否符合善良风俗和社会公共道德。经审查，原告的撤诉申请符合上述规定的，法院应当裁定准予撤诉；不符合上述规定的，应当裁定不准撤诉。法院裁定准予撤诉的，诉讼程序结束。

（二）申请法院确认并制作调解书

当事人自行和解达成协议的，可以向法院申请按照和解协议的内容制作调解书。另外，法定代理人代理无民事行为能力人的离婚案件，法定代理人与对方达成协议要求发给判决书的，法院可以根据协议内容制作判决书。

【延伸阅读】

1. 李浩：《先行调解性质的理解与认识》，载《人民法院报》2012 年 10 月 17 日，第 7 版。

2. 宋朝武：《对民诉法修正案中调解制度的若干理解》，载《中国审判》2012 年第 6 期。

3. 汤维建、齐天宇：《漂移的中国民事调解制度》，载《比较法研究》2012 年第 5 期。

4. 潘剑锋：《民诉法修订背景下对"诉调对接"机制的思考》，载《当代法学》2013 年第 3 期。

5. 潘剑锋：《论民事司法与调解关系的定位》，载《中外法学》2013 年第 1 期。

6. 熊跃敏、周杨：《我国行业调解的困境及其突破》，载《政法论丛》2016 年第 3 期。

【习题自测】

一、单项选择题

1. 关于法院制作的调解书，下列哪一说法是正确的？（　　）

A. 经法院调解，老李和小李达成维持收养关系的协议，可不制作调解书

B. 某夫妻解除婚姻关系的调解书生效后，一方以违反自愿为由可申请再审

C. 检察院对调解书的监督方式只能是提出检察建议

D. 执行过程中达成的和解协议，法院可根据当事人的要求制作成调解书

2. 甲公司因买卖合同纠纷向法院提起诉讼，要求乙公司支付货款 280 万元。在法院的主持下，双方达成调解协议。当法院将制作的调解书送达乙公司时，乙公司又反悔并拒绝签收。该案转入审判程序。对于本案，下列哪一选项是正确的？（　　）

A. 甲公司可持调解协议，以乙公司不履行调解协议为由另行起诉

B. 该案转入审判程序后，法院不可再进行调解

C. 因乙公司拒绝签收调解书，法院可以留置送达

D. 甲公司在调解中认可的事实，不得在审判程序中作为对其不利的根据

3. 法院进行调解时，当事人不能出庭需要委托代理人代为参加调解的，当事人应如何授予代理权？（　　）

A. 一般授权　　B. 特别授权

C. 视案件的具体情况而定　　D. 根据法院的要求而定

4. 对于调解书的生效时间，下列哪一说法是正确的？（　　）

A. 调解书制作完毕后生效

B. 调解书送达双方当事人后生效

C. 调解书经双方当事人签收后生效

D. 调解书经一方当事人签收后生效

5. 法院在调解某一买卖合同纠纷案件时，认为需由无独立请求权的第三人张华承担部分民事责任，张华同意并在调解协议上签名。当法院向张华送达调解书时，张华又反悔，此时法院应如何处理？（　　）

A. 调解书业已生效，张华反悔也不影响调解书的效力

B. 法院应删除调解书中关于张华承担部分民事责任的内容

C. 法院应当及时判决

D. 法院应再次组织调解

二、多项选择题

1. 法院审理下列哪些案件时不适用调解？（　　）

A. 适用特别程序审理的案件

B. 适用督促程序审理的案件

C. 适用公示催告程序审理的案件

D. 审理涉及婚姻等身份关系确认的案件

2. 法院在下列哪些民事诉讼程序中可以进行调解？（　　）

A. 第一审程序　　B. 第二审程序

C. 再审程序　　D. 执行程序

3. 法院对下列哪些案件的调解协议,可以不需要制作调解书？（　　）

A. 调解和好的离婚案件　　B. 调解解除收养关系的案件

C. 调解维持收养关系的案件　　D. 能够即时履行的案件

4. 调解书不适用下列哪些送达方式？（　　）

A. 留置送达　　B. 转交送达

C. 电子送达　　D. 公告送达

5. 对于达成诉讼和解后的程序事项,下列哪些说法是正确的？（　　）

A. 原告申请撤诉　　B. 法院制作和解书

C. 法院制作判决书　　D. 法院制作调解书

三、不定项选择题

1. 下列哪些组织的调解属于诉讼外调解？（　　）

A. 人民调解组织　　B. 行政机关

C. 仲裁机构　　D. 法院

2. 下列哪些调解协议不具有强制执行力？（　　）

A. 人民调解委员会主持调解达成的调解协议

B. 行政机关主持调解达成的调解协议

C. 仲裁机构主持调解达成的调解协议

D. 法院主持调解达成的调解协议

3. 法院调解应遵循的原则有（　　）。

A. 自愿原则　　B. 合法原则

C. 高效原则　　D. 查明事实、分清是非原则

4. 关于调解的过程,下列哪些说法是正确的？（　　）

A. 调解过程不公开,但当事人同意公开的除外

B. 调解过程不公开,但法院认为确有必要公开的除外

C. 调解过程公开,但当事人同意不公开的除外

D. 调解过程公开,但法院认为确有必要不公开的除外

5. 法定代理人代理无民事行为能力当事人的离婚案件,与对方达成协议要求发给判决书的,法院应如何处理？（　　）

A. 可以根据协议内容制作判决书

B. 不可以根据协议内容制作判决书

C. 征询对方当事人的同意可以根据协议内容制作判决书

D. 只能根据协议内容制作调解书

四、名词解释

1. 法院调解

2. 调解协议

3. 诉讼和解

4. 调解的自愿原则

五、简答题

1. 简述调解书的效力。

2. 简述不能适用诉讼和解的情形。

六、论述题

论法院调解的原则。

七、案例分析题

张三和李四因相邻权纠纷发生诉讼,张三聘请律师王五作为其诉讼代理人并向法院提交了授权委托书。开庭审理中,张三并未出庭,律师王五与李四当庭达成调解协议。法院依据该调解协议制作了调解书,并送达双方当事人。后李四提出该调解协议是在其受到强迫基础上签订的,欲寻求救济。

问题:

1. 张三向法院提交的授权委托书应当记明哪些委托事项和权限?

2. 法院不得采取哪些方式送达该调解书?

3. 李四可以采取何种救济措施?

第十章　民事诉讼保障制度

【学习目标】

（一）理解

民事诉讼保障制度的适用范围；保全措施与执行措施的衔接；妨碍民事诉讼行为的构成及表现形式。

（二）熟悉

保全的程序与措施；先予执行的程序；妨害民事诉讼行为的种类；妨害民事司法的刑事责任及追究；诉讼费用的交纳标准。

（三）掌握

期间与期日的概念、期间的种类、期间的计算、期间的耽误和顺延；送达的概念和特征、送达方式和送达的效力；保全的概念和意义、保全的种类、保全的范围、保全的效力、保全的解除和保全错误的赔偿；先予执行的概念和意义、先予执行的条件、先予执行的适用范围和先予执行的程序；对妨害民事诉讼的强制措施的概念、特征和作用；妨害民事诉讼行为的构成要件；强制措施的种类与适用；诉讼费用的概念、诉讼费用的交纳范围、诉讼费用的负担与司法救助。

【知识结构图】

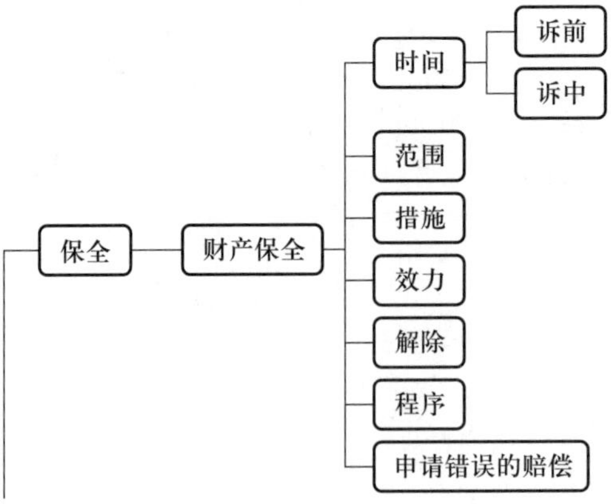

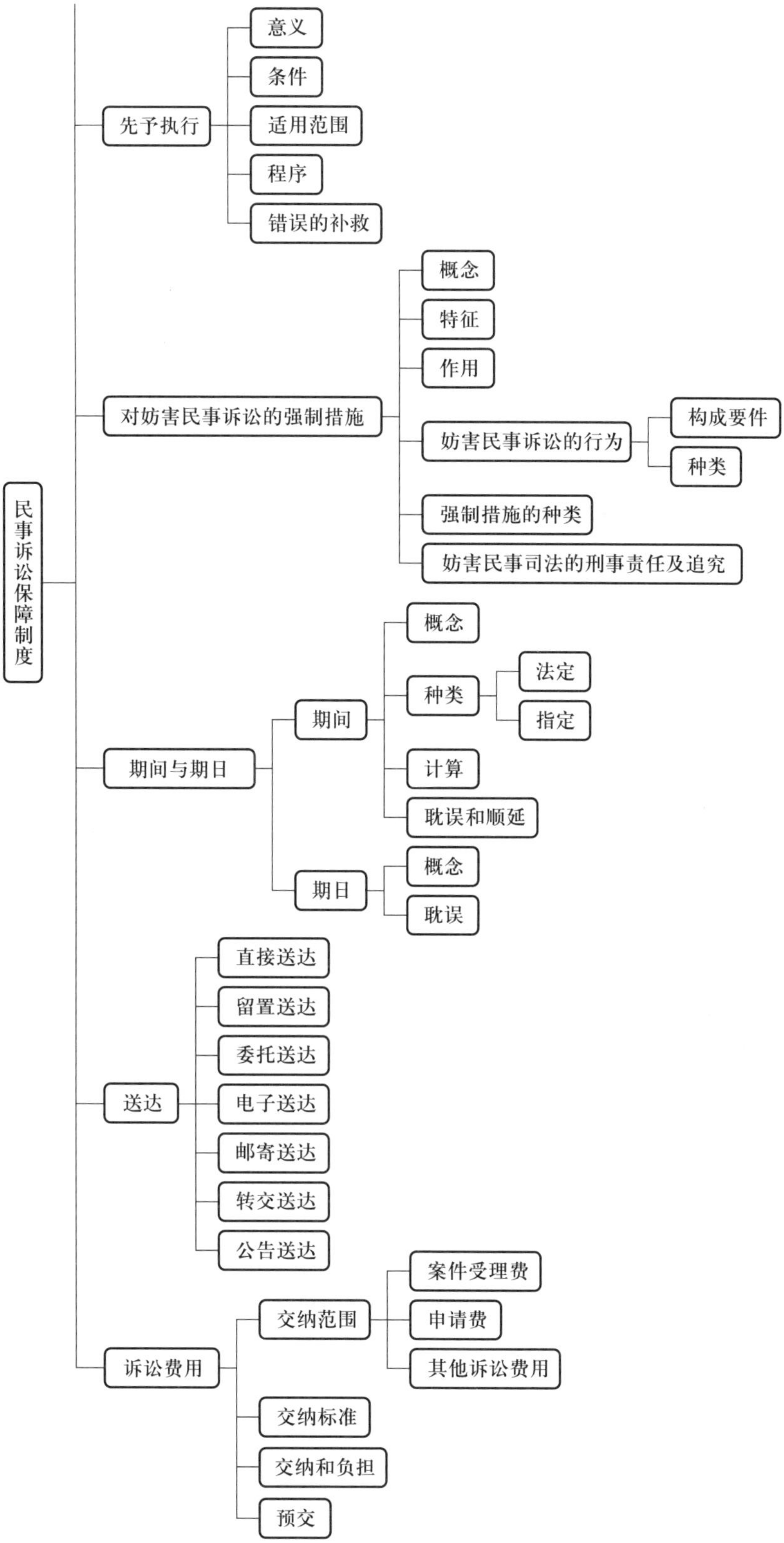
民事诉讼保障制度
先予执行
意义
条件
适用范围
程序
错误的补救
对妨害民事诉讼的强制措施
概念
特征
作用
妨害民事诉讼的行为
构成要件
种类
强制措施的种类
妨害民事司法的刑事责任及追究
期间与期日
期间
概念
种类
法定
指定
计算
耽误和顺延
期日
概念
耽误
送达
直接送达
留置送达
委托送达
电子送达
邮寄送达
转交送达
公告送达
诉讼费用
交纳范围
案件受理费
申请费
其他诉讼费用
交纳标准
交纳和负担
预交

【重点难点解析】

一、期间的理解

民事诉讼中的期间,是指法院、当事人和其他诉讼参与人实施诉讼行为依法应遵守的期限。期间有狭义和广义之分,狭义仅指期限,广义则包括期限与期日。

(一)期间的意义

1. 有利于促使各诉讼主体在规定的期限内完成诉讼行为。根据民事诉讼法的规定,各诉讼主体必须在规定的期限内及时实施其诉讼行为,如果各诉讼主体在规定的时间内无正当理由未实施或者没完成其诉讼行为,要承担相应的不利后果。可见,期间对有效地促使各诉讼主体及时实施诉讼行为,保障民事诉讼的正常进行,确保民事纠纷能够得到迅速解决,具有十分重要的意义。

2. 有利于保护当事人及其他诉讼参与人的合法权益。民事诉讼法对期间作出规定,目的就是防止拖延诉讼,要求法院必须在规定的时间内及时审判民事案件,这对切实维护当事人及其他诉讼参与人的合法权益十分有利。

3. 有利于维护诉讼程序的严肃性和安定性。民事诉讼程序具有严肃性,各诉讼主体无正当理由不得违反有关期间的程序规定,否则将受到程序规则的惩罚,承担不利的法律后果。民事诉讼程序具有安定性,法院、当事人及其他诉讼参与人均不得无故拖延诉讼,致使民事诉讼法律关系长期处于不稳定的状态。可见,民事诉讼法对实施诉讼行为的期限规定,从时间上维护了民事诉讼程序的严肃性和安定性。

(二)期间的种类

以期间是由法律规定还是由法院指定为标准,可将其分为法定期间和指定期间。

1. 法定期间。这是指由法律明文规定的诉讼期间。例如,上诉期间、提出管辖权异议的期间、申请再审的期间等。对于法定期间,法院、当事人及其他诉讼参与人均不得任意改变。例如,根据《民事诉讼法》第 171 条第 1 款的规定,当事人不服地方法院第一审判决的,有权在判决书送达之日起 15 日内向上一级法院提起上诉。这里的 15 日就是上诉的法定期间,如果当事人的上诉行为超过了 15 日,就丧失了上诉的权利。

2. 指定期间。这是指法院根据案件的具体情况和审理案件的实际需要,依职权指定当事人或其他诉讼参与人实施或完成某项诉讼行为的期限。例如,决定延期审理的期间、指定当事人补充诉状的期限等。

指定期间具有一定的灵活性,是一种可变期间。法院在作出指定期间后,如果客观情况发生了重大变化,如当事人因病住院治疗,在指定期间内不能完成某项诉讼行为,法院可以重新指定或者延长原指定期间。

（三）期间的计算

根据我国《民事诉讼法》第 85 条第 2 款的规定，期间以时、日、月、年计算。在实际计算中，应遵循以下三项规则：

1. 期间开始的时和日，不计算在期间内。《民诉法解释》第 125 条规定，民事诉讼中以时起算的期间从次时起算；以日、月、年计算的期间从次日起算。也即：期间以小时为单位计算的，应从下一个小时起算；期间以日为单位计算的，应从下一日起算；期间以月和年计算的，计算时仍以日为单位计算，因此也应从下一日起算，并以期间届满月的相对日为期间届满日，期间届满月没有相对日的，则以该月的最后一日为期间届满日。例如，期间届满日是 2020 年 2 月，因 2 月份只有 28 日，没有 30 日，期间届满日是 2 月 28 日。

2. 期间届满的最后一日是节假日的，以节假日后的第一日为期间届满的日期。例如，期间届满的最后一日是周六，则下周一是期间届满日。如果节假日在期间当中，期间则不予延长。这里的“节假日”是指国家法定的节假日，如春节、元旦、国庆节等。

3. 期间不包括在途时间。在途时间，是指诉讼文书在邮寄途中所花费的时间。法院在计算期间时，不以收到诉讼文书的时间为准，而是以当事人交邮时间即邮戳时间为准。诉讼文书在期满前交邮的，仍在期间内。

（四）期间的补救

期间的补救，是指当事人因故不能在法定或指定的期间内完成某项诉讼行为时，依法采取的顺延措施。《民事诉讼法》第 86 条规定：“当事人因不可抗拒的事由或者其他正当理由耽误期限的，在障碍消除后的十日内，可以申请顺延期限，是否准许，由人民法院决定。”所谓不可抗拒的事由，是指当事人不可预见、不能避免，以自身力量和条件不能克服的客观事件。例如，发生战争或地震等，导致交通、通信中断，使当事人在规定的期间内无法完成某项诉讼行为。所谓其他正当理由，是指当事人不能在规定的期限内完成某项诉讼行为的客观事实和理由，如当事人突患重病等。

如果有法定的正当理由耽误期限的，当事人可以申请顺延期限。顺延期限的申请，应当在障碍消除后的 10 日内提出，过期不得再提出申请。法院对顺延期限的申请，经审查，符合法律规定的，应允许顺延。顺延期限的长短，因法定期间和指定期间的不同而有所不同。法定期间以实际耽误的时间为准。如在一审判决上诉期开始 10 日后，突发地震，交通、通信均阻断，当事人无法提起上诉，在交通、通信恢复后申请顺延期限的，法院只允许再顺延 5 日的期限。指定期间则由法院根据具体情况来确定顺延时间的长短。

二、送达制度的理解

民事诉讼中的送达，是指法院依照法定程序和方式，将诉讼文书送交给当事人和其他诉讼参与人的诉讼行为。

（一）送达的特点

1. 送达的主体是法院。只有法院依职权向当事人和其他诉讼参与人送交诉讼文书的诉讼行为，才称为送达。当事人和其他诉讼参与人向法院递交诉讼材料的行为，不能称为送达。因此，送达的主体只能是法院。

2. 送达的客体是各种诉讼文书。这些诉讼文书主要有：判决书、裁定书、决定书、调解书、支付令、起诉状副本、答辩状副本、传票、通知书等。

3. 送达必须严格依照法定的程序和方式进行。民事诉讼法对送达的程序和方式作出了明确规定，如果法院的送达行为违反法律规定的程序和方式，即不能产生送达的法律效力。

（二）送达的效力

送达的效力是指法院将诉讼文书送达后所产生的法律后果，主要体现在以下两个方面：

1. 程序上的效力，即产生民事诉讼程序上的法律后果。例如，开庭传票送达当事人后，原告无正当理由拒不出庭的，法院可按原告撤诉处理；被告无正当理由拒不出庭的，除拘传外，法院还可以缺席判决。

2. 实体上的效力，即产生实体法上的法律后果。例如，具有给付内容的生效判决书送达后，债务人必须按照判决书指定的期间履行给付义务；离婚调解书送达双方当事人后，就产生婚姻关系消灭的后果。

（三）送达方式的适用

我国《民事诉讼法》共规定了七种送达方式，其中留置送达、电子送达、转交送达这三种送达方式的适用，需要重点学习与掌握。

1. 留置送达

留置送达，是指受送达人无正当理由拒绝签收诉讼文书时，送达人依法将诉讼文书放置在受送达人的住所即产生送达法律效力的送达方式。《民事诉讼法》第 89 条规定："受送达人或者他的同住成年家属拒绝接收诉讼文书的，送达人可以邀请有关基层组织或者所在单位的代表到场，说明情况，在送达回证上记明拒收事由和日期，由送达人、见证人签名或者盖章，把诉讼文书留在受送达人的住所；也可以把诉讼文书留在受送达人的住所，并采用拍照、录像等方式记录送达过程，即视为送达。"该条规定的有关基层组织和所在单位的代表，可以是受送达人住所地的居民委员会、村民委员会的人员以及受送达人所在单位的工作人员。《民诉法解释》第 130 条规定，向法人或者其他组织送达诉讼文书，应当由法人的法定代表人、该组织的主要负责人或者办公室、收发室、值班室等负责收件的人签收或者盖章，拒绝签收或者盖章的，适用留置送达。但是，根据《民诉法解释》第 133 条的规定，调解书应当直接送达当事人本人，不适用留置送达。这是因为当事人拒收调解书，说明其已经反悔，法院应当及时作出判决，而不得以留置送达方式强制其接收调解书。

2. 电子送达

电子送达，是指采用能够确认受送达人收悉的电子方式送达诉讼文书的送达方式。采用电子方式送达诉讼文书是以当事人同意为前提。对此，《民诉法解释》第 136 条规定，受送达人同意采用电子方式送达的，应当在送达地址确认书中予以确认。同时，对于重要的法律文书，如判决书、裁定书、调解书，采用电子送达方式送达，受送达人提出需要纸质文书的，法院应当提供。《民诉法解释》第 135 条还规定，采用电子送达方式送达的，法院对应系统显示发送成功的日期,但受送达人证明到达特定系统的日期与法院对应系统显示发送成功的日期不一致的,以受送达人证明到达其特定系统的日期为准。

3. 转交送达

转交送达,是指法院将诉讼文书交受送达人所在部队或有关单位代收后转交给受送达人的送达方式。转交送达是在不便直接送达当事人时的一种变通方法。根据《民事诉讼法》第92、93条的规定,转交送达有三种情形:(1)受送达人是军人的,通过其所在部队团以上单位的政治机关转交;(2)受送达人是被监禁的,通过其所在监所转交;(3)受送达人被采取强制性教育措施的,通过其所在强制性教育机构转交。

上述代为转交的单位收到诉讼文书后,必须立即交受送达人签收,并以其在送达回证上的签收日期为送达日期。

三、保全制度的理解

保全分为诉前保全和诉讼保全两种类型。

(一)诉前保全

诉前保全,是指在提起诉讼或者申请仲裁之前,因情况紧急,不立即采取保全措施将会使申请人的合法权益受到难以弥补的损害,法院根据利害关系人的申请,裁定对被申请人的财产所采取的强制性保护措施,或者责令被申请人作出一定行为或禁止被申请人作出一定行为。由于诉前保全是在当事人起诉或申请仲裁之前所发生的情形,因此,为保护被申请人的利益,根据《民事诉讼法》第104条的规定,申请诉前保全必须具备以下条件:

1. 具有采取保全的紧迫性。所谓紧迫性,是指客观上存在需要立即采取保全措施的紧急情况,如被申请人正在实施转移、隐匿财产的行为;被申请人还在使用申请人的专利技术进行生产。如果不立即采取保全措施,将会给利害关系人的权益造成难以弥补的损失。

2. 利害关系人提出申请。诉前保全发生在起诉或者申请仲裁之前,法院不具备依职权采取保全措施的前提条件。所以,只有在利害关系人提出申请后,法院才能够采取保全措施。

3. 申请人必须提供相应的担保。由于利害关系人的申请是在起诉或者申请仲裁前提出,此时法院无法知悉利害关系人是否享有某项民事权益以及将来是否起诉或申请仲裁。因此,为保障因保全措施的错误给被申请人造成的损失得到补偿,申请人必须提供相应的担保。根据《民诉法解释》第152条第2款的规定,利害关系人申请诉前财产保全的,应当提供相当于请求保全数额的担保;情况特殊的,法院可以酌情处理。申请诉前行为保全的,担保的数额由法院根据案件的具体情况决定。申请人不能提供担保的,法院将驳回其申请。

(二)诉讼保全

诉讼保全,是指法院在受理案件后作出判决前,为保证将来生效判决的执行,对当事人的财产或争议的标的物采取的强制措施。诉讼保全可以发生在一审、二审或者再审程序中,特殊情况下也可能发生在一审程序和二审程序的衔接过程中。《民诉法解释》第161条规定,对当事人不服一审判决提起上诉的案件,在第二审法院接到报送的案件之前,当事人有转移、隐匿、出卖或者毁损财产等行为，必须采取保全措施的，由第一审法院依当事人申请或者依职权采取；第一审法院的保全裁定，应当及时报送第二审法院。《民诉法解释》第162条规定，第二审法院裁定对第一审法院采取的保全措施予以续保或者采取新的保全措施的，可以自行实施，也可以委托第一审法院实施。再审法院裁定对原保全措施予以续保或者采取新的保全措施的，可以自行实施，也可以委托原审法院或者执行法院实施。

诉讼保全旨在保证将来生效判决的有效执行，但是，诉讼保全毕竟是在判决生效前作出的，申请人能否胜诉尚无定论，为维护被申请人的合法权益，根据《民事诉讼法》第103条的规定，诉讼保全应具备下列条件：

1. 申请诉讼保全的案件必须是给付之诉。这是因为只有给付之诉的判决才具有给付财物等内容，有判决生效后不能或难以执行之虞，存在着保全的必要性；而确认之诉与变更之诉的判决无给付内容，不存在判决生效后难以执行的问题，故无保全的必要。

2. 具有采取诉讼保全措施的必要性。并不是所有的给付之诉案件都能够采取保全措施，只有具备《民事诉讼法》第103条规定的法定原因，即“可能因当事人一方的行为或者其他原因，使判决难以执行或者造成当事人其他损害的案件”，才能够采取保全措施。其中，“当事人一方的行为”，主要是指转移、转让、隐匿、挥霍财产的行为。“其他原因”包括但不限于因物的自然属性（如腐烂变质）而减少或丧失其价值。

3. 诉讼保全应当由当事人提出申请。一般情况下，法院都是根据当事人的申请，依法采取诉讼保全措施。但是，根据《民事诉讼法》第103条第1款的规定，当事人没有提出申请的，法院在必要时也可以裁定采取保全措施。可见，由法院依职权采取诉讼保全措施，属于例外情形。

4. 法院可以责令申请人提供担保。《民事诉讼法》第103条第2款规定，法院采取诉讼保全措施，可以责令申请人提供担保，申请人不提供担保的，裁定驳回申请。法院可以责令申请人提供担保的目的是避免因保全措施的错误给被申请人造成的损害得不到补偿，体现为法律保护双方当事人合法权益的公正性。另外，《民诉法解释》第152条第3款规定，在诉讼中，法院依申请或者依职权采取保全措施的，应当根据案件的具体情况，决定当事人是否应当提供担保以及担保的数额。

（三）保全的解除与赔偿

1. 保全的解除。法院裁定采取保全措施后，除了作出保全裁定的法院自行解除或者其上级法院决定解除外，在保全期限内，任何单位均不得解除保全措施。对于财产纠纷案件，无论是诉讼保全还是诉前保全，如果被申请人提供了担保，法院就应当裁定解除保全措施。此外，根据《民诉法解释》第166条的规定，有下列情形之一的，法院应当裁定解除保全：(1) 保全错误的；(2) 申请人撤回保全申请的；(3) 申请人的起诉或诉讼请求被生效裁判驳回的；(4) 法院认为应当解除保全的其他情形。此外，对于诉前保全，申请人在法院采取保全措施后的30日内不提起诉讼或者不申请仲裁的，法院也应当解除保全。

2. 申请保全错误的赔偿。为了有效保护被申请人的合法权益，根据《民事诉讼法》第108条的规定，申请保全有错误的，申请人应当赔偿被申请人因保全所遭受的损失。申请保全的错误，一是申请人在法院裁定采取保全措施后，没有在法定期间内向法院起诉或者申请仲裁；二是申请人在法院裁定采取保全措施后败诉。如果法院错误地依职权采取保全措施而给被申请人的合法权益造成损害的,依照《国家赔偿法》的规定,由法院给予赔偿。

四、先予执行的条件

先予执行是指预先实现将来生效判决所确定的实体权利,具有预先性和不确定性,稍有不慎将会使被申请人的权益受到侵害。因此,根据《民事诉讼法》第 110 条的规定,法院裁定先予执行的,应当符合下列条件:

1. 当事人之间的权利义务关系明确,不先予执行将严重影响申请人的生活或者生产经营。"权利义务关系明确",是指当事人双方对他们之间的民事权利义务关系没有争议、确定,即谁是权利的享有者,谁是义务的承担者,不需要法院的调查核实就可以确认。例如,赡养纠纷案件,无需法官调查核实和当事人举证即可确认双方当事人之间的父母子女关系,权利义务关系明确,且不先予执行将使申请人的生活处于困境,难以维持。

2. 被申请人有履行能力。只有在被申请人有履行义务能力时,法院方可裁定先予执行。否则,法院的先予执行裁定将无法执行,失去意义。

3. 当事人提出申请。法院只有在当事人提出申请的情况下,才能裁定先予执行,而不能依职权主动裁定先予执行。

4. 申请人提供担保。为了维护被申请人的合法权益,法院在受理先予执行申请后,根据案件的具体情况,可以责令申请人提供担保,也可以不要求申请人提供担保。如果法院认为先予执行的案件需要由申请人提供担保的,提供担保为先予执行的必备条件;申请人不提供担保的,法院将裁定驳回其申请。

五、妨害民事诉讼行为的构成与强制措施的适用

(一)妨害民事诉讼行为的构成

妨害民事诉讼行为,是指当事人、其他诉讼参与人或案外人在民事诉讼过程中,故意实施的干扰、破坏民事诉讼秩序,阻碍民事诉讼活动正常进行的违法行为。据此,妨害民事诉讼行为具有以下构成要件:

1. 行为人必须已经实施了妨害民事诉讼的行为。这是构成妨害民事诉讼行为的客观要件。只要行为人的行为,包括作为和不作为,产生了妨害民事诉讼的后果,就构成妨害民事诉讼的行为。例如,必须到庭的被告,经两次传票传唤,无正当理由拒不到庭,就构成妨害民事诉讼的行为。

2. 行为人实施妨害民事诉讼行为必须是主观上的故意。这是构成妨害民事诉讼行为的主观要件。主观故意,是指行为人有意以自己的行为来破坏民事诉讼秩序,如在法庭上大吵大闹,造成审判活动中断。如果行为人的行为在客观上干扰了民事诉讼秩序,但主观上不是故意,而是过失,不能认定为妨害民事诉讼的行为。

3. 妨害民事诉讼行为发生在民事诉讼过程中。这是构成妨害民事诉讼行为的时间要件。妨害民事诉讼行为必须是发生在民事诉讼过程中,才会对民事诉讼活动产生阻碍,有必要采取强制措施,予以排除。如果民事诉讼程序尚未开始或已经结束,行为人的行为不能构成妨害民事诉讼行为。

（二）强制措施的适用

根据《民事诉讼法》的规定，对妨害民事诉讼行为采取的强制措施包括：拘传、训诫、责令退出法庭、罚款和拘留。

1. 拘传。拘传，是指法院依法强制当事人等到庭参加诉讼或到场接受询问的一种强制措施。适用拘传这一措施时，应当具备以下三个条件：(1) 拘传的对象是必须到庭的当事人。根据《民诉法解释》第 174 条的规定，必须到庭的当事人，一是必须到庭的被告，包括负有赡养、抚育、扶养义务和不到庭就无法查清案情的被告；二是必须到庭才能查清案件基本事实的原告。(2) 当事人必须经两次传票传唤。也就是讲，当事人在接到法院两次传票传唤后，仍不到庭参加诉讼时，才能对其适用拘传。(3) 当事人无正当理由拒不到庭。如果当事人经两次传票传唤后，因发生不可抗拒的事由无法到庭参加诉讼，也不允许对其适用拘传。以上三个条件必须同时具备，才能适用拘传措施。

2. 训诫。训诫是指法院对妨害民事诉讼情节轻微的行为人，进行批评教育的方法。训诫一般是采用口头方式训斥实施妨害民事诉讼的行为人，指出其行为的违法性及给诉讼造成的危害，促使其改正错误，遵守法庭秩序。法院采取训诫这一措施的程序是：先由合议庭或独任审判员作出决定，然后当庭以口头方式对行为人提出批评，责令其认识和改正错误。训诫的内容应当记入庭审笔录，由被训诫人签名。

3. 责令退出法庭。责令退出法庭，是指法院在开庭审理过程中，对违反法庭规则的行为人，命令其离开法庭或依法强制其离开法庭，防止其继续实施妨害民事诉讼行为的措施。法院适用责令退出法庭措施的程序是：首先对行为人进行训诫，经批评教育后，行为人仍不悔改的，由合议庭或独任审判员决定并当庭宣布，责令行为人退出法庭。责令退出法庭的原因，即行为人的错误应当记入庭审笔录。

4. 罚款。罚款，是指法院对严重妨害民事诉讼的行为人，责令其交纳一定数额金钱的强制措施。根据《民事诉讼法》第 118 条第 1 款的规定，法院可以根据妨害民事诉讼行为的具体情节、后果来决定罚款数额。对个人的罚款金额，为人民币 10 万元以下；对单位的罚款金额，为人民币 5 万元以上 100 万元以下。法院适用罚款措施的程序是：先由合议庭或独任审判员提出意见，经院长批准后，制作罚款决定书，送达被罚款人。被罚款人对罚款决定不服的，自收到罚款决定书之日起 3 日内可以向上一级法院申请复议一次，但复议期间，罚款不停止执行。上级法院应当在收到复议申请后 5 日内作出决定，并将复议结果通知下级法院和当事人。如果上级法院经复议认为下级法院作出的罚款决定书不当，应当制作决定书，撤销或者变更下级法院作出的罚款决定书。情况紧急的，可以先行口头通知，在 3 日内补发决定书。

5. 拘留。拘留，又称司法拘留，是指法院依法对严重妨害民事诉讼的行为人在一定期限内限制其人身自由的强制措施。根据《民事诉讼法》第 118 条第 2 款的规定，拘留的期限，为 15 日以下。法院适用拘留措施的程序是：先由合议庭或独任审判员提出意见，报法院院长批准后，由法院制作拘留决定书，司法警察将被拘留人送交当地公安机关看管。被拘留人对拘留决定不服的，自收到决定书之日起 3 日内可以向上一级法院申请复议一次，但复议期间，不停止执行。上级法院应当在收到复议申请后 5 日内作出决定，并将复议结果通知下级法院和当事人。如果上级法院经复议认为下级法院作出的拘留决定书不当，应当制作决定书，撤销或者变更下级法院作出的拘留决定书。情况紧急的，可以先行口头通知，在 3 日内补发决定书。

上述五种强措施中，罚款、拘留可以单独适用，也可以合并适用。对同一妨害民事诉讼行为的，罚款、拘留不得连续适用。但发生了新的妨害民事诉讼行为的，法院可以重新予以罚款、拘留。

【延伸阅读】

1. 傅郁林：《莲湖法院财产保全机制中的新理念》，载《人民法院报》2010 年 9 月 30 日，第 5 版。

2. 肖建国、张宝成：《财产保全标的物特定化之反思》，载《国家检察官学院学报》2017 年第 3 期。

3. 肖建国：《行为保全：弥补财产保全不足的创举》，载《检察日报》2012 年 10 月 19 日，第 3 版。

4. 汤维建、李海尧：《〈诉讼费用法〉立法研究》，载《苏州大学学报(哲学社会科学版)》2017 年第 3 期。

5. 汤维建：《司法为民：破解“诉讼难”、“诉讼贵”》，载《团结》2014 年第 5 期。

6. 汤维建：《反思“诉讼贵”现象》，载《北京日报》2014 年 3 月 31 日，第 17 版。

【习题自测】

一、单项选择题

1. 张平与张海因继承父亲的遗产发生纠纷诉至法院，一审判决张平胜诉。张海不服，决定上诉。张海在骑车向法院递交上诉状的路途中，头部被一辆摩托车撞伤并造成其昏迷不醒，待其经医治苏醒时，上诉期限已超过一天。对此，下列哪一说法是正确的？（　　）

A. 法律对张海的上诉权没有救济途径的规定

B. 张海因意外事故耽误上诉期限，法院应依职权决定顺延上诉期限

C. 张海可在其清醒后 10 日内，申请顺延上诉期限

D. 上诉期限为法定期间，张海申请顺延上诉期限，法院不应准许

2. 李某与温某之间的民间借贷纠纷经北京市东城区法院审理后，判决温某在判决生效后 15 日内向李某偿还欠款。双方均未上诉。该判决生效后，李某发现温某正在转移财产，欲申请法院对温某位于北京市西城区的一套房屋采取保全措施。关于本案，下列哪一选项是正确的？（　　）

A. 案件已经审理结束，李某不能申请保全

B. 李某只能向作出判决的北京市东城区法院申请保全

C. 李某只能向北京市西城区法院申请保全，因被保全的房屋在该法院辖区

D. 李某在该判决指定的履行期间届满后 15 日内不申请执行的，法院解除保全措施

3. 关于法院的送达行为，下列哪一选项是正确的？（　　）

A. 陈某与马某之间离婚一案，经法院调解双方同意离婚并在调解协议上签字。当法院将制作的调解书向马某送达时，马某拒不签收，法院向其留置送达

B. 受送达人王星是军人，法院将起诉状副本和应诉通知书交其所在连队指导员代为转交
C. 法院在审理张某与赵某之间民间借贷纠纷一案时，因赵某系某大学的在校学生，在送达起诉状副本和应诉通知书时，赵某正在外地实习，法院将起诉状副本和应诉通知书交由该大学的学生处，让学生处代为转交给赵某
D. 经受送达人许某同意，法院通过电子邮件方式向其送达起诉状副本和应诉通知书

4. 当期间以日、月计算时，期间开始的时间从何时起计算？（ ）
A. 从当日开始计算 B. 从次日开始计算
C. 从当日、次月开始计算 D. 从次日、当月开始计算

5. 受送达人为法人的，法院不可以向（ ）直接送达判决书。
A. 法定代表人 B. 大门的保安人员
C. 值班室负责收件的人 D. 受委托的律师

6. 下列哪一法律文书不适用留置送达方式？（ ）
A. 判决书 B. 裁定书 C. 决定书 D. 调解书

7. 下列哪一民事诉讼强制措施无需经院长批准？（ ）
A. 拘传 B. 责令退出法庭
C. 罚款 D. 拘留

8. 定期宣告判决的，若当事人拒不签收判决书时，法院应如何处理？（ ）
A. 留置送达
B. 视为送达，并在宣判笔录中记明
C. 择期另行宣判
D. 对该当事人实施妨碍民事诉讼的强制措施

9. 对于财产保全中的担保，下列哪一说法是错误的？（ ）
A. 诉前财产保全，申请人必须提供担保
B. 诉讼中财产保全，申请人可以不提供担保
C. 诉前财产保全和诉讼中财产保全，被申请人可以提供担保解除保全措施
D. 申请人与被申请人所提供担保的功能相同

10. 下列哪一事由不属于法院应当解除财产保全的法定情形？（ ）
A. 保全错误 B. 申请人撤回保全申请
C. 诉讼请求被生效判决驳回 D. 其他法院执行被保全的财产

二、多项选择题

1. 李某与杨某之间因民间借贷产生纠纷，甲区法院经审理作出判决后，李某不服，提起上诉。在二审法院接到报送的案件之前，李某发现杨某正在转移财产，其欲向法院申请财产保全。关于本案的财产保全，下列哪些选项是正确的？（ ）
A. 李某不可以申请财产保全，因二审法院还未接到报送的案件材料，无法受理李某的财产保全申请
B. 李某可以向甲区法院申请财产保全，因其与杨某之间的民间借贷纠纷是由甲区法院审判的
C. 保全裁定应由二审法院作出

D. 保全裁定由一审甲区法院作出并采取保全措施

2. 关于转交送达,下列哪些说法是正确的?（　　）

A. 受送达人是军人的,通过其所在部队团以上单位的政治机关转交

B. 受送达人被监禁的,通过其所在监所转交

C. 受送达人在国外上学的,通过其父母转交

D. 受送达人在国内没有住所的,委托我国驻受送达人所在国的使领馆代为送达

3. 下列哪些案件可以适用先予执行制度?（　　）

A. 追索赡养费、扶养费、抚养费、抚恤金、医疗费用的案件

B. 追索劳动报酬的案件

C. 追索疾病保险费的案件

D. 追索车辆租赁费的案件

4. 关于期间的计算方法,下列哪些选项是正确的?（　　）

A. 甲一审败诉后,其上诉期限的最后一日为5月10日。甲在5月9日将上诉状寄出,3日后到达二审法院。甲的上诉并未超过上诉期限

B. 乙因车祸耽误了上诉期限,其应在上诉期限届满前3日内向法院申请顺延期限

C. 丙的上诉期限的最后一日恰逢周日,其可于下周一向法院提起上诉

D. 期间开始的时、日和月,不计算在期间内

5. 下列哪些种类的强制措施适用决定书?（　　）

A. 拘传　　B. 训诫　　C. 罚款　　D. 拘留

三、不定项选择题

1. 下列哪些法律文书可以适用电子送达方式?（　　）

A. 判决书　　B. 裁定书

C. 开庭通知书　　D. 调解书

2. 适用下列哪些程序审理的案件,不得适用公告送达?（　　）

A. 一审普通程序　　B. 简易程序

C. 小额诉讼程序　　D. 二审程序

3. 拘传适用于下列哪些主体?（　　）

A. 负有赡养、抚养、扶养义务的被告

B. 不到庭就无法查清案情的被告

C. 必须到庭才能查清案件基本事实的原告

D. 生活处于困难状态的原告

4. 财产保全裁定未经法院依法解除,进入执行程序后,法院应如何处理?（　　）

A. 自动转为执行中的查封、扣押、冻结措施

B. 法院依职权作出新的保全裁定

C. 当事人应及时向执行法院申请财产保全

D. 法院要求当事人为其保全申请提供担保

5. 下列哪些期限属于法定期间?（　　）

A. 管辖权异议期限　　B. 提供证据期限

C. 上诉期限　　D. 申请再审期限

四、名词解释

1. 留置送达
2. 行为保全
3. 先予执行
4. 对妨害民事诉讼的强制措施
5. 拘传

五、简答题

1. 简述送达的效力。
2. 简述妨害民事诉讼行为的构成要件。

六、论述题

论司法救助。

七、案例分析题

80岁的老妇甲,身患多种疾病且无经济来源。甲的独子乙具有稳定收入但对母亲的困难生活却置之不理。现甲以追索赡养费为由将乙诉至法院,并提出先予执行的申请。法院开庭审理前对乙进行了两次传票传唤,但乙均无正当理由拒不到庭。后法院拘传乙到庭参加本案的开庭审理。

问题:

1. 对甲的先予执行申请,法院是否应当要求甲提供担保?
2. 法院拘传乙到庭参加本案的开庭审理,是否合法?

第十一章　第一审普通程序

【学习目标】

(一) 理解

立案登记制的意义;审理前准备的功能;开庭审理的功能。

(二) 熟悉

起诉与受理的程序;法院对起诉的审查与处理;审理前的准备工作;开庭审理的程序;审理中的特殊情形;判决的种类与判决书的格式;裁定的适用范围与效力;决定的适用范围。

(三) 掌握

普通程序的概念和特征;起诉的条件;受理的概念与法律效果;重复诉讼的界定;当事人恒定与承继的适用;法院受理的特殊案件;审理前准备的概念;开庭审理的概念和形式;撤诉的概念与种类;缺席判决的概念与适用情形;延期审理的概念与适用情形;诉讼中止的概念与适用情形;诉讼终结的概念与适用情形;判决与裁定的区别。

【知识结构图】

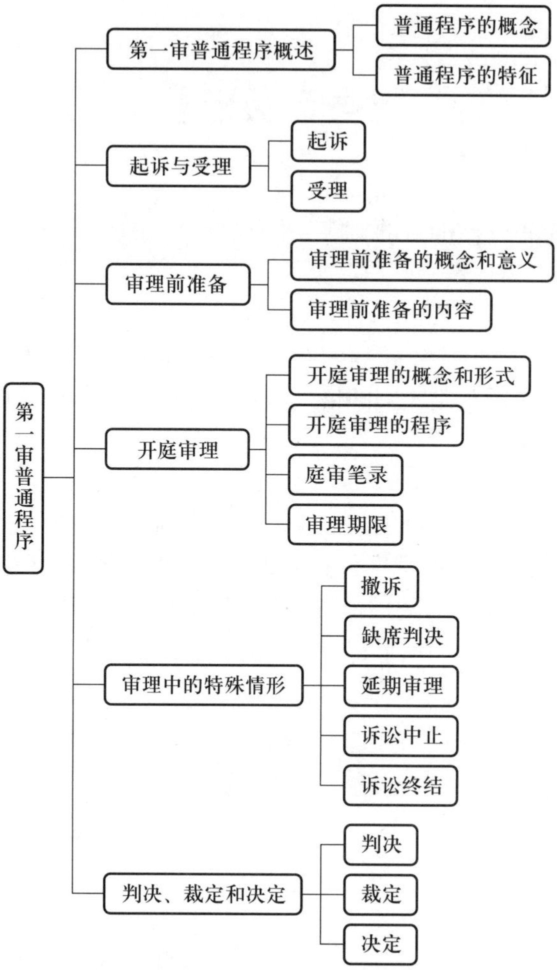

【重点难点解析】

一、起诉条件

根据我国《民事诉讼法》第122条的规定,起诉应当具备以下条件:(1) 原告必须是与本案有直接利害关系的公民、法人和其他组织;(2) 有明确的被告;(3) 有具体的诉讼请求和事实、理由;(4) 属于人民法院受理民事诉讼的范围和受诉人民法院管辖。

理解起诉条件应当注意以下几点:

1. 原告应当适格。原告适格是起诉必须具备的条件,如果原告不适格,该起诉从程序上不符合条件,法院应裁定不予受理;法院受理案件后,如果发现原告不适格,则应裁定驳回起诉。

2. 被告下落不明与被告不明确的区别。被告明确是起诉必须具备的条件,但是,被告下落不明不等于被告不明确，因此，对于被告下落不明的案件，法院应当受理，受理后可以适用公告送达方式。

3. 权利的可诉性与可保护性的区别。原告诉讼请求所依据的权利可能是现行实体法所规定的权利，也可能是现行实体法所未规定的权利，对于原告针对现行实体法未作出规定的权利提起的诉讼，只要是平等主体之间所发生的纠纷，法院应当受理。例如，司法实践中，原告基于电视收视权、亲吻权等提起的侵权诉讼。

4. 注意起诉证据与胜诉证据的区别。起诉证据，是指原告向法院提起诉讼时应提供的符合法律规定条件的证据；而胜诉证据，是指当事人的诉讼请求得到法院支持所依据的证据。胜诉证据需要达到法律所规定的证明标准的要求。

二、立案登记制

党的十八届四中全会通过的《中共中央关于全面推进依法治国若干重大问题的决定》提出：改革法院案件受理制度，变立案审查制为立案登记制，要求对法院依法应当受理的案件，做到有案必立、有诉必理，以保障当事人的诉权。立案登记制并非取消法院对起诉案件的审查，而是强调立案的合法性，即起诉到法院的案件必须是“人民法院依法应当受理的案件”，这是“有案必立”的前提。为此，根据《民事诉讼法》第 126 条以及《民诉法解释》第 208 条的规定，法院应当保障当事人依照法律规定享有的起诉权利。法院接到当事人提交的民事起诉状时，对符合《民事诉讼法》第 122 条的规定，且不属于第 127 条规定情形的，应当登记立案；对当场不能判定是否符合起诉条件的，应当接收起诉材料，并出具注明收到日期的书面凭证。需要补充必要相关材料的，法院应当及时告知当事人。在补齐相关材料后，应当在 7 日内决定是否立案。立案后发现不符合起诉条件或者属于《民事诉讼法》第 127 条规定情形的，裁定驳回起诉。原告对该裁定不服的，可以提出上诉。

三、不予受理、驳回起诉与驳回诉讼请求

对不予受理、驳回起诉与驳回诉讼请求的比较见表 11–1：

表 11–1 不予受理、驳回起诉与驳回诉讼请求的比较分析

比较内容	不予受理	驳回起诉	驳回诉讼请求
适用文书	裁定	裁定	判决
解决问题性质	程序问题	程序问题	实体问题
适用诉讼阶段	审查起诉阶段	受理案件后	受理案件后
适用条件	起诉不符合受理条件	起诉不符合受理条件	起诉符合条件，但诉讼请求不能获得支持
当事人针对法律文书的权利	可以上诉、申请再审	可以上诉、申请再审	可以上诉、申请再审
当事人针对案件的权利	可以再起诉	可以再起诉	不得再起诉，因为一事不再理
上诉期	10 日	10 日	15 日
适用组织	立案庭	审判组织	审判组织

四、重复起诉

根据《民诉法解释》第 247 条的规定，当事人就已经提起诉讼的事项在诉讼过程中或者裁判生效后再次起诉，同时符合下列条件的，构成重复起诉：(1) 后诉与前诉的当事人相同；(2) 后诉与前诉的诉讼标的相同；(3) 后诉与前诉的诉讼请求相同，或者后诉的诉讼请求实质上否定前诉裁判结果。当事人重复起诉的，裁定不予受理；已经受理的，裁定驳回起诉，但法律、司法解释另有规定的除外。

此外，《民诉法解释》第 248 条规定，裁定发生法律效力后，发生新的事实，当事人再次提起诉讼的，法院应当依法受理。

五、当事人恒定和诉讼承继原则

《民诉法解释》第 249 条增加了当事人恒定原则，即在诉讼中，争议的民事权利义务转移的，不影响当事人的诉讼主体资格和诉讼地位。法院作出的发生法律效力的判决、裁定对受让人具有拘束力。受让人申请以无独立请求权的第三人身份参加诉讼的，法院可予准许。受让人申请替代当事人承担诉讼的，法院可以根据案件的具体情况决定是否准许；不予准许的，可以追加其为无独立请求权的第三人。

《民诉法解释》第 250 条对诉讼承继，即受让人替代当事人承担诉讼的裁定和后果作出了规定，即法院准许受让人替代当事人承担诉讼的，裁定变更当事人。变更当事人后，诉讼程序以受让人为当事人继续进行，原当事人应当退出诉讼。原当事人已经完成的诉讼行为对受让人具有约束力。

六、开庭审理的形式

开庭审理必须严格依照法定程序和要求进行，具体需注意以下几点：

1. 开庭审理必须采取法庭审理的方式。即开庭审理必须由审判人员组成的合议庭在当事人及其他诉讼参与人均到庭的情况下，在人民法院所设立的专用、固定的法庭或特设的临时法庭对案件进行审理。

2. 开庭审理应当采取法定审理方式。根据《民事诉讼法》第 137 条的规定，法院审理民事案件，除涉及国家秘密、个人隐私或者法律另有规定的以外，应当公开进行。离婚案件、涉及商业秘密的案件，当事人申请不公开审理的，可以不公开审理。由此可见，《民事诉讼法》规定的法定开庭审理方式应当以公开开庭审理为原则，以不公开开庭审理为例外。为了严格执行公开审判制度，最高人民法院不仅在有关司法解释中就公开审判问题作了相关的规定，还于 1999 年 3 月 8 日专门制定并印发了《最高人民法院关于严格执行公开审判制度的若干规定》，该规定第 11 条明确规定，依法公开审理案件，经人民法院许可，新闻记者可以记录、录音、录像、摄影、转播庭审实况。外国记者的旁听按照我国有关外事管理规定办理。

3. 开庭审理应当采取言词审理的方式，不能采取书面审理方式。言词审理，也称为口头审理，是相对于书面审理方式而言的审理方式，是指法院进行的证据调查程序和双方当事人的辩论程序必须以口头方式进行，否则不得作为判决的基础。换言之，合议庭行使职权的行为和当事人以及其他诉讼参与人行使诉讼权利的一切诉讼行为，均需要以言词的方式进行。

七、开庭审理的内容

根据《民诉法解释》第 228 条的规定，法庭审理应当围绕当事人争议的事实、证据和法律适用等焦点问题进行。具体而言，在当事人陈述阶段，法官可以令当事人就双方之间的争议事实进行陈述。针对当事人的陈述，法官可以围绕争议焦点进行询问。在质证环节，已经在审理前准备过程中无异议的证据，由审判人员在庭审中进行说明，不再组织质证，对于当事人有异议的证据，法官可以令当事人具体说明异议的内容。法院审理范围围绕争议焦点进行，有利于提高庭审效率。然而，司法实践中却时常出现庭审时当事人对其在审理前准备阶段认可的事实和证据予以否认的现象，为了解决司法实践中的上述问题，《民诉法解释》第 229 条增加了关于禁止反言原则的规定，即当事人在庭审中对其在审理前的准备阶段认可的事实和证据提出不同意见的，法院应当责令其说明理由。必要时，可以责令其提供相应的证据。法院应当结合当事人的诉讼能力、证据和案件的具体情况进行审查。理由成立的，可以列入争议焦点进行审理。

【延伸阅读】

1. 严仁群：《民事立案制度之模式选择——兼析“赵薇瞪眼案”》，载《法治现代化研究》2018 年第 3 期。

2. 王亚新：《立案登记制改革：成效、问题及对策——基于对三地法院调研的思考》，载《法治研究》2017 年第 5 期。

3. 陆永棣：《从立案审查到立案登记：法院在社会转型中的司法角色》，载《中国法学》2016 年第 2 期。

4. 钮杨、冀宗儒：《立案登记制下我国民事诉讼制度的再探讨》，载《法律适用》2016 年第 4 期。

5. 蔡虹、李棠洁：《民事立案登记制度的法理省思》，载《法学论坛》2016 年第 7 期。

6. 曲昇霞：《论民事诉讼登记立案的文本之“困”与实践之“繁”》，载《法律科学（西北政法大学学报）》2016 年第 3 期。

7. 杨秀清：《消极确认之诉的理性阐释——兼对九十九年度重诉字第六九四号民事判决的分析》，载《月旦民商法杂志》2012 年第 35 期。

8. 毕玉谦：《对我国民事诉讼审前程序与审理程序对接的功能性反思与建构——从比较法的视野看我国〈民事诉讼法〉的修改》，载《比较法研究》2012 年第 5 期。

9. 邵明、周文：《论民事之诉的合法要件》，载《中国人民大学学报》2014 年第 4 期。

10. 杨秀清：《司法过程能动性的理性思考》，载《河北法学》2010 年第 1 期。

【习题自测】

一、单项选择题

1. 甲、乙两公司签订了一份家具买卖合同，因家具质量问题，甲公司起诉乙公司要求更换家具并支付违约金3万元。法院经审理判决乙公司败诉，乙公司未上诉。之后，乙公司向法院起诉，要求确认该家具的买卖合同无效。对乙公司的起诉，法院应采取下列哪一处理方式？（　　）

A. 予以受理　　B. 裁定不予受理

C. 裁定驳回起诉　　D. 按再审处理

2. 张丽因与王旭感情不和，长期分居，向法院起诉要求离婚。法院向王旭送达应诉通知书时，发现王旭已于张丽起诉前因意外事故死亡。关于本案，法院应作出下列哪一裁判？（　　）

A. 诉讼终结的裁定　　B. 驳回起诉的裁定

C. 不予受理的裁定　　D. 驳回诉讼请求的判决

3. 何某因被田某打伤，向甲县法院提起人身损害赔偿之诉，法院予以受理。关于何某的起诉行为将产生的法律后果，下列哪一选项是正确的？（　　）

A. 何某的诉讼时效中断　　B. 田某的答辩期开始起算

C. 甲县法院取得排他的管辖权　　D. 田某成为适格被告

4. 下列哪一选项中法院的审判行为，只能发生在开庭审理阶段？（　　）

A. 送达诉讼文书

B. 组织当事人进行质证

C. 调解纠纷，促进当事人达成和解

D. 追加必须参加诉讼的当事人

5. 关于民事案件审理与宣判的表述，下列哪一选项是正确的？（　　）

A. 开庭时由书记员核对当事人身份和宣布案由

B. 法院收集的证据是否需要进行质证，由法院决定

C. 合议庭评议实行少数服从多数的原则，形成不了多数意见时，以审判长意见为准

D. 法院定期宣判的，法院应当在宣判后立即将判决书发给当事人

6. 成某（居住在乙县）因罗某（居住在甲县）欠钱不还，诉至甲县法院。诉讼过程中，成某出差所乘航班失踪，经全力寻找仍无成某生存的任何信息，主管单位宣布机上乘客不可能生还，成妻遂向乙县法院申请宣告成某死亡。对此，下列哪一说法是正确的？（　　）

A. 乙县法院应当将宣告死亡案移送至甲县法院审理

B. 借款纠纷案与宣告死亡案应当合并审理

C. 甲县法院应当裁定中止诉讼

D. 甲县法院应当裁定终结诉讼

7. 某死亡赔偿案件，二审法院在将判决书送达当事人签收后，发现死亡赔偿金的数额计算错误，少了7万余元。关于二审法院的错误纠正，下列哪一选项是正确的？（　　）

A. 通过审判监督程序，重新制作判决书

B. 作出新的判决书并送达双方当事人

C. 作出裁定书予以补正

D. 报请上级法院批准后作出裁定予以补正

8. 甲公司诉乙公司货款纠纷一案，A市B区法院在审理中查明甲公司的权利主张已超过

诉讼时效,而乙公司并未提出时效抗辩,遂判决驳回甲公司的诉讼请求。在判决书送达后上诉期限届满前,B 区法院发现其依职权适用诉讼时效的规定是错误的。关于本案的处理,下列哪一说法是正确的? ( )

A. 因判决尚未发生效力,B 区法院可以将判决书予以收回,重新作出新的判决

B. B 区法院可以将判决书予以收回,恢复庭审并向当事人释明时效问题,视具体情况重新作出判决

C. B 区法院可以作出裁定,纠正原判决中的错误

D. 如上诉期限届满当事人未上诉,B 区法院可以决定再审,纠正原判决中的错误

9. 关于民事诉讼的裁定,下列哪一选项是正确的? ( )

A. 裁定可以适用于不予受理、管辖权异议和驳回诉讼请求

B. 当事人有正当理由没有到庭的,法院应当裁定延期审理

C. 裁定的拘束力通常只及于当事人、诉讼参与人和审判人员

D. 当事人不服一审法院作出的裁定,可以向上一级法院提出上诉

10. 关于撤诉和缺席判决的处理,下列哪一选项是不正确的? ( )

A. 原告在宣判前申请撤诉,被告不同意的,法院可以不予准许

B. 有独立请求权的第三人经传票传唤,无正当理由拒不到庭的,可以按撤诉处理

C. 无民事行为能力被告的法定代理人,经传票传唤无正当理由拒不到庭的,可以缺席判决

D. 无独立请求权的第三人经传票传唤,无正当理由拒不到庭的,可以缺席判决

11. 机械公司与铝业公司设备买卖合同纠纷一案,机械公司诉至甲区法院,请求判令铝业公司支付其拖欠的设备款 100 万元。诉讼中,铝业公司提出因机械公司提供的设备存在严重质量问题,给自己造成原材料损失 50 万元,请求判令机械公司赔偿其原材料损失 50 万元。开庭审理前,法院召开庭前会议。关于庭前会议内容的表述,下列哪一选项是不正确的? ( )

A. 明确原告的诉讼请求与被告的答辩意见

B. 审查铝业公司因原材料损失提出赔偿的诉讼请求

C. 确定举证期限

D. 进行调解

12. 甲某与乙某系夫妻。甲某因车祸导致下肢瘫痪,生活难以自理。此后,乙某常常数日不回家,甲某因生活陷入困境,诉至法院要求乙某支付扶养费。法院传票传唤乙某,开庭审理时乙某未到庭也未向法院说明理由。此时,法院对该案的处理,下列哪一做法是正确的? ( )

A. 缺席判决　　B. 延期审理

C. 诉讼中止　　D. 诉讼终结

13. 陈某诉王某合同纠纷一案,在一审法庭辩论结束后的第二天,陈某意外死亡,其唯一的继承人一直下落不明,法院应该如何处理? ( )

A. 裁定诉讼程序终结　　B. 裁定诉讼程序中止

C. 裁定驳回陈某起诉　　D. 法院可以直接作出判决

二、多项选择题

1. 关于起诉与受理的表述，下列哪些选项是正确的？（ ）

A. 法院裁定驳回起诉的，原告再次起诉符合条件的，法院应当受理

B. 法院按撤诉处理后，当事人以同一诉讼请求再次起诉的，法院应当受理

C. 判决不准离婚的案件，当事人没有新事实和新理由再次起诉的，法院一律不予受理

D. 当事人超过诉讼时效起诉的，法院应当受理

2. 关于民事诉讼程序中的裁判，下列哪些表述是正确的？（ ）

A. 判决解决民事实体问题，而裁定主要处理案件的程序问题，少数涉及实体问题

B. 判决都必须以书面形式作出，某些裁定可以口头方式作出

C. 一审判决都允许上诉，一审裁定有的允许上诉，有的不能上诉

D. 财产案件的生效判决都有执行力，大多数裁定都没有执行力

3. 根据《民事诉讼法》及相关司法解释的规定，关于特殊诉讼情形的适用，下列哪些选项是不正确的？（ ）

A. 洪某诉至区法院请求判令陈某支付拖欠的房屋租金 2 万元。诉讼中，陈某提出自己为维修洪某出租的房屋花费了 1 万元，请求洪某支付。经传票传唤，开庭时洪某无正当理由未到庭。区法院经审理，判决陈某 1 万元的房屋维修费抵偿租金后，支付洪某 1 万元租金

B. 甲公司诉乙公司合同纠纷一案，诉讼过程中，乙公司与丙公司合并为丁公司，法院决定中止诉讼

C. 陈某与秦某青瓷花瓶买卖合同纠纷一案，诉讼过程中，秦某的父亲到法院称秦某精神失常，无法辨认其行为能力，要求认定合同无效，法院根据秦某父亲的申请对秦某进行鉴定，并裁定中止诉讼

D. 齐华与陈明离婚纠纷一案，诉讼过程中，齐华因车祸意外死亡，法院裁定终结诉讼

4. 根据《民事诉讼法》及相关司法解释的规定，法院对当事人下列起诉的处理，哪些做法是正确的？（ ）

A. 甲公司与乙公司之间木材买卖合同纠纷一案被法院裁定不予受理后，甲公司基于同一标的再次起诉符合条件的，法院应当受理

B. 2015 年 11 月，齐辉因其养子齐洪不支付赡养费，诉至甲区法院要求解除与齐洪的收养关系。2016 年 1 月，经甲区法院调解，双方同意维持收养关系。2016 年 9 月，齐辉以齐洪开始经常对其打骂为由再次诉至甲区法院，要求解除与齐洪的收养关系，法院应受理

C. 2015 年 8 月，陈某认为市晚报对一则市民广为关注的新闻事件作出虚假报道侵犯其知情权为由，诉至区法院请求判令市晚报登报赔礼道歉，区法院裁定不予受理

D. 2016 年 1 月，王某诉至甲区法院要求陈某赔偿其损失 8 万元；法院受理后，2016 年 2 月，双方达成陈某赔偿王某 7 万元的和解协议，王某申请撤诉，得到甲区法院的同意；后因陈某拒绝向王某支付 7 万元的赔偿款，2016 年 4 月，王某再次起诉要求陈某赔偿其损失，法院裁定不予受理

5. 根据《民事诉讼法》及相关司法解释的规定，法院审判人员的下列行为，哪些是不合法

的？（　　）

A. 李某与邱某借款纠纷一案，区法院经过审理后，依职权适用诉讼时效的规定判决驳回李某的诉讼请求

B. 甲公司诉至区法院请求判令乙公司交付医疗器械并支付违约金，区法院经过审理后判决驳回甲公司的诉讼请求，甲公司未上诉。判决生效后，甲公司基于该买卖合同再次诉至区法院，请求认定合同无效，并判令乙公司承担合同无效的法律责任。区法院裁定不予受理

C. 建筑公司与开发公司就位于 A 市甲区的欣欣家园小区的工程施工合同发生纠纷，建筑公司与开发公司分别向甲区法院提起诉讼，甲区法院决定合并审理上述两案件

D. 章某诉至甲区法院请求判令环宇公司支付拖欠的工伤医疗费，诉讼过程中，为了解决章某的紧急生活需要，甲区法院裁定先予执行

6. 于某与田某临街商铺买卖合同纠纷一案，由甲区法院适用普通程序审理。甲区法院认为案情简单，指定由秦法官独任审理该案。开庭前，谷某得知此事，以田某已将临街商铺卖给自己并已交付自己使用为由申请参加诉讼，获得同意。开庭审理中，秦法官在当事人均同意的情况下，将法庭调查阶段与法庭辩论阶段合并进行。法庭辩论结束后，于某申请撤诉，田某不同意，区法院裁定准许于某撤诉。关于本案的下列表述，哪些选项是正确的？（　　）

A. 甲区法院让秦法官独任审理该案的做法是正确的

B. 甲区法院准许谷某参加诉讼的做法是正确的

C. 甲区法院将法庭调查阶段与法庭辩论阶段合并进行的做法是正确的

D. 甲区法院裁定准许于某撤诉的做法是合法的

三、不定项选择题

机械公司诉至 A 区法院，请求判令纺织公司支付拖欠的设备款 360 万元。审理该案的合议庭由审判员陈某、人民陪审员赵某与吴某组成，陈某担任审判长。A 区法院经过审理，判决纺织公司向机械公司支付设备款 360 万元，但将 360 万元误写成 330 万元。机械公司不服上诉至市中级法院，市中级法院认为案件基本事实不清，裁定撤销原判，发回 A 区法院重审，A 区法院由原合议庭重审该案。开庭审理前，机械公司与纺织公司自行达成和解协议，纺织公司向机械公司支付设备款 350 万元，机械公司申请撤诉。根据案情，请回答：

1. 关于本案审判组织的下列表述，哪些选项是正确的？（　　）

A. 本案一审合议庭由 2 名陪审员参加是不正确的

B. 本案一审合议庭组成合法

C. 本案重审合议庭的组成合法

D. 本案重审合议庭的组成不合法

2. 关于纠正本案一审判决将支付设备款 360 万元误写成 330 万元的错误，下列哪些选项是正确的？（　　）

A. A 区法院应将判决书收回，重审作出判决

B. A 区法院应作出补充判决纠正该错误

C. A 区法院应作出裁定补正判决书中的笔误

D. A 区法院应作出决定补正判决书中的笔误

3. 机械公司与纺织公司自行和解达成协议，纺织公司向机械公司支付设备款 350 万元。关于本案的表述，下列正确的选项有（　　）。

A. 机械公司可以申请 A 区法院确认和解协议，制作调解书

B. 机械公司可以申请 A 区法院依据和解协议，制作判决书

C. 机械公司无权申请撤诉，因为双方和解协议尚未履行

D. A 区法院可以根据和解协议制作调解书

四、名词解释

1. 起诉
2. 审理前准备
3. 开庭审理
4. 法庭辩论
5. 撤诉
6. 缺席判决
7. 延期审理
8. 诉讼中止
9. 诉讼终结

五、简答题

1. 简述起诉及其条件。
2. 简述诉讼中止与诉讼终结的区别。

六、论述题

《民诉法解释》第 247 条规定："当事人就已经提起诉讼的事项在诉讼过程中或者裁判生效后再次起诉，同时符合下列条件的，构成重复起诉：（一）后诉与前诉的当事人相同；（二）后诉与前诉的诉讼标的相同；（三）后诉与前诉的诉讼请求相同，或者后诉的诉讼请求实质上否定前诉的裁判结果。当事人重复起诉的，裁定不予受理；已经受理的，裁定驳回起诉，但法律、司法解释另有规定的除外。"

评述该司法解释规定所涉及的诉讼制度。

七、案例分析题

2011 年 8 月，位于 A 市洪湖区的开发公司与位于 B 市天河区的城建公司签订一份建设工程施工合同，合同约定：由城建公司于 2013 年 11 月底前为开发公司建设位于 A 市四方区的欣欣家园小区。合同签订后，城建公司按照约定的时间完成了欣欣家园小区的建设任务。由于开发公司拖欠部分工程款未付，经多次交涉未果，2014 年 5 月，城建公司诉至洪湖区法院，要求开发公司支付拖欠的工程款 300 万元。洪湖区法院受理案件后，以自己没有管辖权为由，将案件移送给四方区法院。2014 年 9 月，四方区法院依法开庭审理了此案，法庭辩论终结后，城建公司与开发公司自行达成和解协议，开发公司于 2014 年 12 月底前向城建公司支付 290 万元工程款，城建公司申请撤诉；开发公司不同意城建公司撤回起诉，四方区法院基于城建公司申请裁定准许城建公司撤诉。

由于开发公司未按照和解协议约定向城建公司支付 290 万元的工程款，2015 年 3 月，城建公司再次向四方区法院起诉要求开发公司支付拖欠的工程款 300 万元。开庭审理前，开发公

司提出，因城建公司所承建的欣欣家园中的3号楼存在严重的厨房与卫生间漏水问题，部分业主诉至法院要求退房及赔偿损失，为此，开发公司要求城建公司赔偿因3号楼存在的质量问题给自己造成的损失130万元。城建公司则提出，3号楼由其分包给了建筑公司，申请法院通知建筑公司参加诉讼，四方区法院未予准许。四方区法院合并审理了开发公司要求城建公司赔偿损失的请求。经开庭审理后，四方区法院认定3号楼存在严重质量问题，判决城建公司赔偿给开发公司造成的损失130万元，认定开发公司存在违约行为，判决开发公司向城建公司支付300万元工程款。

结合案情，请回答下列问题：

1. 该案一审中，洪湖区法院移送管辖的做法是否正确？为什么？

2. 请对该案四方区法院的做法予以分析，并阐述理由。

第十二章 简 易 程 序

【学习目标】

（一）理解

简易程序与普通程序的关系；当事人对简易程序的选择适用；小额诉讼与简易程序的关系。

（二）熟悉

简易程序的内容；小额诉讼案件的审理。

（三）掌握

简易程序的概念与特点；简易程序的适用；小额诉讼的概念；小额诉讼程序的适用。

【知识结构图】

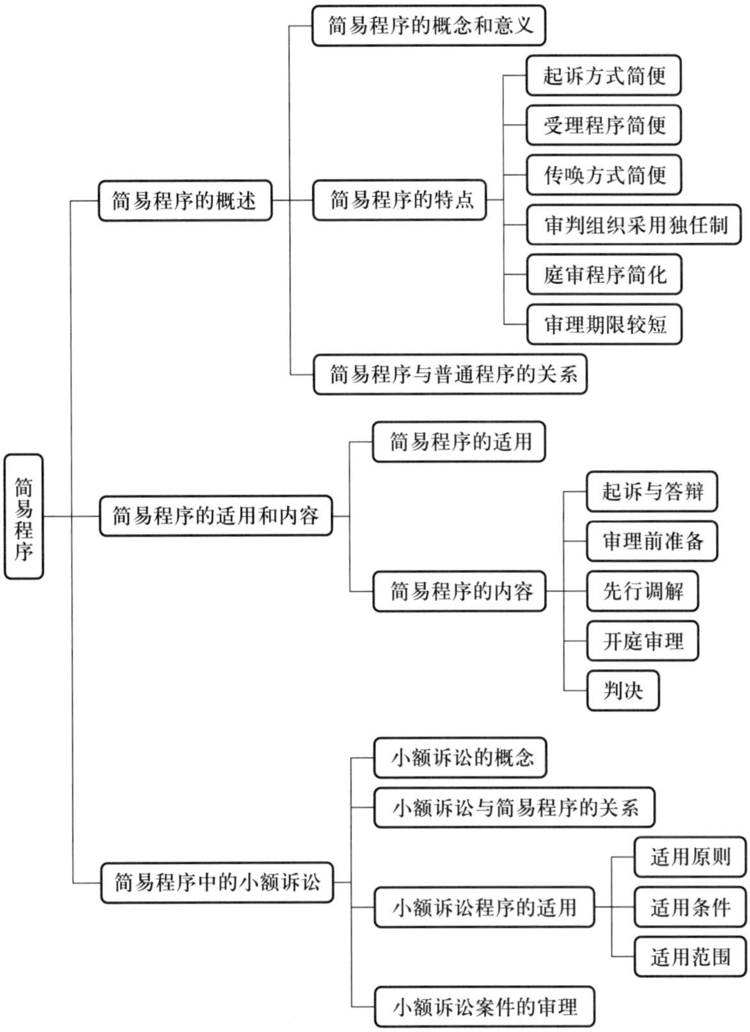

【重点难点解析】

一、简易程序与普通程序适用的关系

（一）选择适用

第一，基层法院和它派出的法庭适用普通程序审理的民事案件，当事人双方可以约定适用简易程序，应当在开庭前提出。口头提出的，记入笔录，由双方当事人签名或者捺印确认。该法律规定体现了当事人对简易程序适用的选择权。所谓“程序选择权”，是指双方当事人基于诉讼契约，就民事纠纷所适用的诉讼程序进行选择的诉讼权利。第二，基层法院和它派出的法

庭适用简易程序审理的民事案件，当事人不得约定不适用简易程序，即不得约定适用普通程序，否则会造成司法资源的浪费与诉讼效率的降低。

（二）程序的转化

第一，基层法院和它派出的法庭适用简易程序审理案件的过程中，出现下列法定情形，可以转化为普通程序：其一，法院审理中发现案情复杂，需要转为普通程序审理的；其二，当事人就简易程序适用提出异议，异议成立的，裁定转为普通程序；其三，原告提供了被告准确的送达地址，但法院无法向被告直接送达或者留置送达应诉通知书的，应当将案件转入普通程序。法院裁定将案件转入普通程序的，将合议庭组成人员及相关事项以书面形式通知双方当事人；转入普通程序审理的民事案件的审理期限自法院立案之日起计算。简易程序转入普通程序前，双方当事人已经确认的事实，可以不再进行举证、质证。第二，法院已经按照普通程序审理的民事案件，开庭后不得转为简易程序。

二、简易程序适用的审级

简易程序作为基层法院审理简单民事案件所适用的简便易行的第一审程序，只能适用于当事人起诉的第一审民事案件。基层法院适用第一审程序审理发回重审的民事案件或者再审的民事案件，只能适用第一审普通程序进行审理，而不得适用简易程序进行审理，其目的主要是保证重审案件和再审案件的审判质量。

三、简易程序中留置送达的特殊适用

受送达人的自然人以及他的同住成年家属拒绝签收诉讼文书的，或者法人、其他组织负责收件的人拒绝签收诉讼文书的，依据《民事诉讼法》第 89 条的规定，送达人可以邀请有关基层组织或者所在单位的代表到场，说明情况，在送达回证上记明拒收事由和日期，由送达人、见证人签名或者盖章，把诉讼文书留在受送达人的住所；也可以把诉讼文书留在受送达人的住所，并采用拍照、录像等方式记录送达过程，即视为送达。但是，适用简易程序审理的案件，法院根据《简易程序规定》的规定邀请有关基层组织或者所在单位的代表到场见证，被邀请的人不愿到场见证的，送达人应当在送达回证上记明拒收事由、时间和地点以及被邀请人不愿到场见证的情形，将诉讼文书留在受送达人的住所或者从业场所，即视为送达。

四、小额诉讼程序的适用

我国《民事诉讼法》第 165 条所规定的小额诉讼程序，属于简易程序的特别规定。根据 2021 年修改的《民事诉讼法》第 165 条的规定，小额诉讼程序分为法院强制适用和当事人合意选择适用两种。其中，基层法院和它派出的法庭审理事实清楚、权利义务关系明确、争议不大的简单金钱给付民事案件，标的额为各省、自治区、直辖市上年度就业人员年平均工资 50% 以下的，强制适用小额诉讼程序；基层法院和它派出的法庭审理事实清楚、权利义务关系明确、争议不大的简单金钱给付民事案件，标的额超过各省、自治区、直辖市上年度就业人员年平均工资 50% 但在 2 倍以下的，当事人双方可以约定适用小额诉讼程序，即小额诉讼程序的选择适用。对于强制适用小额诉讼程序的案件，当事人没有选择权，也无需当事人申请适用。小额诉

讼程序强制适用应当具备三个条件：(1) 属于基层法院和它派出的法庭适用简易程序审理的简单民事案件，非简单民事案件即使争议标的额小也不得适用小额诉讼程序；(2) 案件性质应当为金钱给付民事案件；(3) 争议标的额在各省、自治区、直辖市上年度就业人员年平均工资50% 以下。当事人可以合意选择适用的小额诉讼程序的条件，前两个条件与强制适用的前两个条件相同，只是第三个条件改为争议标的额应当在各省、自治区、直辖市上年度就业人员年平均工资 50% 以上 2 倍以下。

【延伸阅读】

1. 齐树洁:《构建小额诉讼程序若干问题之探讨》，载《国家检察官学院学报》2012 年第1 期。
2. 王福华:《小额诉讼与福利制度》，载《中外法学》2016 年第 1 期。
3. 傅郁林:《小额诉讼与程序分类》，载《清华法学》2011 年第 3 期。
4. 刘敏:《论非讼法理在小额诉讼程序中的适用》，载《清华法学》2011 年第 3 期。
5. 蔡彦敏:《以小见大：我国小额诉讼立法之透析》，载《法律科学(西北政法大学学报)》2013 年第 3 期。
6. 刘仲屹、王保民:《小额诉讼程序及其在我国民事诉讼法修改中的完善》，载《比较法研究》2012 年第 5 期。

【习题自测】

一、单项选择题

1. 夏某因借款纠纷起诉陈某，法院决定适用简易程序审理。法院依夏某提供的被告陈某的地址送达起诉状副本时，发现有误，经多方了解和查证也无法确定陈某的准确地址。对此，法院下列哪一处理方式是正确的？（　　）

A. 将案件转为普通程序审理　　B. 采取公告方式送达

C. 裁定中止诉讼　　D. 裁定驳回起诉

2. 周立诉孙华人身损害赔偿一案，一审法院适用简易程序审理，电话通知双方当事人开庭，孙华无故未到庭，法院缺席判决孙华承担赔偿周立的医疗费用。该判决生效后，周立申请强制执行，执行程序开始后，孙华向一审法院提出再审申请。法院裁定再审，未裁定中止原判决的执行。关于本案，下列哪一说法是正确的？（　　）

A. 法院电话通知当事人开庭是错误的

B. 孙华以法院未传票通知其开庭即缺席判决为由，提出再审申请是符合法律规定的

C. 孙华应向二审法院提出再审申请，而不可向原一审法院申请再审

D. 法院裁定再审，未裁定中止原判决的执行是错误的

3. 关于简易程序的简便性，下列哪一表述是不正确的？（　　）

A. 受理程序简便，可以当即受理，当即审理

B. 审判程序简便，可以不按法庭调查、法庭辩论的顺序进行

C. 庭审笔录简便，可以不记录原、被告的诉辩意见等通常性程序内容

D. 裁判文书简便，可以简化裁判文书的事实认定或判决理由部分

4. 赵洪诉陈海偿还借款800元，法院决定适用小额诉讼程序审理。关于该案的审理，下列哪一选项是错误的？（　　）

A. 应在开庭审理时先行调解

B. 应开庭审理，但经过赵洪和陈海的书面同意后，可书面审理

C. 应当庭宣判

D. 应一审终审

5. 根据《民事诉讼法》及其司法解释的规定，下列关于简易程序的表述，下列哪一选项是不正确的？（　　）

A. 基层法院适用简易程序审理的案件，当事人可以约定不适用简易程序

B. 已经按照普通程序审理的案件，在开庭后不得转为简易程序审理

C. 当事人双方均表示不需要举证期限、答辩期间的，法院可以立即开庭审理

D. 双方当事人同意的，法院在制作判决书时，可以适当简化认定事实或者裁判理由部分

6. 根据《民事诉讼法》及其司法解释的规定，关于简易程序的表述，下列哪一选项是正确的？（　　）

A. 对于甲区法院适用简易程序审理的合同纠纷案件，甲区法院可以先行调解

B. 县法院适用简易程序审理案件的过程中，发现案情复杂转为普通程序的，当事人已经确认的事实需要重新举证、质证

C. 区法院适用简易程序审理简单民事案件，应当一次开庭审结并当庭宣判

D. 区法院适用简易程序审理案件，审限不得延长

7. 许某诉至甲区法院请求判令崔某支付拖欠的房屋租金5 000元，甲区法院适用小额诉讼程序审理此案。答辩期内，崔某提出管辖权异议，被甲区法院裁定驳回。甲区法院经审理作出判决，该判决主要记载了当事人基本信息、诉讼请求、判决主文等内容。关于本案的下列表述，哪一选项是正确的？（　　）

A. 甲区法院未征得当事人同意适用小额诉讼程序审理案件是不正确的

B. 崔某对驳回管辖权异议的裁定不服，有权提出上诉

C. 甲区法院作出裁判记载的内容不符合法律规定

D. 甲区法院的判决是生效的法律文书

二、多项选择题

1. 章俊诉李泳借款纠纷案在某县法院适用简易程序审理。县法院判决后，章俊上诉，二审法院以事实不清为由发回重审。县法院征得当事人同意后，适用简易程序重审此案。在答辩期间，李泳提出管辖权异议，县法院不予审查。案件开庭前，章俊增加了诉讼请求，李泳提出反诉，县法院受理了章俊提出的增加诉讼的请求，但以重审不可提出反诉为由拒绝受理李泳的反诉。关于本案，该县法院的下列哪些做法是正确的？（　　）

A. 征得当事人同意后，适用简易程序重审此案

B. 对李泳提出的管辖权异议不予审查

C. 受理章俊提出的增加诉讼请求

D. 拒绝受理李泳的反诉

2. 郑飞诉万雷侵权纠纷一案，虽不属于事实清楚、权利义务关系明确、争议不大的案件，但双方当事人约定适用简易程序进行审理，法院同意并以电子邮件的方式向双方当事人通知了开庭时间（双方当事人均未回复）。开庭时被告万雷无正当理由不到庭，法院作出了缺席判决。送达判决书时，法院通过各种方式均未联系上万雷，遂采取了公告送达方式送达了判决书。对此，法院下列的哪些行为是违法的？（ ）

A. 同意双方当事人的约定，适用简易程序对案件进行审理

B. 以电子邮件的方式向双方当事人通知开庭时间

C. 作出缺席判决

D. 采取公告方式送达判决书

3. 吴某因洪某拖欠其 5 000 元不还，诉至区法院。区法院适用小额诉讼程序审理该案。洪某要求书面答辩，区法院经洪某同意为其确定了 7 日答辩期。洪某对区法院的管辖权提出异议，被区法院裁定驳回。吴某与洪某协商确定 25 天的举证期限。关于本案的下列表述，正确的是什么？（ ）

A. 区法院适用小额诉讼程序审理该案作出的判决是生效判决

B. 区法院为洪某确定的答辩期合法

C. 洪某对区法院驳回其管辖权异议的裁定不服，有权提出上诉

D、吴某与洪某协商确定 25 天的举证期限是合法的

4. 根据《民事诉讼法》及相关司法解释，下列哪些案件不适用小额诉讼程序？（ ）

A. 人身关系案件　　B. 涉外民事案件

C. 海事案件　　D. 发回重审的案件

5. 胡某与李某劳务合同纠纷一案，胡某诉至 A 县法院请求判令李某支付拖欠的劳务费 1 万元，A 县法院由田法官适用简易程序独任审理此案。关于本案的下列表述，哪些选项是正确的？（ ）

A. 本案审理中如因案情复杂转为普通程序审理的，双方当事人已经确认的事实，可以不再进行举证、质证

B. 法院可以用捎口信方式传唤双方当事人，李某开庭时无正当理由未到庭，法院可以缺席判决

C. 被告要求书面答辩的，法院可在征得其同意的基础上，合理确定答辩期

D. 法院可以先行调解

6. 陈某诉至 A 区法院，请求判令刘某支付拖欠的借款 3 000 元。A 区法院受理案件后，依职权适用小额诉讼程序审理此案，并告知当事人此案由吴法官独任审理。刘某应诉后要求书面答辩，经刘某同意后，吴法官给刘某确定了 7 天答辩期。刘某在答辩期内对 A 区法院的管辖权提出异议，A 区法院裁定驳回刘某的异议。关于本案的下列表述，哪些选项是不正确的？（ ）

A. A 区法院依职权适用小额诉讼程序是正确的

B. A 区法院告知当事人本案由吴法官独任审理是正确的

C. 吴法官给刘某确定的答辩期不合法

D. 刘某对驳回其管辖权异议裁定不服的有权提出上诉

三、不定项选择题

孙某与王某签订了房屋租赁合同，约定孙某将一套一居室住房出租给王某。因王某拖欠租金，孙某诉至甲区法院要求王某支付拖欠的租金1万元。甲区法院依职权适用小额诉讼程序，由田法官独任审理该案。诉讼中，王某提出该一居室住房实际上是由其与胡某共同承租，田法官追加胡某参加诉讼，孙某对此有异议。田法官认为继续适用小额诉讼程序审理此案不当，适用简易程序审理此案。田法官适用简便方式送达了开庭通知，开庭时，王某与胡某均未到庭也未说明理由，田法官缺席判决王某与胡某支付拖欠的租金1万元。

1. 关于本案小额诉讼程序的适用，下列表述正确的是哪些选项？（ ）

A. 本案属于适用小额诉讼程序审理的案件范围

B. 本案依职权适用小额诉讼程序审理是不正确的

C. 本案未经当事人协商适用小额诉讼程序审理是不正确的

D. 本案依职权适用小额诉讼程序审理是正确的

2. 关于本案简易程序的下列表述，正确的是哪些选项？（ ）

A. 本案因追加胡某参加诉讼，导致继续适用小额诉讼程序不合适而适用简易程序是正确的

B. 田法官适用简便方式发送开庭通知是正确的

C. 本案缺席判决是正确的

D. 本案缺席判决是不正确的

3. 根据《民事诉讼法》及其司法解释的规定，下列关于小额诉讼程序的表述，正确的是哪些选项？（ ）

A. 小额诉讼案件的举证期限可以由当事人协商一致并经法院批准确定

B. 当事人对法院作出的驳回管辖权异议的裁定有权提出上诉

C. 法院受理小额诉讼案件，应当告知该案件的审判组织等相关事项

D. 法院对小额诉讼案件作出的判决是发生法律效力的判决

四、名词解释

1. 简易程序

2. 小额诉讼程序

五、简答题

1. 简述简易程序的特点。

2. 简述小额诉讼程序的适用。

六、论述题

论简易程序与普通程序适用的关系。

七、案例分析题

一天，王某发现自家的牛圈里多了一头牛，将其喂养几天后见无人问津，便以卖自己的牛为由去村委会开具了卖牛的证明，将该牛在集市上卖给了张某。张某买牛后不久，被刘某发现此牛为其丢失的牛，要求张某返还。张某称牛是他在集市上所买，拒不返还。刘某只好向法院起诉要求张某返还。法院认为该案系简单民事案件，由审判员李某独任审理。在诉讼中，张某

申请追加王某为被告，承担相应的责任。独任审判员李某经审查认为，王某与此案有关，应当追加为被告。故李某通知王某到庭参加审理，王某拒绝出庭。

法院经审理认为，本案事实清楚，权利义务关系明确，于是在王某未出庭的情况下作出了判决：被告张某返还原告刘某的牛，被告王某返还张某的购牛款。

根据案情回答下列问题：

1. 法院审理此案适用的是什么程序？为什么？
2. 法院追加王某为被告是否正确？为什么？
3. 法院所作的缺席判决是否正确？为什么？

第十三章　公益诉讼与第三人撤销之诉

【学习目标】

（一）理解

公益诉讼与行政执法的衔接；公益诉讼与私益诉讼的关系；公益诉讼的特殊性；第三人撤销之诉的特殊性；检察院在公益诉讼中的作用。

（二）熟悉

环境公益诉讼与消费公益诉讼的特殊程序规定；第三人撤销之诉的审理程序；第三人撤销之诉与原案再审的关系；第三人撤销之诉与驳回执行异议后申请再审的关系。

（三）掌握

公益诉讼的概念、特征与类型；公益诉讼的特殊程序规定；环境公益诉讼与消费公益诉讼的起诉主体；第三人撤销之诉的概念；提起第三人撤销之诉的条件。

【知识结构图】

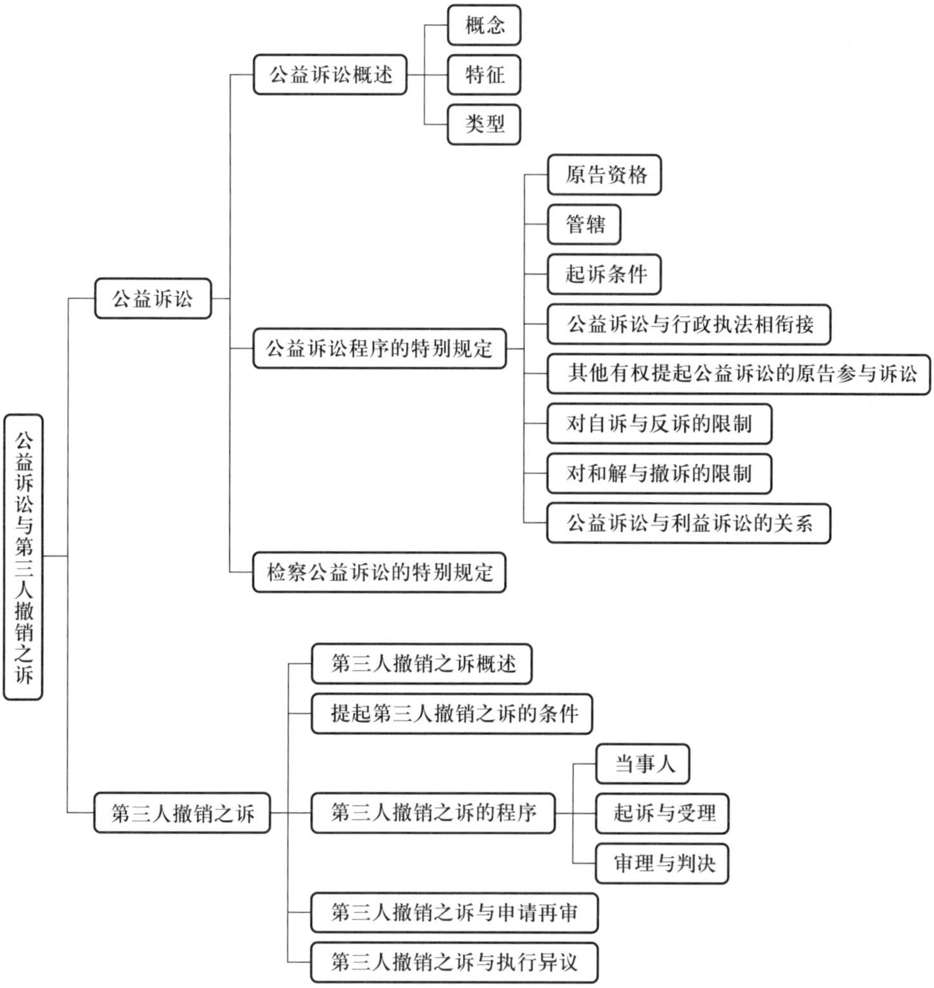

【重点难点解析】

一、公益诉讼与普通民事诉讼的主要区别

1. 诉讼目的不同。公益诉讼的目的是维护社会公共利益；而普通民事诉讼的目的是解决民事法律关系主体之间的权利义务关系争议，维护当事人的民事权益。

2. 维护利益的特点不同。公益诉讼所维护的社会公共利益具有抽象性、不特定性的特点；而普通民事诉讼所维护的当事人利益具有具体性、特定性的特点。

3. 对起诉主体的要求不同。民事诉讼法不要求公益诉讼的原告与案件有直接利害关系；而普通民事诉讼中的原告必须与案件有直接利害关系。

4. 起诉针对的行为特点不同。公益诉讼具有事后救济与事前预防的双重功能，提起公益诉讼既可以是针对已经给社会公共利益造成损害的行为，也可以是针对存在给社会公共利益造成重大损害风险的行为；而普通民事侵权诉讼只具有事后救济功能，提起民事侵权诉讼只能针对已经给他人造成损害的行为。

5. 损害的范围不同。公益诉讼纠纷主要涉及环境污染、侵害众多消费者合法权益的行为，这些行为所造成的损害往往具有广泛性、严重性和长期性，有些损害甚至具有潜在性、不可弥补性；而普通民事诉讼主要涉及公民、法人或者其他组织及其相互之间的民事纠纷，其损害往往具有特定性、暂时性、现实性和可弥补性。

二、检察院在公益诉讼中的作用

2017 年 6 月 27 日，第十二届全国人民代表大会常务委员会第二十八次会议通过了《全国人大常委会关于修改〈中华人民共和国民事诉讼法〉和〈中华人民共和国行政诉讼法〉的决定》，对《民事诉讼法》作出修改，即第 55 条(视为第 58 条)增加 1 款，作为第 2 款："人民检察院在履行职责中发现破坏生态环境和资源保护、食品药品安全领域侵害众多消费者合法权益等损害社会公共利益的行为，在没有前款规定的机关和组织或者前款规定的机关和组织不提起诉讼的情况下，可以向人民法院提起诉讼。前款规定的机关或组织提起诉讼的，人民检察院可以支持起诉"。由此可见，在公益诉讼中，检察院的作用体现为两个方面：

第一，作为辅助主体提起公益诉讼。《民事诉讼法》第 58 条第 1 款规定："对污染环境、侵害众多消费者合法权益等损害社会公共利益的行为，法律规定的机关和有关组织可以向人民法院提起诉讼。"可见，提起公益诉讼的主体应当具有法律的授权，没有法定授权的任何主体无权提起公益诉讼。为此，《环境保护法》和《消费者权益保护法》分别对有权提起公益诉讼的组织作出了明确的规定。对于环境公益诉讼的提起主体，《环境保护法》第 58 条规定："对污染环境、破坏生态，损害社会公共利益的行为，符合下列条件的社会组织可以向人民法院提起诉讼：(一) 依法在设区的市级以上人民政府民政部门登记；(二) 专门从事环境保护公益活动连续五年以上且无违法记录。符合前款规定的社会组织向人民法院提起诉讼，人民法院应当依法受理、提起诉讼的社会组织不得通过诉讼牟取经济利益。"自 2015 年 1 月 7 日起开始施行的《环境公益诉讼解释》(2020 年修正)第 2、3、4、5 条又作了如下进一步的规定：其一，依照法律、法规的规定，在设区的市级以上人民政府民政部门登记的社会团体、民办非企业单位以及基金会等，可以认定为《环境保护法》第 58 条规定的社会组织。其二，设区的市，自治州、盟、地区，不设区的地级市，直辖市的区以上人民政府民政部门，可以认定为《环境保护法》第 58 条规定的"设区的市级以上人民政府民政部门"。其三，社会组织章程确定的宗旨和主要业务范围是维护社会公共利益，且从事环境保护公益活动的，可以认定为《环境保护法》第 58 条规定的"专门从事环境保护公益活动"。社会组织提起的诉讼所涉及的社会公共利益，应与其宗旨和业务范围具有关联性。其四，社会组织在提起诉讼前 5 年内未因从事业务活动违反法律、法规的规定受过行政、刑事处罚的，可以认定为《环境保护法》第 58 条规定的"无违法记录"。对于消费公益诉讼的提起主体，《消费者权益保护法》第 47 条规定："对侵害众多消费者合法权益的行为，中国消费者协会以及在省、自治区、直辖市设立的消费者协会，可以向人民法院提起诉讼。”可见,《环境保护法》和《消费者权益保护法》均将提起公益诉讼的主体规定为社会组织。2017 年修正的《民事诉讼法》明确规定了检察院可以作为提起公益诉讼的辅助主体,即在法律规定的机关和组织不提起公益诉讼的情况下,检察院才可以向法院提起公益诉讼。

第二,检察院可以支持公益诉讼。即法律规定的机关或组织提起公益诉讼的,检察院可以支持起诉。

三、公益诉讼裁判已决事实对私益诉讼的影响

根据《民诉法解释》第 286 条的规定,法院受理公益诉讼案件,不影响同一侵权行为的受害人根据《民事诉讼法》第 122 条规定提起诉讼。但法院对公益诉讼案件作出的生效裁判所确认的事实,对私益诉讼产生事实预决效力。对此,《环境公益诉讼解释》第 30 条规定,已为环境民事公益诉讼生效裁判认定的事实,因同一污染环境、破坏生态行为依据《民事诉讼法》第 119 条[①]规定提起诉讼的原告、被告均无需举证证明,但原告对该事实有异议并有相反证据足以推翻的除外。对于环境民事公益诉讼生效裁判就被告是否存在法律规定的不承担责任或者减轻责任的情形、行为与损害之间是否存在因果关系、被告承担责任的大小等所作的认定,因同一污染环境、破坏生态行为依据《民事诉讼法》第 119 条[②]规定提起诉讼的原告主张适用的,法院应予支持,但被告有相反证据足以推翻的除外。被告主张直接适用对其有利的认定的,法院不予支持,被告仍应举证证明。2016 年 5 月 1 日起实行的《消费公益诉讼解释》第 16 条也作了类似规定,即已为消费民事公益诉讼生效裁判认定的事实,因同一侵权行为受到损害的消费者根据《民事诉讼法》第 119 条[③]规定提起的诉讼,原告、被告均无需举证证明,但当事人对该事实有异议并有相反证据足以推翻的除外。消费民事公益诉讼生效裁判认定经营者存在不法行为,因同一侵权行为受到损害的消费者根据《民事诉讼法》第 119 条[④]规定提起的诉讼,原告主张适用的,法院可予支持,但被告有相反证据足以推翻的除外。被告主张直接适用对其有利认定的,法院不予支持,被告仍应承担相应举证证明责任。

四、公益诉讼的诉讼请求

公益诉讼的诉讼请求的确定与公益诉讼的目的直接相关,为了实现公益诉讼维护社会公共利益的目的,公益诉讼既可以针对已经给社会共同利益造成损害的侵权行为,也可以针对存在可能给社会公共利益造成损害的重大危险行为,因此,公益诉讼的诉讼请求可以分为两种类型,即行为诉讼请求和金钱诉讼请求。

(一)行为诉讼请求

行为诉讼请求,即通过公益诉讼要求加害人按照法律规定作为或者不作为。

对于环境公益诉讼,原告可以根据《环境公益诉讼解释》的相关规定提起如下行为诉讼请求:第一,原告为防止生态环境损害的发生和扩大,可以请求被告停止侵害、排除妨碍、消除危险;第二,原告可以请求被告将生态环境修复到损害发生之前的状态和功能。

---

①②③④ 2021 年《民事诉讼法》修改后,该条文序号变为第 122 条。

对于消费公益诉讼，原告可以根据《消费公益诉讼解释》的相关规定提起如下行为诉讼请求：第一，原告可以请求被告停止侵害、排除妨碍、消除危险、赔礼道歉等。第二，原告认为经营者利用格式条款或者通知、声明、店堂告示等，排除或者限制消费者权利、减轻或者免除经营者责任、加重消费者责任，对消费者不公平、不合理，可以主张该行为无效。

（二）金钱诉讼请求

金钱诉讼请求，即通过公益诉讼要求加害人按照法律规定承担或者支付一定的费用。

对于环境公益诉讼，原告可以根据《环境公益诉讼解释》的相关规定提起如下金钱诉讼请求：第一，原告可以请求被告承担为停止侵害、排除妨碍、消除危险采取合理预防、处置措施而发生的费用。第二，原告可以请求被告承担生态环境修复费用。生态环境修复费用包括制定、实施修复方案的费用和监测、监管等费用。生态环境修复费用难以确定或者确定具体数额所需鉴定费用明显过高的，法院可以结合污染环境、破坏生态的范围和程度、生态环境的稀缺性、生态环境恢复的难易程度、防治污染设备的运行成本、被告因侵害行为所获得的利益以及过错程度等因素，并可以参考负有环境保护监督管理职责的部门的意见、专家意见等，予以合理确定。第三，原告可以请求被告赔偿生态环境受到损害至恢复原状期间服务功能损失。法院判决被告承担的生态环境修复费用、生态环境受到损害至恢复原状期间服务功能损失等款项，应当用于修复被损害的生态环境。第四，原告可以请求被告承担检验、鉴定费用，合理的律师费以及为诉讼支出的其他合理费用。

对于消费公益诉讼，原告可以根据《消费公益诉讼解释》的相关规定提起如下金钱诉讼请求：第一，原告可以请求被告承担为停止侵害、排除妨碍、消除危险采取合理预防、处置措施而发生的费用。第二，原告可以请求被告承担自己及其诉讼代理人对侵权行为进行调查、取证的合理费用、鉴定费用、合理的律师代理费用。

五、公益诉讼的特殊程序规定

公益诉讼是一种不同于普通民事诉讼的特殊诉讼制度，为了保障公益诉讼的有效运行，除了《民诉法解释》对公益诉讼作出了相应的程序规定以外，《环境公益诉讼解释》与《消费公益诉讼解释》也各自作出了一些特殊程序规定。主要有以下内容：

1. 集中管辖。由于公益诉讼案件的审理与裁判涉及社会公共利益的维护，而侵害公共利益的事件行为地可能跨不同法院的辖区，为了保证公益诉讼案件的审判质量，《环境公益诉讼解释》第7条第1款与《消费公益诉讼解释》第3条第2款均规定了集中管辖，即经最高人民法院批准，高级法院可以根据本辖区实际情况，在辖区内确定部分中级法院受理第一审公益诉讼案件。

2. 禁止反诉。公益诉讼的原告是为了维护社会公共利益而依法提起诉讼，与公益诉讼的被告之间不存在基于诉讼标的和事实上的直接利害关系，因此，在公益诉讼中应当禁止反诉。对此，《环境公益诉讼解释》与《消费公益诉讼解释》均规定，在公益诉讼审理过程中，被告提出反诉的，法院不予受理。

3. 环境公益诉讼赔偿责任中私益诉讼原告优先受偿原则。由于环境公益诉讼往往涉及对被污染环境的修复问题，该修复所需费用可能数额较大，被告的财产难以履行全部义务，为解决公益诉讼与私益诉讼裁判的实现问题,《环境公益诉讼解释》第 31 条确立了私益诉讼原告优先受偿的原则,即被告因污染环境、破坏生态在环境民事公益诉讼和其他民事诉讼中均承担责任,其财产不足以履行全部义务的,应当先履行其他民事诉讼生效裁判所确定的义务,但法律另有规定的除外。

4. 消费公益诉讼的适用范围。《消费公益诉讼解释》第 2 条规定,经营者提供的商品或者服务具有下列情形之一的,适用《消费者权益保护法》第 47 条(公益诉讼)规定:第一,提供的商品或者服务存在缺陷,侵害众多不特定消费者合法权益的;第二,提供的商品或者服务可能危及消费者人身、财产安全,未作出真实的说明和明确的警示,未标明正确使用商品或者接受服务的方法以及防止危害发生方法的;对提供的商品或者服务质量、性能、用途、有效期限等信息作虚假或引人误解宣传的;第三,宾馆、商场、餐馆、银行、机场、车站、港口、影剧院、景区、娱乐场所等经营场所存在危及消费者人身、财产安全危险的;第四,以格式条款、通知、声明、店堂告示等方式,作出排除或者限制消费者权利、减轻或者免除经营者责任、加重消费者责任等对消费者不公平、不合理规定的;第五,其他侵害众多不特定消费者合法权益或者具有危及消费者人身、财产安全危险等损害社会公共利益的行为。

六、检察公益诉讼的特别规定

(一) 检察院提起民事公益诉讼的范围

根据《民事诉讼法》的规定,检察院提起民事公益诉讼的主要类型为环境公益诉讼和食品药品安全领域的消费者公益诉讼。对于其他领域的损害社会公共利益的行为是否可以提起诉讼,有待司法实践的进一步探索。根据《环境公益诉讼解释》第 1 条的规定,环境民事公益诉讼的起诉范围不仅包括已经损害社会公共利益的行为,还包括具有损害社会公共利益重大风险的污染环境、破坏生态的行为。而《两高检察公益诉讼解释》第 13 条规定的检察民事公益诉讼的起诉范围为“破坏生态环境和资源保护,食品药品安全领域侵害众多消费者合法权益,侵害英雄烈士等的姓名、肖像、名誉、荣誉等损害社会公共利益的行为”,该规定并未包括具有损害社会公共利益重大风险的行为。

(二) 检察院的诉讼地位和诉讼权利义务

根据《两高检察公益诉讼解释》相关规定,首先,检察院以公益诉讼起诉人的身份启动公益诉讼,具有区别于普通原告的特殊性,法律和司法解释对检察机关的特殊诉讼权利义务有明确规定的,应当按照相关规定执行。其次,公益诉讼起诉人要“依照民事诉讼法、行政诉讼法享有相应的诉讼权利,履行相应的诉讼义务”,因此,检察院行使诉讼权利的期间、行使权利及履行义务的方式和程序等应当参照《民事诉讼法》《行政诉讼法》关于原告的相关规定确定。比如,依照《民事诉讼法》第 54 条的规定,检察院可以放弃或者变更诉讼请求;依照《行政诉讼法》第 67 条的规定,法院应当在收到被告答辩状之日起 5 日内,将答辩状副本发送检察院;检察院在二审阶段还可能具有上诉人或者被上诉人的诉讼地位。

(三) 检察公益诉讼案件的起诉条件

检察院提起公益诉讼的前提是法律规定的机关和有关组织没有提起公益诉讼或者该机

关和组织不提起公益诉讼。为依法保障法律规定的机关和有关组织的诉权以及社会公众的知情权和参与权,《两高检察公益诉讼解释》规定了检察民事公益诉讼的诉前公告程序。检察院在起诉前应当履行公告程序。公告期内有法律规定的机关和有关组织提起公益诉讼的,则检察院不再提起公益诉讼。公告期届满,法律规定的机关和有关组织不提起公益诉讼的,检察院可以向法院提起公益诉讼。检察院提起公益诉讼的,应当提交已经履行公告程序的证明材料。除履行诉前公告程序外,检察院提起公益诉讼还应当符合《民事诉讼法》第 122 条第 2—4 项规定的条件。

(四)检察院的调查取证权

依据《两高检察公益诉讼解释》的规定,检察院在公益诉讼中享有一定限度的调查取证权。检察院办理公益诉讼案件,可以向有关行政机关以及其他组织、公民调查收集证据材料,有关行政机关以及其他组织、公民应当配合;需要采取证据保全措施的,依照《民事诉讼法》和《行政诉讼法》的相关规定办理,从而明确了检察院在办理公益诉讼案件过程中需要提取、封存证据等情况下,可以向法院提出申请,由法院依法采取证据保全措施。

(五)刑事附带民事公益诉讼

对于犯罪行为侵害社会公共利益的,检察院可以在作为公诉人提起刑事公诉的同时,作为公益诉讼起诉人提起民事公益诉讼。鉴于刑事诉讼和民事公益诉讼的诉讼主体一致,基本事实相同,为节约诉讼资源,提高诉讼效率,妥善确定犯罪嫌疑人的刑事责任和民事责任,《两高检察公益诉讼解释》规定了刑事附带民事公益诉讼。首先,刑事附带民事公益诉讼案件要按照《民事诉讼法》第 58 条第 2 款和《两高检察公益诉讼解释》的相关规定,针对破坏生态环境和资源保护,食品药品安全领域侵害众多消费者合法权益,侵害英雄烈士等的姓名、肖像、名誉、荣誉等损害社会公共利益的犯罪行为提起。如果已经有法律规定的机关和社会组织提起民事公益诉讼,则不再受理刑事附带民事公益诉讼。为了确定其他主体是否已提起公益诉讼,检察机关在提起附带民事公益诉讼前应当履行诉前公告的程序。其次,民事公益诉讼与刑事诉讼是不同的案件类型,其既可以附带于刑事诉讼提起,也可以根据案件实际情况单独提起,由不同的审判组织分别审理。最后,刑事附带民事公益诉讼案件由审理刑事案件的法院管辖,并且由审理刑事案件的同一个审判组织审理。

七、第三人撤销之诉的性质

第三人撤销之诉的性质可以从以下两个方面来理解:

第一,第三人撤销之诉是一种形成之诉。根据诉的内容,可以将诉分为确认之诉、给付之诉与变更之诉。其中,变更之诉也称为形成之诉,是指原告请求法院改变或者消灭其与被告之间一定法律关系的诉。第三人撤销之诉从性质上属于形成之诉,虽然这种诉的内容从表面上看是要求撤销他人之间的生效判决、裁定和调解书,但其本质是要求改变生效判决、裁定和调解书已经确定的法律关系。当然,第三人撤销之诉也有不同于一般形成之诉的地方。一般形成之诉依据的是民法上的实体请求权——形成请求权,针对的是形成义务人;而第三人撤销之诉不是直接依据实体法上的请求权,而是诉讼法上的请求权,针对的是法院。这一诉讼法上的请求权也是第三人撤销之诉的诉讼标的。[①]

第二,第三人撤销之诉是一种特殊的事后救济程序。第三人撤销之诉是针对已经生效的判决、裁定和调解书损害案外第三人民事权益而设置的救济性程序,基于生效裁判的稳定性与程序的安定性而言,第三人撤销之诉在程序性质上属于一种特殊救济程序。在我国民事诉讼法中,保障案外第三人民事权益的程序包括事前程序与事后程序。这里所谓的"事前",是指案件起诉受理后,对案件的裁判、调解生效之前的程序阶段。[②]民事诉讼法为案外第三人设置了事前程序保障,即有独立请求权第三人与无独立请求权第三人的参诉程序。但是,毕竟可能存在不能归责于案外第三人本人的事由导致其未能参加诉讼程序,而他人之间的生效判决、裁定和调解书损害案外第三人的民事权益,因此,赋予案外第三人提起撤销之诉的权利实质上是为案外第三人提供一种事后的程序救济。

八、第三人撤销之诉的受理

对第三人提起的撤销之诉经过法院的审查,符合法定条件的,法院予以受理。根据《民诉法解释》第 295 条的规定,对于下列情形提起第三人撤销之诉的,法院不予受理:(1) 适用特别程序、督促程序、公示催告程序、破产程序等非讼程序处理的案件;(2) 婚姻无效、撤销或者解除婚约关系等判决、裁定、调解书中涉及身份关系的内容;(3)《民事诉讼法》第 57 条规定的未参加登记的权利人对代表人诉讼案件的生效裁判;(4)《民事诉讼法》第 58 条规定的损害社会公共利益行为的受害人对公益诉讼案件的生效裁判。

发生法律效力的判决、裁定和调解书如果有给付内容,具有强制执行力。第三人撤销之诉的目的在于撤销或者改变生效判决、裁定和调解书,因此,法院受理第三人撤销之诉后,必然涉及是否影响原生效判决、裁定和调解书强制执行力的问题。《民诉法解释》第 297 条对此作出了明确规定,即法院受理第三人撤销之诉案件后,原告提供相应担保,请求中止执行的,人民法院可以准许。

【延伸阅读】

1. 罗丽:《我国环境公益诉讼制度的建构问题与解决对策》,载《中国法学》2017 年第 3 期。
2. 刘清生:《论环境公益诉讼的非传统性》,载《法律科学(西北政法大学学报)》2019 年第 1 期。
3. 蔡彦敏:《中国环境民事公益诉讼的检察院担当》,载《中外法学》2011 年第 1 期。
4. 张卫平:《民事公益诉讼原则的制度化及实施研究》,载《清华法学》2013 年第 4 期。
5. 黄忠顺:《论公益诉讼与私益诉讼的融合——兼论中国特色团体诉讼制度的构建》,载《法学家》2015 年第 1 期。
6. 任重:《回归法的立场:第三人撤销之诉的体系思考》,载《中外法学》2016 年第 1 期。
7. 王福华:《第三人撤销之诉适用研究》,载《清华法学》2013 年第 4 期。

---

①② 张卫平:《民事诉讼法(第四版)》,法律出版社 2016 年版,第 386 页。

8. 王亚新:《第三人撤销之诉原告适格的再考察》,载《法学研究》2014 年第 6 期。
9. 张卫平:《第三人撤销判决制度的分析与评估》,载《比较法研究》2012 年第 5 期。
10. 吴泽勇:《第三人撤销之诉的原告适格》,载《法学研究》2014 年第 3 期。

【习题自测】

一、单项选择题

1. 某品牌手机生产商在手机出厂前预装众多程序,大幅侵占标明内存,某省消费者保护协会以侵害消费者知情权为由提起公益诉讼,法院受理了该案。下列哪一说法是正确的?( )

A. 本案应当由侵权行为地或者被告住所地的中级法院管辖

B. 本案原告没有撤诉权

C. 本案当事人不可以和解,法院也不可以调解

D. 因该案已受理,购买该品牌手机的消费者甲若以前述理由诉请赔偿,法院不予受理

2. 关于公益诉讼的表述,下列哪一选项是错误的?( )

A. 公益诉讼规则的设立,体现了依法治国的法治理念

B. 公益诉讼的起诉主体只限于法律授权的机关或团体

C. 公益诉讼规则的设立,有利于保障我国经济社会全面协调发展

D. 公益诉讼的提起必须以存在实际损害为前提

3. 关于第三人撤销之诉,下列哪一说法是正确的?( )

A. 法院受理第三人撤销之诉后,应中止原裁判的执行

B. 第三人撤销之诉是确认原审裁判错误的确认之诉

C. 第三人撤销之诉由原审法院的上一级法院管辖,但当事人一方人数众多或者双方当事人为公民的案件,应由原审法院管辖

D. 第三人撤销之诉的客体包括生效的民事判决、裁定和调解书

4. 仓储公司与建筑公司签订了有关两座仓库的建筑工程施工合同。两座仓库建好交付使用后,仓储公司发现仓库顶棚出现裂缝漏水,诉至 A 市甲区法院要求建筑公司承担违约责任。甲区法院经审理认定仓库顶棚使用的水泥板存在质量问题造成裂缝漏水,判决建筑公司承担违约责任。双方未上诉。此后,向建筑公司提供水泥板的建材公司认为该判决错误损害其合法权益。关于本案的下列表述,哪一选项是正确的?( )

A. 建材公司可以在判决生效之日起 6 个月内提起第三人撤销之诉

B. 建材公司可以向 A 市中级法院提起第三人撤销之诉

C. 建材公司提起第三人撤销之诉后,可以提供担保并申请法院中止生效判决的执行

D. 建材公司提起第三人撤销之诉后,法院可以根据情况决定是否组成合议庭进行审理

二、多项选择题

1. 瑞达科技公司排放工业废水严重污染某沙漠。甲市环保组织向甲市中级法院提起环境公益诉讼,请求判令瑞达科技公司停止排污。甲市中级法院受理案件后 20 日,书面告知甲市环保局。开庭前,省环保组织申请参加诉讼。瑞达科技公司认为甲市环保组织提起诉讼影响其声誉,双方自行达成和解协议,瑞达科技公司停止排污,甲市环保组织以此为由申请撤诉。

关于本案的下列表述，哪些选项是不正确的？（　　）

A. 甲市中级法院书面告知甲市环保局的做法是正确的

B. 省环保组织可以作为本案的共同原告

C. 瑞达科技公司可以提起反诉

D. 甲市中级法院应裁定准许甲市环保组织撤诉

2. 关于公益诉讼与私益诉讼的表述，下列哪些选项是正确的？（　　）

A. 公益诉讼的提起主体与诉讼标的无利害关系，私益诉讼的提起主体则与诉讼标的有利害关系

B. 公益诉讼具有预防公共利益受到损害的社会功能，私益诉讼只是为了救济受到损害的民事权益

C. 公益诉讼所维护的利益具有不特定性，私益诉讼所维护的利益具有特定性

D. 公益诉讼可以针对具有潜在危险性的行为提起，私益诉讼则只能针对已经造成损害的行为提起

3. A 省甲市兴隆公司违反规定大量排放工业污水，造成作为 A 省乙市居民饮用水源的如泰运河被严重污染。乙市居民向乙市环保组织反映，经乙市环保组织调查，乙市居民所反映情况属实。根据《民事诉讼法》及司法解释的规定，下列哪些选项是正确的？（　　）

A. 乙市环保组织和乙市检察院均可以直接提起环境公益诉讼

B. 乙市环保组织可以直接提起环境公益诉讼，请求法院判令兴隆公司停止排放工业污水并支付恢复如泰运河达到饮用标准所需费用

C. 法院受理环境公益诉讼后，兴隆公司不得提出反诉

D. 乙市环保组织提起公益诉讼，可以请求法院判令兴隆公司支付其聘请律师的合理费用

4. A 省甲市欣欣食品公司与嘉和餐饮店签订了为期 3 年的鸡肉制品买卖合同，由欣欣食品公司向嘉和餐饮店供应快餐所需要的各种鸡肉制品。吴某等多名顾客因食用嘉和餐饮店的鸡肉汉堡导致食物中毒事件被媒体曝光后，A 省消费者协会向甲市中级法院提起公益诉讼，甲市中级法院受理了此案。关于此案的下列表述，哪些选项是正确的？（　　）

A. A 省消费者协会可以申请证据保全

B. 甲市检察院可以支持 A 省消费者协会的起诉

C. 吴某有权以无独立请求权的第三人申请参加诉讼

D. A 省消费者协会可以请求法院判令欣欣食品公司支付其聘请律师的费用

5. 甲对乙享有 20 万元的债权。甲在发现乙将对丙享有的 50 万元的债权予以免除后，诉至法院，请求判令撤销乙免除丙 50 万元债务的行为。诉讼中，甲与乙自行达成和解协议，乙用一个宝物抵偿甲 20 万元的债务，法院根据和解协议的内容和当事人的申请制作了调解书并送达甲与乙。事后，丁以抵偿的宝物是自己的为由，向法院提起第三人撤销之诉。关于第三人撤销之诉中的当事人，下列哪些说法是不正确的？（　　）

A. 甲、乙、丙均为被告　　B. 甲、乙为被告，丙为第三人

C. 甲、乙为被告，丙无需参加诉讼　　D. 乙为被告，甲为第三人

6. 汤某设宴为母祝寿，向成某借了一尊清代玉瓶装饰房间。毛某来祝寿时，看上了玉瓶，

提出购买。汤某以 30 万元将玉瓶卖给了毛某，并要其先付钱，寿宴后 15 日内交付玉瓶。毛某依约履行，汤某以种种理由拒绝交付。毛某诉至甲县法院，要求汤某交付玉瓶，得到判决支持。汤某未上诉，判决生效。在该判决执行时，成某知晓了上述情况。对此，成某依法可采取下列哪些救济措施？（ ）

A. 以案外人身份向甲县法院直接申请再审

B. 向甲县法院提出执行异议

C. 向甲县法院提出第三人撤销之诉

D. 向甲县法院申诉，要求甲县法院依职权对案件启动再审

7. 丙公司因法院对甲公司诉乙公司工程施工合同案的一审判决（未提起上诉）损害其合法权益，向 A 市 B 县法院提起撤销诉讼。案件审理中，检察院提起抗诉，A 市中级法院对该案进行再审，B 县法院裁定将撤销诉讼并入再审程序。关于中级法院对丙公司提出的撤销诉讼请求的处理，下列哪些表述是不正确的？（根据 2017 年司法考试卷三第 38 题改编）（ ）

A. 将丙公司提出的诉讼请求一并审理，作出判决

B. 根据自愿原则进行调解，调解不成的，告知丙公司另行起诉

C. 根据自愿原则进行调解，调解不成的，裁定撤销原判发回重审

D. 根据自愿原则进行调解，调解不成的，恢复第三人撤销诉讼程序

8. 陈某因洪某不履行房屋买卖合同，诉至甲区法院，请求判令洪某向其交付房屋并办理过户手续。甲区法院经过审理后，判决支持陈某的诉讼请求。洪某不服上诉至市中级法院，市中级法院判决驳回洪某的上诉，维持原判决。判决生效后，蔡某得知此事，认为该判决损害其合法权益，因为洪某已将该房屋卖给自己，并且自己已占有使用。蔡某向市中级法院提起第三人撤销之诉，该案审理期间，洪某向省高级法院申请再审，省高级法院裁定再审。关于本案的下列表述，哪些选项是正确的？（ ）

A. 市中级法院应裁定将第三人撤销之诉并入再审程序

B. 省高级法院可以调解，调解不成的，撤销市中级法院的二审判决，发回市中级法院重审

C. 如果陈某与洪某恶意串通损害蔡某的民事权益，应先行审理第三人撤销之诉，省高级法院裁定中止再审程序

D. 第三人撤销之诉与本案再审程序可以一并继续进行审理

三、不定项选择题

2010 年 8 月，经过市场调研和技术研制实验，甲市海河区的爱康公司生产的家用足底按摩器，取得了“康健牌”注册商标专用权。“康健牌”家用足底按摩器经过市场宣传和营销，不仅获得广大消费者的好评，而且市场占有率很高。2013 年 6 月开始，不断有消费者向爱康公司投诉反映购买的足底按摩器存在各种缺陷，并且“康健牌”足底按摩器的市场销售量明显下滑。经过深入调查与走访投诉的消费者，爱康公司发现甲市雨花区的器械公司在甲市金水区设立的分公司（使用器械公司的营业执照）生产的多功能足底按摩器，使用“健康牌”的商标引起消费者的误买，且消费者投诉反映“康健牌”足底按摩器存在的诸多质量问题，均系“健康牌”足底按摩器所存在的质量问题。为此，爱康公司在与器械公司交涉未果情况下，诉至金水区法院，请求判令器械公司停止在足底按摩器上使用“健康牌”商标，并赔偿其损失 50 万元。金水

区法院适用普通程序审理该案，在调解中，器械公司认可其生产足底按摩器的行为侵犯爱康公司的商标专用权，但就损失赔偿数额双方未达成协议。金水区法院根据器械公司认可侵犯爱康公司的商标专用权这一事实，判决器械公司停止在足底按摩器上使用“健康牌”商标，并赔偿爱康公司损失 50 万元。

器械公司不服，上诉至甲市中级法院。甲市中级法院经过审理判决驳回上诉，维持原判。判决生效后，爱康公司发现器械公司存在转移财产的行为，欲申请财产保全。

根据案情回答下列问题：

1. 在本案诉讼中，金水区法院的下列做法，哪些选项是正确的？（　　）

A. 金水区法院可以在审理前准备阶段确定举证期限

B. 金水区法院可以组织庭前会议

C. 金水区法院可以根据器械公司认可的事实认定其侵权

D. 金水区法院可以向器械公司释明爱康公司的起诉已超过诉讼时效

2. 如果甲市的消费者协会向甲市中级法院对器械公司提起消费公益诉讼，下列哪些选项的表述是不正确的？（　　）

A. 甲市消费者协会可以申请证据保全

B. 甲市消费者协会可以请求器械公司承担其聘请律师进行诉讼的费用

C. 如果购买器械公司生产的足底按摩器的消费者赵某申请参加公益诉讼，甲市中级法院可以准许

D. 在公益诉讼中，如果器械公司认为甲市消费者协会的起诉行为损害其商业声誉，可以提起反诉

3. 在甲市中级法院受理甲市消费者协会提起的消费公益诉讼后，消费者陈某以购买器械公司生产的足底按摩器致使其足部损伤为由，向雨花区法院提起侵权赔偿诉讼，雨花区法院受理该案。关于本案的下列做法，哪些选项是正确的？（　　）

A. 雨花区法院不应受理陈某的起诉，因为甲市中级法院已经受理了对器械公司提起的消费公益诉讼

B. 陈某请求雨花区法院中止诉讼，雨花区法院可以准许

C. 甲市中级法院对消费公益诉讼作出裁判中确认的事实，陈某在其侵权赔偿诉讼中无需证明

D. 雨花区法院受理陈某的起诉是正确的，因为公益诉讼不影响陈某提起私益诉讼

四、名词解释

1. 公益诉讼

2. 环境公益诉讼

3. 消费者公益诉讼

4. 第三人撤销之诉

五、简答题

1. 简述公益诉讼与普通民事诉讼的区别。

2. 简述第三人撤销之诉的提起条件。

六、论述题

1. 论检察院在民事公益诉讼中的作用。
2. 论第三人撤销之诉的性质。

七、案例分析题

案例(一)

案情(2015年司法考试卷三第四题)

杨之元开设古玩店,因收购藏品等需巨额周转资金,即以号称"镇店之宝"的一块雕有观音图像的翡翠(以下简称"翡翠观音")作为抵押物,向胜洋小额贷款公司(以下简称"胜洋公司")贷款200万元,但翡翠观音仍然置于杨之元店里。此后,古玩店经营不佳,进入亏损状态,无力如期偿还贷款。胜洋公司遂向法院起诉杨之元。

法院经过审理,确认抵押贷款合同有效,杨之元确实无力还贷,遂判决翡翠观音归胜洋公司所有,以抵偿200万元贷款及利息。判决生效后,杨之元未在期限内履行该判决。胜洋公司遂向法院申请强制执行。

在执行过程中,案外人商玉良向法院提出执行异议,声称该翡翠观音属于自己,杨之元无权抵押。并称:当初杨之元开设古玩店,需要有"镇店之宝"装点门面,经杨之元再三请求,商玉良才将自己的翡翠观音借其使用半年(杨之元为此还支付了6万元的借用费),并约定杨之元不得处分该翡翠观音,如造成损失,商玉良有权索赔。

法院经审查,认为商玉良提出的执行异议所提出的事实没有充分的证据,遂裁定驳回商玉良的异议。

请根据案情回答下列问题:

1. 执行异议被裁定驳回后,商玉良是否可以提出执行异议之诉?为什么?
2. 如商玉良认为作为法院执行根据的判决有错,可以采取哪两种途径保护自己的合法权益?
3. 与第2问"两种途径"相关的两种民事诉讼制度(或程序)在适用程序上有何特点?
4. 商玉良可否同时采用上述两种制度(或程序)维护自己的权益?为什么?

案例(二)

案情

2014年7月,位于A省甲市新华区的兴盛公司在生产过程中产生大量的废硫酸等高度危险物,为了节约处置成本,兴盛公司违规自行处置后即排放大量废硫酸等高度危险物,造成附近河流和土壤的严重污染。由于该河流附近是甲市东岳县村民黄某、于某与孙某3人承包的果园,土壤污染造成大量果树枯萎减产甚至部分果树死亡,黄某、于某与孙某因此遭受巨大经济损失。黄某、于某与孙某多次向甲市环保局与市环保组织反映此事,均未得到解决。后黄某向市晚报等多家媒体反映,经市晚报等多家媒体披露此事后,引起极大的社会反响。此后,市环保组织经过实地调查与走访村民,于2015年5月向甲市中级法院提起环境公益诉讼,请求判令兴盛公司停止排放废硫酸等高度危险物。甲市中级法院受理案件后,向市环保组织进行诉讼请求的释明,市环保组织增加判令兴盛公司支付修复被污染的河流和土壤所需费用的诉讼请求。在开庭审理前,省环保组织申请参加本案诉讼,甲市中级法院准许其参加诉讼。在本案诉讼中,兴盛公司排放的主要污染物名称与排放总量是本案的关键事实,市环保组织要求兴盛公司提供相关环境信息,兴盛公司拒绝提供。

请根据案情回答下列问题：

1. 甲市中级法院向市环保组织释明诉讼请求的做法是否正确？为什么？

2. 省环保组织申请参加本案诉讼，其处于何种诉讼地位？为什么？

3. 在环境公益诉讼中，能否适用诉讼自认制度？甲市中级法院如何处理市环保组织的自认事实？

4. 在本案诉讼中，市环保组织应当就哪些事实承担证明责任？兴盛公司拒绝提供市环保组织要求其提供的相关环境信息，甲市中级法院应如何处理？

5. 本案中，黄某、于某与孙某可以通过何种途径救济其遭受的损失？如果兴盛公司的财产不足以履行环境公益诉讼判决所确定的义务，黄某、于某与孙某的权利能否得到实现？为什么？

第十四章　第二审程序

【学习目标】

（一）理解

第二审程序与第一审程序的关系；上诉的撤回及其后果；二审中撤回起诉与撤回上诉的区别；第二审程序的功能。

（二）熟悉

提起上诉的程序；上诉的受理程序。

（三）掌握

第二审程序的概念与特点；上诉与起诉的区别；第一审程序中原告撤回起诉与第二审程序中原审原告撤回起诉的区别；上诉的提起条件；上诉案件的审理范围与审理方式；上诉案件的调解；第二审法院对上诉案件的裁判。

【知识结构图】

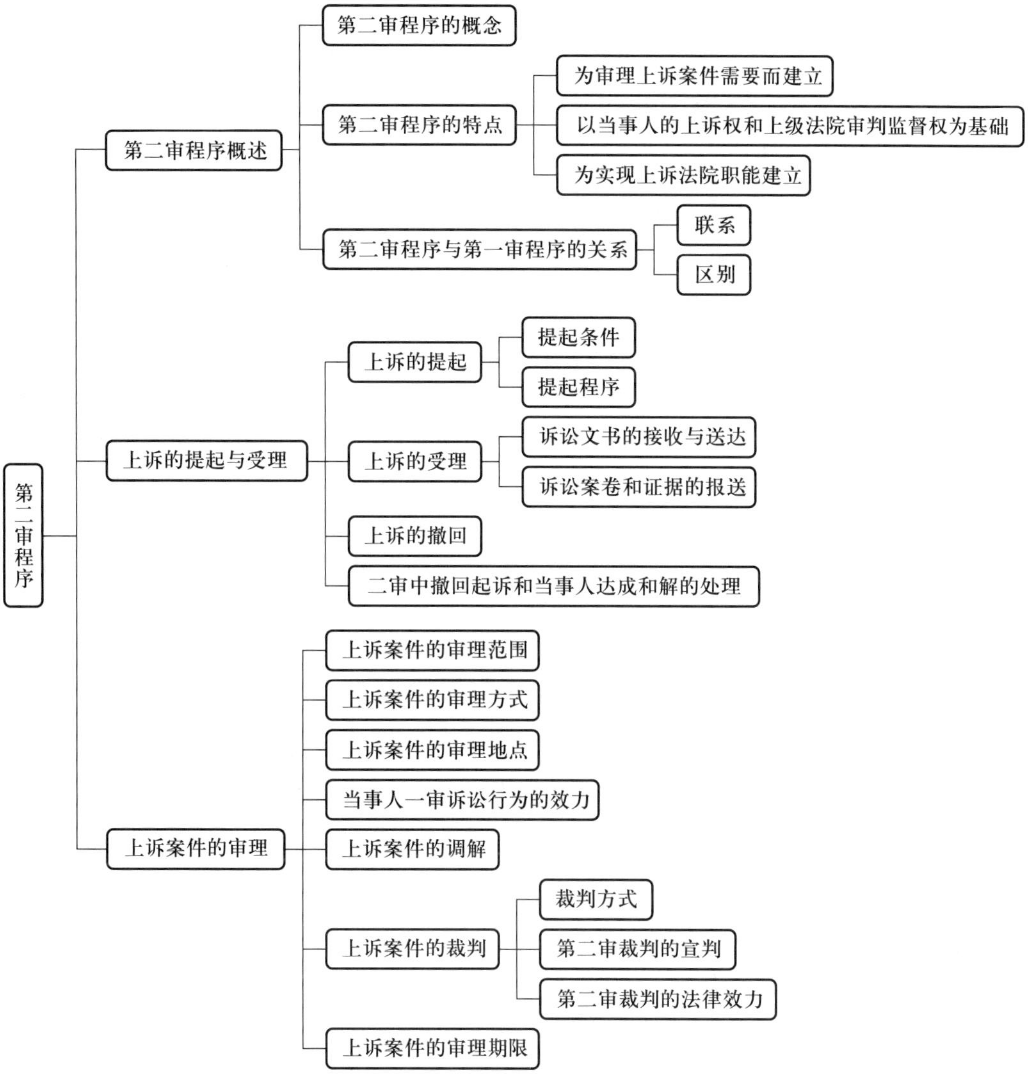

【重点难点解析】

一、民事审级制度

民事审级制度，是指法律规定的审判机关在组织体系上的层级划分以及一个民事案件需要经过几个不同级别的法院审理，从而作出的裁判为具有终局效力裁判的制度。

审级制度是一国司法制度的重要组成部分，因为审级制度的设置不仅是基于对当事人私权利予以救济的需要，也是实现诉讼公正的需要，因此，各国在确立民事诉讼具体审判程序制度时均将审级制度作为其重要内容加以规定。

审级制度的确立取决于一国的政治经济文化以及法律传统等多种因素,因此,关于审级制度的具体规定,各国立法不尽相同。从大部分国家关于审级制度的规定来看,主要有两种类型:一种是四级三审制,即法院分为四级,实行三审终审制度,如大陆法系国家的德国与日本;另一种是三级三审制,即法院分为三级,实行三审终审制度,如英美法系国家的美国与英国。

从我国地域辽阔、人口众多、经济相对落后、交通不便等实际情况出发,我国的审级制度实行四级两审终审制,即一个民事案件经过两级法院的审判即宣告终结。

二、第二审程序的功能理解

第二审程序的功能定位是民事诉讼理论上的一个重要问题,即第二审程序的功能究竟是定位于对当事人权利的救济,还是定位于对第一审法院裁判错误的纠正。第二审程序功能定位的差异直接导致对上诉案件审理范围的不同界定。如果第二审程序的功能定位于对当事人权利的救济,则应当立足于当事人处分权确立相应的原则,即上诉利益变更禁止原则与上诉不利益变更禁止原则。前者是指当事人对原判决未声明不服的部分,若对方当事人未上诉时,即使原判决不当,上诉法院也不得作出对上诉人更为有利的判决。可见,该原则侧重于保护被上诉人的利益。而后者则是指在只有一方当事人上诉的情形下,就上诉人上诉的部分,上诉法院不得作出比第一审裁判更不利于上诉人的裁判。该原则侧重于保护上诉人的利益。这两项原则实际上体现了对上诉人处分权的尊重。当然,如果第二审程序的功能定位于对第一审法院裁判错误的纠正,则上诉法院在审理上诉案件时,对于上诉人没有上诉的部分,可以审理并作出裁判,而且可以对上诉人作出相对于第一审法院更加不利益的判决。从民事诉讼实行处分原则的角度来看,第二审程序的功能应当定位于对当事人的权利救济。

三、第二审程序与第一审程序关系的模式

关于第二审程序与第一审程序关系的模式问题,世界主要国家的制度设计有所不同,主要形成了复审制、事后审制与续审制几种做法。

1. 复审制。复审制是指将案件全部重新开始审理,当事人及法院均得重新收集一切资料,而不管第一审裁判结果是否正确,其所适用的诉讼资料是否相同,因此,又称为第二次之第一审。① 可见,实行复审制的国家,第二审程序既不受第一审已提出诉讼资料的限制,也不受当事人上诉请求的限制,完全是对争议案件的重新审理。复审制虽然有助于案件真实的发现,但是却有违诉讼经济原则,现代主要国家的民事诉讼均已摈弃该制度。

2. 事后审制。事后审制即当事人在第二审程序中不得提出新的事实与证据资料,第二审法院只能以当事人在第一审中提出的诉讼资料为依据进行审理,且第二审只就第一审适用法律是否适当进行审查,而不审查第一审法院所认定的事实。② 可见,实行事后审制的国家,第二审的审查范围仅限于第一审中认定过的事实和提出过的问题,完全排斥新事实和新证据,故

---

① 江伟主编:《民事诉讼法》,中国人民大学出版社 2004 年版,第 268 页。

② 谭兵主编:《中国民事诉讼法要论》,西南财经大学出版社 1991 年版,第 334 页。

也称为“有限审查制”。[①] 这一模式虽然符合诉讼经济的要求，但是不利于案件真实的发现。

3. 续审制。续审制是对复审制与事后审制的折中，具有以下特点：(1) 第二审以第一审诉讼资料为基础。在第二审中，当事人必须陈述第一审口头辩论的结果。(2) 当事人在第一审的诉讼行为在第二审依然有效，第二审是第一审的延续。(3) 以第二审辩论终结时为判断当事人上诉请求是否正当的标准时。(4) 当事人可以在第二审提出新的事实主张，即提出新的攻击、防御方法。(5) 对提出新的攻击、防御方法有所限制。对于新的攻击、防御方法的提出，在对方当事人提出异议时，提出者应当予以说明。[②]

目前，世界上采取续审制的国家较多，如德、日、法、意等国。由于采取续审制的国家允许当事人在第二审程序中提出新的事实和证据，容易被当事人用来恶意规避法律，借此达到在第二审中“突袭”的目的，致使民事案件事实审的中心从第一审转移到第二审，这样既影响了程序效率，又造成程序不公。为此，自 20 世纪后半叶以来，一些国家相继开始对其续审制进行改造，通过完善准备程序，重视当事人的参与和当事人的陈述，强调法官的阐明权和诉讼指挥权，限制“随时提出主义”或采用“适时提出主义”等措施改善一审的审理形式，把事实审的重心由二审转移到一审。

根据我国现行《民事诉讼法》的相关规定，第二审法院应当对当事人上诉请求的有关事实与法律适用进行审查，法律另有规定的除外。此外，按照《证据规定》的要求，只有符合该规定要求的“新证据”才能提出，这样也就限制了新证据的提出，实际上也就限制了新的事实主张的提出，因为新的事实主张的提出往往需要有新的证据加以支持。《民诉法解释》第 340 条规定，当事人在第一审程序中实施的诉讼行为，在第二审程序中对该当事人仍具有拘束力。当事人推翻其在第一审程序中实施的诉讼行为时，法院应当责令其说明理由。理由不成立的，不予支持。从以上规定，尤其是《民诉法解释》的规定，可以发现，我国第二审具有某些续审制特征。[③]

四、上诉与起诉的区别

上诉与起诉，都是当事人请求法院通过审理和裁判，维护自己合法权益的诉讼行为，但两者仍然存在以下区别：

1. 提起诉讼的原因不同。当事人提起诉讼的原因在于当事人认为其合法权益或者受其管理、支配的合法权益受到侵犯或者与他人发生争议，从而请求法院行使审判权解决民事纠纷；而提起上诉的原因在于当事人不服第一审法院所作出的尚未生效的民事裁判，认为一审裁判认定事实有误、适用法律不当或者存在程序违法的情形。

2. 提起诉讼的时间要求不同。起诉的诉讼时效较长，而且还可以适用中止、中断、延长制度，在诉讼时效内，当事人可以随时起诉；而上诉的期限较短，当事人必须在法定上诉期内提出上诉，除涉外民事诉讼中有关上诉期的特别规定之外，上诉期是法定不变期间。

3. 提起诉讼的效果不同。起诉符合法定条件的，引起第一审程序的发生；而上诉符合法

① 傅郁林：《审级制度的建构原理——从民事程序视角的比较分析》，载《中国社会科学》2002 年第 4 期。

② 张卫平著：《民事诉讼法（第四版）》，法律出版社 2016 年版，第 352 页。

③ 张卫平著：《民事诉讼法（第四版）》，法律出版社 2016 年版，第 353 页。

定条件，则引起第二审程序，即终审程序的发生。

4. 提起诉讼的形式要求不同。起诉有书面形式与口头形式两种方式；而提起上诉则只能采取书面形式，口头上诉无效。

五、第二审程序中撤回起诉的理解

《民诉法解释》第 336 条规定，在第二审程序中，原审原告申请撤回起诉，经其他当事人同意，且不损害国家利益、社会公共利益、他人合法权益的，法院可以准许。准许撤诉的，应当一并裁定撤销一审裁判。原审原告在第二审程序中撤回起诉后重复起诉的，法院不予受理。

从理论上来看，通常将当事人行使诉权作为诉讼的起点，将既判力作为诉讼的终点，故撤回起诉作为一种当事人行使处分权的行为，亦应贯彻诉讼始终，即便是在诉讼程序启动后，只要在判决确定前，若当事人出于对各种诉讼利益的权衡，其有权向第二审法院提出撤诉申请。此外，从比较法的角度来看，允许原审原告在第二审程序中申请撤回起诉也有国外制度经验可借鉴，如大陆法系国家的德国、日本等都规定了原审原告在第二审程序中撤回起诉的制度。基于此，2014 年修改《民诉法解释》时确立了原审原告在第二审程序中撤回起诉的制度。但是，在第二审程序中撤回起诉不同于第一审程序中撤回起诉，原告在第一审程序中撤回起诉仅仅是对其自身权利的处理，其撤诉后有权再次提起诉讼，而案件进入第二审程序，已经一审法院作出审理和裁判，势必对案涉相关当事人的权利义务产生影响，若相关当事人只能对原告的起诉、撤诉被动接受而无任何提出异议的权利，双方权益显然有所失衡，故在第二审程序中原审原告申请撤回起诉应经其他当事人同意。此外，如果允许当事人自由地撤诉而使该判决无效，进而使此前所有程序归于无效，无疑有悖诉讼效益原则，故在尊重当事人撤诉自由的前提下，亦应对其撤诉后的再诉权利作出必要的限制，原审原告在第二审程序中撤回起诉后重复起诉的，法院不予受理。

六、第一审程序中撤回起诉与第二审程序中撤回起诉辨析

撤回起诉的基本原理适用于任何审级，只是在第二审程序中撤回起诉的制度设计上更多考量各方利益权衡及诉讼效益原则。具体表现如下：其一，第一审中撤回起诉主要是原告对自身权利的处分，原告申请撤回起诉通常无需被告同意，但是，根据《民诉法解释》第 238 条第 2 款的规定，法庭辩论终结后原告申请撤诉，被告不同意的，法院可以不予准许。而案件经过第一审法院的审理和裁判，进入第二审程序后，势必对有关当事人的权利义务产生影响，若相关当事人只能对原告的起诉、撤诉被动接受而无任何异议的权利，双方权益显然有所失衡，故在第二审程序中原审原告申请撤回起诉，应经其他当事人同意。其二，第一审程序中法院准许原告撤回起诉仅就该申请作出裁定即可，在第二审程序中，法院则需一并裁定撤销一审裁判。其三，第一审程序中原告撤诉后可以再行起诉，而在第二审程序中，由于第一审法院已经作出了裁判，若允许当事人自由地撤诉而使该判决无效，进而使得此前所有程序归于无效，无疑有悖诉讼效益原则，故在尊重当事人撤诉自由的前提下，亦应对其撤诉的再诉权利作出必要的限制。原审原告在第二审程序中撤回起诉后重复起诉的，法院不予受理。

【延伸阅读】

1. 胡晓霞:《上诉利益的判断标准》,载《法学评论》2019 年第 3 期。

2. 唐力:《论民事上诉利益》,载《华东政法大学学报》2019 年第 6 期。

3. 严仁群:《禁止不利变更原则之教义学分析——兼评“劝烟猝死案”》,载《法商研究》2019 年第 6 期。

4. 许少波:《论我国民事上诉审的审理范围》,载《当代法学》2001 年第 8 期。

5. 齐树洁:《论我国民事上诉制度的改革与完善——兼论民事再审制度之重构》,载《法学评论》2004 年第 4 期。

6. 邱星美、唐玉富:《民事上诉审程序中的利益变动》,载《法学研究》2006 年第 6 期。

7. 廖中洪:《“禁止不利益变更”原则若干问题研究》,载《现代法学》2009 年第 1 期。

8. 华小鹏:《论民事诉讼禁止不利益变更原则立法确认的困境》,载《现代法学》2009 年第 3 期。

【习题自测】

一、单项选择题

1. 关于民事诉讼二审程序的表述,下列哪一选项是错误的?（　　）

A. 二审案件的审理,遇有二审程序没有规定的情形,应当适用一审普通程序的相关规定

B. 二审案件的审理,以开庭审理为原则

C. 二审案件调解的结果变更了一审判决内容的,应当在调解书中写明“撤销原判”

D. 二审可以由法官独任审理

2. 甲、乙、丙三人共同致丁身体损害,丁起诉三人要求赔偿 3 万元。一审法院经审理,判决甲、乙、丙分别赔偿 2 万元、8 000 元和 2 000 元,三人承担连带责任。甲认为丙赔偿 2 000 元的数额过低,提起上诉。关于本案二审当事人诉讼地位的确定,下列哪一选项是正确的?（　　）

A. 甲为上诉人,丙为被上诉人,乙为原审被告,丁为原审原告

B. 甲为上诉人,丙、丁为被上诉人,乙为原审被告

C. 甲、乙为上诉人,丙为被上诉人,丁为原审原告

D. 甲、乙、丙为上诉人,丁为被上诉人

3. 甲、乙、丙诉丁遗产继承纠纷一案,甲不服法院作出的一审判决,认为分配给丙和丁的遗产份额过多,提起上诉。关于本案二审当事人诉讼地位的确定,下列哪一选项是正确的?（　　）

A. 甲是上诉人,乙、丙、丁是被上诉人

B. 甲、乙是上诉人,丙、丁是被上诉人

C. 甲、乙、丙是上诉人,丁是被上诉人

D. 甲是上诉人,乙是原审原告,丙、丁是被上诉人

4. 甲对乙享有 10 万元到期债权,因乙无力清偿,且怠于行使对丙的 15 万元债权,甲遂对

丙提起代位权诉讼,法院依法追加乙为第三人。一审判决甲胜诉,丙应向甲给付 10 万元。乙、丙均提起上诉,乙请求法院判令丙向其履行剩余 5 万元债务,丙请求法院判令甲对乙的债权不成立。关于二审当事人地位的表述,下列哪一选项是正确的?( )

A. 丙是上诉人,甲是被上诉人

B. 乙、丙是上诉人,甲是被上诉人

C. 乙是上诉人,甲、丙是被上诉人

D. 丙是上诉人,甲、乙是被上诉人

5. 甲公司诉乙公司买卖合同纠纷一案,法院判决乙公司败诉并承担违约责任,乙公司不服提起上诉。在二审中,甲公司与乙公司达成和解协议,并约定双方均将提起之诉予以撤回。关于两个公司的撤诉申请,下列哪一选项是正确的?( )

A. 应当裁定准许双方当事人的撤诉申请,并裁定撤销一审判决

B. 应当裁定准许乙公司撤回上诉,不准许甲公司撤回起诉

C. 不应准许双方撤诉,应依双方和解协议制作调解书

D. 不应准许双方撤诉,应依双方和解协议制作判决书

6. 王某诉赵某借款纠纷一案,法院一审判决赵某偿还王某欠款,赵某不服,提出上诉。二审期间,案外人李某表示,愿以自己的轿车为赵某偿还债务提供担保。三人就此达成书面和解协议后,赵某撤回上诉,法院准许。一个月后,赵某反悔并不履行和解协议。关于王某实现债权,下列哪一选项是正确的?( )

A. 依和解协议对赵某向法院申请强制执行

B. 依和解协议对赵某、李某向法院申请强制执行

C. 依一审判决对赵某向法院申请强制执行

D. 依一审判决与和解协议对赵某、李某向法院申请强制执行

7. 石山公司起诉建安公司请求返还 86 万元借款及支付 5 万元利息,一审判决石山公司胜诉,建安公司不服提起上诉。二审中,双方达成和解协议:石山公司放弃 5 万元利息主张,建安公司在撤回上诉后 15 日内一次性付清 86 万元本金。建安公司向二审法院申请撤回上诉后,并未履行还款义务。关于石山公司的做法,下列哪一选项是正确的?( )

A. 可依和解协议申请强制执行

B. 可依一审判决申请强制执行

C. 可依和解协议另行起诉

D. 可依和解协议申请司法确认

8. 甲诉乙人身损害赔偿一案,一审法院根据甲的申请,冻结了乙的银行账户,并由李法官独任审理。后甲胜诉,乙提出上诉。二审法院认为一审判决认定事实不清,裁定撤销原判,发回重审。关于重审,下列哪一选项是正确的?( )

A. 由于原判已被撤销,原一审的审判行为无效,保全措施也应解除

B. 由于原判已被撤销,原一审的诉讼行为无效,法院应重新指定举证期限

C. 重审时不能再适用简易程序,应组成合议庭审理,李法官可作为合议庭成员参加重审

D. 若重审后法院判决甲胜诉,乙再次上诉,二审法院认为重审认定的事实依然错误,则只能在查清事实后改判

9. 齐远与张红系夫妻。张红因感情破裂诉至法院，提出解除与齐远之间婚姻关系、子女抚养、住房分割等诉讼请求。一审判决准予双方离婚并对子女抚养问题作出判决。齐远不同意离婚提出上诉。二审中，张红增加诉讼请求，要求分割诉讼期间齐远继承其父的遗产。下列哪一选项是正确的？（　　）

A. 一审漏判的住房分割诉讼请求，二审可调解，调解不成，发回重审

B. 二审增加的遗产分割诉讼请求，二审可调解，调解不成，发回重审

C. 住房和遗产分割的两个诉讼请求，二审可合并调解，也可一并发回重审

D. 住房和遗产分割的两个诉讼请求，经当事人同意，二审法院可一并裁判

10. 住所在A市B区的甲公司与住所在A市C区的乙公司签订了一份买卖合同，约定履行地为D县。合同签订后尚未履行，因货款支付方式发生争议，乙公司诉至D县法院。甲公司就争议的付款方式提交了答辩状。经审理，法院判决甲公司败诉。甲公司不服，以一审法院无管辖权为由提起上诉，要求二审法院撤销一审判决，驳回起诉。关于本案，下列哪一表述是正确的？（　　）

A. D县法院有管辖权，因D县是双方约定的合同履行地

B. 二审法院对上诉人提出的管辖权异议不予审查，裁定驳回异议

C. 二审法院应裁定撤销一审判决，发回一审法院重审

D. 二审法院应裁定撤销一审判决，将案件移送有管辖权的法院审理

11. 开发公司与建筑公司建设工程施工合同纠纷，区法院审理后判决建筑公司败诉。建筑公司以区法院违反专属管辖规定受理案件为由上诉至市中级法院。市中级法院经审理发现区法院违反专属管辖受理案件。关于本案的下列做法，哪一选项是正确的？（　　）

A. 建筑公司上诉请求不成立，因为其在一审答辩期内未提出管辖权异议，区法院取得管辖权

B. 市中级法院应裁定撤销原判决，发回区法院重审

C. 市中级法院应裁定撤销原判决并移送管辖

D. 市中级法院应裁定撤销原判决，驳回开发公司上诉

12. 关于第一审程序与第二审程序的表述，下列哪一选项是不正确的？（　　）

A. 第一审程序与第二审程序是基于审级制度而设置的正常审判程序

B. 第一审程序与第二审程序的启动均体现了司法的被动性

C. 第一审程序与第二审程序的审理范围不尽相同

D. 第一审程序与第二审程序均存在诉讼地位对立的双方当事人

二、多项选择题

1. 关于民事诉讼二审程序的表述，下列哪些选项是正确的？（　　）

A. 二审程序既可能因为当事人上诉而发生，也可能因为检察院的抗诉而发生

B. 二审既是事实审，又是法律审

C. 二审调解书应写明撤销原判

D. 二审原则上应开庭审理，特殊情况下可不开庭审理

2. 下列哪些情况下，法院不应受理当事人的上诉请求？（　　）

A. 宋某和卢某借款纠纷一案，卢某终审败诉，宋某向区法院申请执行，卢某提出执行管辖

异议，区法院裁定驳回卢某异议。卢某提起上诉

B. 曹某向市中级法院诉刘某侵犯其专利权，要求赔偿损失1元钱，中级法院判决驳回其诉讼请求。曹某提起上诉

C. 孙某将朱某打伤，经当地人民调解委员会调解达成协议，并申请法院进行了司法确认。后朱某反悔提起上诉

D. 尹某起诉与林某离婚，一审判决作出后，林某在上诉期间死亡。尹某提起上诉

3. 甲乙发生纠纷诉至法院，法院作出一审判决后，甲不服一审判决欲提起上诉，在上诉期限内甲遇车祸住院1个月，因抢救无效甲死亡，丙是甲的唯一继承人。关于本案的下列选项，哪些是正确的？（　　）

A. 丙可以在甲死亡后10日内申请法院延长上诉期

B. 丙可以继承甲的诉讼法律地位

C. 法院应裁定终结诉讼

D. 已过上诉期，一审判决生效

4. 根据民事诉讼法的规定，下列关于第二审法院裁判的表述，哪些是不正确的？（　　）

A. 原判决认定事实清楚，适用法律正确的，第二审法院裁定驳回上诉，维持原判决

B. 原判决认定事实错误的，第二审法院可以查清事实后改判，也可以裁定撤销原判决，发回重审

C. 原审法院对发回重审的案件作出判决后，当事人提起上诉的，第二审法院不得再次发回重审

D. 原审法院认定事实不清，第二审法院可以裁定撤销原判，发回重审

5. 朱某诉力胜公司商品房买卖合同纠纷一案，朱某要求判令被告支付违约金5万元；因房屋质量问题，请求被告修缮，费用由被告支付。一审法院判决被告败诉，支持了原告全部诉讼请求。力胜公司不服判令其支付5万元违约金，提起上诉。二审法院发现一审法院关于房屋有质量问题的事实认定，证据不充分。关于二审法院对本案的处理，下列哪些说法是正确的？（　　）

A. 应针对上诉人不服违约金判决的请求进行审理

B. 可对房屋修缮问题在查明事实的情况下依法改判

C. 应针对上诉人上诉请求所涉及的事实认定和法律适用进行审理

D. 应全面审查一审法院对案件的事实认定和法律适用

6. 张男诉刘女离婚一案（无子女，刘父已去世），因刘女为无民事行为能力人，法院准许其母李某以法定代理人身份代其诉讼。2017年7月3日，法院判决二人离婚，并对双方共有财产进行了分割。该判决同日送达双方当事人，李某对解除其女儿与张男的婚姻关系无异议，但对共有财产分割有意见，拟提起上诉。2017年7月10日，刘女身亡。在此情况下，本案将产生下列哪些法律后果？（　　）

A. 本案诉讼中止，视李某是否就一审判决提起上诉而确定案件是否终结

B. 本案诉讼终结

C. 一审判决生效，二人的夫妻关系解除，李某继承判决分配给刘女的财产

D. 一审判决未生效，二人的共有财产应依法分割，张男与李某对刘女的遗产均有继承权

7. 开发公司与城建公司建设工程施工合同纠纷一案,城建公司诉至甲区法院要求开发公司支付拖欠的工程款 850 万元。甲区法院判决支持城建公司的诉讼请求。开发公司不服上诉至市中级法院。二审中,双方经法院调解达成协议,开发公司向城建公司支付工程款 780 万元。关于本案的下列表述,哪些选项是不正确的?( )

A. 二审法院可以根据开发公司的履行情况决定是否制作调解书

B. 二审法院制作调解书应写明撤销原判决

C. 调解书送达前,开发公司有权申请撤回上诉

D. 二审法院制作的调解书送达后,原判决视为撤销

8. 赵某系甲公司工程师,负责甲公司核心技术研发。因赵某与甲公司总经理之间有矛盾,甲公司将赵某开除,赵某诉至 A 区法院请求撤销甲公司对其作出的开除决定。A 区法院经过审理后支持了赵某的诉讼请求,甲公司不服上诉至市中级法院,提出该案未经过劳动争议仲裁的前置程序,法院不应受理。经查甲公司所述事实真实。关于本案的下列表述,哪些选项是不正确的?( )

A. 市中级法院应裁定撤销原判,驳回赵某起诉

B. 市中级法院应裁定驳回甲公司的上诉,维持原判

C. 市中级法院应当改判

D. 市中级法院应裁定撤销原判,发回重审

三、不定项选择题

刘某诉至甲区法院要求与洪某离婚并分割家庭共同财产。甲区法院经审理后判决双方离婚并对家庭共同财产的分割作出判决。洪某对判决离婚没有意见,但对分割家庭共同财产的判决不服,向市中级法院提起上诉。根据本案案情,回答以下问题:

1. 如果二审程序中洪某因意外车祸死亡,关于市中级法院的下列处理,哪些选项是正确的?( )

A. 市中级法院应对解除婚姻关系部分作出二审判决

B. 市中级法院应裁定按撤诉处理

C. 市中级法院裁定终结诉讼,一审判决不生效

D. 市中级法院裁定终结诉讼,一审判决生效

2. 如果二审程序中洪某申请撤回上诉,关于本案的下列表述,哪些选项是正确的?( )

A. 洪某申请撤回上诉,需经刘某同意

B. 市中级法院裁定准许洪某撤回上诉,一审判决即生效

C. 市中级法院裁定准许洪某撤回上诉,应一并裁定撤销一审判决

D. 市中级法院裁定准许洪某撤回上诉,视为其未提出上诉

3. 如果二审程序中刘某申请撤回起诉,关于本案的下列表述,哪些选项是正确的?( )

A. 市中级法院不应准许刘某撤诉,因为本案已进入二审程序

B. 经洪某同意,且不损害国家利益、社会公共利益、他人合法权益的,市中级法院可以准许刘某撤诉

C. 市中级法院准许刘某撤诉的,原一审判决视为自动撤销

D. 市中级法院准许刘某撤诉的,刘某可以再起诉

4. 如果市中级法院对上诉案件经过审理,认为一审判决认定基本事实不清,关于本案的下列处理,哪些选项是正确的? ( )

A. 市中级法院判决驳回上诉,维持原判

B. 市中级法院可以查清事实后改判

C. 市中级法院可以裁定撤销原判,发回重审

D. 市中级法院可以裁定撤销原判,驳回起诉

5. 如果刘某在二审程序中提出抚养 8 岁儿子的诉讼请求,市中级法院的下列处理,哪些选项是正确的? ( )

A. 市中级法院应裁定撤销原判,发回重审

B. 市中级法院根据自愿原则调解,调解不成的,发回重审

C. 市中级法院根据自愿原则调解,调解不成的,告知刘某另行起诉

D. 如果刘某与洪某同意由市中级法院一并审理的,市中级法院可以一并裁判

四、名词解释

1. 第二审程序
2. 上诉
3. 上诉的撤回
4. 不开庭审理
5. 发回重审

五、简答题

1.《民事诉讼法》第 176 条第 1 款规定:第二审人民法院对上诉案件,应当开庭审理。经过阅卷、调查和询问当事人,对没有提出新的事实、证据或者理由,人民法院认为不需要开庭审理的,可以不开庭审理。

简述该法律规定所涉及的诉讼制度。

2. 简述二审程序中的发回重审制度。

六、论述题

论第二审程序中的撤回起诉制度。

七、案例分析题

案情(2013 年司法考试卷四第七题)

孙某与钱某合伙经营一家五金店,后因经营理念不合,孙某唆使赵龙、赵虎兄弟寻衅将钱某打伤,钱某花费医疗费 2 万元,营养费 3 000 元,交通费 2 000 元。钱某委托李律师向甲县法院起诉赵家兄弟,要求其赔偿经济损失 2.5 万元,精神损失 5 000 元,并提供了医院诊断书、处方、出租车票、发票、目击者周某的书面证言等证据。甲县法院适用简易程序审理本案。二被告没有提供证据,庭审中承认将钱某打伤,但对赔偿金额提出异议。甲县法院最终支持了钱某的所有主张。

二被告不服,向乙市中级法院提起上诉,并向该法院承认,二人是受孙某唆使。钱某要求追加孙某为共同被告,赔偿损失,并要求退伙析产。乙市中级法院经过审查,认定孙某是必须

参加诉讼的当事人，遂通知孙某参加调解。后各方达成调解协议，钱某放弃精神损害赔偿，孙某即时向钱某支付赔偿金1.5万元，赵家兄弟在7日内向钱某支付赔偿金1万元，孙某和钱某同意继续合伙经营。乙市中级法院制作调解书送达各方后结案。

问题：

1. 如果乙市中级法院调解无效，应当如何处理？

2. 如果甲县法院重审本案，应当在程序上注意哪些特殊事项？

3. 近年来，随着社会转型的深入，社会管理领域面临许多挑战，通过人民调解、行政调解、司法调解和民事诉讼等多种渠道化解社会矛盾纠纷成为社会治理的必然选择；同时，司法改革以满足人民群众的司法需求为根本出发点，让有理有据的人打赢官司，让公平正义通过司法渠道得到彰显。请结合本案和社会发展情况，试述调解和审判在转型时期的关系。

第十五章　再 审 程 序

【学习目标】

（一）理解

再审程序的性质；再审案件审理范围与一审、二审案件审理范围的区别；再审案件审理方式与一审、二审案件审理方式的区别；法院调解在一审程序、二审程序与再审程序中的适用。

（二）熟悉

法院对当事人再审申请的审查与处理；检察院监督民事诉讼的方式；法院对检察院提出抗诉与再审检察建议的处理；法院对再审案件的审理；法院对再审案件的裁判与调解。

（三）掌握

再审程序的概念与特点；当事人申请再审的概念与法定条件；当事人申请再审的法定事由；法院对案外人申请再审案件的处理；法院依职权决定再审的概念；检察院抗诉的概念；再审案件的审理范围；当事人在再审程序中撤回起诉的处理；对小额诉讼案件的再审。

【知识结构图】

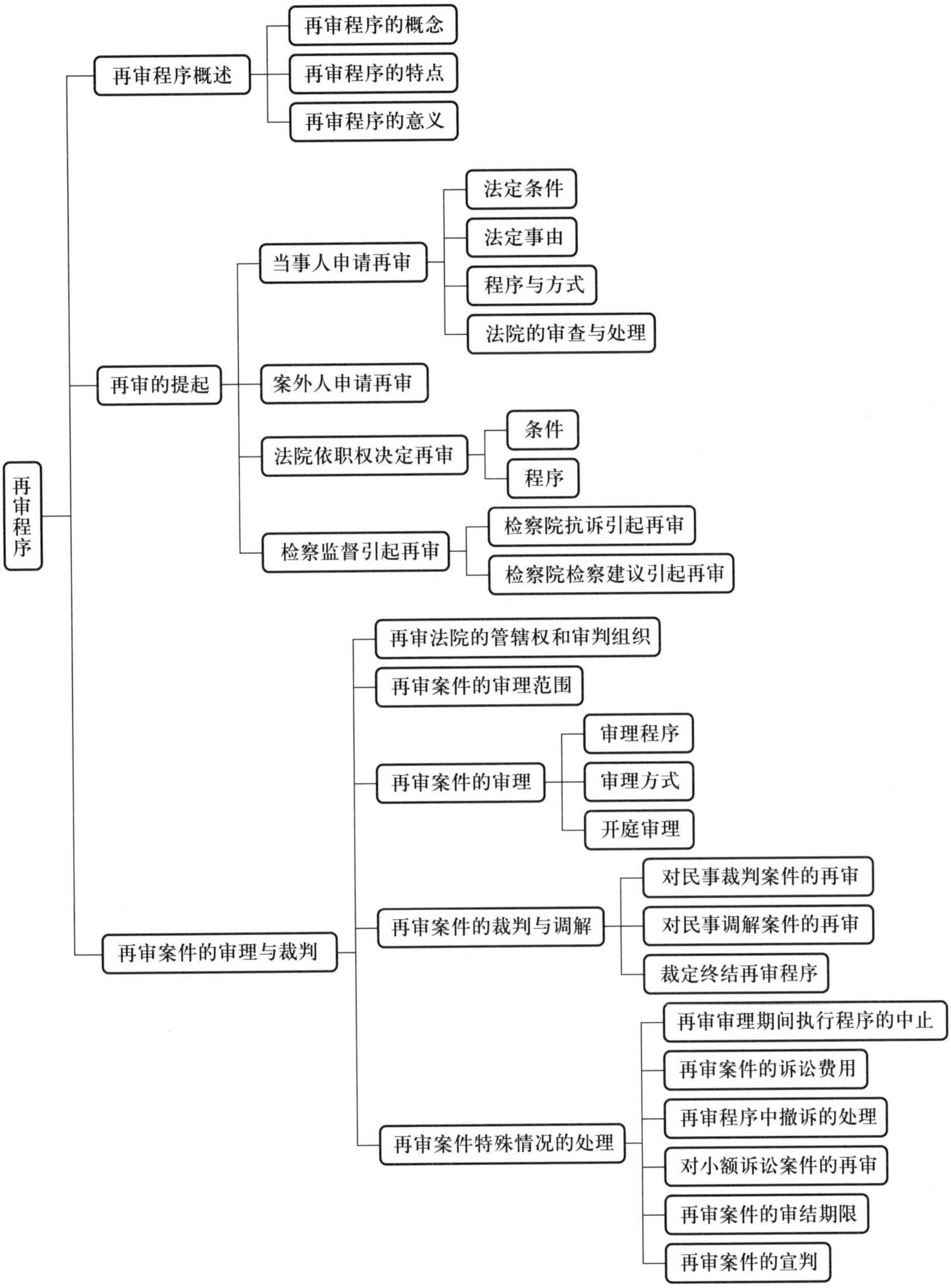
再审程序
再审程序概述
再审程序的概念
再审程序的特点
再审程序的意义
再审的提起
当事人申请再审
法定条件
法定事由
程序与方式
法院的审查与处理
案外人申请再审
法院依职权决定再审
条件
程序
检察监督引起再审
检察院抗诉引起再审
检察院检察建议引起再审
再审案件的审理与裁判
再审法院的管辖权和审判组织
再审案件的审理范围
再审案件的审理
审理程序
审理方式
开庭审理
再审案件的裁判与调解
对民事裁判案件的再审
对民事调解案件的再审
裁定终结再审程序
再审案件特殊情况的处理
再审审理期间执行程序的中止
再审案件的诉讼费用
再审程序中撤诉的处理
对小额诉讼案件的再审
再审案件的审结期限
再审案件的宣判

【重点难点解析】

一、检察院监督民事诉讼的方式

根据《民事诉讼法》第215条的规定，检察院行使对民事诉讼的法律监督权，具体可以通过以下三种方式：(1) 对法院作出的生效判决、裁定具有抗诉情形，或者发现调解书损害国家利益、社会公共利益的，依照法定程序和方式提出抗诉；(2) 对法院作出的生效判决、裁定具有抗诉情形，或者发现调解书损害国家利益、社会公共利益的，依照法定程序和方式提出再审检察建议；(3) 对审判监督程序以外的其他审判程序中审判人员的违法行为提出检察建议。其中，检察院通过前两种方式行使法律监督权的目的在于提起审判监督程序，而检察院通过第三种方式行使法律监督权的目的在于纠正审判监督程序以外的其他审判程序中审判人员的违法行为，以保障程序的正当性。

二、当事人申请再审的法定事由

根据《民事诉讼法》第207条以及相关司法解释的规定，当事人申请再审应当具备下列法定事由：

1. 有新的证据，足以推翻原判决、裁定的。根据《民诉法解释》第385条的规定，再审申请人提供的新证据，能够证明原判决、裁定认定基本事实或者裁判结果错误的，应当认定为《民事诉讼法》第207条第1项规定的情形。对于符合前述规定的证据，法院应当责令再审申请人说明其逾期提供该证据的理由；拒不说明理由或者理由不成立的，依照《民事诉讼法》第68条第2款和本解释第102条的规定处理。该解释中的“基本事实”是指对原判决、裁定的结果有实质影响、用以确定当事人主体资格、案件性质、具体权利义务和民事责任等主要内容所依据的事实。此外，《民诉法解释》第386条进一步规定，再审申请人证明其提交的新的证据符合下列情形之一的，可以认定逾期提供证据的理由成立：第一，在原审庭审结束前已经存在，因客观原因于庭审结束后才发现的；第二，在原审庭审结束前已经发现，但因客观原因无法取得或者在规定的期限内不能提供的；第三，在原审庭审结束后形成，无法据此另行提起诉讼的。再审申请人提交的证据在原审中已经提供，原审法院未组织质证且未作为裁判根据的，视为逾期提供证据的理由成立，但原审法院依照《民事诉讼法》第68条规定不予采纳的除外。

2. 原判决、裁定认定的基本事实缺乏证据证明的。依据证据认定的事实是法院适用法律作出公正裁判的基础，如果法院认定的基本事实缺乏证据加以证明，不仅法院认定的基本事实存在瑕疵，而且以该基本事实为基础适用法律所作出的裁判势必不公正。

3. 原判决、裁定认定事实的主要证据是伪造的。如果法院认定事实所依据的主要证据是伪造的，认定的事实必然与案件的客观事实相违背，从而导致所作出的判决、裁定缺乏公正性。

4. 原判决、裁定认定事实的主要证据未经质证的。在民事诉讼中，未经当事人双方质证的证据，不能作为认定案件事实的依据。因此，如果认定事实的主要证据是未经质证的，就意味着法院认定案件事实的程序不合法，属于当事人申请再审的法定事由。但是，根据《民诉法解释》第387条的规定，当事人对原判决、裁定认定事实的主要证据在原审中拒绝发表质证意见或者质证中未对证据发表质证意见的，不属于《民事诉讼法》第 207 条第 4 项规定的未经质证的情形。

5. 对审理案件需要的主要证据，当事人因客观原因不能自行收集，书面申请法院调查收集，法院未调查收集的。根据《民诉法解释》第 94 条的规定，当事人因客观原因不能自行收集的证据材料可以申请法院调查收集。如果当事人书面申请后法院未调查收集，因此而影响案件事实认定所导致的法律后果不应当由当事人承担，因此，在此情形下允许当事人通过再审程序予以救济。

6. 原判决、裁定适用法律确有错误的。根据《民诉法解释》第 388 条的规定，有下列情形之一，导致判决、裁定有错误的，应当认定为《民事诉讼法》第 207 条第 6 项规定的原判决、裁定适用法律确有错误：第一，适用的法律与案件性质明显不符的；第二，确定民事责任明显违背当事人约定或者法律规定的；第三，适用已经失效或尚未施行的法律的；第四，违反法律溯及力规定的；第五，违反法律适用规则的；第六，明显违背立法本意的。

7. 审判组织的组成不合法或者依法应当回避的审判人员没有回避的。如果审判组织的组成不合法就意味着审判权的行使主体实质上不合法。此外，如果审判人员应当回避而没有回避，该判决、裁定的公正性则可能受到影响，当事人可以以此为由申请再审。

8. 无诉讼行为能力人未经法定代理人代为诉讼或者应当参加诉讼的当事人，因不能归责于本人或者其诉讼代理人的事由，未参加诉讼的。在民事诉讼中，保证当事人依法按时参加诉讼，行使提供证据、辩论等诉讼权利，这不仅是诉讼程序正当性的要求，而且也对维护当事人合法权益至关重要。否则，法院所作出的生效判决、裁定不具有公正性，应当给予当事人相应的救济手段。

9. 违反法律规定，剥夺当事人辩论权利的。在民事诉讼中，当事人的辩论权利，是当事人双方攻击和防御的一种方式，也是法院查明案件事实的一种方法。如果违反法律规定，剥夺当事人的辩论权利，不仅影响到当事人诉讼权利的行使，而且还会影响到法院所作出的判决、裁定的公正性。对此，《民诉法解释》第 389 条规定，原审开庭过程中有下列情形之一的，应当认定为《民事诉讼法》第 207 条第 9 项规定的剥夺当事人辩论权利：第一，不允许当事人发表辩论意见；第二，应当开庭审理而未开庭审理的；第三，违反法律规定送达起诉状副本或者上诉状副本，致使当事人无法行使辩论权的；第四，违法剥夺当事人辩论权利的其他情形。

10. 未经传票传唤，缺席判决的。当事人参与庭审不仅是维护其合法权益的一项重要诉讼权利，也是法院查明案件事实的基础。如果未经传票传唤即作出缺席判决，既损害当事人的程序利益，也影响到法院对案件事实的认定。

11. 原判决、裁定遗漏或者超出诉讼请求的。在民事诉讼中，法院作出的判决、裁定，既不能遗漏当事人提出的诉讼请求，也不得超出当事人的诉讼请求。否则，法院所作出的判决、裁定缺乏正当性。为此，《民诉法解释》第 390 条规定，《民事诉讼法》第 207 条第 11 项规定的诉讼请求，包括一审诉讼请求、二审上诉请求，但当事人未对一审判决、裁定遗漏或者超出诉讼请求提起上诉的除外。

12. 据以作出原判决、裁定的法律文书被撤销或者变更的。如果法院作出的判决、裁定所依据的法律文书被撤销或者被变更的，必然导致该裁判不公。根据《民诉法解释》第 391 条的规定，《民事诉讼法》第 207 条第 12 项规定的法律文书包括：第一，发生法律效力的判决书、裁定书、调解书；第二，发生法律效力的仲裁裁决书；第三，具有强制执行效力的公证债权文书。

13. 审判人员审理该案件时有贪污受贿，徇私舞弊，枉法裁判行为的。根据《民诉法解释》第 392 条的规定，审判人员在审理该案件时有贪污受贿，徇私舞弊，枉法裁判行为，是指已经由生效刑事法律文书或者纪律处分决定所确认的行为。

三、法院对检察院抗诉案件的受理与审理

1. 法院对检察院提出抗诉案件的受理

根据《民诉法解释》的相关规定，对于检察院提出的下列抗诉，法院应当受理：第一，检察院依法对损害国家利益、社会公共利益的发生法律效力的判决、裁定、调解书提出抗诉的；第二，检察院对已经发生法律效力的判决以及不予受理、驳回起诉的裁定依法提出抗诉的；第三，检察院依照《民事诉讼法》第 216 条第 1 款第 3 项规定对有明显错误的再审判决、裁定提出抗诉的。

2. 法院对检察院提出抗诉案件的处理

根据《民诉法解释》第 415 条的规定，检察院依当事人的申请对生效判决、裁定提出抗诉，符合下列条件的，法院应当在 30 日内裁定再审：第一，抗诉书和原审当事人申请书及相关证据材料已经提交；第二，抗诉对象为依照《民事诉讼法》和《民诉法解释》规定可以进行再审的判决、裁定；第三，抗诉书列明该判决、裁定有《民事诉讼法》第 215 条第 1 款规定情形；第四，符合《民事诉讼法》第 216 条第 1 款第 1 项、第 2 项规定情形。不符合上述规定的，法院可以建议检察院予以补正或者撤回；不予补正或者撤回的，法院可以裁定不予受理。

3. 法院对检察院抗诉案件的再审

根据《民事诉讼法》第 218 条和《民事监督若干问题的规定》的相关规定，检察院提出抗诉的案件，接受抗诉的法院应当自收到抗诉书之日起 30 日内作出再审的裁定；检察院提出抗诉的案件，由接受抗诉的法院审理，有《民事诉讼法》第 207 条第 1—5 项规定情形之一的，可以交下一级法院再审，但经该下一级法院再审的除外。法院因检察院抗诉裁定再审的案件，不受此前已经作出的驳回当事人再审申请裁定的影响。

法院开庭审理抗诉案件，应当在开庭 3 日前通知检察院、当事人和其他诉讼参与人。同级检察院或者提出抗诉的检察院应当派员出庭。检察院因履行法律监督职责向当事人或者案外人调查核实的情况，应当向法庭提交并予以说明，由双方当事人进行质证。

四、检察院提出再审检察建议的程序

根据《民事诉讼法》第 215 条第 2 款的规定，地方各级检察院对同级法院已经发生法律效力的判决、裁定，发现有《民事诉讼法》第 207 条规定情形之一的，或者发现调解书损害国家利益、社会公共利益的，可以向同级法院提出检察建议，并报上级检察院备案。由此可见，根据我国《民事诉讼法》有关规定，地方各级检察院对同级法院无权以提出抗诉的方式进行法律监督，但是，对同级法院具有法定再审事由的生效判决、裁定、调解书其有权提出再审检察建议，并报上级检察院备案。当然，检察院提出再审检察建议需符合法律规定，即根据《民事诉讼法》第 216 条第 1 款的规定，有下列情形之一的，当事人可以向检察院申请检察建议：(1) 法院驳回再审申请的；(2) 法院逾期未对再审申请作出裁定的；(3) 再审判决、裁定有明显错误的。此

外，第 216 条第 2 款还规定，检察院对当事人的申请应当在 3 个月内进行审查，作出提出或者不予提出检察建议的决定。当事人不得再次向检察院申请检察建议。

五、法院对检察院提出再审检察建议的受理与处理

（一）法院对检察院提出再审检察建议的受理

根据《民诉法解释》第 411、413、414 条的规定，法院对检察院提出的下列再审检察建议应当受理：第一，检察院依法对损害国家利益、社会公共利益的发生法律效力的判决、裁定、调解书，经检察院检察委员会讨论决定提出再审检察建议的；第二，检察院依照《民事诉讼法》第 216 条第 1 款第 3 项规定对有明显错误的再审判决、裁定提出再审检察建议的；第三，地方各级检察院依当事人的申请对生效判决、裁定向同级法院提出再审检察建议，符合下列条件的，应予受理：其一，再审检察建议书和原审当事人申请书及相关证据材料已经提交；其二，建议再审的对象为依照《民事诉讼法》和《民诉法解释》规定可以进行再审的判决、裁定；其三，再审检察建议书列明该判决、裁定有《民事诉讼法》第 215 条第 2 款规定情形；其四，符合《民事诉讼法》第 216 条第 1 款第 1 项、第 2 项规定情形；其五，再审检察建议经该检察院检察委员会讨论决定。不符合前款规定的，法院可以建议检察院予以补正或者撤回；不予补正或者撤回的，应当函告检察院不予受理。

（二）法院对检察院提出再审检察建议的处理

虽然检察院提出再审检察建议也是检察院行使法律监督权的一种方式，但是，检察院提出再审检察建议并不具有直接启动审判监督程序的效力，根据《民诉法解释》第 417 条的规定，法院收到再审检察建议后，应当组成合议庭，在 3 个月内进行审查，发现原判决、裁定、调解书确有错误，需要再审的，依照《民事诉讼法》第 205 条规定裁定再审，并通知当事人；经审查，决定不予再审的，应当书面回复检察院。此外，根据《民诉法解释》第 418 条的规定，法院审理因检察院再审检察建议裁定再审的案件，不受此前已经作出的驳回当事人再审申请裁定的影响。

六、法院对当事人申请再审案件的审理

根据《民事诉讼法》第 211 条第 2 款的规定，因当事人申请裁定再审的案件由中级法院以上的法院审理，但当事人依照本法第 206 条的规定选择向基层法院申请再审的除外。最高人民法院、高级法院裁定再审的案件，由本院再审或者交由其他法院再审，也可以交原审法院再审。这里的“其他法院”指与原审法院同级的其他法院。

此外，根据《民事监督若干问题的规定》第 2 条的规定，因当事人申请裁定再审的案件一般应当由裁定再审的法院审理。有下列情形之一的，最高人民法院、高级法院可以指令原审法院再审：(1) 依据《民事诉讼法》第 200 条[①] 第 4 项、第 5 项或者第 9 项裁定再审的；(2) 发生法律效力的判决、裁定、调解书是由第一审法院作出的；(3) 当事人一方人数众多或者当事人双方为公民的；(4) 经审判委员会讨论决定的其他情形。《民事监督若干问题的规定》第 3 条同时规定，虽然符合本规定第 2 条可以指令再审的条件，但有下列情形之一的，应当提审：(1) 原判

① 2021 年《民事诉讼法》修改后，该条文序号变为第 207 条。

决、裁定系经原审法院再审审理后作出的;(2) 原判决、裁定系经原审法院审判委员会讨论作出的;(3) 原审审判人员在审理该案件时有贪污受贿、徇私舞弊、枉法裁判行为的;(4) 原审法院对该案无再审管辖权的;(5) 需要统一法律适用或者裁量权行使标准的;(6) 其他不宜指令原审法院再审的情形。

七、一审、二审与再审案件的审理范围

确定一审、二审与再审案件的审理范围,不仅关涉当事人民事权益的保护,而且也影响到一审、二审与再审程序功能的实现。因此,在确定一审、二审与再审案件的审理范围时,除了要遵循民事诉讼的基本法理,即当事人的主张与辩论应约束法院审判权的行使,还应当考虑各审判程序的应有功能。

1. 一审案件的审理范围。随着审理前准备程序的逐渐完善,审理前准备程序对庭审的辅助功能越来越多地体现于整理争议焦点、确定无争议的事实、交换证据、排除没有证明力的证据,使当事人在相互充分了解的基础上在庭审中公平对抗,从而有效增加庭审活动的针对性。由于审理前准备阶段已经归纳出争议焦点,并就争议焦点征求过当事人的意见,因此,庭审应当直接围绕这些争议焦点进行。对此,《民诉法解释》第 228 条明确规定,法庭审理应当围绕当事人争议的事实、证据和法律适用等焦点问题进行。然而,司法实践中却时常出现庭审时当事人对其在审理前准备阶段认可的事实和证据予以否认的现象,为了解决司法实践中的上述问题,《民诉法解释》第 229 条明确了关于禁止反言原则的规定,即当事人在庭审中对其在审理前的准备阶段认可的事实和证据提出不同意见的,法院应当责令其说明理由。必要时,可以责令其提供相应的证据。法院应当结合当事人的诉讼能力、证据和案件的具体情况进行审查。理由成立的,可以列入争议焦点进行审理。

2. 二审案件的审理范围。根据《民事诉讼法》第 175 条的规定,第二审法院应当对上诉请求的有关事实和适用法律进行审查。对一审裁判中当事人未提出上诉的内容,第二审法院原则上不进行审理。这样,既有利于减轻第二审法院的工作负担,提高诉讼效率,同时也有利于体现现代民事诉讼中当事人处分权对法院审判权制约的理念。但在特殊情况下,为了保证案件的审判质量,第二审法院对当事人未提出上诉的内容,也应当予以审查。对此,《民诉法解释》第 321 条规定,第二审法院应当围绕当事人的上诉请求进行审理。当事人没有提出请求的,不予审理,但一审判决违反法律禁止性规定,或者损害国家利益、社会公共利益、他人合法权益的除外。

3. 再审案件的审理范围。根据《民诉法解释》第 403 条第 1 款的规定,法院审理再审案件应当围绕再审请求进行。当事人的再审请求超出原审诉讼请求的,不予审理;符合另案诉讼条件的,告知当事人可以另行起诉。但是,再审程序作为一种特殊的、事后救济程序,又承担着对生效裁判进行监督的功能,对此,该条第 2、3 款同时规定,法院经再审,发现已经发生法律效力的判决、裁定损害国家利益、社会公共利益、他人合法权益的,应当一并审理。被申请人及原审其他当事人在庭审辩论结束前提出的再审请求,符合《民事诉讼法》第 212 条规定的,法院应当一并审理。

此外,根据《民事监督若干问题的规定》第 8 条和《民诉法解释》第 252 条的规定,再审发回重审的案件,应当围绕当事人原诉讼请求进行审理。当事人申请变更、增加诉讼请求和提出

反诉的,按照《民诉法解释》第 252 条的规定审查决定是否准许。即再审裁定撤销原判决、裁定发回重审的案件,当事人申请变更、增加诉讼请求或者提出反诉,符合下列情形之一的,法院应当准许:第一,原审未合法传唤缺席判决,影响当事人行使诉讼权利的;第二,追加新的诉讼当事人的;第三,诉讼标的物灭失或者发生变化致使原诉讼请求无法实现的;第四,当事人申请变更、增加的诉讼请求或者提出的反诉,无法通过另诉解决的。当事人变更其在原审中的诉讼主张、质证及辩论意见的,应说明理由并提交相应的证据,理由不成立或者证据不充分的,法院不予支持。

八、一审、二审与再审案件的审理方式

1. 一审案件的审理方式。一审案件应当采取开庭审理的方式进行审理,具体需注意以下几点:第一,开庭审理必须采取法庭审理的方式。换言之,开庭审理必须由审判员、陪审员共同组成合议庭或者由审判员组成合议庭,也可由审判员一人独任审理,在当事人及其他诉讼参与人均到庭的情况下,在法院所设立的专用、固定的法庭或特设的临时法庭对案件进行审理。第二,开庭审理应当采取法定审理方式。根据《民事诉讼法》第 137 条的规定,法院审理民事案件,除涉及国家秘密、个人隐私或者法律另有规定的以外,应当公开进行。离婚案件、涉及商业秘密的案件,当事人申请不公开审理的,可以不公开审理。由此可见,一审案件的审理方式以公开开庭审理为原则,以不公开开庭审理为例外。

2. 二审案件的审理方式。根据《民事诉讼法》第 176 条的规定,第二审法院审理上诉案件有两种方式,即开庭审理与不开庭审理。第一,开庭审理。开庭审理不仅有利于更好地保障当事人辩论权的行使,也有利于第二审法院查明案件事实。因此,第二审法院对上诉案件,以开庭审理为原则。第二,不开庭审理。根据《民事诉讼法》第 176 条的规定,第二审法院审理上诉案件,经过阅卷、调查和询问当事人,对没有提出新的事实、证据或者理由,法院认为不需要开庭审理的,可以不开庭审理。

3. 再审案件的审理方式。根据《民诉法解释》第 401 条的规定,法院审理再审案件应当组成合议庭开庭审理,但按照第二审程序审理,有特殊情况或者双方当事人已经通过其他方式充分表达意见,且书面同意不开庭审理的除外。由此可见,再审案件的审理以开庭审理为原则,以不开庭审理为例外。另外,《民诉法解释》第 402 条对开庭审理再审案件的程序作出了详细的规定:第一,因当事人申请再审的,应由再审申请人陈述再审请求及理由,后由被申请人答辩、其他原审当事人发表意见;第二,因抗诉再审的,先由抗诉机关宣读抗诉书,再由申请抗诉的当事人陈述,后由被申请人答辩、其他原审当事人发表意见;第三,法院依职权再审,有申诉人的,先由申诉人陈述再审请求及理由,后由被申诉人答辩、其他原审当事人发表意见;第四,法院依职权再审,没有申诉人的,先由原审原告或者原审上诉人陈述,后由其他原审当事人发表意见。对前述第 1 项至第 3 项规定的情形,法院应当要求当事人明确其再审请求。

九、起诉不符合受理条件在一审、二审与再审程序中的处理

为了防止当事人滥用诉权提起诉讼,《民事诉讼法》及相关司法解释不仅规定了起诉应当具备的积极条件,还规定了起诉不应当具备的消极条件。司法实践中,当事人起诉不符合受理

条件可能发生在各个不同的审判程序中。

1. 起诉不符合受理条件在一审程序中的处理。根据《民诉法解释》第 208 条第 3 款的规定,法院立案后,发现不符合起诉条件或者属于《民事诉讼法》第 127 条规定情形的,裁定驳回起诉。

2. 起诉不符合受理条件在二审程序中的处理。根据《民诉法解释》第 328 条的规定,法院依照第二审程序审理案件,依法不应由法院受理的,可以由第二审法院直接裁定撤销原裁判,驳回起诉。

3. 起诉不符合受理条件在再审程序中的处理。根据《民诉法解释》第 406 条的规定,按照第二审程序再审的案件,法院经审理认为不符合《民事诉讼法》规定的起诉条件或者符合《民事诉讼法》第 127 条规定不予受理情形的,应当裁定撤销一、二审判决,驳回起诉。

十、诉讼和解在一审、二审与再审程序中的适用

诉讼和解作为当事人自行处分其民事权利的一种制度,在一审、二审与再审程序中均可以适用,当事人在上述三种审判程序中自行协商达成和解协议后,将产生不同的法律后果,具体如下:

1. 在一审程序中,当事人自行协商达成和解协议后,可以申请法院确认和解协议并制作调解书,调解书经双方当事人签收后,即发生法律效力;当事人达成和解协议后,原告也可以申请撤诉,如果原告在法庭辩论终结后申请撤诉,被告不同意的,法院可以不予准许原告申请撤诉。

2. 在二审程序中,当事人自行协商达成和解协议后,可以申请法院确认和解协议并制作调解书,调解书经双方当事人签收后,即发生法律效力,原一审判决视为自动撤销。当事人达成和解协议后,如果原一审原告申请撤回起诉,经其他当事人同意,且不损害国家利益、社会公共利益、他人合法权益的,法院可以准许。准许撤诉的,应当一并裁定撤销一审裁判。原审原告在二审程序中撤回起诉后重复起诉的,法院不予受理。当事人达成和解协议后,如果当事人申请撤回上诉,法院裁定准许的,一审裁判即发生法律效力;如果法院经审查认为一审判决确有错误,或者当事人之间恶意串通损害国家利益、社会公共利益、他人合法权益的,不应准许。

3. 在再审程序中,当事人自行协商达成和解协议后,可以申请法院确认和解协议并制作调解书,调解书经双方当事人签收后,即发生法律效力,原裁判视为自动撤销。当事人达成和解协议后,如果原一审原告申请撤回起诉,经其他当事人同意,且不损害国家利益、社会公共利益、他人合法权益的,法院可以准许。准许撤诉的,应当一并裁定撤销原判决。一审原告在再审程序中撤回起诉后重复起诉的,法院不予受理。当事人达成和解协议后,如果当事人申请撤回再审申请,法院裁定准许的,原生效裁判继续有效。

十一、法院对判决裁定再审案件的处理

法院经过对判决、裁定启动再审的案件审理后,应根据具体情况分别作出下列处理:

1. 维持原判、裁定。根据《民诉法解释》第 405 条第 1 款的规定,法院经再审审理认为,原判决、裁定认定事实清楚、适用法律正确的,应予维持;原判决、裁定认定事实、适用法律虽有瑕疵,但裁判结果正确的,法院应在再审判决、裁定中纠正上述瑕疵后予以维持。

2. 依法改判、撤销或者变更。根据《民诉法解释》第 405 条第 2 款的规定，法院经再审审理认为，原判决、裁定认定事实、适用法律错误，导致裁判结果错误的，应当依法改判、撤销或者变更。此外，《民诉法解释》第 409 条规定，当事人提交新的证据致使再审改判，因再审申请人或者申请检察监督当事人的过错未能在原审程序中及时举证，被申请人等当事人请求补偿其增加的交通、住宿、就餐、误工等必要费用的，法院应予支持。

3. 裁定撤销原判决，发回重审。根据《民事监督若干问题的规定》第 4 条的规定，法院按照第二审程序审理再审案件，发现原判决认定基本事实不清的，一般应当通过庭审认定事实后依法作出判决。但原审法院未对基本事实进行过审理的，可以裁定撤销原判决，发回重审。原判决认定事实错误的，上级法院不得以基本事实不清为由裁定发回重审。

此外，《民事监督若干问题的规定》第 5 条规定，法院按照第二审程序审理再审案件，发现第一审法院有下列严重违反法定程序情形之一的，可以依照《民事诉讼法》第 170 条[①]第 1 款第 4 项的规定，裁定撤销原判决，发回第一审法院重审：第一，原判决遗漏必须参加诉讼的当事人的；第二，无诉讼行为能力人未经法定代理人代为诉讼，或者应当参加诉讼的当事人，因不能归责于本人或者其诉讼代理人的事由，未参加诉讼的；第三，未经合法传唤缺席判决，或者违反法律规定剥夺当事人辩论权利的；第四，审判组织的组成不合法或者依法应当回避的审判人员没有回避的；第五，原判决、裁定遗漏诉讼请求的。第 6 条规定，上级法院裁定发回重审的，应当在裁定书中阐明发回重审的具体理由。

4. 裁定驳回起诉。根据《民诉法解释》第 406 条的规定，按照第二审程序再审的案件，法院经审理认为不符合《民事诉讼法》规定的起诉条件或者符合《民事诉讼法》第 127 条规定不予受理情形的，应当裁定撤销一、二审判决，驳回起诉。

【延伸阅读】

1. 吴英姿：《“再审之诉”的理论悖论与实践困境——申请再审权性质重述》，载《法学家》2018 年第 3 期。

2. 潘剑锋：《程序系统视角下对民事再审制度的思考》，载《清华法学》2013 年第 4 期。

3. 张卫平：《民事再审：基础置换与制度重建》，载《中国法学》2003 年第 1 期。

4. 蔡虹：《民事再审程序立法的完善——以〈中华人民共和国民事诉讼法修正案（草案）〉为中心的考察》，载《法商研究》2012 年第 2 期。

5. 齐树洁：《再审程序的完善与既判力之维护》，载《法学家》2007 年第 6 期。

6. 张卫平：《再审事由规范的再调整》，载《中国法学》2011 年第 3 期。

7. 江伟、谢俊：《论民事检察监督的方式和地位——基于宪法和民事诉讼法的分析》，载《法治研究》2009 年第 4 期。

8. 汤维建：《民事诉讼法的全面修改与检察监督》，载《中国法学》2011 年第 3 期。

9. 张卫平：《民事诉讼检察监督实施策略研究》，载《政法论坛》2015 年第 1 期。

10. 杨秀清：《民事再审制度的理论阐释》，载《河北法学》2004 年第 5 期。

---

① 2021 年《民事诉讼法》修改后，该条文序号变为第 177 条。

【习题自测】

一、单项选择题

1. 王某向区法院申请对甲公司强制执行，执行过程中双方达成和解协议并履行完毕，法院裁定执行终结。甲公司在履行和解协议之后，因发现新的证据向市中级法院申请再审。市中级法院受理后，经审查发现双方在执行过程中已经按照和解协议履行完毕，此时，市中级法院应如何处理？（　　）

A. 裁定终结再审申请的审查

B. 裁定驳回再审申请

C. 执行回转

D. 审查执行和解协议的合法性

2. 关于检察监督，下列哪一选项是正确的？（　　）

A. 甲县检察院认为乙县法院的生效判决适用法律错误，对其提出检察建议

B. 丙市检察院就合同纠纷向仲裁委员会提出检察建议，要求重新仲裁

C. 丁县检察院认为丁县法院某法官在作出除权判决时收受贿赂，向该法院提出检察建议

D. 戊县检察院认为戊县法院认定某公民为无民事行为能力人的判决存在程序错误，报请上级检察院提起抗诉

3. 2010 年 7 月，甲公司不服 A 市 B 区法院对其与乙公司买卖合同纠纷作出的判决，上诉至 A 市中级法院。A 市中级法院经审理作出判决，驳回甲公司的上诉，维持原判决。2011 年 3 月，甲公司与丙公司合并为丁公司之后，丁公司法律顾问在复查原甲公司的相关材料时，发现上述案件具备申请再审的法定事由。关于该案件的再审，下列哪一说法是正确的？（　　）

A. 应由甲公司向法院申请再审

B. 应由甲公司与丙公司共同向法院申请再审

C. 应由丁公司向法院申请再审

D. 应由丁公司以案外人身份向法院申请再审

4. 万某起诉吴某人身损害赔偿一案，经过两级法院审理后，均判决支持万某的诉讼请求，吴某不服，申请再审。再审中万某未到庭参加开庭审理，也未向法院说明理由。对此，法院的下列哪一做法是正确的？（　　）

A. 裁定撤诉，视为撤回起诉

B. 裁定诉讼中止

C. 裁定诉讼终止

D. 缺席判决

5. 王某与宋某借款纠纷一案，经过区法院和市中级法院两审终审后，判决王某败诉。该判决生效后，王某发现新的证据足以推翻原判决，欲申请再审。下列关于王某申请再审的表述，哪一选项是不正确的？（　　）

A. 王某既可以向市中级法院申请再审，也可以向省高级法院申请再审

B. 王某应当在判决生效之日起 6 个月内申请再审

C. 王某应当自知道或者应当知道之日起 6 个月内申请再审

D. 王某申请再审时不停止生效判决的执行

6. 甲公司与乙公司设备租赁合同纠纷一案，经过区法院与市中级法院两审终审后，丙公司以该设备系自己与甲公司共同共有为由，向省高级法院申请再审。下列哪一选项的做法是正确的？（　　）

A. 告知丙公司另行起诉，因为丙公司不是本案的当事人，无权申请再审

B. 仅审理丙公司认为原判决损害其民事权益的内容，并根据审理的情况作出相应的处理

C. 根据自愿原则进行调解，调解不成的，裁定撤销一、二审判决，发回区法院重审

D. 根据自愿原则进行调解，调解不成的，告知丙公司另行起诉

7. 关于第二审程序与审判监督程序的表述，下列哪一选项是不正确的？（　　）

A. 第二审程序的合议庭应当由审判员组成，审判监督程序的合议庭可以由审判员与陪审员共同组成

B. 适用第二审程序作出的判决是生效判决，而适用审判监督程序再审作出的判决未必是生效判决

C. 第二审程序审理上诉案件以开庭审理为原则，适用审判监督程序审理再审案件则以不开庭审理为原则

D. 适用第二审程序的法院只能是中级人民法院以上的法院，而适用审判监督程序的法院可以是各级人民法院

8. 吴大与吴二房产继承纠纷一案，经过甲区法院审理作出判决后，双方均未上诉。吴二以生效判决认定的基本事实缺乏证据证明为由向市中级法院申请再审。市中级法院裁定再审后，一审原告吴大申请撤回起诉。关于本案的下列表述，哪一选项是正确的？（　　）

A. 再审程序中，吴大无权申请撤回起诉

B. 吴大申请撤回起诉，经吴二同意，且不损害国家利益、社会公共利益、他人合法权益的，法院可以准许

C. 法院裁定准许吴大撤回起诉后，吴大有权再起诉

D. 法院裁定准许吴大撤回起诉的，原判决视为自动撤销

9. 城建公司与开发公司 1 000 万元工程款纠纷一案，经过 A 市甲区法院和 A 市中级法院两审终审后，均判决开发公司向城建公司支付 700 万元工程款。城建公司申请再审被驳回后将其债权转让给建筑公司，开发公司并入华夏公司。2016 年 3 月，该案的审判长因受贿被判有期徒刑。关于本案的下列表述，哪一选项是正确的？（　　）

A. 华夏公司有权向省高级法院申请再审

B. 建筑公司有权向省高级法院申请再审

C. 开发公司有权向省高级法院申请再审

D. 城建公司有权向省高级法院申请再审

10. 关于检察监督民事诉讼的表述，下列哪一选项是正确的？（　　）

A. 检察监督民事诉讼既包括对生效裁判文书的监督，也包括对审判人员违法行为的监督

B. A 市检察院发现 A 市中级法院审判人员在审理上诉案件时收受贿赂，有权向 A 市中级法院提出检察建议，并报省检察院备案

C. A 市检察院发现 A 市中级法院的生效调解书损害国家利益、社会公共利益的，有权向 A 市中级法院提出抗诉

D. 甲区检察院发现甲区法院对担保物权实现案件作出的准予拍卖、变卖的裁定适用法律错误，有权提请市检察院向市中级法院提出抗诉

二、多项选择题

1. 甲的钢琴被乙占有，甲请求乙归还无果，起诉要求乙返还。该案经区、市两级法院审理，均判决支持了甲的诉讼请求。判决生效后，乙仍拒绝归还，甲向区法院申请执行。执行过程中，丙提出异议，主张该钢琴是自己的，法院审查后裁定驳回丙的异议。丙认为原判决存在错误，向市中级法院申请再审，市中级法院经再审审理认为该钢琴属于丙和原审原告甲共同所有。此时，市中级法院的下列处理，哪些是不正确的？（　　）

A. 市中级法院应判决驳回丙的再审请求，并告知丙另行提起执行异议之诉

B. 市中级法院应直接裁定撤销原判决，发回重审

C. 市中级法院应告知丙另行起诉

D. 市中级法院应进行调解，调解不成，裁定撤销原判决，发回重审

2. 瑞成公司与建华公司之间的合同纠纷，在某省甲市中级法院作出终审判决后，建华公司不服，向省高级法院申请再审被驳回又向甲市检察院申请检察建议。甲市检察院经过审查，作出决定驳回建华公司的申请。关于检察监督，下列哪些表述是正确的？（　　）

A. 建华公司在向该省高级法院申请再审的同时，可以申请检察建议

B. 在甲市检察院驳回建华公司的检察建议申请后，其可向该省检察院申请抗诉

C. 甲市检察院在审查检察建议申请过程中，可向建华公司调查核实案情

D. 甲市检察院在审查检察建议申请过程中，可向瑞成公司调查核实案情

3. 周某因合同纠纷起诉，甲省乙市及甲省两级法院均驳回其诉讼请求。周某申请再审，但被驳回。周某又向检察院申请抗诉，检察院以原审主要证据系伪造为由提出抗诉，法院裁定再审。关于启动再审的表述，下列哪些说法是不正确的？（　　）

A. 周某只能向甲省高级法院申请再审

B. 检察院抗诉后，应当由法院作出是否再审的裁定

C. 法院应当在裁定再审的同时，裁定撤销原判决

D. 法院应当在裁定再审的同时，裁定中止执行原判决

4. 韩某起诉翔鹭公司要求其依约交付电脑，并支付迟延履行的违约金 5 万元。经县市两级法院审理，韩某均胜诉。后翔鹭公司以原审适用法律错误为由申请再审，省高级法院裁定再审后，韩某变更诉讼请求为解除合同，支付迟延履行违约金 10 万元。再审法院最终维持原判。关于再审程序的表述，下列哪些选项是正确的？（　　）

A. 省高级法院可以提审本案，再审时应当适用二审程序

B. 省高级法院可以指令原审法院再审，原审法院再审时应当适用一审程序

C. 再审法院对韩某变更后的请求应当不予审查

D. 对于维持原判的再审裁判，韩某认为有错误的，可以向检察院申请抗诉

5. 李某诉谭某返还借款一案，M 市 N 区法院按照小额诉讼案件进行审理，判决谭某返还借款。判决生效后，谭某认为借款数额远高于法律规定的小额诉讼案件要求的数额，不应适用小额诉讼程序审理此案，遂向法院申请再审。法院经审查，裁定予以再审。关于该案再审程序适用，下列哪些选项是正确的？（ ）

A. 谭某应当向 M 市中级法院申请再审

B. 法院应当组成合议庭审理

C. 对作出的再审判决当事人可以上诉

D. 作出的再审判决仍实行一审终审

6. 太岳公司与中坤公司建筑工程施工合同纠纷一案，经过 A 市甲区法院与 A 市中级法院两审终审，支持了太岳公司的诉讼请求。中坤公司认为该案判决适用法律确有错误，向省高级法院申请再审被驳回，又向省检察院申请抗诉。关于本案的下列做法，哪些选项是正确的？（ ）

A. 省检察院应向省高级法院提出抗诉

B. 省高级法院应当提审该案并适用第二审程序进行再审

C. 省检察院应报请最高人民检察院向最高人民法院提出抗诉

D. 省高级法院可以指令 A 市中级法院适用第二审程序再审此案

7. 长虹公司与泰康公司医疗设备买卖合同纠纷一案，经过甲市桥西区法院与甲市中级法院两审终审，均判决驳回长虹公司的诉讼请求。判决生效后，长虹公司发现新的证据足以推翻原判决，向高级法院申请再审被驳回后又向甲市检察院申请检察建议。关于本案的下列表述，哪些选项是不正确的？（ ）

A. 甲市检察院向甲市中级法院提出再审检察建议，报省检察院备案

B. 甲市中级法院经审查再审检察建议，决定不予再审的，应当书面回复甲市检察院

C. 甲市中级法院对再审检察建议不得进行审查

D. 甲市检察院决定不提出再审检察建议的，长虹公司可以向省检察院申请抗诉

8. 关于检察监督的表述，下列哪些选项是正确的？（ ）

A. A 市甲区检察院发现 A 市乙区法院生效判决认定的基本事实缺乏证据证明，有权报请 A 市检察院提出抗诉

B. A 市检察院发现 A 市中级法院审理二审案件时审判员私自会见当事人，有权向 A 市中级法院提出检察建议

C. A 市检察院发现 A 市中级法院作出生效判决的审判组织组成不合法，可以向 A 市中级法院提出再审检察建议，需报上级检察院备案

D. A 市甲区检察院发现 A 市甲区法院审判员在公示催告程序中作出无效判决时收受贿赂，可以报请 A 市检察院向 A 市中级法院提出抗诉

9. 甲公司与乙公司木质家具买卖合同纠纷一案，甲公司诉至 A 市太湖区法院，要求乙公司更换有质量问题的家具。太湖区法院审理后判决驳回甲公司的诉讼请求，双方均未上诉。甲公司发现新的证据足以推翻原判决，向 A 市中级法院申请再审，并请求判令乙公司按照合同的约定支付违约金。关于本案的下列做法，哪些选项是正确的？（ ）

A. A 市中级法院对违约金请求根据自愿原则调解，调解不成的，发回重审

B. A 市中级法院对违约金请求不予审理

C. A 市中级法院提审该案，适用第二审程序再审此案

D. A 市中级法院可以指令太湖区法院适用第一审程序再审此案

10. 刘某与田某字画买卖合同纠纷一案，经过 A 市甲区法院和 A 市中级法院两审终审，均判决田某向刘某交付字画。判决生效后，因田某拒绝交付字画，刘某向甲区法院申请执行。此时，齐某得知父亲遗留给自己的字画被田某借予临摹并被田某出卖，认为该生效判决损害了自己的合法权益。关于齐某欲寻求救济的做法，下列哪些选项是正确的？（　　）

A. 齐某可以提起第三人撤销之诉

B. 齐某可以直接作为案外人申请再审

C. 齐某可以提出执行异议，异议被法院裁定驳回后提起第三人撤销之诉

D. 齐某可以提出执行异议，异议被法院裁定驳回后申请再审

三、不定项选择题

A 市甲区的新乐公司与 A 市乙区的远达公司在 A 市丙区参加游戏文化展时，签订了天宫一号游戏软件买卖合同。合同签订后，因远达公司未向新乐公司交付游戏软件，新乐公司诉至乙区法院，请求判令远达公司交付天宫一号游戏软件。乙区法院经审理判决驳回新乐公司的诉讼请求，双方均未上诉。判决生效后，新乐公司发现新的证据足以推翻原判决，向 A 市中级法院申请再审。A 市中级法院经过再审审理，改判远达公司向新乐公司交付天宫一号游戏软件。

1. 关于 A 市中级法院审理再审案件的下列说法，正确的是哪些选项？（　　）

A. A 市中级法院应适用第二审程序审理再审案件

B. A 市中级法院应适用第一审普通程序审理再审案件

C. A 市中级法院作出的再审判决生效，当事人不得提出上诉

D. 当事人不服 A 市中级法院的再审判决，可以向高级法院提出上诉

2. 假设本案判决生效后，天泰公司认为该天宫一号游戏软件是其与远达公司共同开发的，其是共有权人，该判决损害其合法权益。天泰公司可以采取下列哪些救济途径？（　　）

A. 天泰公司可以提起第三人撤销之诉

B. 天泰公司可以向法院申请再审本案

C. 天泰公司可以直接向检察院申请对本案提起抗诉

D. 天泰公司可以直接向检察院申请对本案提出再审检察建议

3. 假设本案判决生效后，新乐公司申请甲区法院执行，责令远达公司交付天宫一号游戏软件。在执行程序中，天泰公司提出执行异议，认为天宫一号游戏软件是自己出资委托远达公司为其开发，双方约定该游戏软件归天泰公司所有。甲区法院经过审查，裁定驳回天泰公司的异议。天泰公司可以采取下列哪些救济途径？（　　）

A. 天泰公司可以向市中级法院提起第三人撤销之诉

B. 天泰公司可以向市中级法院申请再审

C. 天泰公司可以向甲区法院提出案外人异议之诉

D. 天泰公司可以向甲区法院申请再审

四、名词解释

1. 再审程序

2. 当事人申请再审

3. 检察院抗诉

4. 再审检察建议

五、简答题

1. 简述检察院监督民事诉讼的方式。

2. 简述审判监督程序的特点。

六、论述题

《民诉法解释》第420条规定：必须共同进行诉讼的当事人因不能归责于本人或者其诉讼代理人的事由未参加诉讼的，可以根据《民事诉讼法》第207条第8项规定，自知道或者应当知道之日起6个月内申请再审，但符合本解释第421条规定情形的除外。人民法院因前款规定的当事人申请而裁定再审，按照第一审程序再审的，应当追加其为当事人，作出新的判决、裁定；按照第二审程序再审，经调解不能达成协议的，应当撤销原判决、裁定，发回重审，重审时应追加其为当事人。

请评述该司法解释规定所涉及的诉讼制度。

七、案例分析题

案情

户籍在A市甲区的孙宏与户籍在A市乙区的刘意就位于A市丙区的华西大厦一层的3间商铺签订买卖合同，约定孙宏将3间商铺卖给刘意，同时约定，因合同履行发生争议，协商不成，由原告住所地和被告住所地法院管辖。合同签订后，刘意按照约定支付了款项，因孙宏迟迟不为其办理3间商铺的过户手续，双方发生争议。刘意诉至乙区法院，请求判令孙宏为其办理过户手续，并向其支付违约金60万元。孙宏以协议管辖无效，乙区法院无管辖权为由提出管辖权异议。乙区法院经审查，裁定驳回孙宏的管辖权异议，孙宏未上诉。乙区法院经过审理，判决孙宏为刘意办理3间商铺的过户手续，并支付违约金60万元。孙宏不服判决上诉至A市中级法院，二审过程中，吴浩向A市中级法院提出，孙宏已经将该3间商铺卖给自己，并已办理过户手续，要求参加诉讼。A市中级法院以吴浩作为有独立请求权的第三人无权参加二审程序为由，未准许吴浩参加诉讼。A市中级法院经过审理判决驳回孙宏的上诉，维持原判决。

判决生效后，赵非始得知，在其出国期间，孙宏未经其许可，擅自将自己与孙宏合伙购买，由孙宏管理的3间商铺出卖，认为A市中级法院的判决损害其合法权益。

问题：

1. 乙区法院裁定驳回孙宏管辖权异议的做法是否正确？为什么？

2. A市中级法院未准许吴浩参加二审诉讼的做法是否正确？为什么？

3. A市中级法院的判决生效后，吴浩可以通过何种途径寻求救济？简要阐述救济途径。

4. 赵非认为A市中级法院的判决损害其合法权益，其可以通过何种途径寻求救济？简要阐述救济途径。

第十六章　特别程序

【学习目标】

（一）理解

特别程序的性质；确认调解协议案件的程序功能；实现担保物权案件的程序功能。

（二）熟悉

选民资格案件的审理程序；宣告失踪和宣告死亡案件的审理程序；认定公民无民事行为能力和限制民事行为能力案件的审理程序；认定财产无主案件的审理程序；确认调解协议案件的审理程序；实现担保物权案件的审理程序。

（三）掌握

特别程序的概念与特征；特别程序的适用范围。

【知识结构图】

- 特别程序
  - 特别程序概述
    - 特别程序的概念
    - 特别程序的特点
    - 特别程序的适用范围
  - 选民资格案件的审判程序
    - 选民资格案件的概念
    - 选民资格案件的审判程序
  - 宣告失踪和宣告死亡案件审判程序
    - 宣告失踪和宣告死亡案件概述
    - 申请宣告公民失踪的条件
    - 宣告失踪案件的审判程序
    - 宣告死亡案件的审判程序
  - 认定公民无民事行为能力和限制民事行为能力案件的审判程序
    - 认定公民无民事行为能力、限制民事行为能力案件的概念
    - 认定公民无民事行为能力、限制民事行为能力案件的审判程序
    - 指定监护人
    - 撤销原判决
  - 认定财产无主案件的审判程序
    - 认定财产无主案件的概念
    - 认定财产无主的条件
    - 认定财产无主案件的申请、管辖和裁判
    - 判决的撤销
  - 确认调解协议案件的审理程序
    - 确认调解协议案件概述
    - 适用范围和管辖法院
    - 确认调解协议案件的申请、受理和裁定
    - 救济途径
  - 实现担保物权案件的审理程序
    - 实现担保物权案件的概念
    - 实现担保物权案件的申请、受理和裁定
    - 救济途径

【重点难点解析】

一、特别程序的性质

特别程序相对于通常程序而言,是法院在审理非民事权益争议案件、选民资格案件时,所适用的特殊程序。根据我国现行《民事诉讼法》的规定,特别程序的适用范围包括以下案件:选民资格案件;宣告公民失踪与宣告公民死亡案件;认定公民无民事行为能力与限制民事行为能力案件;认定财产无主案件;确认调解协议效力案件和实现担保物权案件。

理解特别程序的性质离不开对通常程序和特别程序之间区别的理解。两者最主要的区别就在于制度目的不同,通常程序的制度目的在于解决民事法律关系主体之间所发生的民事权利义务争议;而特别程序的制度目的并不是解决民事主体之间的民事权利义务争议,而只是确认某种法律事实状态。特别程序在审理期限、审判组织、程序的启动方式、一审终审、不适用再审程序等具体程序设置上,也与通常程序存在很多不同之处。通常程序和特别程序的关系,可以总结为一般与特别的关系。通常程序总结了一般民事审判程序的共同之处,从而设置出一套通用的审判规则;而特别程序是六类特殊类型案件审理程序的统称,每一类案件都遵循自身特殊的审判规则。通常程序在设置上采用的是单一的统一性原理,即不论是所有权纠纷还是人身损害赔偿纠纷,都统一适用同一程序;而特别程序在设置的基本原理上采用的却是综合的个别化原理,即在特别程序立法中,既有特别程序的一般规则,又有针对每一具体类型的案件而设计的特别程序类型。[①] 由此可见,特别程序是一种特殊的非诉讼程序。

二、确认调解协议案件程序的产生背景与程序功能

司法确认制度是随着法院建立健全诉讼与非诉讼相衔接的矛盾纠纷解决机制改革的不断深入而发展起来的。2002 年最高人民法院通过的《人民调解协议规定》第 1 条规定:“经人民调解委员会调解达成的、有民事权利义务内容,并由双方当事人签字或者盖章的调解协议,具有民事合同性质。当事人应当按照约定履行自己的义务,不得擅自变更或者解除调解协议。”该规定第一次以司法解释的形式将人民法院调解协议确定为具有民事合同性质的协议。2004 年通过的《民事调解工作规定》(后于 2020 年修正)第 3 条规定:根据《民事诉讼法》第 87 条[②]的规定,人民法院可以邀请与当事人有特定关系或者与案件有一定联系的企事业单位、社会团体或者其他组织,和具有专门知识、特定社会经验、与当事人有特定关系并有利于促成调解的个人协助调解工作。经各方当事人同意,人民法院可以委托前款规定的单位或者个人对案件进行调解,达成调解协议后,人民法院应当依法予以确认。该规定第一次以司法解释的形式明确了对调解协议进行司法确认的程序。2009 年,最高人民法院发布了《诉讼与非诉讼衔接机制意见》,增加了对调解协议进行司法确认的程序,规定由行政机关、人民调解组织、商事调解组织、行业调解组织或者其他具有调解职能的组织调解达成的具有民事合同性质的协议,当事

---

① 陈桂明、赵蕾:《中国特别程序论纲》,载《法学家》2010 年第 6 期。

② 2021 年《民事诉讼法》修改后,该条文序号变为第 98 条。

人可以申请有管辖权的法院确认其效力。为了保证这种具有“非诉”性质的司法确认机制在程序上的可操作性，该意见还进一步明确了司法确认制度的案件范围、管辖法院、申请和受理审查程序、裁判文书及法律效力等内容。《人民调解法》是我国第一部专门、系统地规范人民调解的法律，该法第 33 条明确规定：“经人民调解委员会调解达成调解协议后，双方当事人认为有必要的，可以自调解协议生效之日起三十日内共同向人民法院申请司法确认。”2011 年，最高人民法院通过了《调解协议确认规定》，对司法确认案件的管辖法院、当事人申请司法确认时应当提交的材料、司法确认案件的受理、法院办理司法确认案件的期限、审查方式、不予确认的情形、确认方式及效力等内容作出了明确的规定。2012 年《民事诉讼法》修改后，进一步吸收和巩固司法改革的成果，增加了调解协议司法确认案件的内容，从诉讼法层面上为多元化纠纷解决机制的发展提供充分的法律依据。可见，司法确认调解协议案件程序的确立，不仅进一步完善了多元纠纷解决机制，可以充分发挥人民调解等诉讼调解机制在化解社会矛盾，解决民事纠纷方面第一道防线的功能，而且可以有效减少需要法院通过完备诉讼程序解决的案件，缓解法院案多人少的压力，保证有限司法资源的合理利用。

三、实现担保物权案件程序的产生背景与程序功能

担保物权制度是规范市场经济秩序的重要民事法律制度，而担保物权的实现是担保物权最为重要的效力，是担保物权制度发挥效用的直接体现。在我国，担保物权的实现程序经历了一个从诉讼程序到非讼程序的立法转变过程。1995 年施行的《担保法》（现已失效）第 53 条第 1 款规定，抵押权人以及其他有权请求实现担保物权的人需要实现担保物权时，可以向法院提起诉讼。这种担保物权的实现方式存在难以避免的程序复杂、效率低下、成本高昂等问题。2007 年施行的《物权法》（现已失效）第 195 条第 2 款规定，抵押权人与抵押人未就抵押权实现方式达成协议的，抵押权人可以请求法院拍卖、变卖抵押财产。这种方式有利于尽快实现担保物权，但是《物权法》对于抵押权的实现程序并未作出明确的法律规定，因此，担保物权的实现仍有诸多困难。2012 年修正后《民事诉讼法》在担保物权实现的程序上作出了重大突破，在第十五章特别程序中专门增加一节“实现担保物权案件”，明确规定了担保物权实现的申请、管辖、审查内容、审判组织以及对担保物权实现案件的处理等具体程序规则。由此可见，实现担保物权程序的确立不仅为《物权法》所规定的“申请法院拍卖、变卖”提供了具体程序性支持，而且通过《民事诉讼法》与《物权法》的衔接，改变了以往债权人通过诉讼实现担保物权的传统做法，为债权人快速实现担保物权提供了一种高效率、低成本的非诉讼途径。《民法典》第 410 条第 2 款沿用了《物权法》第 195 条第 2 款的规定。

【延伸阅读】

1. 任重：《担保物权实现的程序标的：实践、识别与制度化》，载《法学研究》2016 年第 2 期。

2. 魏沁怡：《论担保物权的实现：实体法与程序法的体系衔接》，载《东方法学》2019 年第 5 期。

3. 毋爱斌：《“解释论”语境下担保物权实现的非讼程序——兼评〈民事诉讼法〉第 196

条、第 197 条》,载《比较法研究》2015 年第 2 期。

【习题自测】

一、单项选择题

1. 李某因债务人刘某下落不明申请宣告刘某失踪。法院经审理宣告刘某为失踪人,并指定刘妻为刘某财产代管人。判决生效后,刘父认为由刘妻代管财产会损害儿子的利益,要求变更其为财产代管人。关于本案程序,下列哪一说法是正确的? ( )

A. 李某无权申请宣告刘某失踪

B. 刘父应向法院提起诉讼变更财产代管人,法院适用普通程序审理

C. 刘父应向法院申请变更财产代管人,法院适用特别程序审理

D. 刘父应向法院申请再审变更财产代管人,法院适用再审程序审理

2. 李云将房屋出售给王亮,后因合同履行发生争议,经双方住所地人民调解委员会调解,双方达成调解协议,明确王亮付清房款后,房屋的所有权归属王亮。为确保调解协议的效力,双方约定向法院提出司法确认申请,李云随即长期出差在外。下列哪一说法是正确的? (根据 2015 年司法考试卷三第 45 题改编)( )

A. 因李云出差,李云和王亮可向李云出差所在地法院申请司法确认调解协议

B. 李云长期出差在外,王亮向法院申请司法确认调解协议,法院可受理

C. 李云出差两个月后,双方向法院申请司法确认调解协议,法院可受理

D. 本案的调解协议内容涉及物权确权,法院不予受理

3. 甲公司与银行签订了 8 000 万元的贷款合同,甲公司的董事长汤姆(美国人)用自己位于 W 市的 3 套别墅为甲公司的贷款提供抵押担保。贷款到期后甲公司无力归还,银行向法院申请适用特别程序实现对 3 套别墅的抵押权。关于本案的分析,下列哪一选项是正确的? ( )

A. 本案标的金额巨大且具有涉外因素,银行应向 W 市中级法院提交书面申请

B. 本案的被申请人是债务人甲公司

C. 如果法院经过审查作出拍卖裁定,可直接移交执行庭进行拍卖

D. 如果法院经过审查驳回银行申请,银行可就该抵押权益向法院起诉

4. 关于特别程序的特点,下列哪一选项是不正确的? ( )

A. 实行一审终审制度

B. 没有设置答辩程序

C. 实行审判员独任审判制度

D. 不适用法院调解制度

5. 邱某与孙某系夫妻,有一个 3 岁的女儿。孙某自 2008 年 2 月起一直下落不明,2013 年 1 月邱某向甲区法院申请宣告孙某死亡。经公告后,仍没有孙某的音信,2014 年 5 月,甲区法院判决宣告孙某死亡。2016 年 3 月,孙某回到家乡,得知其已被甲区法院判决宣告死亡,邱某已再婚,并将女儿送给邱某的堂哥收养。关于本案的表述,下列哪一选项是正确的? ( )

A. 孙某有权向甲区法院申请撤销对其宣告死亡的判决

B. 孙某的婚姻关系自宣告死亡判决被撤销之日起自行恢复

C. 孙某可以女儿被收养未经其同意为由主张收养关系无效

D. 孙某的婚姻关系不能自行恢复,因宣告死亡与自然死亡都具有相同的法律后果

6. 关于民事诉讼法规定的特别程序,下列哪一选项是不正确的?（　　）

A. 适用特别程序审理的案件应当由基层法院管辖

B. 起诉人或申请人与案件不一定有直接的利害关系

C. 适用特别程序审理的案件都实行一审终审

D. 陪审员通常不参加适用特别程序审理的案件

7. 在基层人大代表换届选举中,村民刘某发现选举委员会公布的选民名单中遗漏了同村村民张某的名字,遂向选举委员会提出申诉。选举委员会以刘某与选民名单没有利害关系为由,驳回了刘某的申诉,刘某不服诉至法院。下列哪一选项是错误的?（　　）

A. 张某、刘某和选举委员会的代表都必须参加诉讼

B. 法院应驳回刘某的起诉,因刘某与选民名单没有直接利害关系

C. 选民资格案件关系到公民的重要政治权利,只能由审判员组成合议庭进行审理

D. 法院对选民资格案件作出的判决是终审判决,当事人不得提起上诉

8. 根据民事诉讼法的规定,下列哪一类案件,公告是必经的程序?（　　）

A. 成某因妻子下落不明达法定期间,向区法院申请宣告其妻子死亡

B. 孙某因工作中遭受刺激精神失常,其父亲向区法院申请认定孙某为无民事行为能力人

C. 张某与赵某借款纠纷一案,经过人民调解委员会调解达成协议,双方向区法院申请确认该调解协议效力

D. 于某购买三居室住房时,向甲银行贷款并将该三居室住房抵押给甲银行,因于某无力清偿贷款,甲银行向区法院申请实现对于某三居室住房的抵押权

二、多项选择题

1. 乙公司向甲公司借款,乙公司董事长孙某以个人独有写字楼与一幅夫妻共有的古画提供足额担保,甲公司发函给孙某丈夫李某索要同意函,李某收函后未置可否,甲公司也未再坚持。后乙公司无力还款,甲公司向法院申请实现担保物权,李某提出异议,主张古画的担保物权未经其书面同意,不能成立。关于本案的下列说法,哪些选项是正确的?（　　）

A. 法院告知李某另行起诉

B. 孙某和李某是本案的被申请人

C. 法院可裁定准许拍卖写字楼

D. 乙公司是本案无独立请求权的第三人

2. 甲区A公司将位于丙市价值5 000万元的写字楼转让给乙区的B公司。后双方发生纠纷,经丁区人民调解委员会调解达成协议:B公司在1个月内支付购房款。双方又对该调解协议申请法院作出了司法确认裁定。关于本案及司法确认的表述,下列哪些选项是不正确的?（　　）

A. 应由丙市中级法院管辖

B. 可由乙区法院管辖

C. 可以由审判员和人民陪审员共同组成合议庭审理司法确认申请

D. 本案的调解协议和司法确认裁定，均具有既判力

3. 居住在A区的赵某与王某签订了一份房屋买卖合同。合同签订后，赵某反悔，拒绝将该房屋卖给王某，双方交涉未果。王某申请A区的人民调解委员会调解，经调解员调解，赵某与王某达成解除房屋买卖合同、向王某支付违约金1万元的协议。关于本案的下列表述，哪些选项是不正确的？（　　）

A. 赵某有权向A区法院申请确认该调解协议

B. 赵某与王某有权共同向B区法院申请确认该调解协议

C. 申请法院确认该调解协议应当在调解协议生效之日起30日内提出

D. 法院确认调解协议有效后，如果赵某拒绝向王某支付违约金1万元，王某有权申请强制执行

4. 甲开发公司与乙银行签订贷款8 000万元的合同，约定甲开发公司向乙银行提供位于A区的一栋大楼作为抵押担保，同时约定，如果大楼的价值不足以实现乙银行的债权，由丙担保公司提供还款担保。约定期限届满，甲开发公司无力偿还贷款。乙银行决定向法院申请实现担保物权，但得知，甲开发公司在向其贷款时已经将该栋大楼抵押给丁投资公司并办理了抵押登记，丁公司的投资权益尚未实现。关于本案的下列表述，哪些选项是不正确的？（　　）

A. 乙银行不得就该栋大楼向法院申请实现担保物权，因为丁投资公司的权益尚未实现

B. 乙银行可以直接向法院申请实现对丙担保公司的权益

C. 法院应就担保物权的设立以及被担保的债权是否已届清偿期等进行审查

D. 如果当事人对实现担保物权有部分实质争议的，应裁定驳回乙银行申请

5. 甲县村民陈某在对其祖宅进行翻建打地基时，挖出一个箱子，内有两件古代瓷器。此事在同村家喻户晓。同村村民吴某向甲县法院申请认定该古代瓷器为无主财产，甲县法院受理案件，并发出财产认领公告。公告期内，陈某向甲县法院主张，该祖宅是其祖上遗留的，自家五代人均住在该祖宅中，该古代瓷器是其祖先之物，不属于无主财产。关于本案的下列表述，哪些选项是不正确的？（　　）

A. 吴某无权向甲县法院申请认定该古代瓷器为无主财产，因为其与本案无关

B. 甲县法院应判决认定该古代瓷器为无主财产

C. 甲县法院应裁定中止诉讼，告知吴某另行起诉

D. 甲县法院应裁定终结诉讼，告知吴某另行起诉

6. 赵辉因在工作中压力过大且受到刺激，精神失常，其父赵某向甲区法院申请认定赵辉为无民事行为能力人，并提交了乙医院精神科为赵辉出具的患病诊断。甲区法院受理后，赵辉的妻子田丽作为法定代理人参加了庭审。甲区法院经过审理，认为申请有事实根据，判决赵辉为无民事行为能力人，并指定其父赵某作为赵辉的监护人。赵某对指定自己作为监护人不服提出异议。关于本案的下列表述，哪些选项是正确的？（　　）

A. 本案审理中由赵辉的妻子田丽作为代理人是正确的

B. 赵某对指定自己作为监护人不服，应当自收到通知之日起30日内向甲区法院提出异议

C. 甲区法院对赵某的异议经过审理，认为指定不当的，判决撤销指定，另行指定监护人

D. 甲区法院对赵某的异议经过审理，认为指定并无不当的，应裁定驳回异议

三、不定项选择题

2015年7月,A市甲区的个体工商户王某与A市乙区的贷款公司签订了400万元的贷款合同,约定贷款期为1年,王某以其A市丙区的一间商铺和A市丁区的一套二居室住房作为贷款抵押物,如果不足,由A市丙区王某的朋友赵某提供担保。贷款期满,王某无力偿还贷款,贷款公司欲实现其担保物权。根据案情回答下列问题:

1. 如果贷款公司对王某的商铺和二居室住房向法院申请实现担保物权,关于本案的管辖法院,下列选项正确的是(　　)。

A. A市中级法院有管辖权

B. A市甲区法院有管辖权

C. A市丙区法院有管辖权

D. A市丁区法院有管辖权

2. 关于贷款公司申请实现担保物权的表述,下列选项正确的是(　　)。

A. 贷款公司可以直接向法院申请实现对王某商铺的抵押权

B. 贷款公司可以直接向法院申请实现对王某二居室住房的抵押权

C. 贷款公司可以直接向法院申请实现对王某朋友赵某的担保物权

D. 贷款公司无权直接向法院申请实现对王某朋友赵某的担保物权

3. 关于本案担保物权实现程序的表述,下列选项正确的是(　　)。

A. 本案由审判员一人独任审查

B. 法院应就贷款合同效力、期限、履行情况进行审查

C. 被申请人提出异议的,法院一并审查

D. 贷款公司对担保财产提供保全申请的,法院可以按照《民事诉讼法》关于诉讼保全的规定办理

4. 如果法院对该实现担保物权案件经过审查,作出裁定准许拍卖、变卖财产,关于本案的下列表述,正确的是(　　)。

A. 该裁定为发生法律效力的裁定

B. 该裁定具有强制执行力

C. 如果当事人对裁定有异议,应当在收到裁定之日起15日内提出

D. 如果当事人对裁定有异议,有权提出上诉

四、名词解释

1. 特别程序
2. 选民资格案件
3. 认定财产无主案件
4. 确认调解协议案件
5. 实现担保物权案件

五、简答题

1. 简述特别程序的特点。
2. 简述确认调解协议案件的申请条件。

六、论述题

《民诉法解释》第363条规定：依照《民法典》第392条的规定，被担保的债权既有物的担保又有人的担保，当事人对实现担保物权的顺序有约定，实现担保物权的申请违反顺序约定的，人民法院裁定不予受理；没有约定或者约定不明的，人民法院应当受理。

请评述该条文所涉及的制度。

七、案例分析题

A市甲区的个体工商户张某为了扩大经营，向户籍在A市乙区的朋友孙某借款100万元，借款期限1年。借款期限届满，张某只归还借款50万元，剩余50万元未归还，孙某多次催讨未果。为了不伤和睦，孙某与张某共同到甲区的人民调解委员会调解。经人民调解员黄某调解，双方达成调解协议，张某在1个月内归还孙某50万元的借款，孙某放弃利息损失。

根据本案案情回答下列问题：

1. 孙某要实现自己的权益，在我国现有民事诉讼框架内可以通过何种途径？
2. 简要阐述第1问中涉及途径的具体内容。

第十七章　督 促 程 序

【学习目标】

（一）理解

督促程序的功能；督促程序与诉讼程序的关系。

（二）熟悉

支付令申请的审查；法院对支付令异议的审查；法院对支付令异议的判断。

（三）掌握

督促程序的概念与特点；申请支付令的条件；支付令的法律效力；支付令异议的概念；督促程序终结的情形。

【知识结构图】

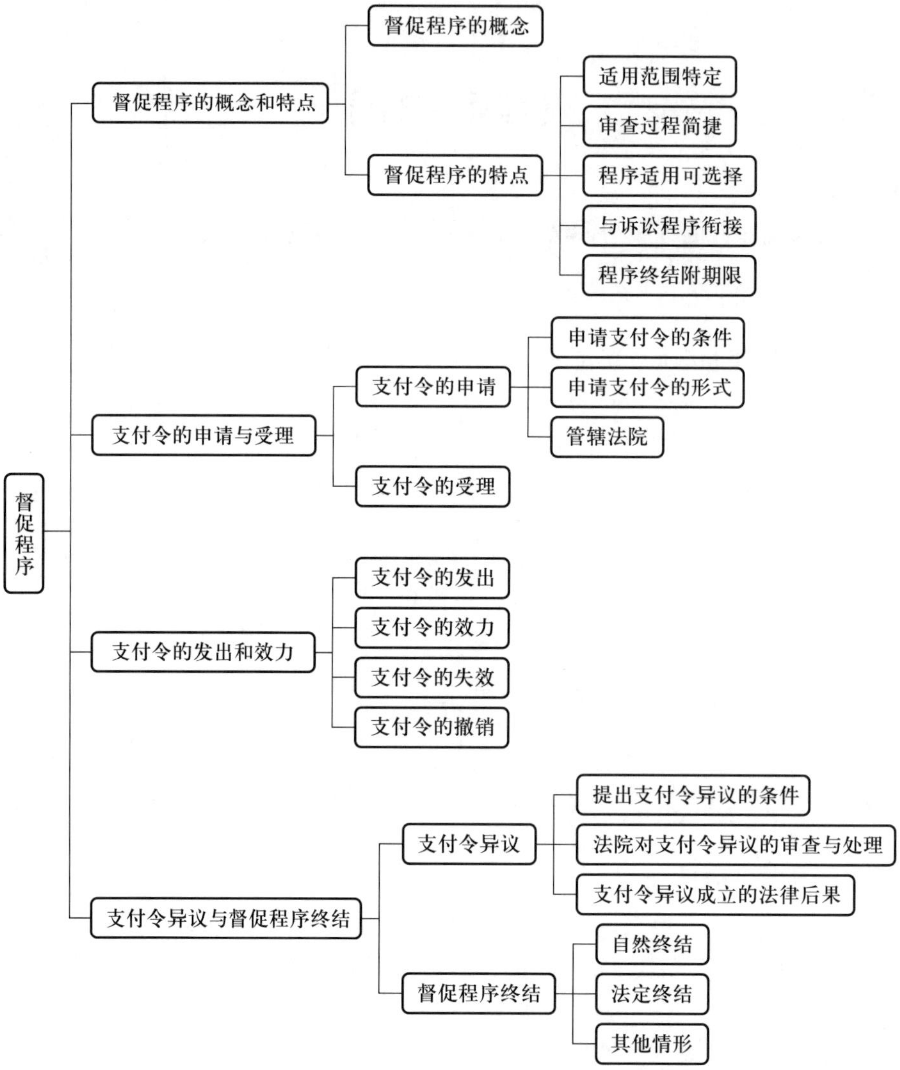

【重点难点解析】

一、支付令的法律效力

支付令的法律效力不同于判决，也不同于裁定，主要体现在支付令所具有的法律效力的发生时间上。就判决、裁定而言，一旦生效，该文书所具有的各种效力同时产生，如判决书所具有的确认双方当事人之间实体权利义务关系的效力与强制执行的效力等同时产生。支付令与此不同，支付令具有督促效力以及生效判决所具有的拘束力、确定力和执行力，但两者却不是同时产生的。

1. 督促效力。根据《民事诉讼法》第 223 条第 2 款的规定,债务人应当自收到支付令之日起 15 日内清偿债务,或者向法院提出书面异议。也就是说,支付令自发出并送达债务人后,就产生了督促效力,即督促债务人根据支付令的要求履行清偿义务,或者督促债务人对支付令在法定期间提出异议。

2. 拘束力、确定力和执行效力。债务人在收到支付令之日起 15 日内不提出书面异议,支付令就具有与生效判决相同的法律效力,即具有拘束力、确定力和执行力。支付令的拘束力,是指法院非经法定程序不得变更或者撤销支付令,也不得受理当事人对同一案件的再次起诉;同时,支付令对社会也产生普遍的拘束力。支付令的确定力,是指支付令生效以后就确认了民事权利义务,债务人必须依据支付令向债权人清偿债务,即使对支付令不服也不能提起上诉或者申请再审。支付令的执行力,是指支付令生效后就具有同生效判决一样的强制执行力,债权人自支付令生效之日起就有权请求法院予以强制执行。[①]

二、支付令异议的情形

债务人针对支付令提出异议应当自收到支付令之日起 15 日内提出,并且须以书面形式提出支付令异议,超过 15 日提出异议或者以口头方式提出异议无效。根据《民诉法解释》的相关规定,债务人提出支付令异议主要包括以下情形:

(1) 债务人应当针对支付令所确定的债务本身是否合法存在、债务数额是否属实提出不同意见和主张。如果债务人对债务本身没有异议,只是提出缺乏清偿能力,延缓债务清偿期限、变更债务清偿方式等异议,不能构成债务人异议,不影响支付令的效力。(2) 债权人基于同一债权债务关系,在同一支付令申请中向债务人提出多项支付请求,债务人仅就其中一项或者几项请求提出异议的,不影响其他各项请求的效力。(3) 债权人基于同一债权债务关系,就可分之债向多个债务人提出支付请求,多个债务人中的一人或者几人提出异议的,不影响其他请求的效力。(4) 对设有担保的债务的主债务人发出的支付令,对担保人没有拘束力。债权人就担保关系单独提起诉讼的,支付令自法院受理案件之日起失效。(5) 如果债务人在收到支付令后,不在法定期间内提出书面异议,而是向其他法院起诉的,不影响支付令的效力。换言之,如果债务人向支付令的制作、发出法院起诉,则该起诉构成债务人异议。

三、督促程序与诉讼程序的关系

1. 督促程序与诉讼程序的选择适用。根据《民事诉讼法》第 221 条和《民诉法解释》第 427 条的规定,督促程序适用于债权人请求债务人给付金钱或者汇票、本票、支票、股票、债券、国库券、可转让的存单等有价证券。可见,督促程序是一种以实现金钱、有价证券债权为目的的略式程序,但是,督促程序并非处理以给付金钱或者有价证券为内容的债权债务关系案件的必经和唯一程序,而是与诉讼程序一道构成可供债权人选择适用的程序。换言之,对于以给付金钱或者有价证券为内容的债权,债权人可以通过申请支付令适用督促程序实现,也可以通过起诉适用诉讼程序实现,由债权人选择。

---

① 张卫平:《民事诉讼法(第四版)》,法律出版社 2016 年版,第 468 页。

2. 督促程序与诉讼程序之间的转入。虽然督促程序和诉讼程序由债权人选择适用，但是，我国现行《民事诉讼法》及其司法解释也建立了督促程序与诉讼程序之间的转入。根据《民事诉讼法》第136条第1项的规定，法院对受理的案件，当事人没有争议，符合督促程序规定条件的，可以转入督促程序。也就是说，如果当事人选择以起诉的方式实现其债权，法院可以将符合法定情形的案件转入督促程序，以略式程序实现债权人的权益。此外，根据《民事诉讼法》第224条的规定，法院收到债务人提出的书面异议后，经审查，异议成立的，应当裁定终结督促程序，支付令自行失效。支付令失效的，转入诉讼程序，但申请支付令的一方当事人不同意提起诉讼的除外。也就是说，对于债权人申请支付令的案件，如果督促程序因债务人提出的异议成立而裁定终结后，为了实现债权人的权利，法院应将督促程序转入诉讼程序。

【延伸阅读】

1. 张海燕:《督促程序的休眠与激活》，载《清华法学》2018年第4期。
2. 王福华:《督促程序的现状与未来》，载《国家检察官学院学报》2014年第2期。
3. 史长青:《督促程序的设计理念：诉讼还是非讼》，载《政法论丛》2015年第5期。
4. 周翠:《电子督促程序：价值取向与制度设计》，载《华东政法大学学报》2011年第2期。

【习题自测】

一、单项选择题

1. 甲向乙借款20万元，丙是甲的担保人。现借款已到偿还期限，经多次催讨未果，乙向法院申请支付令。法院受理并审查后，向甲送达支付令。甲在法定期间未提出异议，但以借款不成立为由向另一法院提起诉讼。关于本案，下列哪一说法是正确的？（　　）

A. 甲向另一法院提起诉讼，视为对支付令提出异议

B. 甲向另一法院提起诉讼，法院应裁定终结督促程序

C. 甲在法定期间未提出书面异议，不影响支付令效力

D. 法院发出的支付令，对丙具有拘束力

2. 李某欠债权人王某2万元，债务期限届满经催告后仍未归还，王某向甲法院申请了支付令。为保险起见，王某又向乙法院以李某为被告提起诉讼，乙法院依法受理。债务人李某于15天内对支付令没有提出异议，也未履行债务，对此，下列选项正确的是（　　）。

A. 甲法院应裁定终结督促程序

B. 乙法院作出生效判决后，支付令失效

C. 因债权人申请了支付令，乙法院应裁定驳回起诉

D. 支付令有效，王某可以依支付令向甲法院申请强制执行

3. 黄某向法院申请支付令，督促陈某偿还借款。送达支付令时，陈某拒绝签收，法官遂进行留置送达。12天后，陈某以已经归还借款为由向法院提起书面异议。黄某表示希望法院彻底解决自己与陈某的借款问题。下列哪一说法是正确的？（　　）

A. 支付令不能留置送达，法官的送达无效

B. 提出支付令异议的期间是 10 天,陈某的异议不发生效力

C. 陈某的异议并未否认二人之间存在借贷法律关系,但陈某是在法定期间提出异议,因而影响到支付令的效力

D. 法院应将本案转为诉讼程序审理

4. 户籍在 A 市甲区的赵某与户籍在 A 市乙区的田某签订了一份房屋买卖合同,赵某将其位于 A 市丙区的一套两居室住房卖给田某。因田某拖欠 50 万元购房款未支付,赵某向乙区法院申请支付令。乙区法院经审查向田某发出支付令,责令其向赵某支付 50 万元房款。田某提出赵某因做生意向其借款 30 万元,双方约定抵偿部分房款。关于本案的下列表述,哪一选项是不正确的?（　　）

A. 田某的主张与房屋买卖无关,其主张不影响支付令的效力

B. 乙区法院应裁定终结督促程序,转入诉讼程序

C. 如果赵某不同意提起诉讼,应在收到终结督促程序裁定之日起 7 日内向乙区法院提出

D. 赵某不同意提起诉讼的,不影响其向甲区法院提起诉讼

5. A 区的陈某与 B 区的吴某签订房屋租赁合同,陈某承租吴某位于 C 区的房屋一套。因陈某拖欠房屋租金 1 万元,吴某向 A 区法院申请支付令。A 区法院受理吴某的申请后,独任审判员于某经审查向陈某发出支付令后,陈某拒绝签收,A 区法院将支付令留置送达。陈某向 C 区法院起诉,称自己不欠吴某的房屋租金,要求解除与吴某之间的房屋租赁合同。C 区法院受理了陈某起诉后,A 区法院裁定终结了督促程序。关于本案的下列表述,哪一选项是不正确的?（　　）

A. A 区法院由审判员一人独任审查支付令申请是正确的

B. A 区法院留置送达支付令是不正确的

C. C 区法院受理陈某的起诉是正确的

D. A 区法院裁定终结督促程序是不正确的

6. 崔某承包经营甲公司某品牌数码相机的维修部,同时代售该品牌相机。因崔某拖欠承包费 30 万元和代售相机款 20 万元,甲公司向 A 区法院申请支付令。A 区法院向崔某发出支付令后,崔某提出甲公司曾同意其装修维修部的 20 万元费用可以抵偿承包费。关于本案的下列表述,哪一选项是正确的?（　　）

A. 崔某的主张不构成异议,因为其仅对承包费的数额提出异议

B. 崔某的主张构成异议,但不影响支付令中相机款的效力

C. 法院应审查崔某的异议理由是否成立

D. 法院应裁定终结整个督促程序,转入诉讼程序

7. 关于督促程序的表述,下列哪一选项是不正确的?（　　）

A. 基层法院受理支付令申请案件,不受金钱数额的限制

B. 法院受理支付令申请后,根据情况决定是否由审判员一人独任审查

C. 债权人申请支付令只能针对金钱或者有价证券

D. 债务人应当自收到支付令之日起 15 日内清偿债务,或者向法院提出书面异议

8. 关于简易程序与督促程序的表述,下列哪一选项是不正确的?（　　）

A. 两者都实行独任制

B. 两者都实行一审终审

C. 对于债权债务关系清楚的简单金钱给付案件,两者的适用由当事人选择

D. 两者都由基层法院管辖

二、多项选择题

1. 甲公司购买乙公司的产品,丙公司以其房产为甲公司提供抵押担保。因甲公司未按约支付120万元货款,乙公司向A市B县法院申请支付令。法院经审查向甲公司发出支付令,甲公司拒绝签收。甲公司未在法定期间提出异议,而以乙公司提供的产品有质量问题为由向A市C区法院提起诉讼。关于本案,下列哪些表述是正确的? (　　)

A. 甲公司拒绝签收支付令,法院可采取留置送达

B. 甲公司提起诉讼,法院应裁定中止督促程序

C. 乙公司可依支付令向法院申请执行甲公司的财产

D. 乙公司可依支付令向法院申请执行丙公司的担保财产

2. 单某将八成新手机以4 000元的价格卖给卢某,双方约定:手机交付卢某,卢某先付款1 000元,待试用一周没有问题后再付3 000元。但试用一周后卢某并未按约定支付余款,单某多次催要无果后向甲区法院申请支付令。甲区法院经审查向卢某发出支付令,但卢某拒绝签收,甲区法院将支付令留置送达。20天后,卢某向乙区法院起诉,以手机有质量问题要求解除与单某的买卖合同,并要求单某退还1 000元的首付款。根据本案,下列哪些选项是正确的? (　　)

A. 卢某拒绝签收支付令,甲区法院留置送达支付令是正确的

B. 单某可以依支付令向甲区法院申请强制执行

C. 因卢某向乙区法院提起了诉讼,支付令当然失效

D. 因卢某向乙区法院提起了诉讼,甲区法院应当裁定终结督促程序

3. 胡某向法院申请支付令,督促慧星公司缴纳房租。慧星公司收到支付令后立即提出书面异议,称根据租赁合同的约定,慧星公司的房屋装修费用可以抵销房屋租金,自己并不拖欠租金。对于本案,下列哪些选项是正确的? (　　)

A. 对双方进行调解

B. 终结督促程序

C. 将案件转为诉讼程序审理,但慧星公司不同意的除外

D. 将案件转为诉讼程序审理,但胡某不同意的除外

4. 甲公司因乙公司拖欠货款向A县法院申请支付令,经审查甲公司的申请符合法律规定,A县法院向乙公司发出支付令。乙公司收到支付令后在法定期间内没有履行给付货款的义务,而是向A县法院提起诉讼,要求甲公司承担因其提供的产品存在质量问题的违约责任。关于本案,下列哪些选项是正确的? (　　)

A. 支付令失效

B. 甲公司可以持支付令申请强制执行

C. A县法院应当受理乙公司的起诉

D. A县法院不应受理乙公司的起诉

5. 关于支付令,下列哪些说法是正确的? (　　)

A. 法院送达支付令时债务人拒收的,可以留置送达

B. 债务人提出支付令异议的,法院无需审查异议理由客观上是否属实

C. 债务人收到支付令后不在法定期间提出异议而向法院起诉的,不影响支付令的效力

D. 支付令送达后即具有强制执行力

6. 章某与李某是同事,两人合租王某的一套两居室住房。章某与李某分别与王某签订了房屋租赁合同,各自交付各自居住的一间房屋的租金。因章某与李某拖欠房屋租金,王某向区法院申请支付令,分别要求章某与李某支付拖欠的房租1万元。区法院分别向章某与李某发出了支付令。章某提出,其将一幅字画卖给王某,约定用于抵偿租金1万元。关于本案的下列表述,哪些选项是正确的? ( )

A. 章某的主张不构成异议,因为其与李某共同承租王某的房屋

B. 章某的主张构成异议,但不影响支付令对李某的效力

C. 法院应审查章某的异议理由是否成立

D. 法院对章某发出的支付令失效

三、不定项选择题

住所在A市甲区的个体工商户黄某,为改善其在A市乙区商业大厦内承租的店铺的经营环境,向户籍在A市丙区的朋友周某借款200万元,约定借款期限1年。期限届满,因黄某经营不善,无力清偿周某的借款,周某向黄某催讨未果,决定向法院申请支付令。根据案情回答下列问题:

1. 若周某申请支付令,关于管辖法院的表述,下列选项正确的是( )。

A. 甲区法院有管辖权

B. 乙区法院有管辖权

C. 丙区法院有管辖权

D. A市中级法院有管辖权

2. 法院受理周某的支付令申请,并向黄某发出支付令。关于本案的表述,下列选项正确的是( )。

A. 支付令应由独任审判员制作发出

B. 法院向黄某送达支付令时,黄某拒收,法院可以留置送达支付令

C. 法院向黄某送达支付令时,黄某拒收,法院不得留置送达支付令

D. 法院受理支付令申请后,对债权债务关系明确、合法的,应当自受理之日起10日内向黄某发出支付令

3. 法院向黄某发出支付令后,关于支付令的法律效力,下列选项正确的是( )。

A. 法院向黄某发出支付令后,支付令即产生法律效力

B. 法院向黄某发出支付令后,支付令即产生强制执行力

C. 黄某在法定期间提出异议,支付令失去督促效力

D. 黄某在法定期间提出异议,支付令则不发生法律效力

4. 如果黄某提出的支付令异议成立,关于本案的下列表述,正确的选项是( )。

A. 法院应裁定终结督促程序,转入诉讼程序

B. 法院应裁定中止督促程序,转入诉讼程序

C. 法院转入诉讼程序，周某不同意的，可以在收到终结督促程序裁定之日起 7 日内提出

D. 周某不同意提起诉讼的，不影响其向丙区法院起诉

四、名词解释

1. 督促程序
2. 支付令
3. 支付令异议
4. 督促程序终结

五、简答题

1. 简述督促程序的特点。
2. 简述支付令异议的条件。

六、论述题

《民诉法解释》第 438 条规定："支付令失效后，申请支付令的一方当事人不同意提起诉讼的，应当自收到终结督促程序裁定之日起七日内向受理申请的人民法院提出。申请支付令的一方当事人不同意提起诉讼的，不影响其向其他有管辖权的人民法院提起诉讼。"

请评述该规定。

七、案例分析题

2014 年 7 月，赵某因购买房屋向田某借款 50 万元，约定 2014 年 12 月底偿还。因资金困难，赵某未能按约定期限向田某偿还 50 万元的借款。

结合案情回答下列问题：

1. 根据我国现行《民事诉讼法》的规定，田某可以通过哪些程序实现自己的债权？
2. 适用第 1 问中的相关程序应具备什么条件？

第十八章　公示催告程序

【学习目标】

（一）理解

公示催告程序的功能；除权判决的效力。

（二）熟悉

公示催告案件的审理程序；利害关系人申报权利以及处理。

（三）掌握

公示催告程序的概念与特点；公示催告的申请条件；除权判决的概念与作出。

【知识结构图】

【重点难点解析】

一、公示催告的申请

票据的无因性决定了票据权利人一旦失去对票据的占有，其主张票据权利即失去票据基础。公示催告程序作为对丧失票据占有的票据权利人的重要救济程序，申请公示催告是启动公示催告程序的第一个环节。关于票据丧失后的公示催告申请问题，《票据纠纷案件规定》第

24~28 条作出了如下具体规定：(1) 票据丧失后，失票人直接向法院申请公示催告或者提起诉讼的，法院应当依法受理。(2) 出票人已经签章的授权补记的支票丧失后，失票人依法向法院申请公示催告的，法院应当依法受理。(3) 出票人已经签章但未记载代理付款人的银行汇票丧失后，失票人依法向付款人即出票人银行所在地法院申请公示催告的，法院应当依法受理。(4) 超过付款提示期限的票据丧失以后，失票人申请公示催告的，法院应当依法受理。

二、除权判决的法律效力

公示催告程序实行一审终审制度。据此，除权判决作出后，即产生以下法律效力：(1) 申请人申请公示催告的票据或者其他事项丧失效力，即持有该票据、其他事项的利害关系人不能行使票据或者其他事项上的权利。(2) 依据除权判决，在申请人与付款人之间重新恢复债权债务关系，即申请人可以根据除权判决，重新享有已经丧失票据上的权利，从而有权请求付款人支付票面金额，付款人不得拒绝。付款人拒绝支付的，申请人可以向法院起诉，符合起诉条件的，法院应当受理。(3) 公示催告程序终结，任何人不得对除权判决提出上诉。

三、除权判决的救济

在除权判决作出前，利害关系人可能会因为某种正当理由没有及时申报权利，但对于除权判决，利害关系人既不能提起上诉，也不能申请再审，为了对利害关系人提供相应的救济手段，《民事诉讼法》第 230 条规定："利害关系人因正当理由不能在判决前向人民法院申报的，自知道或者应当知道判决公告之日起一年内，可以向作出判决的人民法院起诉。" 对于该起诉，《民诉法解释》第 458 条对 "正当理由" 作出了具体规定。此外，《民诉法解释》第 459 条对另行起诉也作出了具体规定，即 "利害关系人请求法院撤销除权判决的，应当将申请人列为被告。利害关系人仅诉请确认其为合法持票人的，法院应当在裁判文书中写明，确认利害关系人为票据权利人的判决作出后，除权判决即被撤销"。利害关系人向法院起诉的，法院按照票据纠纷适用普通程序进行审理。可见，现行立法赋予利害关系人以另行起诉的方式对除权判决予以救济。

【延伸阅读】

1. 邢海宝：《票据公示催告的限缩与转向》，载《法学》2018 年第 5 期。
2. 孙潇：《我国公示催告制度的冲突与路径选择——以实证分析为视角》，载《山东审判》2012 年第 2 期。

【习题自测】

一、单项选择题

1. 海昌公司因丢失票据申请公示催告，期间届满无人申报权利，海昌公司遂申请除权判决。在除权判决作出前，家佳公司看到权利申报公告，向法院申报权利。对此，法院的下列哪一做法是正确的？（　　）

A. 因公示催告期满，裁定驳回家佳公司的权利申报
B. 告知家佳公司参加本案的除权判决审理程序
C. 应裁定终结公示催告程序
D. 作出除权判决，告知家佳公司另行起诉

2. 甲公司因票据遗失向法院申请公示催告。在公示催告期间届满的第 3 天，乙向法院申报权利。下列哪一说法是正确的？（　　）

A. 因公示催告期间已经届满，法院应当驳回乙的权利申报
B. 法院应当开庭调查遗失票据的权属，组织当事人进行辩论
C. 法院应当对乙申报的权利进行形式审查，并通知甲公司到场查验票据
D. 法院应当审查乙迟延申报权利是否具有正当事由，并分不同情况作出处理

3. 关于督促程序与公示催告程序的特点表述，下列哪一选项是错误的？（　　）

A. 两者都由基层人民法院管辖　　B. 两者都没有开庭审理程序
C. 两者都实行一审终审制度　　D. 两者都设有申报权利程序

4. 关于公示催告程序的表述，下列哪一选项是错误的？（　　）

A. 利害关系人申报权利的，法院应就其申报的票据做形式审查，而不作申报理由的实质审查
B. 利害关系人在除权判决作出前申报权利的，法院裁定终结公示催告程序
C. 利害关系人因正当理由未在判决作出前申报权利的，可以自知道或者应当知道判决公告之日起 1 年内向法院起诉
D. 公示催告期间无人申报权利的，法院可作出无效判决

5. A 区甲公司的财会人员不慎将一张付款人为 B 区乙银行的银行汇票丢失。2016 年 4 月 2 日，甲公司向 B 区法院申请公示催告。B 区法院于 4 月 7 日受理案件后，指派法官陈某独任审理。4 月 9 日，陈某在向乙银行发出止付通知的同时，发出公告，催促利害关系人申报权利。关于本案的表述，下列哪一选项是不正确的？（　　）

A. B 区法院对本案有管辖权
B. 陈某独任审理是正确的
C. 4 月 9 日发出止付通知的行为是正确的
D. 4 月 9 日发出公告的行为是正确的

二、多项选择题

1. 大界公司因丢失一张承兑汇票向法院申请公示催告。法院受理后及时发出公告，催促利害关系人申报权利。在公示催告期间，盘堂公司向法院申报权利。法院的下列行为，哪些选项是正确的？（　　）

A. 应当通知大界公司到法院查看盘堂公司提交的承兑汇票
B. 若盘堂公司出具的承兑汇票与大界公司申请公示催告的承兑汇票一致，则应当开庭审理
C. 若盘堂公司出具的承兑汇票与大界公司申请公示催告的承兑汇票不一致，则应当驳回盘堂公司的申请
D. 应当责令盘堂公司提供证据证明其对出示的承兑汇票享有所有权

2. 甲公司的财务室被盗，丢失一张 80 万元的汇票。甲公司向法院申请公示催告，法院受理后即通知支付人 A 银行停止支付，并发出公告，催促利害关系人申报权利。在公示催告期间，甲公司按原计划与乙公司签订了供货合同，并将丢失的 80 万元汇票权利转让给乙公司，作为货款支付。公告期届满，无人申报权利，法院即组成合议庭作出判决，宣告该汇票无效。关于本案，下列哪些说法是正确的？（　　）

A. A 银行应当停止支付，直至公示催告程序终结

B. 甲公司将该汇票权利转让给乙公司的行为有效

C. 甲公司若未提出申请，法院可以作出宣告该汇票无效的判决

D. 法院若判决宣告汇票无效，应当组成合议庭

3. 甲公司因遗失汇票，向 A 市 B 区法院申请公示催告。在公示催告期间，乙公司向 B 区法院申报权利。关于本案，下列哪些说法是正确的？（　　）

A. 对乙公司的权利申报，法院只就申报的汇票与甲公司申请公示催告的汇票是否一致进行形式审查，不进行权利归属的实质审查

B. 乙公司申报权利时，法院应当组织双方当事人进行法庭调查与辩论

C. 乙公司申报权利时，法院应当组成合议庭审理

D. 乙公司申报权利成立时，法院应当裁定终结公示催告程序

三、名词解释

1. 公示催告程序

2. 停止支付通知

3. 公示催告公告

4. 申报权利

5. 除权判决

四、简答题

1. 简述公示催告程序的特点。

2.《民诉法解释》第 459 条第 1 款规定：根据《民事诉讼法》第 230 条的规定，利害关系人请求人民法院撤销除权判决的，应当将申请人列为被告。

简述该司法解释规定所涉及的制度。

五、论述题

论除权判决的法律效力。

六、案例分析题

2018 年 12 月 25 日，某家电公司经理拿着一张可以背书转让但没有到期的汇票到银行申请贴息兑现，未办成，就将该汇票背书转让给某综合商场。后综合商场得知，该汇票的出票人已于 2018 年 12 月 1 日向法院提出了公示催告申请，并被法院受理且发出公告，公告期为 2018 年 12 月 7 日至 2019 年 2 月 8 日。

问题：

在公示催告期间，家电公司向综合商场背书转让汇票的行为，其效力如何？

第十九章　民事执行程序总论

【学习目标】

（一）理解

实现生效法律文书确定内容的方式；民事执行的类型；民事执行程序与民事审判程序的关系。

（二）熟悉

执行机构的概念与职责；执行当事人的概念及其权利义务；执行程序的启动方式；对执行申请的审查；执行阻却的概念及其类型；暂缓执行的条件；中止执行的概念及其法定事由；执行结束的方式；执行完毕的概念与程序；终结执行的概念及其法定事由；不予执行的类型与事由；执行回转的概念、条件、事由与程序；执行复议的概念与程序；终结执行与执行完毕的关系。

（三）掌握

民事执行的概念；民事执行的基本原则；执行当事人变更与追加的概念、类型、事由、程序、救济；执行第三人的概念与类型；执行依据的概念、构成要件与种类；执行标的的概念、特征与类型；执行管辖的类型；执行担保的概念；暂缓执行与中止执行的区别；执行和解的概念及其法律后果、不履行执行和解协议的处理程序；执行救济的概念和体系；执行异议的概念与类型；当事人和利害关系人异议与案外人异议的差别；分配方案异议的程序；执行异议之诉的类型、程序与裁判。

【知识结构图】

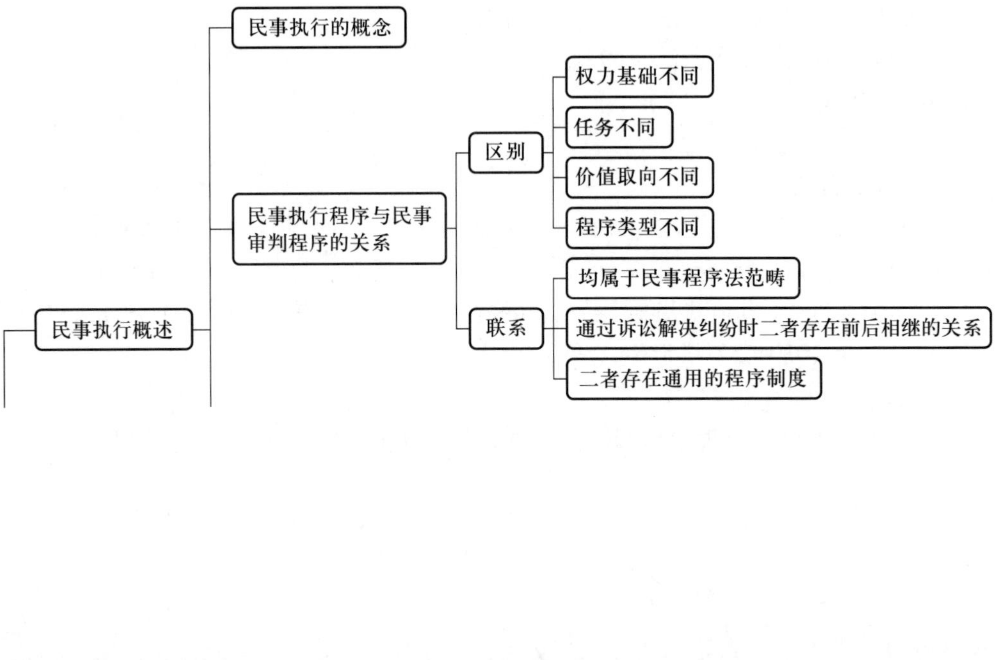

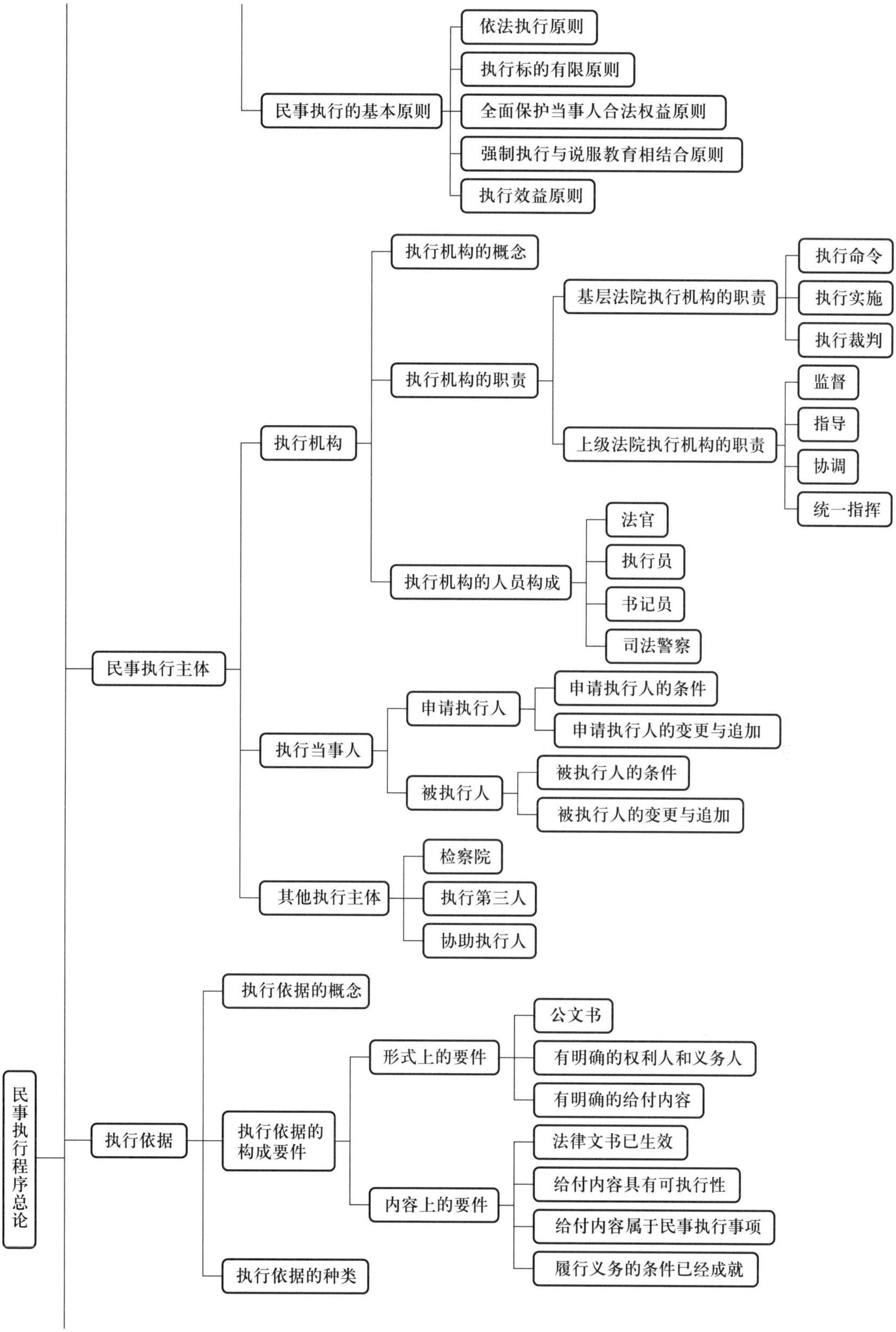
民事执行程序总论
民事执行的基本原则
依法执行原则
执行标的有限原则
全面保护当事人合法权益原则
强制执行与说服教育相结合原则
执行效益原则
民事执行主体
执行机构
执行机构的概念
执行机构的职责
基层法院执行机构的职责
执行命令
执行实施
执行裁判
上级法院执行机构的职责
监督
指导
协调
统一指挥
执行机构的人员构成
法官
执行员
书记员
司法警察
执行当事人
申请执行人
申请执行人的条件
申请执行人的变更与追加
被执行人
被执行人的条件
被执行人的变更与追加
其他执行主体
检察院
执行第三人
协助执行人
执行依据
执行依据的概念
执行依据的构成要件
形式上的要件
公文书
有明确的权利人和义务人
有明确的给付内容
内容上的要件
法律文书已生效
给付内容具有可执行性
给付内容属于民事执行事项
履行义务的条件已经成就
执行依据的种类

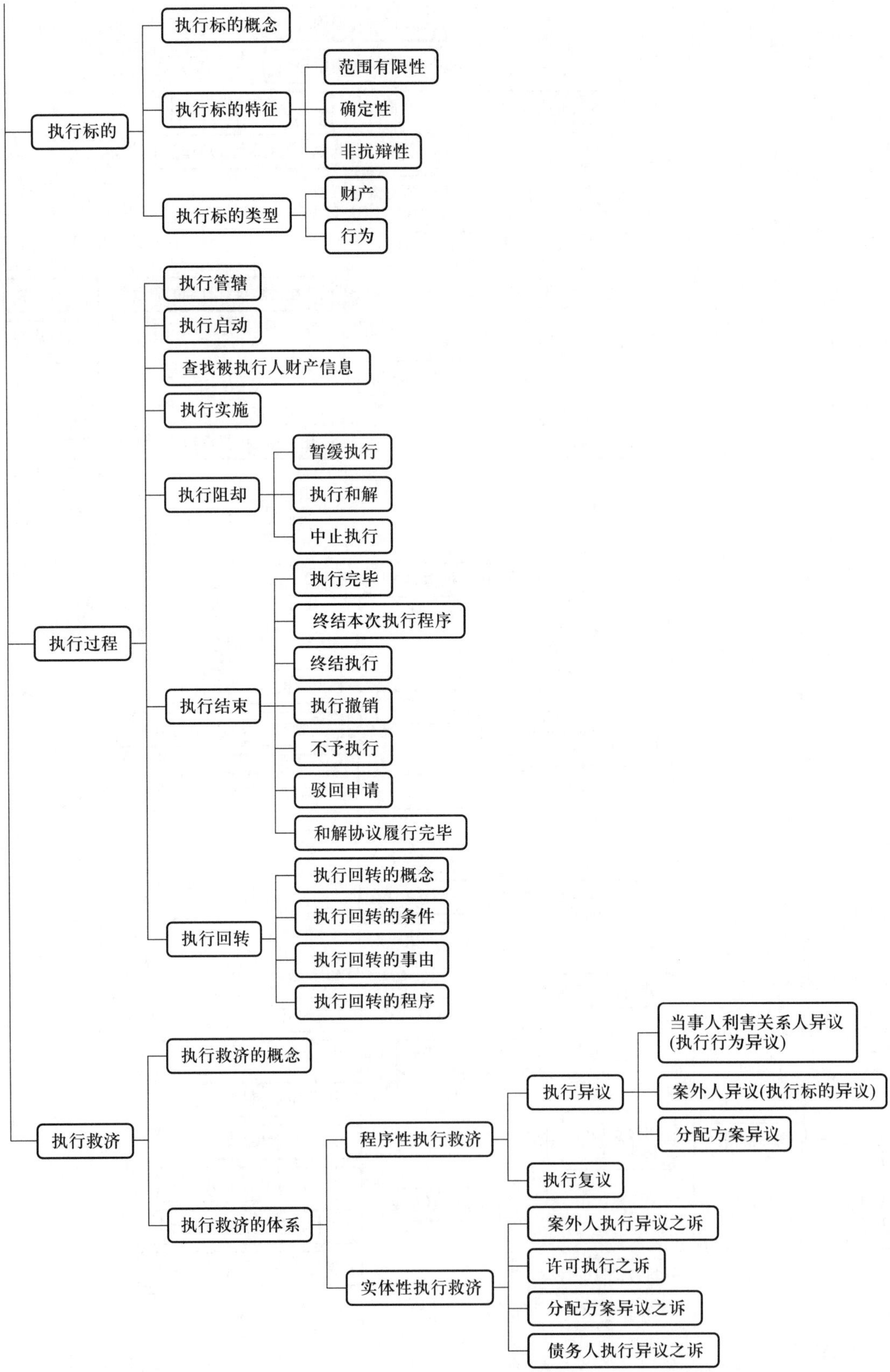
执行标的
执行标的概念
执行标的特征
范围有限性
确定性
非抗辩性
执行标的类型
财产
行为
执行过程
执行管辖
执行启动
查找被执行人财产信息
执行实施
执行阻却
暂缓执行
执行和解
中止执行
执行结束
执行完毕
终结本次执行程序
终结执行
执行撤销
不予执行
驳回申请
和解协议履行完毕
执行回转
执行回转的概念
执行回转的条件
执行回转的事由
执行回转的程序
执行救济
执行救济的概念
执行救济的体系
程序性执行救济
执行异议
当事人利害关系人异议(执行行为异议)
案外人异议(执行标的异议)
分配方案异议
执行复议
实体性执行救济
案外人执行异议之诉
许可执行之诉
分配方案异议之诉
债务人执行异议之诉

【重点难点解析】

一、民事执行的概念、类型与基本原则

民事执行是指法院执行机构依照法定程序，运用国家强制力，强制拒绝履行义务的被执行人履行生效法律文书确定的义务，以实现申请执行人合法权益的一种活动。

法律文书确定的给付内容有两种实现方式：一是义务人自觉履行义务，另一种是在义务人拒绝履行义务时通过公权力强制其履行义务，后者就是民事执行。

依不同的标准，民事执行可分为不同的类型。依目的不同，其可分为终局执行和保全执行；依内容不同，其可分为实现金钱债权的执行、实现非金钱债权的执行，实现非金钱债权的执行又可分为实现物的交付请求权的执行和实现行为请求权的执行；根据手段不同，其可分为直接执行、间接执行和替代执行；根据执行标的的性质不同，其可分为对行为执行和对财产执行；根据是否包含涉外因素，其可分为国内执行和涉外执行。

民事执行的基本原则包括依法执行原则、执行标的有限原则、全面保护当事人合法权益原则、强制执行与说服教育相结合原则、执行效益原则。

二、民事执行程序与民事审判程序的关系

表 19-1　民事执行程序与民事审判程序的关系

项目		执行程序	审判程序
区别	权力基础不同	民事执行权	民事审判权
	任务不同	实现权利	确认权利
	价值取向不同	效益优先	公正优先
	程序类型不同	单一类型程序	多种类型程序：一审、二审和再审，诉讼程序与非讼程序，普通程序与简易程序、小额诉讼程序
联系		1. 都属于民事程序法的范畴； 2. 通过诉讼解决民事纠纷时，二者之间存在前后相继的关系； 3. 二者存在大量通用的制度与规则	

三、民事执行主体

民事执行主体包括执行机构、执行当事人及其他执行主体三类。执行机构是最基本、最重要的执行主体，是指依法行使民事执行权、专门负责实施强制执行行为并使申请执行人的合法权益得以实现的职能组织。我国的执行机构是在法院内设置的执行局。执行局以法院的名义对外开展工作。负责案件执行的执行局所在的法院一般称为执行法院，执行法院并不是专门法院。

执行机构的职责分为两种类型：一是基层法院执行机构的职责，包括执行命令、执行实施

和执行裁判三个方面；二是上级法院执行机构的职责，除了对其管辖的执行案件具有执行命令、执行实施和执行裁判职责外，还具有对下级法院执行机构的执行工作进行监督、指导、协调、统一管理的职责。执行机构的职责划分，与审判机构的职责划分存在明显的区别。执行机构一般由执行法官（法官）、执行员、书记员、司法警察等人员构成。

执行当事人是指在执行程序中以自己的名义主张权利、履行义务并受执行机构的执行行为拘束的自然人、法人或者非法人组织。在民事执行程序中，执行当事人享有广泛的权利并承担相应的义务。

执行当事人一般是指生效法律文书确定的权利人与义务人。但是，基于债的可移转性以及生效法律文书效力的扩张性等实体和程序上的原因，生效法律文书确定的权利人和义务人之外的主体可能进入执行程序，成为执行当事人，这就是执行当事人的变更或者追加。

申请执行人和被执行人都可能发生变更或者追加。申请执行人的变更或者追加是在生效法律文书确定的权利内容不变的情况下，其他主体因继受权利而成为申请执行人，《变更、追加执行当事人规定》共规定了 9 种情形。被执行人的变更或者追加则是在生效法律文书确定的义务内容不变的情况下，其他主体因承担义务而成为被执行人，《变更、追加执行当事人规定》共规定了 18 种情形。根据《变更、追加执行当事人规定》的规定，变更、追加当事人，应当作出裁定。申请人、被申请人及执行当事人对裁定不服的，不涉及公司人格否定的，可以向上一级执行机构申请复议，涉及公司人格否定的，可以提起执行异议之诉。

其他执行主体包括检察院、执行第三人、协助执行人等。检察院的职责是进行执行检察监督，根据相关司法解释的规定，民事执行检察监督的基本方式是检察建议。执行第三人是指在执行程序中，与执行标的或者执行内容有法律上的利害关系的、除执行当事人之外的自然人、法人或者非法人组织。协助执行人是根据执行机构的通知，采取协助执行措施的自然人、法人或者非法人组织。

四、执行依据

执行依据又称执行根据、执行名义，是指由法定机关或者机构作出的记载一定的民事实体权利和义务，且权利人可据以请求执行的生效法律文书。

执行依据的形式要件包括：(1) 必须是公文书；(2) 必须有明确的权利义务主体；(3) 必须具有明确的给付内容。

执行依据的实质要件包括：(1) 法律文书已经生效；(2) 给付内容具有可执行性；(3) 给付事项属于民事执行的事项范围；(4) 履行义务的条件已经成就。

我国实践中的执行依据主要包括：法院作出的判决书、裁定书、调解书、支付令、决定书，仲裁机构作出的仲裁裁决书、仲裁调解书，公证机构制作的赋予强制执行效力的公证债权文书。在特定情形下，行政决定书也可以成为民事执行的执行依据。

五、执行标的

执行标的，是指在执行程序中，执行机构的执行行为指向的、用于满足权利人实体权利请求的客体。执行标的只能是财产或者行为，人身不能成为执行标的。

执行标的具有三个法律特征：范围有限性、确定性、非抗辩性。

六、执行管辖

执行管辖，是指各级法院之间以及同一级不同地域的法院之间受理执行案件的分工和权限。执行管辖分为执行法定管辖和执行裁定管辖两类。

执行法定管辖有以下两种情况：(1) 执行依据是法院裁判文书的，由第一审法院或者与第一审法院同级的被执行的财产所在地法院管辖；(2) 执行依据是其他机构作出的法律文书的，由被执行人住所地或者被执行的财产所在地法院管辖。

执行裁定管辖，是指法院以裁定的方式确定执行案件的管辖法院。执行裁定管辖主要包括两种：(1) 指定管辖，是指对于法院之间发生管辖权争议的执行案件，或者认为应当由其他法院执行的案件，上级法院以裁定的方式指定执行案件由某法院执行的制度。指定管辖主要用于以下三种情况：发生管辖权争议的案件；高级法院统一管理执行工作需要的案件；进行执行监督的案件。(2) 提级执行，是指上级法院以裁定的方式，将下级法院管辖执行案件提到本院执行的一种管辖制度。

在执行程序中，当事人也可以提出管辖权异议。根据《执行程序适用解释》的规定，被执行人自收到执行通知书的次日起 10 日内，可以提出管辖权异议。对于该异议，执行机构应当进行审查。异议成立的，法院应当裁定撤销执行案件并告知当事人向有管辖权的法院申请执行；异议不成立的，裁定驳回。当事人对裁定不服的，可以向作出裁定的法院的上一级法院申请复议。管辖权异议和复议期间，不停止执行。

七、执行程序的启动

执行程序的启动分为申请执行和移送执行两种方式。对于执行申请或者移送执行，执行机构应当进行审查，符合立案条件的应当立案执行，并向被执行人发出执行通知书。

八、执行阻却

执行阻却就是在执行完毕前，执行程序的停止状态。执行阻却主要有暂缓执行、执行和解和中止执行三种情形。

暂缓执行是指在执行程序中，经执行当事人达成合意或者执行机构依职权决定，暂时停止采取执行措施，从而使执行程序进入停止状态的制度。暂缓执行的原因可以分为三种：一是被执行人或者案外人提供执行担保；二是在执行监督程序启动前，需要紧急停止执行程序的；三是在审判监督程序启动前，需要紧急停止执行程序的。

执行和解是指在执行程序中，经自愿、平等协商，执行当事人就如何实现生效法律文书确定的内容达成协议，从而结束执行程序的活动。当事人达成执行和解，显然就是约定不再按照生效法律文书确定的时间、内容行使权利和履行义务，但是具体如何改变，应当由当事人自己确定，执行机构和人员不得强迫和安排。《执行和解规定》规定了比较复杂的执行和解救济制度，包括被执行人不履行执行和解协议如何处理，申请执行人不履行执行和解协议如何处理，因受欺诈、胁迫达成和解协议当事人、利害关系人该如何处理，当事人、利害关系人认为执行和解协议无效的该如何处理等内容。学习执行和解时，应将《执行和解规定》的内容理解透彻。

中止执行是指由于出现法定的事由，执行机构裁定中断执行程序的一种执行制度，《民事诉讼法》第 263 条、《执行规定》第 102、103 条共计规定了中止执行的 10 种情形。

九、执行结束

执行结束是指执行案件的结案，分为执行完毕、终结执行、终结本次执行程序、驳回申请、不予执行、执行撤销、执行和解协议履行完毕等七种情形。与执行阻却不同的是，执行结束不是程序的暂时停止而是程序的完全终结，执行程序一旦结束就不能继续或者恢复。执行完毕是在生效法律文书确定的权利义务全面实现的情况下的执行程序的结束。终结执行则是在生效法律文书确定的权利义务没有全面实现的情况下的执行程序的结束。《民事诉讼法》第 264 条规定了终结执行的法定事由，只有具备这些事由，执行机构才能裁定终结执行。终结本次执行程序是指在申请执行人的债权没有全部实现的情况下，因没有发现被执行人有可供执行的财产而结束执行程序的一种执行结案方式，终结本次执行后，发现被执行人有可供执行的财产的，可以申请或者依职权恢复执行。当事人的执行申请不符合法定条件的，执行机构应当裁定驳回申请。执行申请一旦被驳回，执行程序就应当结束。执行撤销是指由于特殊的情况或原因，执行机构全部或部分解除已经实施的执行措施，使被执行人的权利全部或部分回到执行程序启动之前的状态的一种制度。不予执行是指执行机构依当事人申请或者依职权，裁定不予执行据以申请执行的仲裁裁决书、公证债权文书及其他法律文书的执行制度。一旦裁定不予执行，执行程序也必然结束。

十、执行回转

执行回转是指在执行过程中或者执行结束后，由于据以执行的法律文书被依法撤销或者变更，执行机构根据当事人的申请或者依职权采取执行措施，强制取得财产的当事人返还财产的执行制度。从性质上看，执行回转其实是一个新的执行程序，只是在此之前原来有一个执行程序，该执行程序的方向与原执行程序的方向相反，故称为执行回转。

执行回转必须具备三个条件：具有否定原执行依据的新的生效法律文书；原执行程序已经结束或者部分结束；依据原执行程序取得财产的当事人拒绝返还财产。

十一、执行救济

执行救济，包括请求和处理两个阶段。前者是当事人或者第三人请求采取保护或者补救措施，后者是执行机构进行审查、审理并作出裁判。它是维护执行当事人、第三人合法权益，确保执行公正的不可或缺的制度。

执行救济体系包括程序性执行救济和实体性执行救济两个系统。我国现行的程序性执行救济系统包括：当事人、利害关系人异议（也称为执行行为异议，《民事诉讼法》第 232 条）、案外人异议（也称为执行标的异议，《民事诉讼法》第 234 条）、分配方案异议（《民诉法解释》第 509 条）、执行复议（《民事诉讼法》第 232 条、《变更、追加执行当事人规定》第 30 条）；实体性执行救济系统包括：案外人执行异议之诉（《民事诉讼法》第 234 条）、许可执行之诉（《民事诉讼法》第 234 条、《变更、追加执行当事人规定》第 32 条）、分配方案异议之诉（《民诉法解释》第 510 条第 2 款）、债务人执行异议之诉（《变更、追加执行当事人规定》第 32 条）。

执行行为异议与执行标的异议的区别见表 19-2：

表 19-2　执行行为异议和执行标的异议的区别

执行异议类型	提起主体	异议理由	对执行程序的影响	救济程序
执行行为异议	当事人 / 利害关系人	执行行为违反法律规定	不停止执行	执行复议
执行标的异议	案外人	对执行标的主张实体权利	异议审查期间、驳回案外异议裁定送达之日起 15 日内不得处分异议的标的物	许可执行之诉、案外人异议之诉、案外人申请再审

执行标的异议与案外人异议之诉的区别见表 19-3：

表 19-3　执行标的异议与案外人异议之诉的区别

救济类型	性质及适用程序	原因	处理机构	后续救济方法
执行标的异议	程序性执行救济，适用执行程序	对执行标的主张实体权利	执行机构	案外人异议之诉、申请再审、许可执行之诉
案外人异议之诉	实体性执行救济，适用审判程序	不服案外人异议的处理裁定	审判机构	上诉

【延伸阅读】

1. 谭秋桂著:《民事执行法学(第三版)》,北京大学出版社 2015 年版,第 2 章至第 9 章。

2. 谭秋桂:《论民事执行和解的性质》,载《法学杂志》2020 年第 11 期。

3. 张卫平:《执行救济制度的体系化》,载《中外法学》2019 年第 4 期。

4. 肖建国:《执行当事人变更与追加的救济制度研究——基于德、日、韩执行文制度的比较研究》,载《法律适用》2013 年第 7 期。

【习题自测】

一、单项选择题

1. 关于民事执行程序与民事审判程序的联系,下列说法正确的是(　　)。

A. 二者均在法院的主持下进行,所以二者的权力基础相同

B. 二者都是解决民事纠纷的必经程序

C. 二者的程序类型相同

D. 二者有共同的制度与规则

2. 下列符合执行标的有限原则含义的选项是(　　)。

A. 每一个案件只能有一个执行标的

B. 每一个案件的执行标的是固定不变的

C. 每一个案件的执行标的不是财产就是行为

D. 每一个案件的执行标的都是由执行法官确定的

3. 关于执行机构职能的表述,下列选项正确的是( )。

A. 确定当事人之间的实体权利义务关系

B. 解决当事人与案外人之间因执行行为发生的争议

C. 对本法院辖区内的执行案件行使执行权

D. 统一管理辖区内的执行工作

4. 甲与乙借款合同纠纷一案,经仲裁机构审理后裁决:乙偿还甲借款 100 万元并按照同期银行贷款利率支付利息。裁决书送达后,甲将该债权转让给丙。下列符合法律规定的做法是( )。

A. 丙可以直接向法院申请执行

B. 甲应当先向法院申请执行,待法院立案后,丙申请变更为申请执行人

C. 应当由甲和丙共同向法院申请执行,法院立案后,甲申请退出执行程序

D. 经乙同意,丙可以直接向法院申请执行

5. 甲(自然人)申请执行乙公司财产一案,因乙公司无财产可供执行而陷入僵局。后来,甲发现乙公司的出资人丙有抽逃注册资金的情节,便向执行法院申请追加丙为被执行人。经审查,执行法院裁定支持甲的申请。丙若不服该裁定,其法定的救济方式是( )。

A. 对追加丙为被执行人的裁定提出执行行为异议

B. 向执行法院的上一级法院申请复议

C. 以甲为被告提起执行异议之诉

D. 对追加丙为被执行人的裁定向执行法院的上一级法院申请再审

6. 甲申请执行乙的财产,乙与其配偶丙名下有一套房产。执行法院依甲的申请,裁定追加丙为被执行人并查封了该套房产。丙若不服该裁定,其法定的救济方式是( )。

A. 对追加丙为被执行人的裁定提出执行行为异议

B. 向执行法院的上一级法院申请复议

C. 以甲为被告提起执行异议之诉

D. 对追加丙为被执行人的裁定向执行法院的上一级法院申请再审

7. 执行法院根据申请执行人提供的信息,向某市公安局机动车管理部门发出协助执行通知书,要求协助冻结被执行人名下车辆的转移登记手续。某市公安局机动车管理部门以其没有上路执法权、无法控制车辆为由,拒绝协助执行。对于该行为,执行法院符合法律规定的做法是( )。

A. 责令某市公安局机动车管理部门追回车辆或者承担赔偿责任

B. 向某市公安局机动车管理部门的上级单位发出协助执行通知书

C. 对某市公安局机动车管理部门负责人作出罚款决定书

D. 冻结、扣押、查封被执行人的其他财产

8. 李某申请执行张某财产一案,因张某暂时缺乏履行能力,案外人王某同意以自己的房产为张某提供担保,担保期间为 2 年。张某向执行法院申请中止执行。此时,执行法院正确的做法是( )。

A. 裁定中止执行　　B. 裁定执行和解成立

C. 裁定暂缓执行　　D. 继续执行

9. 因民间借贷纠纷，甲市A区法院判决李某归还张某借款本息合计23万元。因李某没有按照判决确定的期间履行义务，张某申请执行。A区法院查封了登记在李某名下的一套房产，并委托某房地产评估公司对查封的房屋进行评估。在评估期间，省高级法院作出再审判决，驳回张某的诉讼请求。A区法院下列做法正确的是（　　）。

A. 裁定中止执行　　B. 裁定终结执行

C. 裁定暂缓执行　　D. 裁定暂缓评估

10. 乙因民间借贷，欠甲30万元。经法院判决后，甲申请执行。在执行程序中，乙因车祸死亡。对于该案的后续程序，执行法院应当（　　）。

A. 裁定终结执行　　B. 裁定中止执行

C. 裁定继续执行　　D. 裁定暂缓执行

11. 甲申请执行乙的财产。乙对丙享有债权，执行法院作出冻结债权裁定并向丙发出履行通知书。丁以乙对丙的债权为虚假债权为由提出异议。丁的异议属于（　　）。

A. 执行行为异议　　B. 执行标的异议

C. 对债权异议　　D. 分配方案异议

12. 石山公司起诉建安公司请求返还86万元借款及支付利息5万元。一审判决石山公司胜诉，建安公司不服提起上诉。二审中，双方达成和解协议：石山公司放弃5万元利息主张，建安公司在撤回上诉后15日内一次性付清86万元本金。建安公司向二审法院申请撤回上诉后，并未履行还款义务。关于石山公司的做法，下列表述正确的是（　　）。（2017年司法考试卷三第46题）

A. 可依和解协议申请强制执行　　B. 可依一审判决申请强制执行

C. 可依和解协议另行起诉　　D. 可依和解协议申请司法确认

13. 钱某在甲、乙、丙三人合伙开设的饭店就餐时被砸伤，遂以营业执照上登记的字号“好安逸”饭店为被告提起诉讼，要求赔偿医疗费等费用25万元。法院经审理，判决被告赔偿钱某19万元。执行过程中，“好安逸”饭店支付了8万元后便再无财产可赔。对此，法院应采取下列哪一处理措施？（　　）（2017年司法考试卷三第49题）

A. 裁定终结执行

B. 裁定终结本次执行

C. 裁定中止执行，告知当事人另行起诉合伙人承担责任

D. 裁定追加甲、乙、丙为被执行人，执行其财产

二、多项选择题

1. 民事执行程序与民事审判程序的区别体现为（　　）。

A. 权力基础不同　　B. 任务不同

C. 价值取向不同　　D. 程序类型不同

2. 张某申请执行李某财产一案，执行法院查封了李某的房屋一套，但长期没有拍卖。张某依法向上一级法院申请执行。对于张某的申请，上一级法院的处理方式包括（　　）。

A. 责令执行法院限期执行　　B. 提级执行

C. 指令管辖　　D. 发回执行法院审查

3. 甲公司申请执行乙公司财产一案，执行法院查封了乙公司的银行账户。乙公司认为执行法院对本案没有管辖权，于是提出异议。对于该异议，执行法院可能的处理方式有（ ）。

A. 以异议超过法定期间为由裁定驳回异议

B. 以异议缺乏法律依据为由裁定驳回异议

C. 裁定撤销案件

D. 裁定移送管辖

4. 对于当事人执行仲裁裁决的申请，下列哪一选项属于法院不予执行仲裁裁决的处理方式？（ ）

A. 裁定不予执行　　B. 裁定驳回申请

C. 裁定不予受理　　D. 裁定撤销裁决

5. 根据甲的申请，执行法院裁定拍卖被执行人乙的房屋一套。某银行以对该房屋享有抵押权为由提出异议，请求不得拍卖。对于某银行提出的异议，下列哪些选项符合法律规定？（ ）

A. 某银行提出的异议符合执行标的异议的条件

B. 某银行可以申请参与分配

C. 某银行后续可以提起异议之诉

D. 某银行可以就甲与乙的裁判结果申请再审

6. 下列哪些选项属于法院裁定不予执行仲裁裁决的情形？（ ）

A. 当事人在合同中没有订立仲裁条款

B. 仲裁员受贿

C. 适用法律错误

D. 裁决事项超出仲裁协议的范围

7. 下列能够引起执行程序的方式包括（ ）。

A. 审判员移送执行　　B. 当事人申请执行

C. 检察机关移送执行　　D. 仲裁机构移送执行

8. 执行阻却的事由包括（ ）。

A. 执行中止　　B. 执行和解

C. 执行异议　　D. 执行担保

9. 下列应当裁定终结执行的案件包括（ ）。

A. 申请人死亡

B. 被执行人死亡

C. 申请人撤销执行申请

D. 被执行人生活困难、无收入来源又丧失劳动能力，导致其无法偿还借款

10. 在暂缓执行期间，担保人转移、毁损财产的，执行机构可以（ ）。

A. 对财产采取保全措施　　B. 立即执行被执行人的财产

C. 立即执行担保人的财产　　D. 待暂缓执行期间届满继续执行

11. 龙前铭申请执行郝辉损害赔偿一案，法院查扣了郝辉名下的一辆汽车。查扣后，郝辉

的两个哥哥向法院主张该车系三兄弟共有。法院经审查，确认该汽车为三兄弟共有。关于该共同财产的执行，下列哪些表述是正确的？（　　）（2017 年司法考试卷三第 84 题）

A. 因涉及案外第三人的财产，法院应裁定中止对该财产的执行

B. 法院可查扣该共有财产

C. 共有人可对该共有财产协议分割，经债权人同意有效

D. 龙前铭可对该共有财产提起析产诉讼

三、不定项选择题

1. 下列符合执行效益原则的做法是（　　）。

A. 对执行依据进行实质审查防止执行错误

B. 迅速、及时、连续地采取执行措施

C. 按照现金、动产、其他财产权利、不动产的顺序实施执行

D. 严格禁止超标的查封

2. 执行依据的构成要件包括下列哪些选项？（　　）

A. 不一定是公文书

B. 必须有明确的权利义务主体

C. 必须具有明确的给付内容

D. 给付内容必须具有可执行性

3. 下列关于执行标的的表述，哪些选项是正确的？（　　）

A. 执行标的是诉讼标的在执行程序中的体现

B. 执行标的是满足债权人实体权利请求的客体

C. 执行标的可以由当事人通过言词辩论确定

D. 随着执行程序的发展执行标的可能发生调整

4. 甲市 A 区法院作出判决，判令被告刘正归还原告王新人民币 210 万元并按照同期贷款市场报价利率的 4 倍支付利息。王新不服该判决，向甲市中级法院提起上诉。经审理，甲市中级法院改判被上诉人刘正归还上诉人王新人民币 320 万元并按照同期贷款市场报价利率的 4 倍支付利息。根据判决书上的信息，刘正的户籍所在地为乙市高新区。王新经查询发现刘正在丙市 B 区某小区有住房一套。因刘正没有按照判决履行义务，王新准备申请执行。有权受理王新执行申请的法院是（　　）。

A. 甲市 A 区法院　　B. 甲市中级法院

C. 丙市 B 区法院　　D. 丙市中级法院

5. 张某申请执行李某财产，请求李某支付货款及利息。在执行过程中，双方达成协议，李某以其居住的住房折抵债务，张某给予李某 6 个月的搬迁宽限期。此后，张某向法院申请撤回执行申请，执行法院裁定终结执行。1 年后，因李某拒绝办理房屋过户手续，张某申请恢复执行。执行法院符合法律和司法解释规定的做法是（　　）。

A. 裁定驳回张某的申请

B. 向房屋登记机构发出协助执行通知书，要求协助办理房屋过户手续

C. 裁定恢复执行

D. 裁定拍卖李某的房屋

6. 张某申请执行李某财产一案，执行法院裁定中止执行。下列哪些做法符合法律规定？( )

A. 依职权解除对李某房屋的查封

B. 以作出中止执行裁定之前已经发出拍卖公告为由，继续拍卖李某的车辆

C. 因张某提供担保裁定恢复执行

D. 驳回李某提出将划拨到法院账户上的银行存款退回原账户的请求

7. 甲申请执行乙的财产，执行法院通过网络司法拍卖，拍卖了乙的房屋，丙竞买成交。丁以自己是房屋承租人、执行法院在拍卖该房屋时没有通知其行使优先购买权为由，提出异议，执行法院裁定驳回丁的异议。本案的后续救济途径有( )。

A. 申请复议　　B. 提起执行异议之诉

C. 申请再审　　D. 提起第三人撤销之诉

8. 在李某申请执行江某财产一案中，某市甲区法院裁定拍卖江某位于乙区的住房一套。黄某以自己是该房屋的买受人为由，提出异议，遭到江某的反对。甲区法院经审查裁定驳回黄某的异议，黄某不服，提起执行异议之诉，请求判令不得执行该房屋。对于该案，下列符合法律规定的选项是( )。

A. 黄某提起的执行异议之诉应当由甲区法院管辖

B. 江某应当成为执行异议之诉的第三人

C. 李某应当成为执行异议之诉的第三人

D. 执行异议之诉的判决应当确认黄某对该房屋是否享有所有权

9. 法院裁定不予执行仲裁裁决的，当事人可以选择的救济途径包括( )。

A. 根据原仲裁协议申请仲裁　　B. 向法院提起诉讼

C. 对不予执行裁定申请再审　　D. 向检察机关申请抗诉

10. 在公证债权文书执行中，执行机构可以裁定不予执行的事项包括( )。

A. 债权文书内容与事实不符　　B. 没有执行证书

C. 债权文书履行期限尚未届满　　D. 公证人员受贿

四、名词解释

1. 民事执行

2. 执行机构

3. 执行依据

4. 执行阻却

5. 暂缓执行

6. 执行和解

7. 中止执行

8. 执行完毕

9. 终结执行

10. 执行救济

五、简答题

1. 简述民事执行标的的法律特征。

2. 简述执行担保导致暂缓执行的条件。

3. 简述执行回转的原因与条件。

4. 简述案外人提出执行异议的条件。

六、论述题

1. 试论执行标的有限原则及其具体要求。

2. 论启动民事执行程序应当具备的条件。

七、案例分析题

2018 年 6 月 16 日，孙纪右因经营需要向其好友马洪借钱。马洪将人民币 210 万元汇至孙纪右的账户后，孙纪右出具借条 1 张，写明该款在 1 年内偿还，按照年利率 11% 支付利息。2019 年 10 月 12 日，马洪向东城区法院提起诉讼，请求判令孙纪右归还借款本息共计人民币 233 万元。2020 年 1 月 20 日，东城区法院判令孙纪右在判决生效后 10 日内向马洪偿还借款本息人民币 233 万元。双方均未提起上诉。2020 年 2 月 25 日，马洪向东城区法院申请执行。东城区法院于 2 月 28 日向孙纪右送达执行通知书，并于当日向东城区房屋管理局发出协助执行通知书，查封登记在孙纪右名下的东城区天福小区 3 号楼 3A—3 号房屋(已出租)。因马洪提出以该房屋抵债，4 月 1 日，东城区法院作出裁定书，裁定以孙纪右所有的天福小区 3 号楼 3A—3 号房屋折价 233 万元抵债，本案终结执行。4 月 2 日，孙纪右在收到裁定书后又提出不同意以该房屋抵债。同日，马洪持东城区法院的裁定书，在房屋管理局办理了天福小区 3 号楼 3A—3 号房屋的过户手续。4 月 3 日，孙纪右向东城区法院提出书面异议，要求撤销以房屋抵债的裁定书。4 月 25 日，东城区法院作出裁定，驳回孙纪右的异议。

问题：

1. 本案执行程序存在哪些瑕疵？这些瑕疵应如何依法进行处理？

2. 如果孙纪右不服东城区法院对其异议所作出的裁定，孙纪右应当如何维护自己的权益？根据司法解释的相关规定，孙纪右的救济程序如何进行？

第二十章　民事执行程序分论

【学习目标】

（一）理解

执行措施的概念与特征；控制性执行措施与处分性执行措施的关系及其内容。

（二）熟悉

执行措施的体系与分类；查封、扣押、冻结、拍卖、变卖的方法。

（三）掌握

实现金钱债权执行措施与实现非金钱债权执行措施的区别；查封、扣押、冻结的程序及其范围限制、期限；轮候查封的概念与效力；拍卖、变卖、以物抵债的程序；执行到期债权的程序与效力；参与分配的概念、条件与程序；执行程序与破产程序的衔接条件、方式与后果；实现物的交付请求权的执行措施与实现行为请求权的执行措施的区别；实现行为请求权执行措施的类型；执行威慑机制的概念、类型与实施条件。

【知识结构图】

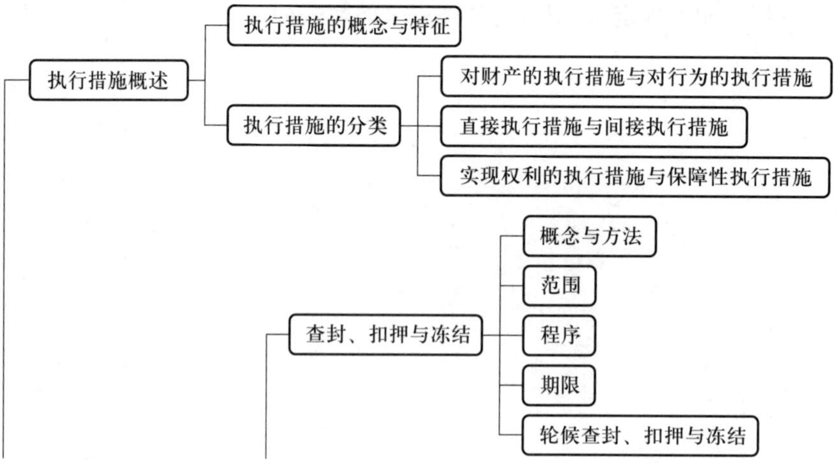

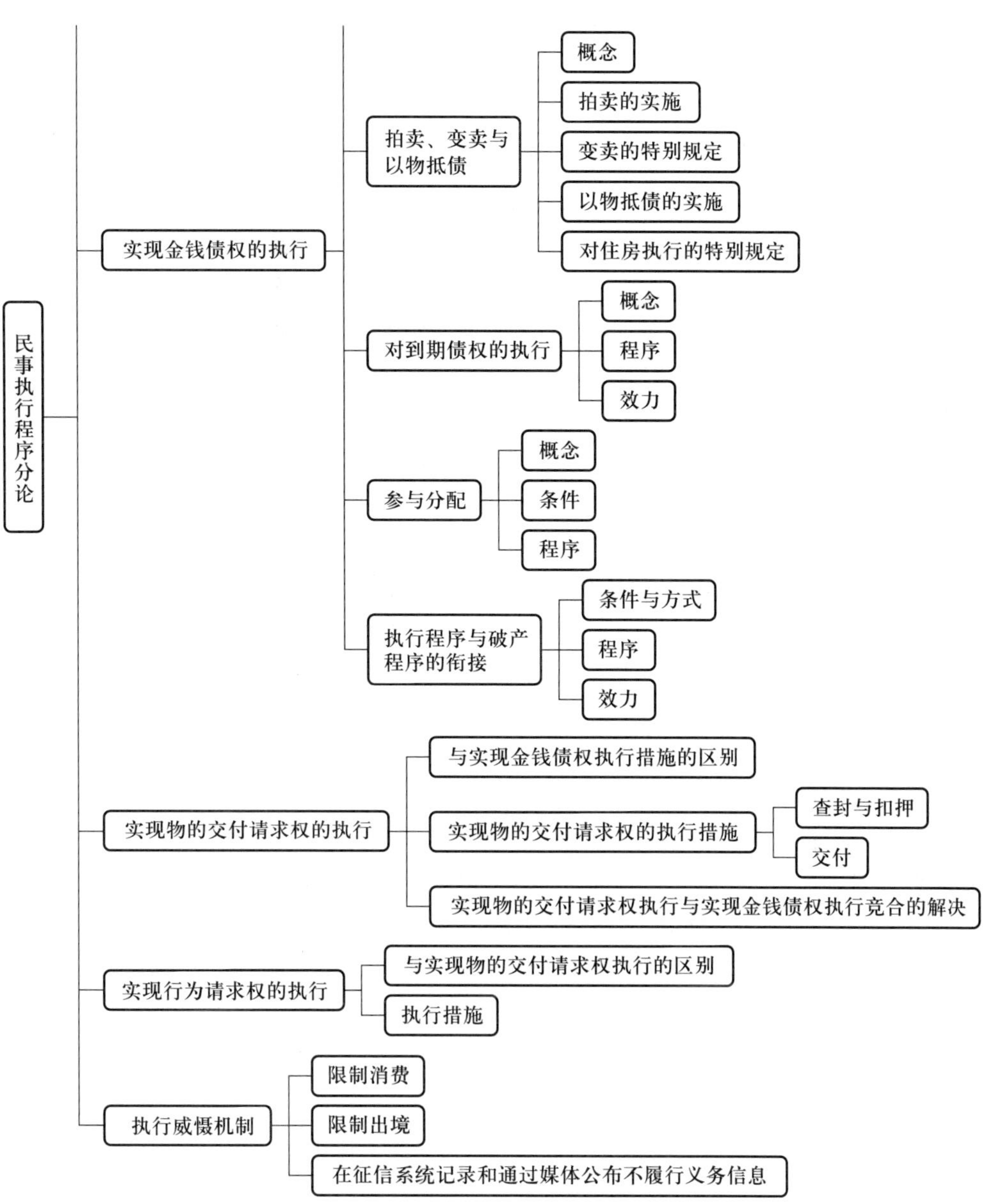

【重点难点解析】

一、执行措施的概念与特征

执行措施，是指执行机构依据法律规定，在执行程序中强制被执行人履行义务，以实现申请执行人合法权益的方法与手段。执行措施具有以下特征：(1) 法定性。执行措施只能由法律作出规定，法律没有规定的，不得作为执行措施。(2) 多样性。债权的多样性以及实现债权的复杂性决定了执行措施必须具有多样性。(3) 单向性。执行措施的实施是执行机构的单向行为,不以被执行人同意为条件。(4) 强制性。执行措施是国家公权力的体现,当事人没有选择权,具有强制性。

二、执行措施的分类

(一) 对财产的执行措施和对行为的执行措施

这是以执行标的不同为标准进行的分类。对财产的执行措施又分为实现金钱债权的执行措施和实现非金钱债权的执行措施。

(二) 直接执行措施与间接执行措施

这是以执行行为是否直接作用于执行标的进行的分类。直接执行措施,是指执行行为直接作用于执行标的的方法与手段;间接执行措施,是指执行行为不直接作用于执行标的的方法与手段。

(三) 实现权利的执行措施与保障权利实现的执行措施

这是以采取执行措施的目的不同进行的分类。实现权利的执行措施的目的是实现权利;保障权利实现的执行措施的目的是保障执行措施的顺利进行。

三、实现金钱债权的执行措施

(一) 查封、扣押与冻结

查封、扣押与冻结是实现金钱债权中的控制性执行措施,其目的是限制或者剥夺当事人转移、处分财产的权利。

查封是指执行机构对被执行人的有关财产就地封存,禁止被执行人转移和处分的执行措施,其适用对象主要是不动产和难以移动的动产。扣押是指执行机构将被执行人的财产运送至有关场所加以扣留,不准被执行人占有、使用和处分的执行措施,其适用对象一般是动产。冻结是指执行机构向有关单位发出协助执行通知书,要求其不得办理被执行人转移或者处分财产手续的执行措施,其适用对象一般是财产性权利。

根据法律和司法解释的规定,查封、扣押、冻结的财产应当是被执行人的财产,且不得超过被执行人应当履行义务的范围。此外,司法解释还规定了 8 种执行豁免的财产。对于执行豁免的财产,执行机构不得查封、扣押和冻结。

执行机构采取控制性执行措施,应当作出裁定并送达双方当事人。实施查封、扣押时应当通知被执行人或者其成年家属、被执行人的法定代表人、主要负责人到场,并对查封、扣押的过程记入笔录,对查封、扣押的财产造具清单,由在场人员签名或者盖章后附卷存档。

第一次冻结存款的期限不得超过 1 年,第一次查封、扣押动产的期限不得超过 2 年,第一次查封不动产、冻结其他财产权的期限不得超过 3 年。查封、扣押、冻结的期限届满前,可依申请执行人的申请或者依职权续行查封、扣押、冻结,续行查封、扣押、冻结的期限不得超过第一次查封、扣押、冻结的期限。期限届满没有续行查封、扣押、冻结的,查封、扣押、冻结的效力消灭。

已经被查封、扣押、冻结的财产,其他法院可以办理轮候查封、扣押、冻结。当前一顺序的查封、扣押、冻结措施解除时，已经通知或者已办理登记的次顺位的查封、扣押、冻结立即生效。

（二）拍卖、变卖和以物抵债

拍卖就是以公开竞价的方式，将查封、扣押、冻结的财产或者财产权利出售给最高应价者的执行措施。变卖则是以定价的方式，将查封、扣押、冻结的财产或者财产权利出售给买受人的执行措施。以物抵债是指按照一定的价格将查封、扣押、冻结的财产交给债权人以抵偿被执行人应当清偿的债务的执行措施。拍卖、变卖、以物抵债的执行措施，只适用于实现金钱债权的执行中。

拍卖的程序主要包括：确定财产处置参考价、发出拍卖公告与通知、实施拍卖等几个阶段。现行的执行拍卖主要通过网络司法进行，也称为网络司法拍卖。拍卖标的物的所有权自执行法院作出拍卖成交裁定并送达拍定人时发生转移。

网络司法拍卖过程中，无人竞价或者最高应价低于拍卖保留价的，执行机构应当裁定进行第二次拍卖。第二次拍卖仍不能成交的，可以进行变卖。

拍卖过程中，拍定人逾期未支付价款的，执行机构可以裁定重新拍卖。重新拍卖时，原拍定人不得参加竞买，且原拍定人支付的保证金不予退还。

拍卖财产原有的担保物权及其他优先受偿权因拍卖成交而消灭，拍卖所得价款应当优先清偿担保物权人及其他优先受偿权人的债权，但当事人另有约定的除外。拍卖物上原有的租赁权及其他用益物权，不因拍卖而消灭，但是该权利继续存在在拍卖物上，对在先的担保物权或者其他优先受偿权的实现有影响的，执行机构应当依法将其除去后再进行拍卖。

以物抵债的实施适用于两种情形：一是不经拍卖、变卖程序的以物抵债；二是无法拍卖或者变卖时的以物抵债。以物抵债的，执行机构应当作出裁定，裁定书送达接受以物抵债的债权人时，抵债物的所有权发生转移。

（三）对到期债权的执行

对到期债权执行，是指被执行人对相对人享有到期债权，执行机构裁定冻结该债权并通知相对人向申请执行人履行的执行措施。根据现行司法解释的规定，相对人否定债权存在的，执行机构不得对该债权执行。利害关系人对债权有异议的，可以提出异议，执行机构应当按照《民事诉讼法》第 234 条的规定审查处理。相对人既不提出异议又不履行义务的，执行机构可以直接执行相对人的财产。

（四）参与分配

参与分配，是指在实现金钱债权的执行中，被执行人的全部或者主要财产已经被执行机构采取查封、扣押、冻结措施，在该财产或者该财产的变价所得金额交付申请执行人之前，其他债权人可以请求就该财产或者该财产变价所得金额，按照债权比例受偿的执行制度。根据现行司法解释的规定，参与分配仅适用于被执行人为自然人或者非法人组织的案件。

其他债权人申请参与分配的，执行机构应当制作分配方案。当事人对分配方案提出异议的，执行机构应当通知未提出异议的当事人。未提出异议的当事人收到通知后 15 日内没有提出反对意见的，执行机构应当根据异议人的异议修正分配方案并实施分配；提出反对意见的，执行机构应当通知异议人,异议人可以提出反对意见的当事人为被告提起分配方案异议之诉。法院就分配方案异议之诉作出裁判后,执行机构应当按照分配方案异议之诉的裁判结果实施分配。

(五) 执行程序与破产程序的衔接

执行程序与破产程序相衔接,应当具备两个条件:一是被执行人达到破产界限;二是经申请执行人之一或者被执行人同意。

执行程序与破产程序衔接的方式是,执行机构将案件移送被执行人住所地的法院审查。经审查,认为符合受理条件的,裁定受理并告知执行法院;认为不符合受理条件的,应当裁定不予受理并将案件相关材料退回执行法院。

当事人不同意移送破产或者被执行人住所地法院不受理破产案件的,执行机构将执行变价所得的金额,在扣除执行费用并清偿具有优先受偿权的债权后,对于普通债权,按照采取执行措施的先后顺序分配。

四、实现物的交付请求权的执行措施

实现物的交付请求权执行与实现金钱债权执行的区别主要体现为:一是给付内容和执行标的不同,二是执行措施不同,三是实施程序不同。

实现物的交付请求权执行措施主要包括:查封与扣押,交付。

实现物的交付请求权执行与实现金钱债权执行发生竞合的,根据我国现行法律的规定,应当优先满足实现物的交付请求权执行的申请执行人的请求。

五、实现行为请求权的执行措施

实现行为请求权执行与实现物的交付请求权执行的区别主要体现为:一是标的不同,二是措施不同,三是程序不同。

实现行为请求权的执行措施主要包括:迁出房屋或者退出土地的执行措施;对其他作为的执行措施;对不作为的执行措施。其中,实施迁出房屋或者退出土地的执行措施的程序为:发出执行公告、通知有关人员到场、采取强制搬迁措施、交付。

六、执行威慑机制

(一) 限制消费

限制消费,是指在执行程序中,执行机构依法限制甚至禁止尚未全面履行生效法律文书确定义务的被执行人,以自己的财产实施某些类型的消费行为,从而促使该被执行人履行义务的一种执行制度。

根据现行司法解释的规定,限制消费措施主要包括:(1) 乘坐交通工具时,选择飞机、列车软卧、轮船二等以上舱位;(2) 在星级以上宾馆、酒店、夜总会、高尔夫球场等场所进行高消费;(3) 购买不动产或者新建、扩建、高档装修房屋;(4) 租赁高档写字楼、宾馆、公寓等场所办公;(5) 购买非经营必需车辆;(6) 旅游、度假;(7) 子女就读高收费私立学校;(8) 支付高额保费购买保险理财产品;(9) 乘坐 G 字头动车组列车全部座位、其他动车组列车一等以上座位等其他

非生活和工作必需的消费行为。

执行机构限制被执行人消费，应当作出限制消费令。有关人员违反限制消费令的，可以予以拘留、罚款；情节严重，构成犯罪的，依法追究刑事责任。

（二）限制出境

限制出境，是指通过国家边防机关的协助，使尚未履行义务的被执行人不得离开中华人民共和国领域，或者从内地前往香港、澳门特别行政区或者从大陆前往台湾地区的执行制度。

限制被执行人出境，应当由申请执行人向执行机构提出申请，必要时执行机构也可以依职权决定。执行机构向有关机关发出协助执行通知书，由有关机关采取措施，确保被执行人不得离开中华人民共和国领域，或者从内地前往香港、澳门特别行政区或者从大陆前往台湾地区。

（三）在征信系统记录和通过媒体公布不履行义务信息

在征信系统记录不履行义务信息，是指在被执行人的个人或者单位的信用记录中，载明其有拒绝履行或者没有全面履行生效法律文书确定义务的事实，使其个人或者单位信用受到影响的执行制度。

通过媒体公布不履行义务信息，是指将被执行人的姓名或者名称、没有履行债务的数额等信息通过公开发行的报纸、杂志或者网络、电视等媒介公布，促使其履行义务的执行制度。为此，最高人民法院专门制定了《失信名单信息规定》的司法解释。

在征信系统记录和通过媒体公布不履行义务信息，是通过对被执行人进行信用惩戒而促使其履行义务的执行威慑机制。

【习题自测】

一、单项选择题

1. 扣留、提取收入，执行机构应当作出（　　）。

A. 裁定　　B. 决定　　C. 通知书　　D. 判决

2. 执行中变卖财产的，法院或其工作人员（　　）。

A. 可以买受　　B. 可以高于变卖价格买受

C. 经院长批准可以买受　　D. 不得买受

3. 执行人员采取搜查措施的，有权签发搜查令的是（　　）。

A. 执行法官　　B. 执行局长

C. 法院院长　　D. 执行员

4. 陈某与李强房屋买卖合同纠纷案进入执行程序后，甲法院查封了登记在李强名下的房屋。在作为另案的刘某与李强民间借贷纠纷案中，刘某向乙法院申请财产保全。关于乙法院的处理，下列选项正确的是（　　）。

A. 乙法院不能对李强名下的该房屋实施查封

B. 乙法院可以对李强名下的该房屋实施轮候查封

C. 乙法院可以查封李强名下的该房屋

D. 乙法院应当驳回刘某的保全申请

5. 某法院裁定拍卖被执行人的房屋。被执行人以评估程序严重违法、评估结果错误为由提出异议。法院对该异议的处理程序应当是(　　)。

A. 适用《民事诉讼法》第 232 条的规定进行审查

B. 不进行审查,而是在 3 日内交评估机构予以书面说明

C. 先适用《民事诉讼法》第 232 条的规定对评估程序是否合法的问题进行审查,经审查异议不成立的,交评估机构予以书面说明

D. 应当告知被执行人分别提出异议

6. 某法院委托某拍卖行拍卖被执行人的房产,起拍价为人民币 150 万元,保证金为人民币 15 万元。竞买人李某以人民币 210 万元成交。因李某未在规定期限内交付拍卖余款,法院决定重新拍卖。重新拍卖时,该房以人民币 190 万元成交。根据现行司法解释的规定,本案后续的处理方法是(　　)。

A. 李某应当全额承担重新拍卖成交价与原成交价的差价、费用损失及原拍卖中的佣金

B. 李某仅在交纳 15 万元保证金的范围内承担重新拍卖成交价与原成交价的差价、费用损失

C. 重新拍卖成交价与原成交价的差价、费用损失均不应当由李某承担,其交纳的 15 万元保证金应当予以退还

D. 重新拍卖成交价与原成交价的差价、费用损失是否由李某承担,由执行机构依据案件的具体情况决定

7. 甲公司在申请执行乙公司财产一案中,认为乙公司符合破产条件,申请执行法院将案件移送破产,乙公司不同意破产。丙公司、丁公司均是乙公司的债权人且已申请执行。但是,丙公司不同意乙公司破产,丁公司同意将乙公司移送破产。关于本案,下列符合现行司法解释规范的选项是(　　)。

A. 执行法院应当将本案移送破产审查

B. 受移送法院裁定不予受理破产案件的,甲公司与丁公司应当优先受偿

C. 受移送法院裁定受理乙公司破产案件的,执行法院应当裁定终结执行

D. 受移送法院裁定不予受理破产案件的,甲公司可以提起上诉

8. 法院判决某房屋归甲所有,乙应当在判决生效后 30 日内腾空该房屋。判决生效后,甲申请执行,请求强制乙从该房屋搬离。从理论上看,本案属于(　　)。

A. 实现行为请求权的执行　　B. 实现物的交付请求权的执行

C. 实现金钱债权的执行　　D. 对不作为的执行

二、多项选择题

1. 执行措施的特征包括(　　)。

A. 法定性　　B. 多样性　　C. 单向性　　D. 强制性

2. 下列可以作为执行标的有(　　)。

A. 被执行人的银行存款　　B. 被执行人的全部劳动收入

C. 被执行人获得的奥运金牌　　D. 被执行人进行生产的厂房、机器

3. 对执行机构扣押的动产,下列哪些主体有权进行控制?(　　)

A. 执行机构　　B. 被执行人

C. 申请执行人　　D. 其他人

4. 被执行人未按照判决书确定的期限履行金钱给付义务的，法院除了采取执行措施迫使其履行义务外，还可以采取下列哪些措施？（　　）

A. 强制被执行人完成一定的行为

B. 以妨害执行为由采取强制措施

C. 强制被执行人支付迟延履行金

D. 强制被执行人加倍支付迟延履行期间的利息

5. 关于执行程序中如何确定财产处置参考价，下列说法正确的是（　　）。

A. 可以不确定财产处置参考价　　B. 可以由当事人协商确定

C. 可以不经财产评估确定　　D. 可以通过网络询价确定

6. 甲法院通过某网络司法拍卖平台拍卖被执行人李某的房屋，公告期间没有人报名参加竞买，拍卖当日没有人出价。接下来，甲法院处置该房屋的方式包括（　　）。

A. 30 日内在同一网络司法拍卖平台进行第二次拍卖

B. 另选网络司法拍卖平台重新拍卖

C. 接受申请执行人以拍卖保留价抵债的申请

D. 接受案外人以拍卖保留价买受房屋的申请

7. 在民事执行程序中，可以不经拍卖直接变卖被执行人的财产，包括下列哪些选项？（　　）

A. 金银及其制品、当地市场有公开交易价格的动产、易腐烂变质的物品、季节性商品、保管困难或者保管费用过高的物品

B. 双方当事人及有关权利人同意不进行拍卖的财产

C. 法院认为没有必要进行拍卖的财产

D. 申请执行人愿意按照评估价买受的财产

8. 实现行为请求权执行与实现物的交付请求权执行，其区别主要体现为（　　）。

A. 执行标的不同　　B. 执行措施不同

C. 执行程序不同　　D. 执行机构不同

三、不定项选择题

1. 因相邻权纠纷，甲区法院判令被告李某拆除其在公共走廊内设置的固定鞋柜。该判决生效后，李某没有拆除，原告张某申请执行。甲区法院可以采取下列哪些执行措施？（　　）

A. 对财产的执行措施

B. 对行为的执行措施

C. 直接执行措施

D. 实现物的交付执行措施

2. 法院在执行刘某的财产时，冻结了刘某的银行账户，扣押了刘某的汽车。但是，这些财产仍不能满足申请执行人李某的债权。刘某的其他债权人知悉此情况后，纷纷向法院申请参与分配。下列具有参与分配主体资格的是（　　）。

A. 甲公司 1 年前与刘某签订了买卖合同，并将货物交付给刘某，但刘某没有支付货款

B. 乙在6个月前被刘某驾车撞伤,法院判决刘某支付乙医疗费、误工费等共计人民币5万元,但刘某一直没有给付

C. 丙2年前借给刘某人民币5万元,还款期已过,但刘某一直没有还款

D. 丁1年前借给刘某人民币3万元,由于刘某一直拖着不还,丁已经向法院起诉,法院通知下周三开庭

3. 根据现行司法解释的规定,下列可以停止拍卖的选项是(　　)。

A. 法院决定暂缓执行的

B. 被执行人在拍卖日之前向执行机构交付足额金钱清偿债务并请求停止拍卖的

C. 在拍卖开始前,据以执行的法律文书被撤销

D. 被执行人提出异议的

4. 某法院在执行甲公司的财产时,裁定拍卖登记在甲公司名下的房屋。法院经调查,发现乙银行对该房屋享有抵押权。关于本案,下列说法正确的是(　　)。

A. 乙银行可以提起排除执行异议

B. 法院拍卖该房屋的,乙银行的抵押权消灭

C. 实现乙银行的抵押权后,该房屋才能拍卖

D. 该房屋若已出租,就不得拍卖

5. 在民事执行程序中,下列哪些选项属于以物抵债的适用情形?(　　)

A. 在拍卖前,申请执行人与被执行人达成以物抵债的一致意见

B. 在拍卖过程中无人出价或者最高出价者低于拍卖保留价,申请执行人申请以拍卖保留价抵债

C. 无法拍卖的财产,经变卖无人购买的

D. 抵债价格高于评估价的

6. 法院在执行某金钱给付案件的过程中,没有查寻到被执行人乙有可供执行的财产,但发现乙对丙享有一笔债权。为了执行该债权,法院可以制作的法律文书包括(　　)。

A. 冻结债权裁定书　　B. 协助执行通知书

C. 履行到期债务通知书　　D. 次债务人权利义务告知书

7. 某区法院在执行程序中作出裁定,冻结被执行人李某对次债务人张某的债权,并通知张某直接向申请执行人王某履行债务。张某既没有提出异议也没有履行义务。陈某称李某对张某的债权是虚构的,提出异议。此时,下列哪些选项符合现行司法解释的规定?(　　)

A. 王某请求执行该债权的,法院不予支持

B. 对于陈某的异议,法院应当按照《民事诉讼法》第234条的规定处理

C. 张某提出异议的,法院应当按照《民事诉讼法》第232条的规定处理

D. 某区法院应当终结对债权执行的程序

8. 关于参与分配的表述,下列哪些选项符合现行司法解释的规定?(　　)

A. 参与分配只能由首封法院实施

B. 当事人申请参与分配,必须向实施分配的法院提交申请

C. 申请参与分配,必须具有执行依据

D. 权利人应当在执行财产拍卖前提出申请

9. 下列哪些选项属于限制高消费的适用对象？（　　）

A. 自然人　　B. 法定代表人

C. 直接责任人员　　D. 实际控制人

10. 因张电公司没有履行生效法律文书确定的义务，下列哪些选项符合法律和司法解释规定的执行措施？（　　）

A. 限制张电公司的法定代表人高消费

B. 将张电公司法定代表人的姓名在当地电视台滚动播出

C. 张电公司法定代表人因工作原因出国后，对其采取限制入境措施

D. 将张电公司不履行义务信息记入其法定代表人的个人信用征信系统

四、名词解释

1. 执行措施
2. 直接执行措施
3. 间接执行措施
4. 对到期债权执行
5. 参与分配
6. 执行威慑机制
7. 限制消费
8. 限制出境
9. 在征信系统记录和通过媒体公布不履行义务信息

五、简答题

1. 简述分配方案异议之诉的条件。
2. 简述实现物的交付请求权执行与实现金钱债权执行的区别。
3. 简述我国执行威慑机制的体系。

六、论述题

试论对到期债权的执行程序。

七、案例分析题

在执行申请执行人双强商贸有限责任公司（以下简称“双强公司”）与被执行人大地房地产开发有限公司（以下简称“大地公司”）财产案的过程中，2018 年 8 月 12 日，某市朝阳区法院裁定查封大地公司开发的红楼湾第 39~43 栋的别墅，并向朝阳区房地产管理局发出协助执行通知书。朝阳区房地产管理局复函称：红楼湾第 42、43 栋的别墅已被某市西城区法院查封，故只能办理第 39、40、41 栋别墅的查封登记。同年 10 月，朝阳区法院委托某房地产评估公司对红楼湾第 39~43 栋的别墅进行了价格评估，结果每栋价格为人民币 450 万元。评估报告送达后，大地公司称评估价格太低，要求重新进行评估。朝阳区法院以其请求缺乏法律依据为由，裁定驳回。2018 年 12 月 21 日，王劲松向朝阳区法院提出异议，称其在 2018 年 7 月 31 日已与大地公司签订了红楼湾第 39 栋别墅的购买合同，并已付清全部购房款且已实际入住，请求解除对红楼湾第 39 栋别墅的查封。2019 年 3 月 12 日，某司法拍卖网络平台发布公告，决定于同年 3 月 28 日在该拍卖平台拍卖红楼湾第 39~43 栋别墅。3 月 28 日，该 5 栋别墅被成功拍卖，每栋拍卖价格为人民币 300 万元 ~350 万元不等。3 月 29 日，西城区法院向朝阳区法院提出交

涉,称自己对第42、43栋别墅查封在先,该两栋别墅应当由其进行处理。

问题:

1. 朝阳区房地产管理局不予协助朝阳区法院办理红楼湾第42、43栋别墅的查封登记,是否合法?为什么?

2. 对于王劲松的异议,朝阳区法院应当如何处理?如果王劲松对朝阳区法院的处理结果不服,其应该采取何种救济措施?

3. 如果经朝阳区法院查实,王劲松确实于2018年7月31日与大地公司签订了房屋买卖合同,且已经支付50%的价款,但尚未入住,朝阳区法院应当如何处理?如果王劲松已经入住该房屋,朝阳区法院又该如何处理?

4. 根据现行法律和司法解释的规定,红楼湾第42、43栋别墅应当由哪个法院处理?为什么?

5. 本案拍卖程序是否有违法之处?为什么?

第二十一章　涉外民事诉讼程序的特别规定

【学习目标】

（一）理解

涉外民事诉讼的主体、内容、客体；法院审理涉外民事诉讼案件的特别规定。

（二）熟悉

确定涉外民事诉讼管辖的原则；涉外民事诉讼中的重复诉讼与处理。

（三）掌握

涉外民事诉讼的概念；涉外民事诉讼程序的特点；涉外民事诉讼程序的原则及其具体内容；涉外民事诉讼管辖的概念及其种类；涉外民事诉讼的跨境网上立案；涉外民事诉讼期间及其特点；涉外民事诉讼的送达方式。

【知识结构图】

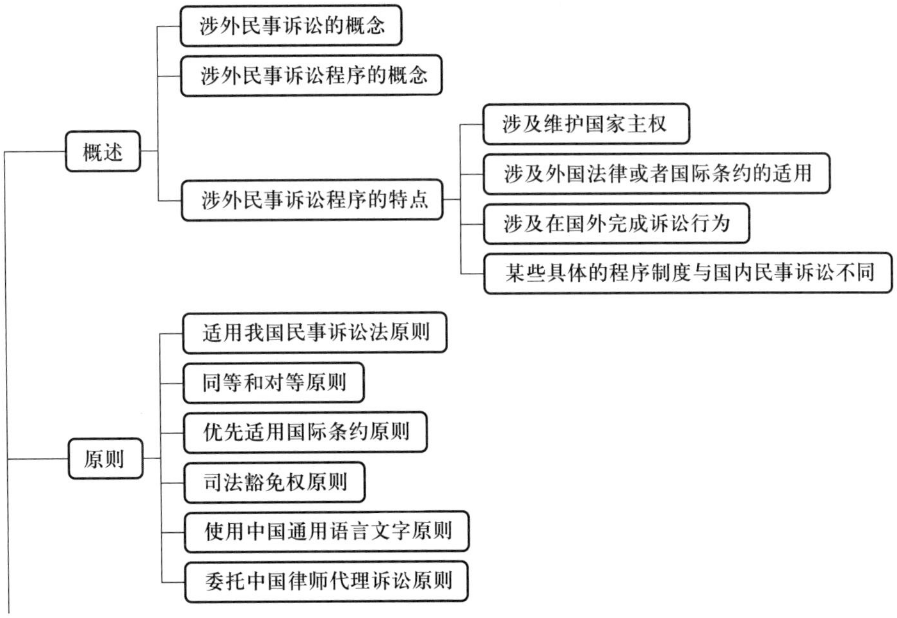

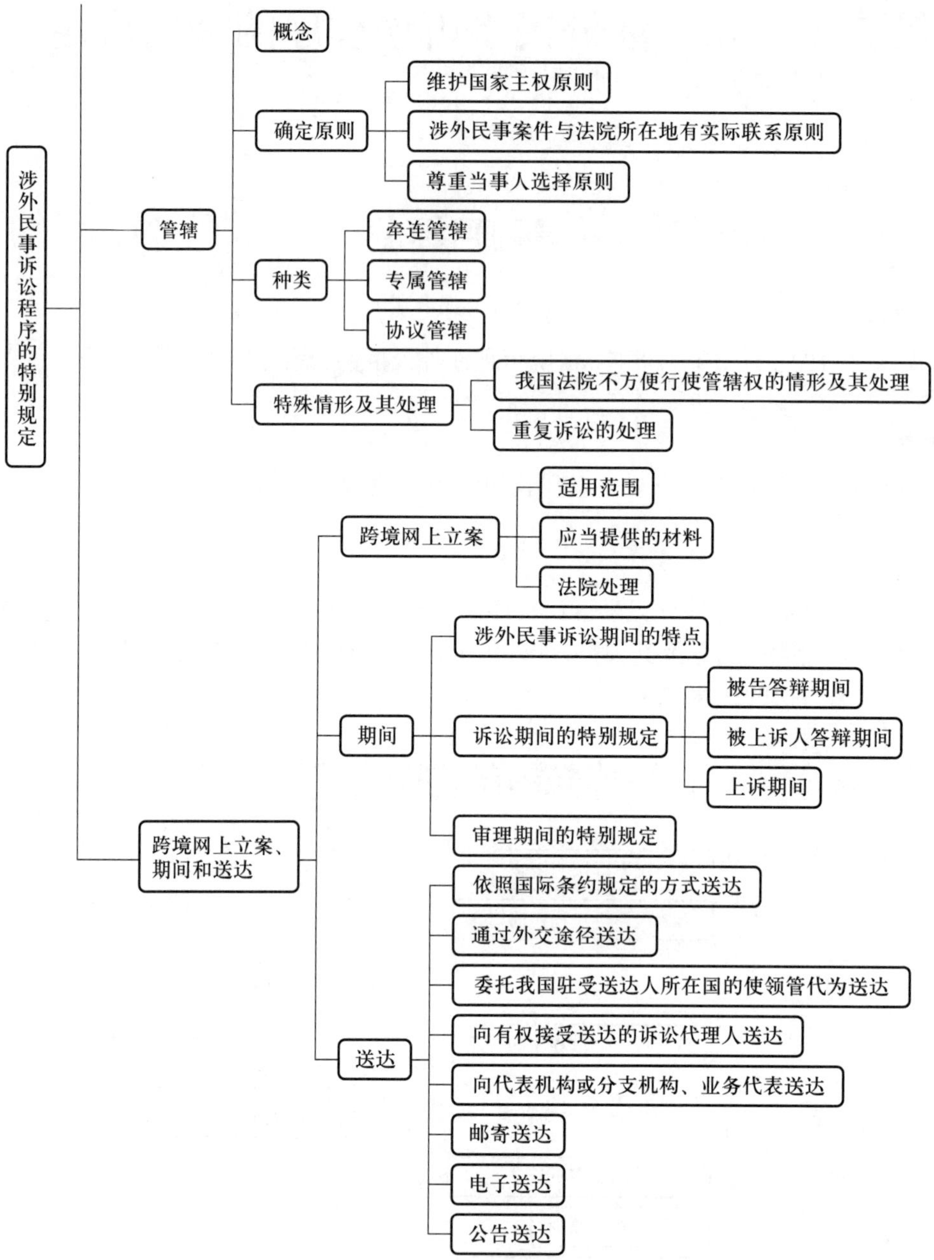

【重点难点解析】

一、涉外民事诉讼程序的概念与特征

涉外民事诉讼，是指法院在当事人及其他诉讼参与人的参加下，对涉外民事案件进行审理并作出裁判的一种活动，也称为具有涉外因素的民事诉讼、国际民事诉讼。

涉外民事诉讼中的“涉外因素”主要表现为诉讼主体涉外、诉讼内容涉外和诉讼客体涉外。诉讼主体涉外即诉讼主体具有涉外因素，是指当事人一方或者双方是外国人、无国籍人、外国企业或者组织；诉讼内容涉外即诉讼内容具有涉外因素，是指引起当事人之间的民事关系的发生、变更或者消灭的法律事实发生在我国境外；诉讼客体涉外即诉讼客体具有涉外因素，是指争议的标的物在国外，如要求继承的遗产在国外。

涉外民事诉讼程序，是指法院受理、审判和执行涉外民事案件时所适用的法定程序。

与国内民事诉讼程序相比，涉外民事诉讼程序具有以下特点：涉及维护国家主权，涉及外国法律或者国际条约的适用，涉及在国外完成诉讼行为，某些具体的程序制度与国内民事诉讼不同。

二、涉外民事诉讼程序的原则

1. 适用我国民事诉讼法原则。在我国进行涉外民事诉讼，必须适用我国民事诉讼法的规定。这是维护国家主权的需要，也是“诉讼程序适用法院地法”国际惯例的体现。适用我国民事诉讼法原则主要体现为：(1) 外国人、无国籍人、外国企业或者组织在我国领域内进行民事诉讼，必须遵守我国的民事诉讼法。涉外民事案件，从当事人起诉到法院判决和执行，均受我国民事诉讼法调整。(2) 凡专属于我国法院管辖的涉外民事案件，均由我国享有管辖权的法院进行审判，任何外国法院都无权管辖。(3) 外国法院的生效裁判和外国仲裁机构的裁决，必须经过我国法院依法审查并予以承认，才能在我国领域内发生法律效力，具有执行内容的，按照我国法律的规定予以执行。

2. 同等和对等原则。同等原则是指在我国法院起诉、应诉的外国人、无国籍人、外国企业和组织与我国当事人享有同等的诉讼权利义务，我国法院既不增加外国人、无国籍人、外国企业和组织的诉讼权利，也不增加这些主体的诉讼义务，这些主体与我国当事人享有同等的待遇。对等原则是指外国法院对我国公民、法人和其他组织的民事诉讼权利加以限制的，我国也对该国公民、企业和组织的民事诉讼权利采取相应措施加以限制，实行对等原则。在涉外民事诉讼中，实行同等原则体现了国家之间的平等互惠，有利于国际交往与经济合作；实行对等原则既是维护我国公民、法人和其他组织合法权益的需要，也是维护国家司法主权的需要。

3. 优先适用国际条约原则。优先适用国际条约原则是指，在涉外民事诉讼中，我国缔结或者参加的国际条约同我国民事诉讼法有不同规定的，适用该国际条约的规定，但我国声明保留的条款除外。优先适用国际条约原则是信守国际条约的体现与要求。

4. 司法豁免原则。司法豁免原则是指，对享有外交特权与豁免的外国人、外国组织或者国际组织提起的民事诉讼，依照我国有关法律和我国缔结或者参加的国际条约的规定办理。依法享有司法豁免权的人，具有免受司法管辖的特权。

5. 使用中国通用语言文字原则。使用中国通用语言文字原则是指，法院审理涉外民事案件，应当使用我国通用的语言、文字。这一原则是维护国家主权与尊严的体现，也是国际上通行的做法。根据这一原则的要求，当事人提交的书面材料是外文的，应当同时向法院提交中文翻译文本；当事人不熟悉中国通用语言文字的，可以要求提供翻译，费用由当事人负担。

6. 委托中国律师代理诉讼原则。委托中国律师代理诉讼原则是指，外国人、无国籍人、外国企业和组织在中国法院起诉、应诉，需要委托律师代理诉讼的，必须委托中国的律师。

三、涉外民事诉讼管辖

涉外民事诉讼管辖，是指我国法院审判涉外民事案件的分工与权限。它解决的是涉外民事案件是否由我国法院进行审判的问题。

我国确定涉外民事诉讼管辖的原则包括：维护国家主权原则；涉外民事案件与法院所在地有实际联系的原则；尊重当事人选择原则。

涉外民事诉讼管辖主要有牵连管辖、专属管辖和协议管辖等内容。牵连管辖是指根据涉外民事案件与法院所在地存在实际联系所确定的一种管辖制度。实际联系的联结点，除住所地外，还包括合同签订地、合同履行地、诉讼标的物所在地、可供扣押财产所在地、侵权行为地、代表机构所在地等。涉外民事诉讼中的专属管辖是指某些特定的涉外民事案件，只能由我国法院管辖，排除外国法院的管辖权，也不允许当事人协议选择外国法院管辖。根据我国《民事诉讼法》的规定，因在我国履行中外合资经营企业合同、中外合作经营企业合同、中外合作勘探开发自然资源合同引起纠纷提起的诉讼，由我国法院专属管辖，但是当事人协议选择仲裁解决的除外。涉外民事诉讼中的协议管辖，是指当事人在纠纷发生之前或者纠纷发生之后，以书面形式协议选择管辖法院的一种制度。根据我国《民事诉讼法》及相关司法解释的规定，合同或者其他财产权益纠纷的当事人可以书面协议选择被告住所地、合同履行地、合同签订地、原告住所地、标的物所在地等与争议有实际联系的地点的法院管辖，但不得违反级别管辖和专属管辖的规定；涉外合同或者其他财产权益纠纷的当事人可以书面协议选择被告住所地、合同履行地、合同签订地、标的物所在地、侵权行为地等与争议有实际联系地点的外国法院管辖，根据法律规定属于我国专属管辖的案件，当事人不得协议选择外国法院管辖，但协议选择仲裁的除外。

关于涉外民事诉讼管辖中不方便法院问题。这是指我国法院虽然对某些涉外民事案件享有管辖权，但是在审理时因认定事实和适用法律存在困难而不方便审判，由外国法院审理更加方便，在不涉及国家利益和我国公民、法人或者其他组织利益的情况下，可以裁定不予受理，告知其向更方便的外国法院提起诉讼。它解决的是管辖权的放弃问题。根据司法解释的规定，不方便法院的适用情形包括：(1) 被告提出案件应由更方便外国法院管辖的请求，或者提出管辖异议；(2) 当事人之间不存在选择我国法院管辖的协议；(3) 案件不属于我国法院专属管辖；(4) 案件不涉及我国国家、公民、法人或者其他组织的利益；(5) 案件争议的主要事实不是发生在我国境内，且案件不适用我国法律，人民法院审理案件在认定事实和适用法律方面存在重大困难；(6) 外国法院对案件享有管辖权，且审理该案件更加方便。

关于涉外民事诉讼管辖中的重复诉讼问题。同一涉外民事纠纷由两个国家的法院分别受理并作出不同判决，就构成重复诉讼。在重复诉讼中存在平行诉讼与对抗诉讼两种不同的情形。平行诉讼又称一事两讼，是指同一涉外民事纠纷可由两个国家的法院管辖时，双方当事人分别向自己国家的法院起诉并受理；对抗诉讼，是指同一涉外民事纠纷，一方当事人在一国提起诉讼后，另一方当事人以不同的事实与理由又在他国法院起诉。对于涉外重复诉讼，《民诉法解释》第 531 条明确规定，我国法院和外国法院都有管辖权的案件，一方当事人向外国法院起诉，而另一方当事人向我国法院起诉的，我国法院可以受理。判决后，外国法院申请或者当事人请求我国法院承认和执行外国法院对本案作出的判决、裁定的，不予准许；但双方共同缔结或者参加的国际条约另有规定的除外。外国法院判决、裁定已经被我国法院承认,当事人就同一纠纷向我国法院起诉的,不予受理。

四、涉外民事诉讼的跨境网上立案、期间和送达

跨境网上立案适用的案件范围包括第一审民事、商事案件。法院通过“中国移动微法院”为跨境诉讼当事人提供网上立案服务。跨境诉讼当事人申请网上立案应当在线提交以下材料:(1) 起诉状;(2) 当事人的身份证明及相应的公证、认证、转递、寄送核验等材料;(3) 证据材料。上述材料应当使用我国通用文字或者有相应资质翻译公司翻译的译本。受诉法院收到网上立案申请后,应当作出以下处理:(1) 符合法律规定的,及时登记立案。(2) 提交诉状和材料不符合要求的,应当一次性告知当事人在15日内补正。当事人难以在15日内补正材料的,可以向受诉法院申请延长补正期限至30日。当事人未在指定期限内按照要求补正,又未申请延长补正期限的,立案材料作退回处理。(3) 不符合法律规定的,可在线退回材料并释明具体理由。(4) 无法即时判定是否符合法律规定的,应当在7个工作日内决定是否立案。跨境诉讼当事人提交的立案材料中包含以下内容的,受诉法院不予登记立案:(1) 危害国家主权、领土完整和安全;(2) 破坏国家统一、民族团结和宗教政策;(3) 违反法律法规,泄露国家秘密,损害国家利益;(4) 侮辱诽谤他人,进行人身攻击、谩骂、诋毁,经法院告知仍拒不修改;(5) 所诉事项不属于人民法院管辖范围;(6) 其他不符合法律规定的起诉。

涉外民事诉讼期间的特别规定包括提交答辩状期间、上诉期间和审理期间。其中,提交答辩状期间和上诉期间均为30日,涉外民事诉讼没有审限的规定。但是,涉外民事诉讼期间的特别规定仅适用于在我国领域内没有住所,即不在我国领域内居住的当事人。

涉外民事诉讼送达的方式包括9种:依照国际条约规定的方式送达,通过外交途径送达,委托我国驻受送人所在国的使领馆代为送达,向有权接受送达的诉讼代理人送达,向代表机构或分支机构、业务代办人送达,向外国人或者外国企业、组织的法定代表人、主要负责人送达,邮寄送达,电子送达,公告送达。

【习题自测】

一、单项选择题

1. 在涉外民事诉讼中,人民法院裁定采取诉前财产保全措施后,申请人应当在下列哪一选项的时间内提起诉讼?( )

A. 10日内　　B. 30日内　　C. 60日内　　D. 90日内

2. 一俄罗斯人与一美国人在从莫斯科飞往纽约的航班上发生纠纷,双方协议选择在中国上海通过诉讼解决。关于该纠纷在程序上的法律适用,下列哪一选项是正确的?( )

A. 适用我国民事诉讼法

B. 适用原告所属国的民事诉讼法

C. 适用被告所属国的民事诉讼法

D. 适用国际条约有关民事诉讼的规定

3. 涉外民事诉讼中,受送达人所在国的法律允许邮寄送达的,自邮寄之日起满多长时间视

为送达？（　　）

A. 1个月　　B. 3个月　　C. 6个月　　D. 1年

4. 关于涉港澳台民事诉讼的法律适用，下列表述正确的是（　　）。

A. 适用民事诉讼法涉外民事诉讼程序的特别规定

B. 参照适用民事诉讼法涉外民事诉讼程序的特别规定

C. 不得适用民事诉讼法涉外民事诉讼程序的特别规定

D. 不得参照适用民事诉讼法涉外民事诉讼程序的特别规定

5. 我国民事诉讼法的规定与我国缔结或者参加的国际条约中的某些规定发生冲突时，人民法院应当（　　）。

A. 优先适用我国民事诉讼法的规定

B. 优先适用国际条约的规定

C. 报请最高人民法院裁定

D. 由法官裁量确定适用国际条约或者适用我国民事诉讼法的规定

二、多项选择题

1. 根据我国法律规定，通过外交途径向国外当事人送达法律文书时，下列正确的选项是（　　）。

A. 要求送达的法律文书必须经最高人民法院审查

B. 由我国外交部领事司送交当事人所在国驻我国的外交机构

C. 由当事人所在国驻我国外交机构转交给该国的外交机关

D. 按照当事人所在国法律规定的方式送达

2. 人民法院对在我国领域内没有住所的当事人送达诉讼文书，可以采用下列哪些途径？（　　）

A. 外交途径送达　　B. 邮寄送达

C. 公告送达　　D. 直接送达

3. 当事人可以书面协议选择管辖法院的涉外民事纠纷是（　　）。

A. 涉外合同纠纷　　B. 涉外财产权益纠纷

C. 涉外婚姻纠纷　　D. 中外合资企业合同纠纷

4. 下列哪些选项属于我国人民法院专属管辖的涉外民事纠纷？（　　）

A. 在中国履行的中外合资经营企业合同纠纷

B. 在中国履行的中外合作经营企业合同纠纷

C. 在中国履行的中外合作勘探开发自然资源合同纠纷

D. 涉及中国公民的人身关系纠纷

5. 我国法律对涉外民事诉讼案件规定的管辖制度主要有（　　）。

A. 通过规定专属管辖制度排除外国法院的管辖权

B. 通过规定重复诉讼规则排除外国法院的管辖权

C. 通过规定不方便法院规则拒绝行使管辖权

D. 通过规定牵连管辖制度扩大我国法院的管辖权

三、名词解释

1. 涉外民事诉讼
2. 涉外民事诉讼程序
3. 优先适用国际条约原则
4. 司法豁免原则
5. 平行诉讼

四、简答题

1. 简述确定涉外民事诉讼管辖的原则。
2. 简要回答涉外民事诉讼期间的特别规定。

五、论述题

论涉外民事诉讼程序的基本原则。

六、案例分析题

张某与李某于2013年在上海登记结婚不久，李某就到澳大利亚留学并于2019年取得澳大利亚的国籍，张某长期居住在北京市朝阳区。2020年3月，李某在澳大利亚提起诉讼，请求判令与张某离婚。张某得知这一情况后，便向北京市朝阳区法院提起诉讼，请求判令与李某离婚并分割双方在中国境内的共同财产。李某提出管辖权异议，认为中国法院对本案没有管辖权。

问题：

1. 中国法院对本案是否享有管辖权？法律依据是什么？
2. 本案应当适用哪一国法律规定的程序进行审理？
3. 如果澳大利亚法院作出李某和张某离婚的判决，李某持该判决申请中国法院承认，中国法院应当如何处理？
4. 如果北京市朝阳区法院以李某已经取得澳大利亚国籍、以本案由中国法院审理不方便为由，裁定驳回张某的起诉。假设你是张某的诉讼代理人，将如何维护张某的合法权益？

第二十二章　司法协助

【学习目标】

（一）理解

司法协助的依据、目的。

（二）熟悉

司法协助的内容、程序；我国提供司法协助的条件。

（三）掌握

司法协助的概念；一般司法协助的概念、途径、程序；特殊司法协助的概念与范围；外国法院裁判和仲裁机构裁决在我国承认与执行的前提、条件与程序；我国法院判决、裁定和仲裁裁决在外国承认与执行的条件、程序。

【知识结构图】

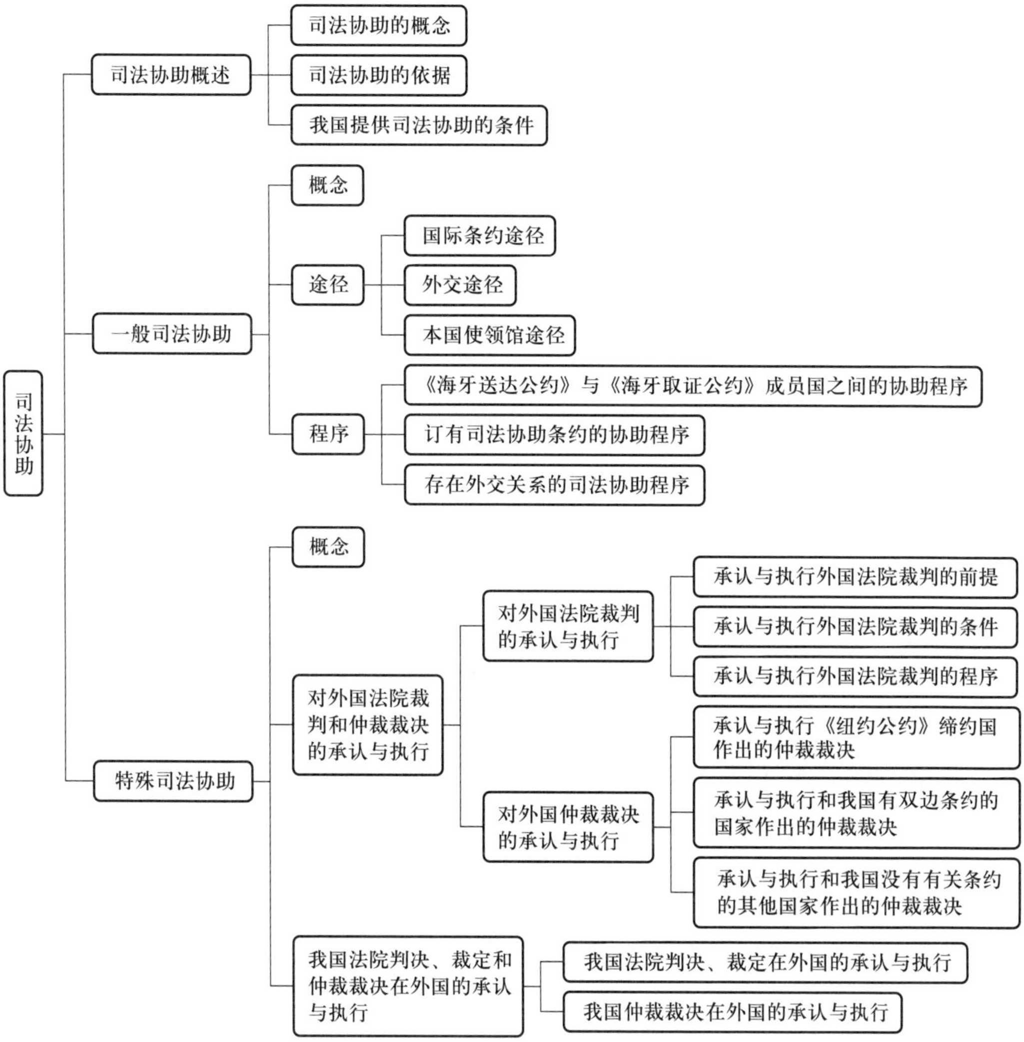

【重点难点解析】

一、司法协助

司法协助，是指不同国家的法院之间，根据本国缔结或者参加的国际条约或者按照互惠原则，互相协助代为实施一定的诉讼行为的制度。它分为广义的司法协助和狭义的司法协助两种类型。狭义的司法协助也称为一般司法协助，是指不同国家的法院之间代为送达诉讼文书、代为调查取证或者其他诉讼行为的制度，不包括承认和执行外国法院的裁判、外国仲裁机构的仲裁裁决。广义的司法协助，又称为特殊司法协助，不仅包括代为送达诉讼文书和调查取证，还包括相互承认与执行外国法院的判决、裁定和外国仲裁机构的仲裁裁决。

司法协助的依据一般包括:(1) 存在相关国际条约;(2) 存在互惠关系。

我国提供司法协助应当符合下列条件:委托司法协助的事项不得有损于我国的公共秩序;提供必要的书面材料;依照我国法律规定的程序提出请求。

二、一般司法协助的途径

一般司法协助的途径包括国际条约途径、外交途径和本国使领馆途径三种。其中,国际条约途径是根据我国签订的司法协助协定,或者我国参加的涉及司法协助内容的国际条约的规定进行的司法协助。外交途径是指尚未签订司法协助协定或者双方均没有参加有关国际条约,但已经建立外交关系的国家之间,按照互惠原则通过外交途径进行的司法协助。本国使领馆途径是在不违反驻在国法律、不采取强制措施的前提下,通过本国驻外使领馆向住在该驻在国的本国公民代为完成一定的诉讼行为的司法协助。

三、一般司法协助的程序

司法协助途径以及司法协助内容不同,司法协助的程序也不相同。按照《海牙送达公约》和《海牙取证公约》的规定,缔约国之间诉讼文书送达的司法协助程序为:公约成员国驻华使领馆转送该国法院或其他机关请求我国送达的民事或者商事诉讼文书,应当直接送交我国司法部,由司法部转递给最高人民法院,再由最高人民法院交有关法院送达给当事人;公约成员国有权送达文书的主管机关或者司法助理人员,请求我国送达民事和商事司法文书的,应当直接送交我国司法部,由司法部转递给最高人民法院,再由最高人民法院交有关法院送达当事人。送达证明由有关法院交最高人民法院送司法部,再由司法部交该国驻华使领馆或者该国主管当局或者司法助理人员。我国法院请求公约成员国向该国公民或者第三国公民或者无国籍人送达民事和商事诉讼文书,有关中级人民法院或者专门法院应将请求书和所送达司法文书送有关高级人民法院转交最高人民法院,由最高人民法院送司法部转送给该国指定的中央机关,必要时,也可由最高人民法院送我国驻该国使领馆转送给该国指定的中央机关。发自缔约一国的诉讼文书的送达,不应产生因文书发往该国提供服务而引起的税款或者费用的支付或者补偿。申请人应当支付或者补偿因下列情况产生的费用:(1) 有司法助理人员或者依送达目的地国法律主管人员的参与;(2) 特定送达方法的使用。

缔约国之间调查取证的司法协助程序为:缔约成员国使领馆或者主管部门将调查取证申请书依代为送达诉讼文书的程序交我国司法部,由司法部转交最高人民法院,再由最高人民法院送交有关法院调查取证;我国法院请求公约成员国调查取证,依上述诉讼文书送达程序将请求书及必要的文件送该国有责任接收请求的指定中央机关,再由其根据本国法律调查取证。受托调查取证的机关和人员,适用其本国法规定的方式和程序进行调查取证,但是该机关应采纳请求机关提出的特殊方式或者程序的请求,除非该请求与其国内法相抵触或者因其国内惯例和程序或者存在实际困难而不可能执行。代为调查取证不产生任何性质的税费补偿,但是调查取证的实施国有权要求请求国支付给鉴定人和译员的费用以及因采用请求国根据《海牙取证公约》第 9 条第 2 款要求的特殊程序而产生的费用。

与我国订有司法协助双边条约的国家的司法协助程序,与依《海牙送达公约》《海牙取证公约》规定进行司法协助的程序基本相同。没有参加《海牙送达公约》《海牙取证公约》且与我国没有签订司法协助双边条约，但与我国有外交关系的国家，司法协助的程序为：外国法院要求我国法院提供司法协助的，先由该国驻华使领馆将委托事项和有关文件交我国外交部领事司审查后转递给有关高级人民法院，再由该高级人民法院指定有关中级人民法院代为完成诉讼行为，完成结果连同原有关文件再按上述程序由外交部领事司转交对方；我国法院要求外国法院提供一般司法协助的，先将请求书及有关文件报经有关高级人民法院审查，再转由我国外交部领事司送交当事人所在国驻我国的外交机构，由其转交给该国的外交机关，然后按照该国法律规定的方式实施。

四、我国法院承认和执行外国法院裁判的前提、条件与程序

我国法院承认和执行外国法院裁判的前提是：当事人所在国或者请求法院所在国与我国订有司法协助协定或者有缔结或者共同参加的国际条约，或者存在互惠关系。外国法院所在国与我国既没有缔结或者共同参加的国际条约，又没有互惠关系的，裁定驳回申请，但当事人向我国法院申请承认外国法院作出的发生法律效力的离婚判决除外。

我国法院承认和执行外国法院裁判，必须具备以下条件：(1) 请求承认和执行的外国法院裁判已经生效；(2) 制作该裁判的外国法院对该事项具有管辖权；(3) 外国法院裁判的制作程序合法；(4) 外国法院裁判需要在我国得到承认和执行，如被执行人或者被执行的财产在我国领域内；(5) 外国法院裁判不违反我国法律的基本原则或者国家主权、安全、社会公共利益。

我国法院承认和执行外国法院裁判的程序是：当事人提出书面申请或者外国法院提出书面请求；我国法院组成合议庭进行审查并作出处理：经审查认为符合条件的，裁定承认其效力，需要执行的，发出执行令，经审查认为不符合条件的，裁定驳回申请，将申请书或者请求权退出提出申请的当事人或者提出请求的外国法院。上述裁定一经送达即发生法律效力。同时，当事人仅申请承认而未同时申请执行的，我国法院仅对是否承认进行审查并作出裁定。

五、我国法院承认和执行外国仲裁机构裁决的依据与程序

我国法院承认外国仲裁机构仲裁裁决的依据同样是我国缔结或者参加的国际条约，或者按照互惠原则办理。根据现行法律和司法解释的规定，承认和执行外国仲裁机构仲裁裁决，应当由当事人直接向被执行人住所地或者被执行的财产所在地中级人民法院申请。

我国法院承认和执行外国仲裁机构裁决分为三种情形：一是承认和执行《纽约公约》缔约国仲裁机构作出的裁决；二是承认和执行与我国有双边条约的国家的仲裁机构作出的裁决；三是承认和执行与我国没有有关条约关系的其他国家仲裁机构作出的裁决。

六、我国法院判决、裁定在外国的承认和执行

我国法院判决、裁定生效后，被执行人或者被执行的财产不在我国领域内，当事人请求执行的，可以由当事人直接向有管辖权的外国法院申请承认和执行，也可以由我国法院依照我国缔结或者参加的国际条约的规定，或者按照互惠原则，请求外国法院承认和执行。下列情形，应当由当事人直接向外国法院申请承认和执行：(1) 我国与该国既不存在司法协助条约关系又无互惠关系；(2) 我国与该国签订或者参加的司法协助条约明确规定应当由当事人申请的；

(3) 该外国法院将申请承认和执行法院裁决作为当事人诉权内容的。外国法院接到申请或者请求后,依照与我国签订或者参加的国际条约,或者按照互惠原则进行审查,同意承认和执行的,按照其本国法律程序进行。

七、我国仲裁裁决在外国的承认和执行

我国仲裁机构作出的仲裁裁决,只能由当事人直接向外国法院申请承认和执行。这种承认和执行,同样分为三种情形:一是在《纽约公约》缔约国承认和执行;二是在非《纽约公约》缔约国但与我国有双边条约或者协定的国家的承认和执行;三是在既非《纽约公约》缔约国又与我国没有双边条约或者协定的国家承认和执行。

【习题自测】

一、单项选择题

1. 当事人申请承认外国法院的判决,我国法院的处理方式是( )。

A. 决定　B. 裁定　C. 判决　D. 通知

2. 外国法院作出的生效判决,需要在我国发生法律效力,当事人应当向我国有管辖权的法院提出下列哪一选项?( )

A. 申请执行　B. 申请承认和执行

C. 提起诉讼　D. 申请确认

3. 中国甲公司与日本乙公司的商事纠纷在日本通过仲裁裁决后,因甲公司未履行该裁决,乙公司向某人民法院申请承认与执行该裁决。中国和日本均为《纽约公约》的缔约国,关于该裁决在中国的承认与执行,下列哪一选项是正确的?( )(2017年司法考试卷一第38题)

A. 该人民法院应组成合议庭审查

B. 如该裁决是由临时仲裁庭作出的,该人民法院应拒绝承认与执行

C. 如该人民法院认为该裁决不符合《纽约公约》的规定,即可直接裁定拒绝承认和执行

D. 乙公司申请执行该裁决的期间应适用日本法的规定

4. 中国香港甲公司与内地乙公司签订商事合同,并通过电子邮件约定如发生纠纷由香港地区法院管辖。后因履约纠纷,甲公司将乙公司诉至香港地区法院并胜诉。判决生效后,甲公司申请人民法院认可和执行该判决。关于该判决在内地的认可与执行,下列哪一选项是正确的?( )(2017年司法考试卷一第39题)

A. 电子邮件不符合"书面"管辖协议的要求,故该判决不应被认可与执行

B. 如乙公司的住所地与财产所在地分处两个中级人民法院的辖区,甲公司不得同时向这两个人民法院提出申请

C. 如乙公司在内地与香港地区均有财产,甲公司不得同时向两地法院提出申请

D. 如甲公司的申请被人民法院裁定驳回,它可直接向最高人民法院申请复议

5. 根据《海牙送达公约》的规定,公约成员国驻华使领馆转送该国法院或其他机关请求我国送达的民事或者商事法律文书,应当直接送交下列哪一选项?( )

A. 国务院　B. 最高人民法院

C. 司法部　　D. 外交部

二、多项选择题

1. 外国仲裁机构作出的裁决被人民法院裁定不予执行的，当事人可以（　　）。

A. 提起上诉　　B. 重新申请仲裁

C. 向仲裁机构申请执行　　D. 向人民法院提起诉讼

2. 中国法院和外国法院进行司法协助，双方应当使用（　　）。

A. 中文文本　　B. 该国文字文本

C. 本国文字文本，并附有对方文字译本　　D. 国际条约规定的其他文字文本

3. 我国涉外仲裁机构的裁决生效后，对方当事人不履行义务的，当事人应当向下列哪些法院申请执行？（　　）

A. 被申请人住所地中级人民法院　　B. 被执行财产所在地中级人民法院

C. 仲裁机构所在地中级人民法院　　D. 申请人住所地中级人民法院

4. 司法协助的内容包括（　　）。

A. 送达文书　　B. 调查取证

C. 代为采取强制措施　　D. 相互承认和执行法院裁判

5. 我国承认和执行外国法院裁判的法律依据包括（　　）。

A. 我国民事诉讼法

B. 相关国家的法律

C. 我国缔结或者参加的国际条约

D. 我国与有关国家签订的双边司法协助条约

三、不定项选择题

1. 下列哪些选项的案件可以适用涉外民事诉讼程序的特别规定？（　　）

A. 在中国履行中外合资经营企业合同产生的纠纷案件

B. 申请中国法院承认和执行英国法院判决的案件

C. 当事人申请中国法院执行巴黎仲裁院作出的裁决的案件

D. 当事人申请中国法院执行北京仲裁委员会作出的裁决的案件

2. 我国法院承认和执行外国法院裁判的程序，下列哪些选项是正确的？（　　）

A. 由当事人向我国有管辖权的法院提出申请，也可以由外国法院提出请求

B. 我国法院不应对外国法院裁判进行审查

C. 我国法院进行审查的内容包括对外国法院裁判的事实认定，但不包括法律适用

D. 人民法院应当以裁定作出结论

3. 我国法院向在我国领域内无住所的当事人送达的方式，包括下列哪些选项？（　　）

A. 外交途径送达

B. 委托我国驻受送达人所在国的使领馆代为送达

C. 向受送达人在我国领域内的亲属送达

D. 受送达人所在国法律允许邮寄送达的，邮寄送达

4. 我国法院在对外国仲裁裁决的承认和执行时，对下列哪些选项不应进行审查？（　　）

A. 仲裁协议的效力

B. 仲裁裁决是否已被撤销或停止执行

C. 承认和执行该裁决是否将违反我国的公序良俗与公共政策

D. 仲裁裁决的实体内容

5. 根据我国与外国缔结或参加的国际条约以及我国法律的规定,外国法院请求我国法院进行特殊司法协助,下列哪些选项符合要求?( )

A. 请求国与我国存在条约或互惠关系

B. 请求承认与执行的外国文书已经确定或生效

C. 对于外国文书所解决的案件,我国法院已经受理并在审理中

D. 外国法院对该文书的裁决事项拥有国际司法管辖权

四、名词解释

1. 司法协助

2. 一般司法协助

3. 特殊司法协助

五、简答题

1. 简述承认与执行外国法院裁判的条件和原则。

2. 简述我国提供司法协助的条件。

六、论述题

试论司法协助。

七、案例分析题

中国甲公司(买方)与美国乙公司(卖方)在美国洛杉矶签订货物买卖合同一份,约定乙公司向甲公司提供废铜,交货地点在中国大连港。后因乙公司交货不符合约定,双方形成纠纷。甲公司向美国洛杉矶高等法院提起诉讼,请求判令被告返还货款427万美元。

问题:

1. 中国法院对本案是否具有管辖权?

2. 美国洛杉矶高等法院作出的判决生效后,甲公司发现乙公司在中国境内有可供执行的财产,甲公司应当如何处理?为什么?

3. 假设甲公司向中国法院提起诉讼,乙公司向美国法院提起诉讼,美国法院作出生效判决后,乙公司向中国法院申请承认和执行美国法院的判决,中国法院应当如何处理?为什么?

4. 假设乙公司已先向美国法院提起诉讼但尚未作出判决,甲公司向中国法院提起诉讼,中国法院是否可以受理?为什么?

第二部分

综合试卷

《民事诉讼法学》期末考试模拟试卷(一)

一、单项选择题(本大题共 20 小题,每小题 1 分,共 20 分)

1. 关于审判组织的说法,下列哪一选项是正确的? (   )

A. 中级法院审理案件的合议庭只能由审判员组成,陪审员不能参加

B. 审理再审案件的合议庭,陪审员可以参加

C. 适用简易程序和特别程序审理的案件,由审判员一人独任审理

D. 第二审法院发回重审的案件,不适用陪审制

2. 甲公司因侵犯乙公司的商标权被法院判决赔偿乙公司 10 万元的损失。在执行过程中,甲公司与乙公司达成和解协议。后甲公司却不履行该和解协议的约定。对此,下列哪一选项是正确的? (   )

A. 由法院执行和解协议

B. 由法院依职权恢复原判决的执行

C. 乙公司向法院申请恢复原判决的执行

D. 乙公司以甲公司违反和解协议为由,向法院提起民事诉讼

3. 关于回避制度,下列哪一选项是正确的? (   )

A. 审判长的回避由院长决定,陪审员的回避由审判长决定

B. 当事人提出回避申请,最迟应在法庭辩论终结以前提出

C. 法院接到回避申请后,应当在 3 日内以书面方式作出决定

D. 当事人对回避决定不服的,可以提出上诉

4. 下列哪一选项的案件,构成重复起诉? (   )

A. 抚养费案件,判决发生法律效力后,当事人丧失劳动能力,起诉要求减少抚养费用的

B. 原告提供被告的信息,不足以认定有明确的被告,法院裁定不予受理,原告以同一事实和理由再次起诉的

C. 按撤诉处理的离婚案件,被告在 6 个月内起诉要求离婚的

D. 当事人因证据不足败诉,判决生效后,发现新证据,又起诉的

5. 关于第三人的诉讼权利,下列哪一选项是正确的? (   )

A. 无独立请求权的第三人无权提出管辖权异议,而有独立请求权的第三人则可以

B. 有独立请求权的第三人和无独立请求权的第三人均有权提起上诉

C. 被要求承担民事责任的无独立请求权的第三人有权提出反诉

D. 无独立请求权的第三人被判决承担民事责任的,有权提起上诉

6. 在代表人诉讼中未参加登记的权利人,于诉讼时效期间内提起诉讼,法院认定其请求成立的,应当(   )。

A. 及时审理并作出判决

B. 裁定适用前诉的判决

C. 裁定驳回起诉

D. 以调解的方式结案

7. 关于公开审判制度,下列哪一选项是正确的? ( )

A. 涉及个人隐私的案件,当事人申请不公开审理的,法院可以不公开审理

B. 不公开审理案件要求法院不能开庭审理

C. 即使公开审理的案件,合议庭评议过程也是不公开的

D. 对于不公开审理的案件,不能公开宣告判决

8. 关于法院制作的调解书,下列哪一选项是正确的? ( )

A. 当事人对一审法院制作的调解书不服,有权提出上诉

B. 经法院调解维持收养关系的案件,可以不制作调解书

C. 经法院调解解除婚姻关系的调解书生效后,一方以调解书违反了自愿原则为由,可以申请再审

D. 检察院对调解书的监督方式只能是提出检察建议

9. 关于基层法院可以适用简易程序审理的案件,下列哪一选项是正确的? ( )

A. 二审法院发回重审的案件

B. 启动审判监督程序进行再审的案件

C. 不属于简单的民事案件,当事人约定适用简易程序审理的案件

D. 起诉时被告下落不明的案件

10. 关于当事人适格的表述,下列哪一选项是不正确的? ( )

A. 破产企业管理人对破产企业财产享有管理权,可以该企业的名义起诉或应诉

B. 应以当事人是否属于所争议的民事法律关系的主体,作为判断当事人适格与否的标准

C. 未成年人不具有诉讼能力,但有当事人能力,可以作为民事诉讼当事人

D. 检察院就生效民事判决提起抗诉,抗诉的检察院是适格的当事人

11. 当事人对裁定不服,对下列哪一选项可以提出上诉? ( )

A. 先予执行裁定

B. 财产保全裁定

C. 驳回管辖权异议裁定

D. 补正判决书笔误裁定

12. 甲、乙、丙诉丁遗产继承纠纷一案,甲不服法院作出的一审判决,认为分配给丙和丁的遗产份额过多,提起上诉,其他人都没有提起上诉。关于本案二审当事人的诉讼地位,下列哪一选项是正确的? ( )

A. 甲是上诉人,乙、丙、丁是被上诉人

B. 甲、乙是上诉人,丙、丁是被上诉人

C. 甲、乙、丙是上诉人,丁为被上诉人

D. 甲是上诉人,乙为原审原告,丙、丁为被上诉人

13. 下列情形中,法院应当裁定中止执行的选项是( )。

A. 据以执行的法律文书被撤销的

B. 申请执行人撤销申请的
C. 案外人对执行标的提出确有理由的异议
D. 法院采取执行措施后,被执行人仍不能偿还债务的

14. 甲超过诉讼时效提起诉讼后,法院的正确做法是(　　)。
A. 应当裁定驳回起诉　　B. 应当裁定驳回诉讼请求
C. 应当立案受理　　D. 应当判决驳回诉讼请求

15. 在第二审程序中,原审原告申请撤回起诉时,下列哪一选项是正确的?(　　)
A. 法院应当征询其他当事人的意见
B. 法院应当告知当事人只能撤回上诉,不能撤回起诉
C. 法院准许撤诉的,第一审判决视为撤销
D. 撤回起诉后,当事人仍然可以再次起诉

16. 下列情形中,执行法院应当裁定中止执行的选项是(　　)。
A. 追索赡养费、扶养费、抚养费案件的权利人死亡的
B. 据以执行的法律文书被撤销的
C. 因被执行的财产在外地的,需要委托执行的
D. 案外人对执行标的提出异议的

17. 关于当事人超出举证期限向法院提交的证据,下列哪一选项是正确的?(　　)
A. 法院不组织当事人质证
B. 法院应当对当事人予以训诫或罚款
C. 法院应当责令当事人说明理由
D. 当事人因故意或者重大过失逾期举证,法院有权决定不予采纳

18. 原告经传票传唤,无正当理由拒不到庭的,法院可以(　　)。
A. 按撤诉处理　　B. 缺席判决
C. 拘留　　D. 拘传

19. 甲雇请乙往车上装放货物,乙因操作失误使货物从车上倾倒下来,货物将丙砸伤,丙起诉要求赔偿。关于本案当事人的诉讼地位,下列哪一选项是正确的?(　　)
A. 甲为被告　　B. 乙为被告
C. 甲和乙为共同被告　　D. 乙为被告,甲为无独立请求权第三人

20. 李某驾车与张某的汽车追尾,张某起诉要求李某修车。诉讼中张某变更诉讼请求,要求李某赔偿损失并赔礼道歉。下列哪一选项是正确的?(　　)
A. 该案的诉讼标的发生变更
B. 法院依法不允许张某变更诉讼请求
C. 该案仍属给付之诉
D. 该案属于变更之诉

二、多项选择题(本大题共 5 小题,每小题 2 分,共 10 分)

1. 我国民事诉讼法确定案件的级别管辖,主要考虑(　　)。
A. 案件的性质　　B. 案件的繁简程度
C. 案件的影响范围　　D. 案件标的金额的大小

2. 被申请人提出证据证明仲裁裁决具有下列哪些情形的,法院裁定不予执行?( )
A. 仲裁庭的组成或者仲裁的程序违反法定程序的
B. 裁决的事项不属于仲裁协议的范围
C. 裁决所根据的证据是伪造的
D. 裁决的事项属于仲裁机构无权仲裁的
3. 下列哪些选项属于我国民事诉讼法适用的空间范围?( )
A. 飞行于俄罗斯上空的中国国际航空公司的飞机
B. 中国驻美国大使馆
C. 法国某公司航行于我国领海内的商船
D. 英国驻中国大使馆
4. 东山市东城区的甲公司与北城区的乙司签订买卖合同,约定“因本合同发生的争议,由原告住所地法院管辖”。后因乙司迟迟不支付货款,甲公司欲向法院提起诉讼。此时,甲公司的住所地已从东城区迁至西城区。下列哪些选项正确?( )
A. 甲公司应向东城区法院提起诉讼
B. 甲公司应向西城区法院提起诉讼
C. 东城区和西城区法院均有管辖权
D. 双方可以另行约定管辖法院
5. 在民事诉讼中,程序公正的内容通常包括( )。
A. 裁判者中立　B. 当事人平等
C. 程序参与　D. 程序公开

三、不定项选择题(本大题共 5 小题,每小题 2 分,共 10 分)

1. 关于审判监督程序的特点,下列说法正确的是( )。
A. 启动主体具有唯一性　B. 审理对象具有特定性
C. 审理程序具有独立性　D. 程序适用具有普遍性
2. 关于涉外民事诉讼,下列表述错误的选项是( )。
A. 涉外民事诉讼中的司法豁免是相对的
B. 当事人仅可以就涉外合同纠纷协议确定管辖法院
C. 涉外民事诉讼中,当事人不服一审判决、裁定的上诉期限均为 30 日
D. 对居住在国外的外国当事人,可以通过我国驻该国的使领馆代为送达诉讼文书
3. 关于本证和反证,下列说法错误的是( )。
A. 原告提交的证据是本证,被告提交的证据是反证
B. 主张权利消灭的当事人,为证明权利消灭的基本事实所提交的证据是反证
C. 本证与反证是围绕同一待证事实的证据较量
D. 本证和反证都需达到高度盖然性标准
4. 何某依生效判决向法院申请执行甲的财产。在执行过程中,甲突发疾病猝死。法院询问甲的继承人是否继承遗产,甲的继承人乙表示继承,其他继承人均表示放弃继承。关于该案执行程序,下列哪些选项是错误的?( )
A. 应裁定延期执行

B. 应裁定变更甲的全部继承人为被执行人
C. 应裁定变更乙为被执行人
D. 应直接执行被执行人甲的遗产
5. 处分原则是我国民事诉讼法的特有原则,其内容包括(　　)。
A. 国家应主动对当事人处分权的行使进行干预
B. 处分对象为当事人所享有的民事实体权利
C. 以民事实体法的意思自治原则为基础
D. 当事人的处分行为贯穿民事诉讼的全过程

四、名词解释(本大题共 5 小题,每小题 2 分,共 10 分)

1. 变更之诉
2. 间接证据
3. 无独立请求权的第三人
4. 督促程序
5. 自认

五、简答题(本大题共 4 小题,共 20 分)

1. 简述执行行为异议与案外人异议的异同。(6 分)
2. 简述鉴定人与证人的区别。(5 分)
3. 简述判决与裁定的区别。(5 分)
4. 简述管辖权异议与移送管辖的关系。(4 分)

六、论述题(本题 15 分)

论民事诉讼中的辩论原则。

七、案例分析题(本题有 3 小题,共 15 分)

李某与张某签订一份借款合同。合同约定:李某向张某借款人民币 100 万元,李某以自己收藏的一块玉石作为担保,因移运不便,该玉石由李某保管,若李某不能按时还款,玉石归张某所有。因李某无力偿还借款,张某向法院提起诉讼。法院经过审理,确认借款合同有效,于是判决玉石归张某所有,以抵偿 100 万元借款及其利息。判决生效后,李某未履行义务,张某向法院申请强制执行。

在执行过程中,案外人陈某向法院提出执行异议,声称该玉石属于自己所有,只是存放于李某处,李某无权处置。法院以陈某提出的执行异议所依据的事实没有充分的证据为由,裁定驳回陈某的异议。

问题:

1. 根据题干描述的事实,张某的诉讼请求和法院的判决主文应如何表述?
2. 执行异议被裁定驳回后,陈某是否可以提出执行异议之诉?为什么?
3. 陈某若不服该异议的结果,应通过何种途径维护自己的合法权益?适用该种救济途径应满足哪些条件?

《民事诉讼法学》期末考试模拟试卷(二)

一、单项选择题(本大题共 15 小题,每小题 1 分,共 15 分)

1. 甲公司与乙公司商业秘密侵权纠纷一案,A 区法院受理后由孙法官、陪审员王某与赵某共同组成合议庭审理。为保守商业秘密,合议庭决定不公开审理此案,并不公开质证。关于本案的说法,下列哪一选项是不正确的?(　　)

A. 本案合议庭的组成合法　　B. 本案不公开审理合法

C. 本案不公开质证合法　　D. 本案应公开宣判

2. 根据《民事诉讼法》及其司法解释的规定,关于反诉的表述,下列哪一选项是正确的?(　　)

A. 反诉与本诉的主体同一,且具有相同的诉讼地位

B. 原告申请撤诉的,法院应当裁定驳回反诉

C. 被告反诉成立的,法院应判决驳回原告的诉讼请求

D. 被告的反诉请求属于专属管辖的案件,法院应告知其另行起诉

3. 甲区的海天公司与乙区的飞鸿公司签订了一份木材买卖合同,合同约定海天公司卖给飞鸿公司一批木材,同时约定,本合同履行发生争议,协商不成,由原告住所地和合同履行地法院管辖。合同签订后,因海天公司未履行合同,飞鸿公司欲提起诉讼要求海天公司交付木材。关于本案的说法,下列哪一选项是正确的?(　　)

A. 本案协议管辖无效,因为当事人约定了两个管辖法院

B. 本案协议管辖无效,因为当事人在合同中未约定合同履行地

C. 本案只能由乙区法院管辖,因为乙区是原告飞鸿公司的住所地

D. 飞鸿公司可以在甲区法院和乙区法院之中选择其一提起诉讼

4. 科技公司为从事技术研发向投资公司借款 300 万元,由担保公司提供保证。由于科技公司技术研发失败,无力偿还借款,投资公司决定起诉。关于本案的说法,下列哪一选项是不正确的?(　　)

A. 投资公司可以科技公司与担保公司作为共同被告提起诉讼

B. 投资公司起诉担保公司,法院应追加科技公司作为共同被告

C. 投资公司可以在担保公司与科技公司中选择其一作为被告提起诉讼

D. 投资公司起诉科技公司,法院不应追加担保公司作为共同被告

5. 幼儿园与玩具厂签订了儿童玩具的买卖合同,因玩具存在质量问题,与玩具厂交涉未果后,幼儿园诉至甲区法院请求判令玩具厂接受退货,并支付违约金。本案诉讼中,玩具厂提出生产塑料玩具的原材料是塑料厂提供的,申请甲区法院通知塑料厂参加诉讼。关于本案的表述,下列哪一选项是不正确的?(　　)

A. 甲区法院可以通知塑料厂参加诉讼

B. 塑料厂经传票传唤,开庭时无正当理由不到庭,甲区法院可以对其缺席判决

C. 塑料厂有权与幼儿园、玩具厂自行协商达成和解协议

D. 塑料厂对本案的一审判决不服,有权提出上诉

6. 因乙到期未向甲偿还借款,甲约乙出来商谈。在双方协商过程中,乙承认向甲借钱及拖欠本息的事实,并要求甲宽限几天偿还借款。后甲向法院起诉要求乙偿还借款及利息,并将双方在之前协商过程中偷录的对话录音剪辑后交给法院作为证据。关于本案的表述,下列哪一选项是不正确的? (　　)

A. 甲应当就乙向其借款的事实承担证明责任

B. 偷录的对话录音可以作为证据

C. 偷录的对话录音不能单独作为认定案件事实的依据

D. 偷录的对话录音中乙承认向甲借钱构成诉讼自认

7. 刘某诉至 A 市甲区法院要求其子刘天支付赡养费,甲区法院适用简易程序由黄法官独任审理该案。在诉讼中,刘某突发心脏病住院治疗,黄法官得知后裁定责令刘天预先支付刘某的部分医疗费用。刘天不服,向 A 市中级法院申请复议。关于本案的表述,下列哪一选项是不正确的? (　　)

A. 甲区法院由黄法官独任审理案件是正确的

B. 本案属于先予执行的案件范围

C. 黄法官裁定责令刘天预先支付刘某的部分住院治疗费用是不正确的

D. 刘天向市中级法院申请复议是正确的

8. 关于起诉与受理的表述,下列哪一选项是不正确的? (　　)

A. 法院裁定驳回起诉的,原告再次起诉符合条件的,法院应当受理

B. 法院按撤诉处理后,当事人以同一诉讼请求再次起诉的,法院应当受理

C. 判决不准离婚的案件,被告没有新事实和新理由起诉的,法院不予受理

D. 当事人超过诉讼时效起诉的,法院应当受理

9. 甲与乙合伙协议纠纷一案,一审法院作出判决后,甲提起上诉。此时一审法院发现自己的判决确有错误。关于本案一审法院的做法,下列哪一选项是正确的? (　　)

A. 要求二审法院发回重审

B. 将一审判决有错误的意见报送第二审法院

C. 裁定补正判决中的错误

D. 一审法院按审判监督程序处理

10. 许某诉至甲区法院请求判令崔某支付拖欠的房屋租金 5 000 元,甲区法院适用小额诉讼程序审理此案。答辩期内,崔某提出管辖权异议,被甲区法院裁定驳回。甲区法院经审理作出判决,在判决书中主要记载了当事人基本信息、诉讼请求、裁判主文等内容。关于本案的表述,下列哪一选项是正确的? (　　)

A. 甲区法院未征得当事人同意适用小额诉讼程序审理案件是不正确的

B. 崔某对驳回管辖权异议的裁定不服,有权提出上诉

C. 甲区法院作出判决记载的内容不符合法律规定

D. 甲区法院的判决是生效的法律文书

11. 吴某与宋某侵权损害赔偿纠纷一案,二审程序中,双方达成和解协议,原审原告吴某申

请撤回起诉。关于本案的表述,下列哪一选项是正确的? ( )

A. 二审法院不应准许吴某撤回起诉

B. 二审法院应根据和解协议制作调解书

C. 二审法院准许吴某撤诉后,禁止吴某就同一标的再起诉

D. 二审法院准许吴某撤诉后,一审判决视为自动撤销

12. 加工公司与机械公司设备买卖合同纠纷一案,经过甲市太湖区法院和甲市中级法院两审终审,均判决机械公司败诉。判决生效后,机械公司发现该判决认定事实的主要证据是加工公司伪造的,申请再审。关于本案的表述,下列哪一选项是正确的? ( )

A. 机械公司应向省高级法院申请再审

B. 机械公司应当在判决生效之日起 6 个月内申请再审

C. 机械公司申请再审时,中止原判决的执行

D. 机械公司可以在申请再审的同时,向甲市检察院申请抗诉

13. 邱某与孙某系夫妻,有一个 3 岁的女儿。孙某自 2008 年 2 月起一直下落不明,2013 年 1 月,邱某向甲区法院申请宣告孙某死亡。经公告,没有孙某音信,2014 年 5 月,甲区法院判决宣告孙某死亡。2016 年 3 月,孙某回到家乡,得知其已被甲区法院判决宣告死亡,邱某已再婚,并将女儿送给邱某的堂哥收养。关于本案的表述,下列哪一选项是正确的? ( )

A. 孙某有权向甲区法院申请撤销对其的死亡宣告

B. 孙某的婚姻关系自撤销死亡宣告之日起自行恢复

C. 孙某可以女儿被收养未经其同意为由主张收养关系无效

D. 孙某的婚姻关系不得自行恢复,因为宣告死亡产生与自然死亡同等的法律后果

14. 甲公司依据生效判决向区法院申请执行乙公司拖欠的设备款 200 万元。执行程序中,甲公司与乙公司达成和解协议,约定乙公司在 1 个月内向甲公司支付 190 万元,丙公司以其商铺提供担保,并承诺恢复执行后,愿意接受法院的强制执行。关于本案的表述,下列哪一选项是不正确的? ( )

A. 乙公司向法院提交执行和解协议后,法院裁定中止执行

B. 乙公司履行和解协议后,法院裁定终结执行

C. 如果乙公司不履行该和解协议,甲公司可以依据和解协议向执行法院起诉

D. 如果乙公司不履行该和解协议,甲公司申请恢复原判决书执行后,法院可以执行丙公司的商铺

15. 中国 A 市的甲公司与美国 B 市的乙公司通过传真方式签订一份设备买卖合同,约定美国乙公司在中国 C 市交付设备。后因设备存在质量问题,双方发生争议,甲公司得知美国乙公司在中国 D 市设有分支机构,甲公司决定起诉。关于本案的说法,下列哪一选项是不正确的? ( )

A. 中国 C 市的法院有管辖权

B. 中国 D 市的法院有管辖权

C. 法院可以向美国公司的分支机构送达诉讼文书

D. 法院审理该案件应遵守审限的规定

二、多项选择题(本大题共 5 小题,每小题 2 分,共 10 分)

1. A 区的甲公司与 B 区的乙公司签订了一份广告制作合同,双方在补充协议中约定,因合同履行发生的争议,由原告住所地和合同履行地法院管辖。广告制作合同签订后,经甲公司同意,乙公司将其合同的权利义务转让给 C 区的丙公司。关于本案的下列表述,哪些选项是不正确的? (　　)

A. 如果丙公司不知道有管辖协议,协议管辖对丙公司无约束力

B. 协议管辖对丙公司有效,因为乙公司已将合同的权利义务转让给丙公司

C. 协议管辖因约定两个法院而无效

D. 如果合同的权利义务转让给丙公司时,丙公司拒绝接受管辖协议且甲公司同意,协议管辖对丙公司无约束力

2. 甲、乙等 40 名乘客购买了某日客运公司的长途汽车票,因客运公司车辆调配失误临时取消该日的长途汽车,甲、乙等 40 名乘客诉至区法院,要求客运公司承担违约责任。诉讼中,有 20 名乘客推选甲与乙作为代表人,但其余的乘客不同意。关于本案的说法,下列哪些选项是正确的? (　　)

A. 本案属于诉讼标的同一种类的代表人诉讼

B. 不同意甲与乙作为诉讼代表人的乘客可以另行推选诉讼代表人

C. 不同意甲与乙作为诉讼代表人的乘客可以自己参加诉讼

D. 甲与乙对一审法院的判决不服提起上诉,需经被代表的当事人同意

3. 甲诉至法院要求乙归还借款 90 万元,法院作出一审判决后,乙不服欲提起上诉。在上诉期第 10 天乙遭遇车祸住院治疗 8 天后,因抢救无效死亡。丙是乙的唯一继承人。关于本案的下列选项,哪些是正确的? (　　)

A. 丙可以在乙死亡后 10 日内申请法院延长上诉期限

B. 丙可以承继乙的诉讼地位

C. 法院裁定终结诉讼

D. 已过上诉期限,一审判决生效

4. 关于简易程序的表述,下列哪些选项是不正确的? (　　)

A. 适用简易程序审理的案件,当事人可以约定不适用简易程序审理

B. 适用简易程序审理案件,审限不得延长

C. 当事人双方到庭后均表示不需要举证期限、答辩期间的案件,法院可以立即开庭审理

D. 法院可以用捎口信的方式传唤双方当事人,被告开庭时无正当理由未到庭,法院可以缺席判决

5. 建筑公司依据生效判决向法院申请执行天意公司拖欠的工程款 500 万元。执行过程中,天意公司拒绝履行义务。关于本案法院可以采取的执行措施,下列哪些选项是正确的? (　　)

A. 法院可以责令天意公司加倍支付迟延履行期间的债务利息

B. 法院可以责令天意公司报告其当前的财产状况

C. 如果天意公司拒绝履行义务给建筑公司造成损失,法院可以责令天意公司双倍补偿损失

D. 法院可以依职权限制天意公司的法定代表人出境

三、名词解释(本大题共 4 小题,每小题 3 分,共 12 分)

1. 缺席判决
2. 小额诉讼程序
3. 先予执行
4. 公示催告程序

四、简答题(本大题共 3 小题,每小题 9 分,共 27 分)

1. 简述必要共同诉讼人的内部关系。

2.《民诉法解释》第 238 条第 2 款规定:“法庭辩论终结后原告申请撤诉,被告不同意的,人民法院可以不予准许。”评述该规定所涉及的诉讼制度。

3. 简述不同程序中法院对起诉不符合受理条件案件的处理。

五、论述题(本题 18 分)

论法院调解与审判的关系。

六、案例分析题(本题有 3 小题,共 18 分)

甲市西湖区的孙某购买乙市桥东区家电公司生产的厨房净水装置后,因净水装置漏水将其新安装的进口橱柜浸泡变形,诉至西湖区法院,请求判令家电公司赔偿其橱柜损失 10 万元。诉讼中,净水装置是否存在质量缺陷成为本案的争议焦点,孙某申请鉴定获得西湖区法院准许。双方因选择鉴定机构未达成一致意见,西湖区法院指定某鉴定中心进行鉴定。该鉴定中心出具的鉴定意见为:净水装置存在多处开裂导致漏水,开裂原因可能是净水装置本身质量存在缺陷,也可能是孙某家中的生活用水水压不稳所造成。经审理,西湖区法院认为孙某提供的其橱柜损失是因为净水装置的质量缺陷所造成的证据,未达到高度可能性的证明程度,但鉴于家电公司的净水装置漏水给孙某造成了橱柜损失,判决家电公司赔偿孙某的橱柜损失 6 万元。双方均未上诉。该案判决生效后即收录于裁判文书网。

问题:

1. 请对西湖区法院的一审做法进行分析。
2. 结合案情简要阐述我国现行立法关于证明标准的规定及其立法意义。
3. 根据本案生效判决收录于裁判文书网,谈谈你对司法公开制度的看法。

西南政法大学 2018—2019 学年第一学期
《民事诉讼法学》考试试题（A 卷）

一、单项选择题（本大题共 20 小题，每小题 1 分，共 20 分）

在每小题列出的四个备选项中只有一个是最符合题目要求的，请将其代码填写在题后的括号内。错选、多选或未选均无分。

1. 关于民事纠纷的特征，下列哪一说法是错误的？（　　）

A. 纠纷主体具有平等性

B. 纠纷解决方式具有可选择性

C. 纠纷解决机制具有唯一性

D. 纠纷内容具有可处分性

2. 关于民事诉讼法的性质，下列哪一说法是正确的？（　　）

A. 根据其调整的社会关系，民事诉讼法是基本法

B. 根据其在法律体系中的地位，民事诉讼法是基本法

C. 根据其规定的内容，民事诉讼法是基本法

D. 根据公法与私法的划分标准，民事诉讼法是基本法

3. 甲与乙签订了二手房买卖合同，由于房价上涨，乙提起诉讼，以合同内容显失公平为由请求撤销合同。关于该诉的类型，下列哪一说法是正确的？（　　）

A. 给付之诉　　B. 确认之诉

C. 形成之诉　　D. 命令之诉

4. 关于反诉，下列哪一说法是正确的？（　　）

A. 反诉的原告只能是本诉的被告

B. 反诉与本诉可以适用不同种类的诉讼程序

C. 反诉必须在答辩期届满前提出

D. 反诉与本诉之间须存在牵连关系，因此必须源于同一法律关系

5. 社会主义法治的价值追求是公平正义，因此必须坚持法律面前人人平等原则。下列哪一民事诉讼基本原则最能体现法律面前人人平等原则的内涵？（　　）

A. 检察监督原则　　B. 诚信原则

C. 当事人诉讼权利平等原则　　D. 同等原则和对等原则

6. 谷某作为技术人员参与了甲公司一项新产品研发，并与该公司签订了为期 2 年的服务与保密合同。合同履行 1 年后，谷某被甲公司的竞争对手乙公司高薪挖走，负责开发类似的产品。甲公司起诉至法院，要求谷某承担违约责任并保守其原知晓产品的相关信息。关于该案的审判，下列哪一说法是正确的？（　　）

A. 只有在谷某与甲公司共同提出申请不公开审理的情况下，法院才可以不公开审理

B. 根据法律的规定,该案不应当公开审理,但应当公开宣判

C. 法院可以根据当事人的申请不公开审理此案,但应当公开宣判

D. 法院应当公开审理此案并公开宣判

7. 关于当事人的诉讼权利和诉讼义务,下列哪一说法是错误的?( )

A. 当事人有提起诉讼与反诉的权利

B. 当事人有自行和解与撤回诉讼的权利

C. 当事人有遵循诚信原则的义务

D. 当事人有拒绝履行生效法律文书的权利

8. 赵某与刘某将共有商铺出租给陈某。刘某瞒着赵某,与陈某签订房屋买卖合同,将商铺转让给陈某,后因双方履行该合同发生纠纷,刘某将陈某诉至法院。赵某得知后,坚决不同意刘某将商铺让与陈某。关于本案相关人的诉讼地位,下列哪一说法是正确的?( )

A. 赵某应作为有独立请求权第三人

B. 赵某应作为无独立请求权第三人

C. 法院应依职权追加赵某为共同原告

D. 赵某应以刘某侵权提起诉讼,陈某为无独立请求权第三人

9. 甲与乙因民间借贷纠纷而诉至法院,甲委托马律师作为诉讼代理人,授权委托书中仅写明代理范围为“全权代理”,并无具体授权。关于本案委托代理的权限,下列哪一选项是正确的?( )

A. 马律师可以代为放弃诉讼请求

B. 马律师可以签收开庭通知书

C. 马律师可以提起反诉

D. 马律师可以进行和解

10. 甲县的葛某和乙县的许某分别拥有位于丙县的云峰公司 50% 的股份。后因二人经营理念不合,已连续 4 年未召开股东会,无法形成股东会决议。许某遂向法院请求解散公司,并在法院受理后申请保全公司的主要资产(位于丁县的一块土地的使用权)。下列哪一法院对本案享有管辖权?( )

A. 甲县法院　　B. 乙县法院

C. 丙县法院　　D. 丁县法院

11. 关于管辖,下列哪一表述是正确的?( )

A. 军人与非军人之间的民事诉讼,都应由军事法院管辖,体现了专属管辖的原则

B. 中外合资企业与外国公司之间的合同纠纷,都应由中国法院管辖,体现了维护司法主权的原则

C. 最高法院通过司法解释授予部分基层法院专利纠纷案件初审管辖权,体现了平衡法院案件负担的原则

D. 不动产纠纷由不动产所在地法院管辖,体现了管辖恒定的原则

12. 关于自认的说法,下列哪一选项是错误的?( )

A. 自认的事实允许用相反的证据加以推翻

B. 身份关系诉讼中不涉及身份关系的案件事实可以适用自认

C. 调解中的让步不构成诉讼上的自认

D. 被告在答辩状中对原告主张的事实予以承认不属于自认

13. 在王某诉钱某返还借款案的审理中,王某向法院提交了一份有钱某签名、内容为钱某向王某借款 5 万元的借条,证明借款的事实;钱某向法院提交了一份有王某签名、内容为王某收到钱某返还借款 5 万元、并说明借条因王某过失已丢失的收条。经法院质证,双方当事人确定借条和收条所说的 5 万元是相对应的款项。关于本案,下列哪一选项是错误的? ( )

A. 王某承担钱某向其借款事实的证明责任

B. 钱某自认了向王某借款的事实

C. 钱某提交的收条是案涉还款事实的本证

D. 钱某提交的收条是案涉借款事实的反证

14. 根据《民事诉讼法》及相关司法解释,关于法院调解,下列哪一选项是错误的? ( )

A. 法院可以委托与当事人有特定关系的个人进行调解,达成协议的,法院应当依法予以确认

B. 当事人在诉讼中自行达成和解协议的,可以申请法院依法确认和解协议并制作调解书

C. 法院制作的调解书生效后都具有执行力

D. 法院调解书确定的担保条款的条件成就时,当事人申请执行的,法院应当依法执行

15. 张兄与张弟因遗产纠纷诉至法院,一审判决张兄胜诉。张弟不服,却在赴法院提交上诉状的路上被撞昏迷,待其经抢救苏醒时已超过上诉期限 1 天。对此,下列哪一说法是正确的? ( )

A. 法律上没有途径可对张弟上诉权予以补救

B. 因意外事故耽误上诉期限,法院应依职权决定顺延期限

C. 张弟可在清醒后 10 日内,申请顺延期限,是否准许,由法院决定

D. 上诉期限为法定期间,张弟提出顺延期限,法院不应准许

16. 关于一审普通程序的特征,下列哪一选项是错误的? ( )

A. 程序的必经性　　B. 程序的完整性

C. 程序的基础性　　D. 程序适用的广泛性

17. 甲、乙两公司签订了一份家具买卖合同,因家具质量问题,甲公司起诉乙公司要求更换家具并支付违约金 3 万元。法院经审理判决甲公司败诉,甲公司不服提起上诉。二审中,甲公司自知胜诉无望而申请撤回起诉,乙公司同意,法院准许。之后,甲公司又就该纠纷再次起诉。对此,法院应采取下列哪一处理方式? ( )

A. 予以受理　　B. 裁定不予受理

C. 判决驳回诉讼请求　　D. 按再审处理

18. 万某起诉吴某人身损害赔偿一案,经过两级法院审理,均判决支持万某的诉讼请求,吴某不服,申请再审,法院启动再审程序。再审中万某未出席开庭审理,也未向法院说明理由。对此,法院的下列哪一做法是正确的? ( )

A. 裁定撤诉,视为撤回起诉　　B. 裁定撤诉,视为撤回再审申请

C. 裁定诉讼中止　　D. 缺席判决

19. 甲向乙借款20万元，丙是甲的担保人，现已到偿还期限，经多次催讨未果，乙向法院申请支付令。法院受理并审查后，向甲送达支付令。甲在法定期间未提出异议，但以借款不成立为由向另一法院提起诉讼。关于本案，下列哪一说法是正确的？（　　）

A. 甲向另一法院提起诉讼，视为对支付令提出异议

B. 甲向另一法院提起诉讼，法院应裁定终结督促程序

C. 法院发出的支付令，对丙具有拘束力

D. 甲在法定期间未提出书面异议，不影响支付令效力

20. 海昌公司因丢失票据申请公示催告，期间届满无人申报权利，海昌公司遂申请除权判决。在除权判决作出前，家佳公司看到权利申报公告，向法院申报权利。对此，法院下列哪一做法是正确的？（　　）

A. 因公示催告期满，裁定驳回家佳公司的权利申报

B. 裁定追加家佳公司参加案件的除权判决审理程序

C. 应裁定终结公示催告程序

D. 作出除权判决，告知家佳公司另行起诉

二、多项选择题（本大题共5小题，每小题2分，共10分）

在每小题列出的四个备选项中至少有两个是符合题目要求的，请将其代码填写在题后的括号内。错选、多选、少选或未选均无分。

1. 甲、乙、丙3人共同致丁身体损害，丁起诉3人要求赔偿3万元。一审法院经审理判决甲、乙、丙分别赔偿2万元、8 000元和2 000元，3人承担连带责任。甲认为丙赔偿2 000元的数额过低，提起上诉。关于本案二审当事人诉讼地位的确定，下列哪些选项是错误的？（　　）

A. 甲为上诉人，丙为被上诉人，乙为原审被告，丁为原审原告

B. 甲为上诉人，丙、丁为被上诉人，乙为原审被告

C. 甲、乙为上诉人，丙为被上诉人，丁为原审原告

D. 甲、乙、丙为上诉人，丁为被上诉人

2. 杨青（15岁）与何翔（14岁）两人经常嬉戏打闹，一次，杨青失手将何翔推倒，致何翔成了植物人。当时在场的还有何翔的弟弟何军（11岁）。法院审理时，何军以证人身份出庭。关于何军作证，下列哪些说法不能成立？（　　）

A. 何军只有11岁，无诉讼行为能力，不具有证人资格，故不可作为证人

B. 何军是何翔的弟弟，应回避

C. 何军作为未成年人，其所有证言依法都不具有证明力

D. 何军作为何翔的弟弟，证言具有明显的倾向性，其证言不能单独作为认定案件事实的根据

3. 依据法律和司法解释的规定，下列哪些案件可以适用简易程序？（　　）

A. 甲与乙之间事实清楚、权利义务关系明确、争议不大的简单民事案件

B. 李某与赵某约定适用简易程序的案情复杂的一审民事案件

C. A公司与B公司约定适用简易程序的发回重审的民事案件

D. 刘某起诉请求撤销王某与孙某之间生效判决的民事案件

4. 关于法院针对程序事项作出的处理，下列哪些选项可以提起上诉？（　　）

A. 驳回起诉
B. 不予受理
C. 管辖权异议
D. 财产保全
5. 依据法律及司法解释的规定，下列哪些案件适用特别程序审理？（　　）
A. 选民资格案件
B. 支付令案件
C. 实现担保物权案件
D. 公示催告案件

三、名词解释（本大题共 5 小题，每小题 3 分，共 15 分）

1. 反诉
2. 有独立请求权第三人
3. 证明标准
4. 留置送达
5. 第三人撤销之诉

四、简答题（本大题共 5 小题，每小题 5 分，共 25 分）

1. 简答我国《民事诉讼法》规定的公开审判制度的例外。
2. 简答我国《民事诉讼法》规定的专属管辖案件种类及管辖法院。
3. 简答我国《民事诉讼法》规定的民事诉讼证据的法定种类。
4. 简答我国《民事诉讼法》及《民诉法解释》规定的免于证明的事实种类。
5. 简答我国《民事诉讼法》规定的起诉条件。

五、论述题（本大题共 1 小题，每小题 15 分，共 15 分）

论我国民事诉讼法的辩论原则及其完善。

六、案例分析题（本题有 4 小题，共 15 分）

陈某转让一辆中巴车给王某但未办过户。王某为了运营，与明星汽运公司签订合同，明确挂靠该公司，王某每月向该公司交纳 500 元，该公司为王某代交规费、代办各种运营手续、保险等。明星汽运公司依约代王某向鸿运保险公司支付了该车的交强险费用。

2015 年 5 月，王某所雇司机华某驾驶该中巴车致行人李某受伤，交警大队认定中巴车一方负全责，并出具事故认定书。但华某认为该事故认定书有问题，提出虽肇事车辆车速过快，但李某横穿马路没有走人行横道，对事故发生也负有责任。因赔偿问题协商无果，李某将王某和其他相关利害关系人诉至 F 省 N 市 J 县法院，要求王某、相关利害关系人向其赔付治疗费、误工费、交通费、护理费等费用。

案件审理中，王某提出其与明星汽运公司存在挂靠关系、明星汽运公司代其向保险公司交纳了该车的交强险费用、交通事故发生时李某横穿马路没走人行横道等事实；李某陈述了自己受伤、治疗、误工、请他人护理等事实。诉讼中，各利害关系人对上述事实看法不一。李某为支持自己的主张，向法院提交了因误工被扣误工费、为就医而支付交通费、请他人护理而支付护理费的书面证据。但李某声称治疗的相关诊断书、处方、药费和治疗费的发票等不慎丢失，其向医院收集这些证据遭拒绝。李某向法院提出书面申请，请求法院调查收集该证据，J 县法院拒绝。

在诉讼中,李某向J县法院主张自己共花治疗费36 650元,误工费、交通费、护理费共计12 000元。被告方仅认可治疗费用15 000元。J县法院对案件作出判决,在治疗费方面支持了15 000元。双方当事人都未上诉。

一审判决生效1个月后,经律师说服,医院就李某治伤的相关诊断书、处方、药费和治疗费的支付情况出具了证明,李某据此向法院申请再审,法院受理了李某的再审申请并裁定再审。

问题:

1. 本案的被告是谁?简要说明理由。
2. 就本案相关事实(段落二的事实),由谁承担证明责任?简要说明理由。
3. 交警大队出具的事故认定书,是否当然就具有证明力?简要说明理由。
4. 李某可以向哪个(些)法院申请再审?其申请再审所依据的理由应当是什么?

(关联实体法法条:《民法典》第1210条:当事人之间已经以买卖或者其他方式转让并交付机动车但未办理登记,发生交通事故造成损害,属于该机动车一方责任的,由受让人承担赔偿责任。《民法典》第1213条:机动车发生交通事故造成损害,属于该机动车一方责任的,先由承保机动车强制保险的保险人在强制保险责任限额范围予以赔偿;不足部分,由承保机动车商业保险的保险人按照保险合同的约定予以赔偿;仍然不足或者没有投保机动车商业保险的,由侵权人赔偿。)

南京师范大学 2020—2021 学年第二学期
《民事诉讼法学》期末考试 A 卷

一、判断题(15 分,每题 1 分)

(　　)1. 当事人申请人民陪审员回避的,由人民法院院长决定。

(　　)2. 按照简易程序审理的案件,实行一审终审。

(　　)3. 不公开审理的案件,判决也不公开宣告。

(　　)4. 民事纠纷的诉讼外解决机制主要包括和解、调解和仲裁等方式。

(　　)5. 公民有民事诉讼行为能力,不一定有民事诉讼权利能力。

(　　)6. 民事诉讼法与民法一样,属于私法范畴。

(　　)7. 当事人有权在法律规定的范围内处分自己的民事权利和诉讼权利。

(　　)8. 在第二审程序中,人民法院准许第一审原告撤回起诉后,原审原告重复起诉的,人民法院不予受理。

(　　)9. 人民法院依照第二审程序审理案件,认为第一审人民法院受理案件违反专属管辖规定的,应当裁定撤销原裁判并移送有管辖权的人民法院。

(　　)10. 代表人诉讼中的代表人本身也是案件的当事人。

(　　)11. 公益诉讼中当事人不得和解。

(　　)12. 当事人起诉以后,法院经审查认为符合起诉条件的,应当在收到起诉状之日内 15 日立案。

(　　)13. 某物业公司将拖欠物业费的甲、乙、丙 3 位业主诉至法院,由此可以形成必要共同诉讼。

(　　)14. 当事人上诉后,二审法院经审理发回重审的案件,重审法院应当另行组成合议庭进行审理。

(　　)15. 对基层人民法院适用简易程序审理的案件,当事人双方共同要求人民法院适用普通程序审理,法院可以按照普通程序进行审理。

二、单项选择题(15 分,每题 1 分)

1. 关于辩论原则,下列哪一选项是正确的?(　　)

A. 辩论权只能在开庭审理过程中行使

B. 证人出庭作证是证人行使辩论权的一种表现

C. 宣告死亡程序不适用辩论原则

D. 辩论权只能由当事人本人亲自行使

2. 对于人民法院作出的下列哪一种民事判决,当事人不能提起上诉?(　　)

A. 高级人民法院作出的一审民事判决

B. 中级人民法院作出的一审民事判决

C. 基层人民法院依据简易程序作出的一审判决

D. 基层人民法院作出的小额诉讼判决

3. 依照我国《民事诉讼法》及相关司法解释的规定,下列关于管辖问题,哪一项是错误的? ( )

A. 协议管辖不得改变级别管辖

B. 上级法院认为确有必要将自己管辖的案件交下级人民法院审理的,应当报请上级人民法院批准

C. 按照级别管辖的规定,高级人民法院有权管辖其认为应当由其审理的案件

D. 房屋租赁合同纠纷由房屋所在地人民法院管辖

4. 甲为有独立请求权的第三人,乙为无独立请求权的第三人,下列哪一说法是正确的? ( )

A. 甲只能以起诉方式参加诉讼,乙以申请或者经法院通知的方式参加诉讼

B. 甲有当事人的诉讼地位,乙肯定不具有当事人的诉讼地位

C. 甲的诉讼行为对本诉当事人发生法律效力,乙的诉讼行为对本诉当事人不发生效力

D. 任何情况下,甲有上诉权,乙无上诉权

5. 张丽因与王旭感情不和,长期分居,向法院起诉要求离婚。法院向王旭送达应诉通知书时,发现王旭已于张丽起诉前因意外事故死亡。关于本案,法院应作出下列哪一裁判? ( )

A. 诉讼终结的裁定　　B. 驳回起诉的裁定

C. 不予受理的裁定　　D. 驳回诉讼请求的判决

6. 关于民事诉讼法规定的妨碍民事诉讼行为的强制措施——罚款,下列正确的选项是( )。

A. 对个人的罚款金额为人民币 10 万以下

B. 对个人的罚款金额为人民币 5 万以下

C. 对单位的罚款金额为人民币 10 万以下

D. 对单位的罚款金额为人民币 10 万以上

7. 第二审人民法院审理不服判决的上诉案件,应当在第二审法院立案之日起( )内审结。

A. 30 日　　B. 3 个月　　C. 60 日　　D. 6 个月

8. 关于民事案件的开庭审理,下列哪一选项是正确的? ( )

A. 开庭时由书记员核对当事人身份和宣布案由

B. 法院收集的证据是否需要进行质证,由法院决定

C. 合议庭评议实行少数服从多数原则,形成不了多数意见时,以审判长意见为准

D. 法院宣告判决分为当庭宣判和定期宣判两种方式

9. 在必要共同诉讼中,如果其中一人因发生了特殊情况,需要中止诉讼时,其他共同诉讼人( )。

A. 可以同时中止诉讼　　B. 必须同时中止诉讼

C. 无须中止诉讼　　D. 视具体情况而定是否中止诉讼

10. 关于检察监督，下列哪一选项是正确的？（　　）

A. 甲县检察院认为乙县法院的生效判决适用法律错误，对其提出检察建议

B. 丙市检察院就合同纠纷向仲裁委员会提出检察建议，要求重新仲裁

C. 丁县检察院认为丁县法院某法官在判决某案时收受贿赂，向该法院提出检察建议

D. 戊县检察院认为戊县法院认定某公民为无民事行为能力人的判决存在程序错误，报请上级检察院提起抗诉

11. 下列哪种案件的生效判决、裁定，当事人可以申请再审？（　　）

A. 对不予受理、驳回起诉的裁定

B. 解除婚姻关系的判决

C. 依照再审程序审理后维持原判的案件

D. 按照公示催告程序审理的案件

12. 按照一审普通程序审理的案件，当庭宣告判决的，应当在宣判后（　　）天内向当事人送达判决书。

A. 30　　B. 20　　C. 15　　D. 10

13. 二审法院根据当事人上诉和案件审理情况，对上诉案件作出相应裁判。下列哪一选项是正确的？（　　）

A. 二审法院认为原判对上诉请求的有关事实认定清楚、适用法律正确，裁定驳回上诉，维持原判

B. 二审法院认为原判对上诉请求的有关事实认定清楚，但适用法律有错误，裁定发回重审

C. 二审法院认为一审法院违法缺席判决，裁定撤销原判，发回重审

D. 原审原告增加独立的诉讼请求，二审法院可以进行调解；调解不成，应当合并审理，一并作出判决

14. 在下列再审事由中，不属于程序性再审事由的是（　　）。

A. 原判决认定基本事实缺乏证据证明

B. 剥夺当事人辩论权

C. 用短信传唤传被告后缺席判决

D. 原判决认定事实的主要证据未经质证

15、法律规定的有独立请求权第三人或者无独立请求权第三人，因不能归责于本人的事由未参加诉讼，但有证据证明发生法律效力的判决、裁定、调解书的部分或者全部内容错误，损害其民事权益的，可以在（　　）内，向作出该判决、裁定、调解书的人民法院提起诉讼，要求撤销错误部分的内容。

A. 6 个月　　B. 1 年　　C. 2 年　　D. 任何时间

三、简答题（40 分，每题 8 分）

1. 与其他民事纠纷解决方式相比，民事诉讼具有哪些特征？

2. 我国《民事诉讼法》第 122 条规定的起诉条件有哪些？

3. 简述反诉的条件。

4. 简述当事人申请再审的条件。

5. 简述法院调解应遵循的原则。

四、论述题(10分)

论诚信原则对当事人的适用。

五、案例分析题(20分)

1. 张某和王某因为相邻纠纷而互相殴打,张某向人民法院提起侵权之诉,要求赔偿医药费和误工费。一审法院判决由王某向张某赔偿1 000元的医药费,但对张某的赔偿误工费请求没有涉及。张某因此不服,提起上诉。王某也提出上诉,并在二审中向张某提出了反诉,称张也打伤了自己。在二审中,张某又提出其在疗伤时请了保姆照料,要求王某赔偿请保姆的费用。(12分)

请问:

(1) 本案二审程序的当事人如何确定?

(2) 对一审原告在二审程序中增加的诉讼请求,二审法院应该如何处理?

(3) 对一审被告在二审程序中提出的反诉请求,二审法院应该如何处理?

(4) 对一审法院遗漏的原告的诉讼请求,二审法院应该如何处理?

2. 王某与李某因合同纠纷诉诸法院。一审法院判决被告李某在判决生效后的10日内交付全部货物并支付违约金5 000元,李某不服,向市中级法院提起了上诉。二审法院经审理,判决驳回李某的上诉,维持原判。李某仍然不服,向市中级法院申请再审。在审查再审申请期间,王某申请一审法院强制执行,一审法院认为,李某已申请再审,便裁定中止执行。在裁定中止执行以后,二审法院审判委员会讨论决定:决定再审,并裁定撤销原一审与二审的判决,发回一审法院重新审判。

请问:本案在程序上存在哪些问题?为什么?(8分)

西北政法大学 2020—2021 学年期末《民事诉讼法学》考试试卷 A 卷

一、单项选择题(本大题共 15 小题,每小题 1 分,共 15 分)

1. 习近平在考察基层矛盾处理活动时指出:“矛盾处理是一个国家、社会长治久安的一个基础性工作。解决问题的宗旨,就是为人民服务。”当矛盾成为民事纠纷时,在下列解决民事纠纷的机制中,哪项说法是正确的?(　　)

A. 民事诉讼在适用上优先于和解、调解和仲裁

B. 纠纷主体一旦达成和解协议就不可以再进行诉讼

C. 和解与调解无严格的法定程序,仲裁和诉讼则有严格的法定程序

D. 和解、调解、仲裁和诉讼等民事纠纷解决方式的适用均须得到纠纷双方主体的一致同意

2. 林有有乘坐公交车出行,司机因驾驶不慎与其他车辆相撞,致使林有有重伤,现林有有准备就人身损害向法院提起诉讼要求对方赔偿。关于本案的下列事项中,不属于民事诉讼法规制范围的是(　　)。

A. 应当向哪一法院起诉

B. 应当起诉公交公司还是起诉公交车司机

C. 林有有有权以违约赔偿为由起诉还是有权以侵权损害赔偿为由起诉

D. 林有有在提起违约之诉获胜后是否还可以就侵权损害赔偿起诉

3. 以下有关诉的类型的判断,说法错误的是(　　)。

A. 五哈工厂在极限居民区附近建了一个排污水库,该居民区的住户陈小赫和鹿小晗将五哈工厂诉至法院,要求五哈工厂停止排污并赔偿损失,该诉讼属于给付之诉

B. 周小青与罗小祥通过某大型相亲节目结识并闪婚,婚后周小青发现罗小祥多次出轨,遂诉至法院要求与罗小祥离婚,该诉讼属于变更之诉

C. 乐华公司与哇唧唧哇公司签订了一份智能机器人买卖合同,后乐华公司长期不履行合同,哇唧唧哇公司以违约为由将乐华公司诉至法院,要求乐华公司继续履行合同,该诉讼属于给付之诉

D. 庆帝将范闲诉至法院,请求法院确认范闲为无民事行为能力人,该诉讼属于确认之诉

4. 下列哪一类型的案件不应当由不动产所在地法院专属管辖?(　　)

A. 房屋租赁合同　　B. 建设工程合同

C. 不动产的相邻权纠纷　　D. 政策性房屋买卖合同

5. 魔丸(3 岁)在海边玩耍,偶遇灵珠(8 岁),遂成好友。相处之中,魔丸失手打伤灵珠。灵珠之父敖广找魔丸之父李靖理论,未能达成一致,于是到法院起诉,本案中,当事人正确的是(　　)。

A. 原告：灵珠；被告：李靖　　B. 原告：敖广；被告：李靖、魔丸

C. 原告：敖广、灵珠；被告：魔丸　　D. 原告：灵珠；被告：李靖、魔丸

6. 关于证据制度的表述，下列选项错误的是（　　）。

A. 法院应当在询问当事人前责令其签署保证书并宣读保证书的内容

B. 无正当理由未出庭的证人以书面等方式提供的证言，不得作为认定案件事实的根据

C. 证人在审理前的准备阶段或者人民法院调查、询问等双方当事人在场时陈述证言的，视为出庭作证

D. 鉴定开始之前，人民法院可以要求鉴定人签署承诺书

7. 住所在A市B区的昊然与住所在A市C区的若昀签订了一份买卖合同，约定履行地为A市D区。合同签订后尚未履行，双方因货款支付方式发生争议。若昀诉至D区法院。昊然就争议的付款方式提交了答辩状。经审理，法院判决昊然败诉。昊然不服，以一审法院无管辖权为由提起上诉，要求二审法院撤销一审判决，驳回起诉。关于本案，下列哪一表述是正确的？（　　）

A. D区法院有管辖权，因为D区法院是双方约定的合同履行地

B. 二审法院对上诉人提出的管辖权异议不予审查，裁定驳回异议

C. 二审法院应裁定撤销一审判决，发回一审法院重审

D. 二审法院应裁定撤销一审判决，裁定将案件移送有管辖权的法院审理

8. 马保国与阿木爷爷签订了一份鲁班椅的买卖合同，后马保国未在约定的期限给付货款，阿木爷爷遂向法院起诉要求马保国按照合同的内容用交付货款。下列各项行为中，构成反诉的是（　　）。

A. 马保国请求确认该买卖合同无效

B. 马保国主张该买卖合同上的签字系阿木爷爷伪造

C. 马保国主张其已经交付了货款

D. 马保国向另一法院起诉，要求阿木爷爷给付2年前尚未交付的将军案

9. 下列哪一选项中法院的审判行为，只能发生在开庭审理阶段？（　　）

A. 送达法律文书　　B. 组织当事人进行质证

C. 调解纠纷，促进当事人达成和解　　D. 追加必须参加诉讼的当事人

10. 关于民事诉讼中遇到特殊情况，下列哪一选项是正确的？（　　）

A. 陈普与白登因买卖合同纠纷诉至法院，在第一次开庭结束后，陈普因病死亡，其唯一的继承人小陈尚在阿塞拜疆留学，此时应当终结诉讼

B. 漫斯南与漫斯囡的离婚诉讼，一审法院判决不准离婚，漫斯囡提出上诉，上诉期间漫斯囡死亡，一审法院判决待上诉期过后发生法律效力

C. 钟美美在诉讼时效届满后向法院提起了一个侵权损害赔偿的给付之诉，法院受理该案

D. 法院立案后，发现刁顺子与蔡素芬之间存在单独的仲裁协议，应当裁定不予受理

11. 成德善诉成宝拉返还借款15 000元，法院决定用小额诉讼程序进行审理。关于本案，下列选项中正确的是（　　）。

A. 如果成德善认为本案不应当适用小额诉讼程序进行审理，其有权在法庭辩论终结前向法院提出异议，异议成立的，法院应当裁定适用其他的程序审理

B. 如果在诉讼过程中，成宝拉提出了反诉，导致本案不再符合小额诉讼程序的适用条件，则法院应当将案件转为普通程序，但审限应继续计算

C. 如果成宝拉提出了管辖权异议，法院裁定驳回异议，对该裁定，成宝拉无权上诉

D. 如果一审法院作出生效判决后，成宝拉不服，以判决适用法律错误为由申请再审，则法院作出的再审判决可以上诉

12. 岳鹏、郭麟、张雷 3 人共同致曹金身体损害，曹金起诉 3 人要求赔偿 3 万元。一审法院经审理判决岳鹏、郭麟、张雷分别赔偿 2 万元、8 000 元和 2 000 元，3 人承担连带责任。岳鹏认为张雷赔偿 2 000 元的数额过低，提起上诉。关于本案二审当事人诉讼地位的确定，下列哪些选项是正确的？（　　）

A. 岳鹏为上诉人，张雷为被上诉人，郭麟为原审被告，曹金为原审原告

B. 岳鹏为上诉人，张雷、曹金为被上诉人，郭麟为原审被告

C. 岳鹏、郭麟为上诉人，张雷为被上诉人，曹金为原审原告

D. 岳鹏、郭麟、张雷为上诉人，曹金为被上诉人

13. 韦款仁与茗媛任因侵权纠纷诉至法院，双方在二审期间达成和解协议，法院的下列处理方式中正确的有（　　）。

A. 二审中不允许韦款仁与茗媛任自行达成和解协议

B. 二审中韦款仁与茗媛任达成和解，韦款仁要求撤回上诉，经审查符合条件的，法院应准许

C. 对韦款仁与茗媛任在二审中达成的和解协议，法院均应承认

D. 二审法院可以主持调解，对于即时履行的，可不制作调解书

14. 以下关于审判监督程序中相关制度的表述，错误的有（　　）。

A. 高梓淇与欢娱公司的合同诉讼，高梓淇只能向作出生效裁判的法院的上一级法院申请再审

B. 张北京追索赡养费一案，法院裁定再审，可以不中止执行

C. 检察院有权对民事执行活动进行法律监督

D. 检察院对非讼案件中审判人员的违法行为可以提再审检察建议

15. 下列关于特别程序的表述，正确的是（　　）。

A. 选民资格案件适用独任制

B. 当事人一方即可请求调解组织所在地的人民法院确认调解协议

C. 标的额超出基层法院管辖的实现担保物权案件，应当由该基层法院组成合议庭审理

D. 适用特别程序审理的案件不能上诉，可以再审

二、多项选择题（本大题共 5 小题，每小题 2 分，共 10 分）

1. 关于我国民事诉讼审级制度的表述，错误的是（　　）。

A. 一审法院适用简易程序审理的案件，当事人都可以上诉

B. 法院适用公示催告程序审理的案件，当事人可以上诉

C. 民事公益诉讼案件实行一审终审

D. 最高人民法院审理的第一审民事案件，原则上一审终审

2. 因某航空公司无故取消航班，200 名乘客与航空公司发生争议，交涉未果，乘客向法院

起诉,要求赔偿损失。唐三与戴沐白被推选为诉讼代表人参加诉讼。关于本案,下列哪些表述是正确的?( )

A. 本案的诉讼标的是同一种类

B. 法院对该案作出一审判决后,如果唐三与戴沐白不服提出上诉,无需被代表当事人同意

C. 唐三因故不能参加诉讼,法院可以和当事人协商确定另一名当事人作为诉讼代表人

D. 不同意诉讼代表人的乘客可以另行起诉

3. 当事人可对某些诉讼事项进行约定,法院应尊重合法有效的约定。关于当事人的约定及其效力,下列哪些表述是错误的?( )

A. 当事人约定“合同是否履行无法证明时,应以甲方主张的事实为准”,法院应根据该约定分配证明责任

B. 当事人在诉讼和解中约定“原告撤诉后不得以相同的事由再次提起诉讼”,法院根据该约定不能再受理原告的起诉

C. 当事人约定“如果起诉,只能适用普通程序”,法院根据该约定不能适用简易程序审理

D. 当事人约定“双方必须亲自参加开庭审理,不得无故缺席”,如果被告委托了代理人参加开庭,自己不参加开庭,法院应根据该约定在对被告两次传唤后对其拘传

4. 蔡须坤诉吴易凡不当得利一案经过法院一审后,蔡须坤对一审结果不满向上一级法院提出上诉,二审法院在审理过程中发现一审法院遗漏了一审原告蔡须坤的一项诉讼请求,因此二审法院裁定撤销一审判决,发回一审法院重审。在重审的过程中,下列说法正确的是( )。

A. 蔡须坤可以申请变更诉讼请求

B. 蔡须坤可以增加诉讼请求

C. 吴易凡可以提出反诉

D. 第三人张一兴可以提出与本案有关的诉讼请求

5. 陈飞宇与罗云熙因合同纠纷诉至法院,法院作出生效裁判。陈飞宇申请再审,但被驳回。陈飞宇又向检察院申请抗诉,检察院以原审主要证据系伪造为由提出抗诉,法院裁定再审。下列哪些说法是错误的?( )

A. 陈飞宇只能向原审的上一级法院申请再审

B. 检察院抗诉后,应当由接受抗诉的法院审查后,作出是否再审的裁定

C. 法院应当在裁定再审的同时,裁定撤销原判

D. 法院应当在裁定再审的同时,裁定中止执行

三、简答题(本大题共3小题,每小题5分,共15分)

(一) 简答一审开庭审理前的分流机制。(5分)

(二) 法院审理上诉案件的范围有哪些? (5分)

(三) 2018年8月26日,环保组织“自然之友”向甲省A市中级法院提起诉讼称:该市的华洋新材料有限公司(以下简称“华洋公司”)在生产过程中违规将超标废水直接排入蒸发池,造成A市的土壤以及两条河流严重污染,截至起诉时仍然没有整改完毕。依此,请求法院判令华洋公司:(1) 停止非法污染环境行为;(2) 对造成环境污染的危险予以消除;(3) 在全国性媒

体上公开赔礼道歉。

A 市中级法院受理“自然之友”的起诉后，向被告华洋公司送达了起诉状副本，华洋公司答辩称：本案原告不适格，“自然之友”无权提起民事公益诉讼，要求法院驳回原告的起诉。

在审前准备阶段，A 市中院认为“自然之友”的诉讼请求不足以救济已经遭受损害的环境公益，于是释明原告增加诉讼请求，“自然之友”随即增加了两项诉讼请求：(1) 恢复生态环境并委托具有资质的第三方进行修复；(2) 赔偿环境修复前的生态功能损失。

在开庭审理的过程中，华洋公司与“自然之友”达成了和解协议，“自然之友”向法院申请撤回起诉。此外，华洋公司厂房附近的果农冯森认为华洋公司违法排污导致其种植的百余棵核桃树死亡，将华洋公司诉至法院，要求其承担侵权损害赔偿费用共计 10 万元。请回答：

1. “自然之友”是否有权与华洋公司达成和解协议，为什么？（2 分）

2. 法院应否准许“自然之友”的撤诉申请，为什么？（3 分）

四、论述题（本大题共 2 小题，每小题 15 分，共 30 分）

（一）王建国、王雪琴系亲兄妹，其母李瑾蓉于 2020 年 1 月患新冠肺炎去世，除了留有《奔马图》外，没有其他遗产。该《奔马图》在王建国手中，王雪琴要求将《奔马图》变卖，所得款项由二人平均分配。王建国不同意。2020 年 3 月，王雪琴到某省甲市乙区法院（王建国居住地和《奔马图》所在地）起诉王建国，要求分割母亲李瑾蓉的遗产。一审中王建国、王雪琴达成调解协议：李瑾蓉留下的《奔马图》归王建国所有，王建国于 2020 年 10 月底之前向王雪琴支付人民币 10 万。某省甲市乙区法院制作调解书，并送达，双方当事人签收。

之后，李瑾蓉的忘年之交朱一旦向法院报告，李瑾蓉留下的《奔马图》是自己让李瑾蓉保管的，所有权是自己的，自己是在一周之前（2020 年 11 月 1 日）才知道李瑾蓉已经去世以及王建国与王雪琴进行诉讼的事情。

请问：朱一旦如何救济自己的权利？（15 分）

（二）胡天一诉如梦区人民医院医疗事故纠纷案中，胡天一主张该医院在给其用药时未进行相关的皮试测试，且用量严重超标，对于病例等诊疗记录要求医院提供。如梦区人民医院答辩称医院的诊疗行为合乎诊疗规范，胡天一的病例等有关资料因医院工作人员保管不善而丢失，无法提供。

请问：你作为胡天一的代理律师，应如何为其提供帮助？（15 分）

五、案例分析题（本大题共 1 小题，共 30 分）

谢允（男）与周翡（女）结婚多年，后周翡（女）提出离婚，并提交起诉书，四川省达州市大竹县人民法院（以下简称“大竹县法院”）受理该案。2020 年 9 月 7 日上午，谢允（男）让周翡（女）去法院参加离婚调解，因周翡（女）不想离婚便没去法院。之后，周翡（女）收到手机短信说其已与谢允（男）离婚。9 月 18 日，周翡（女）到大竹县法院调取案卷时发现，自己和谢允（男）已经签署了离婚调解书，但该法院调解书上的签字和手印都不是她的。让周翡（女）不解的是，负责该离婚调解案的罗法官曾在立案时见过她，而冒名顶替者出席调解现场时，罗法官却并未发现异常，也未准确核实身份，就作出了具有法律效力的离婚调解书。

随后，周翡（女）向大竹县法院进行申诉。

经过调查，大竹县法院发现确实有人冒名顶替周翡（女），调解当天，冒名顶替者吴楚楚（女）戴了口罩，且出示了周翡的身份证图片，但当时因为戴了口罩，使主审法官罗某直观的识别出现了偏差。

12月7日,大竹县法院院长将此案提交审判委员会讨论,审判委员会认为,该调解书确有错误,应予再审。

目前,该案已依法另行组成合议庭正在审理中,未有明确结果。

同时,该法院已以妨害诉讼秩序对谢允(男)司法拘留15天,罚款2万元;对冒名顶替者吴楚楚(女)司法拘留10天,罚款1万元。原审罗法官已停职接受调查,并将根据调查情况对其依法依规严肃处理。

(关联法条:《民事诉讼法》第205条:各级人民法院院长对本院已经发生法律效力的判决、裁定、调解书,发现确有错误,认为需要再审的,应当提交审判委员会讨论决定。最高人民法院对地方各级人民法院已经发生法律效力的判决、裁定、调解书,上级人民法院对下级人民法院已经发生法律效力的判决、裁定、调解书,发现确有错误的,有权提审或者指令下级人民法院再审。

《民事诉讼法》第208条:当事人对已经发生法律效力的调解书,提出证据证明调解违反自愿原则或者调解协议的内容违反法律的,可以申请再审。经人民法院审查属实的,应当再审。

《民事诉讼法》第209条:当事人对已经发生法律效力的解除婚姻关系的判决、调解书,不得申请再审。

《最高人民法院关于适用〈中华人民共和国民事诉讼法〉的解释》第382条:当事人对已经发生法律效力的调解书申请再审,应当在调解书发生法律效力后6个月内提出。

《最高人民法院关于适用〈中华人民共和国民事诉讼法〉审判监督程序若干问题的解释》第30条:当事人未申请再审、人民检察院未抗诉的案件,人民法院发现原判决、裁定、调解协议有损害国家利益、社会公共利益等确有错误情形的,应当依照《民事诉讼法》第177条[①]的规定提起再审。)

请结合所学的民事诉讼法知识,回答下列问题:

1. 原告周翡(女)起诉离婚后,在被告同意离婚的情况下,能否撤回起诉? (2分)如果其撤回起诉则产生什么法律后果? (3分)

2. 原告周翡(女)起诉离婚,之后又不想离婚,故而未去参与法院调解,其行为是否违反了诚信原则? (3分)

3. 原告周翡(女)起诉离婚,冒名者吴楚楚(女)参加离婚调解,吴楚楚(女)是否妨害诉讼秩序? (3分)

4. 大竹县法院误将吴楚楚(女)认为是周翡(女),从而调解离婚,是否侵犯了原告周翡(女)的诉讼利益? (3分)

5. 当事人申请再审的条件是什么? (5分)周翡(女)能否申请再审?请说明理由。(3分)

6. 法院依职权决定再审的条件是什么? (4分)大竹县法院能否依职权决定再审?请说明理由。(4分)

---

① 2021年《民事诉讼法》修改后,该条文序号变为第205条。

中国政法大学 2018—2019 学年第二学期《民事诉讼法学》期末考试试题

一、单项选择题(每题 2 分,共 20 分)

1. 下列哪种案件属于小额诉讼程序的适用范围?(　　)

A. 银行卡纠纷　　B. 知识产权纠纷

C. 人身关系纠纷　　D. 确认财产无主的案件

2. 下列哪一种纠纷的管辖法院当中,不包括被告住所地法院?(　　)

A. 票据纠纷　　B. 共同海损

C. 运输合同纠纷　　D. 保险合同纠纷

3. 下列哪一种案件,应该不公开审理?(　　)

A. 被告是未成年人的案件　　B. 涉及国家秘密的案件

C. 按小额程序审理的案件　　D. 当事人双方同意不公开的案件

4. 下列哪一种表述,应被判定为无效的管辖协议?(　　)

A. 由守约方所在地人民法院管辖

B. 由买方住所地或卖方住所地人民法院管辖

C. 双方协商不成的,提交签订地仲裁委员会仲裁,或者向签订地人民法院起诉

D. 由原告住所地、合同签订地或者合同履行地人民法院管辖

5. 张某因王某借钱不还提起诉讼,在诉讼进行过程中张某将该笔债权转让给了李某,下列哪一个选项是错误的?(　　)

A. 如张某申请撤诉,法院可以准许

B. 如李某申请以无独立请求权第三人身份参加诉讼,法院可以准许

C. 我国民事诉讼法采当事人恒定原则,李某无权代替张某参加诉讼

D. 无论李某是否参加诉讼,法院作出的生效判决对他具有拘束力

6. 关于送达,下列哪一个选项是正确的?(　　)

A. 征得王某同意后,法院用电子邮件方式向其送达财产保全裁定书

B. 法院委托派出所将判决书送达给其辖区内居民张某

C. 鉴于赵某是在校大学生,法院通过赵某所在学校转交送达起诉状副本和应诉通知

D. 陈某和胡某系夫妻关系,4 年前胡某下落不明,陈某提起离婚之诉,并不申请宣告失踪或死亡,法院应当受理,对胡某采用公告送达有关的诉讼文书

7. 关于实现担保物权案件,下列哪一个选项是正确的?(　　)

A. 担保财产标的额超过基层人民法院管辖范围的,应由担保财产所在地或担保物权登记地中级人民法院管辖

B. 如果法院经过审查驳回了实现担保物权的申请,当事人可以按照普通程序向人民法院

另行起诉

C. 申请人不能申请财产保全

D. 实现担保物权一律采用合议制进行审查

8. 下列哪一项不是当事人向法院申请再审的法定理由？（ ）

A. 判决是由无管辖权的法院作出的

B. 未经传票传唤，缺席判决的

C. 应当回避的审判人员没有回避的

D. 有新证据，足以推翻原判决、裁定

9. 在一起民事诉讼当中，张某委托王律师作为代理人，授权委托书中写明代理范围为“全权委托”，请问王律师具有下列哪一项权限？（ ）

A. 进行和解　　B. 申请回避

C. 反诉　　D. 变更诉讼请求

10. 请问下列哪一项裁定是不可以上诉的？（ ）

A. 不予受理　　B. 驳回起诉

C. 管辖权异议　　D. 不准许撤诉

二、判断题(每题 2 分，共 10 分)

（ ）1. 基层法院及其派出法庭适用第一审程序审理的简单民事案件可以适用简易程序。

（ ）2. 当事人超过诉讼时效起诉的，法院应予受理并判决驳回其诉讼请求。

（ ）3. 当事人向我国法院申请承认与执行外国法院裁判，如果该法院所在国与我国没有缔结或共同参加国际条约，也没有互惠关系的，我国法院应裁定驳回申请。

（ ）4. 诉讼标的决定了既判力的客观范围。

（ ）5. 当事人在诉讼进行的过程中申请行为保全与申请先予执行都需要提供担保。

三、简答题(每题 6 分，共 30 分)

1. 请简述辩论原则。我国民事诉讼法中的辩论原则与大陆法系传统的辩论主义有什么关键差异？

2. 请简述共同诉讼的类型并分别举例说明。

3. 请简述我国民事诉讼法对诉讼中止的主要规定。

4. 请简述第三人撤销之诉起诉的条件。

5. 请简述公益诉讼制度的特别规定。

四、思考题(1 题，共 20 分)

当前，我国民事诉讼法律制度未臻尽善尽美，许多规定仍待完善，假设你被允许修改现行《民事诉讼法》或《民诉法解释》当中的某一条款，请问你会如何选择？

(1) 请选出你心目中不尽合理的一项法条，并复述其规定；(2) 详述你认为其规定不合理之处，以及其已经或可能带来的弊端；(3) 谈谈你的修改建议，并尽最大努力说明之。

五、案例分析题(每小题 4 分，共 20 分)

主场设在芙蕖市(下辖东、南、西、北四个区)的某足球队近期表现不佳，在联赛中屡战屡败。报社位于芙蕖市西区的《新闻晨报》(全市发行)在编记者张某在一篇报道中指出，球队两主力前锋陈某和王某应对此负责,因为“两人在场上吊儿郎当,出工不出力,在场下自由散漫,整天吃喝玩乐”,还给两人分别起了“白斩鸡”和“跛脚鸭”的绰号。陈某和王某看到这篇报道,认为损害了自己的名誉,两人遂向芙蕖市南区人民法院(球队驻地)提起诉讼,要求报社与张某赔礼道歉,恢复名誉,消除影响,并赔偿损失。

南区人民法院受理案件后,将案件移送至西区人民法院,后者将陈某和王某列为原告,报社和张某列为被告,对本案进行了审理。在诉讼过程中,张某提出在诉讼开始之前的某日,自己曾与陈某、王某在北区某商场偶然相遇,两人对自己进行了谩骂和推搡,故对两人提出反诉,要求对方赔礼道歉,赔偿损失。西区人民法院受理该反诉后,将反诉与本诉合并审理,认定本诉的诉讼请求不成立,反诉的诉讼请求成立,判决陈某、王某向张某赔礼道歉,赔偿损失。陈某与王某对一审判决不服,提起上诉。

请问:

1. 南区人民法院受理案件后,将案件移送至西区人民法院的做法是否正确?为什么?
2. 西区人民法院将报社和张某都列为被告的做法是否正确?为什么?
3. 如果在一审中,陈某撤诉,是否会影响王某进行诉讼?为什么?
4. 如果张某在一审中没有提出反诉,能否在二审中提出?法院应当如何处理?
5. 在法院对案件进行二审的过程中,如果当事人达成和解协议,陈某向法院申请撤回起诉,法院应否准许?为什么?

第三部分

参考答案

习题自测参考答案

绪论习题自测参考答案

一、单项选择题

1.【答案】C

【解析】新中国成立后，废除了“六法全书”，我国民事诉讼立法处于空白状态，我国民事诉讼法学的研究范围除了我国民事诉讼实践外，更多的是研究苏联的民事诉讼立法，故选项A错误。新中国第一部民事诉讼法典是1982年《民事诉讼法（试行）》，但是在此之前，我国的民事诉讼法学已经有所发展，故选项B错误。20世纪90年代的民事审判方式改革，我国民事诉讼法学专家学者参与了整个过程，并推动了我国民事诉讼法学的发展，故选项C正确。2006年中国法学会民事诉讼法学研究会从中国法学会诉讼法学研究会中分立出来，仅是民事诉讼法学发展的一个标志性事件，并不是我国民事诉讼法学发展历程的重要标志性事件，故选项D错误。

2.【答案】C

【解析】我国《民事诉讼法》自1991年正式颁行以来，经过了2007年、2012年、2017年、2021年4次修改，选项C正确，其他选项错误。

3.【答案】D

【解析】只有新中国的民事诉讼法学才以马克思主义为世界观和方法论，才有中国特色社会主义理论体系的指导，选项A、B错误。马克思主义是新中国民事诉讼法学研究的指导思想，而不是研究内容，选项C错误。马克思主义是新中国民事诉讼法学研究的指导思想，选项D正确。

二、多项选择题

1.【答案】ABCD

【解析】民事诉讼法学既研究民事诉讼实践及其规律、民事诉讼立法及其规律，还研究民事诉讼与其他民事纠纷解决机制、民事诉讼法与其他法律规范之间的关系，选项A、B、C、D均正确。

2.【答案】ABCD

【解析】马克思主义为新中国民事诉讼法学提供了科学的世界观和方法论，选项A正确。马克思主义奠定了新中国民事诉讼法学理论与方法的基石，选项B正确。马克思主义法学理论为新中国民事诉讼法学提供了把握方向的理论指针，选项C正确。毛泽东思想、中国特色社会主义理论体系和习近平新时代中国特色社会主义思想、是新中国民事诉讼法学开拓与发展的思想基础，选项D正确。

3.【答案】AD

【解析】民事诉讼立法和民事诉讼实践是我国民事诉讼法学研究的基本对象，所以民事诉讼法学的发展与民事诉讼立法、民事诉讼实践具有同步性,选项 A 正确。编译不同国家的民事诉讼法典和理论著作,只是我国民事诉讼法学发展的初期工作和部分内容,并不是我国民事诉讼法学发展阶段性的重要标志,选项 B 错误。检察民事公益诉讼制度的建立,完善了我国检察监督和公益诉讼制度,而民事检察监督以及公益诉讼只是民事诉讼的一个方面,不能成为我国民事诉讼发展阶段性的重要标志,选项 C 错误。理论与实践相结合,是我国民事诉讼法学发展的重要推动力,也是马克思主义原理的基本要求,选项 D 正确。

第一章习题自测参考答案

一、单项选择题

1.【答案】C

【解析】民事程序法具有独立价值,选项 A 错误。通常情况下民事诉讼主体与民事主体是一致的,但是在特定情况下,民事诉讼主体与民事主体可能不同,如失踪人的财产代管人、破产管理人以自己的名义进行的诉讼,故选项 B 错误。诉权是民事主体进行诉讼的基本权利,它与民事实体权利并不是一体的,选项 C 正确。民事诉讼法具有自身独立的价值与维护社会公平正义的独立的功能,选项 D 错误。

2.【答案】B

【解析】民事诉讼实行不告不理,没有利害关系人提起诉讼,就不会有民事诉讼,选项 B 正确,其他选项错误。

3.【答案】A

【解析】民事诉讼是解决民事纠纷的最后程序,也是解决民事权益矛盾的最有效、最权威的手段,选项 A 正确,其他选项错误。

4.【答案】B

【解析】从地位和作用看民事诉讼法属于基本法,从内容看民事诉讼法属于程序法,从调整的社会关系与调整方法看民事诉讼法是一个法律部门,组织法是专门规定某类国家机关的组成和活动原则的法律,选项 B 正确,其他选项错误。

5.【答案】B

【解析】民事诉讼是公力救济手段,选项 B 正确,其他选项错误。

二、多项选择题

1.【答案】BC

【解析】有财产争议的案件,不一定都是民事纠纷,行政争议中也可能出现财产争议,故选项 A 错误。选项 B、C 的内容体现了民事纠纷的可处分性,选项 B、C 正确。行政机关作为民事主体时,也可能因民事权利义务关系产生争议而成为民事纠纷的主体,选项 D 错误。

2.【答案】ABCD

【解析】民事纠纷有多种解决机制,和解、调解、诉讼、仲裁都可以解决民事纠纷,选项 A、B、C、D 均正确。

3.【答案】ABC

【解析】民事诉讼是通过国家公权力解决民事纠纷,具有公权性和强制性,选项 A、C 正确。民事诉讼是通过法定程序解决纠纷,具有严格的程序性,选项 B 正确。民事诉讼当事人诉讼地位平等，但是法院处于裁判者地位，与当事人地位不可能平等，选项 D 错误。

4.【答案】ABCD

【解析】选项 A、B、C、D 分别从不同侧面体现了“司法最终解决”的原则，故均正确。

5.【答案】ABC

【解析】在我国的法律体系中，民事诉讼法处于基本法的地位与作用，选项 A 正确。民事诉讼法是规范法院行使审判权、解决民事纠纷的程序法，从性质上看，法院与当事人之间产生的民事诉讼法律关系是公法关系，选项 B 正确。民事诉讼法是法院和当事人等进行民事诉讼所必须遵循的程序性规范，以程序和技术层面为主要内容，选项 C 正确。民事诉讼法是一个独立的法律部门，但这并不是民事诉讼法的基本特征，故选项 D 错误。

6.【答案】ABCD

【解析】民事诉讼法与民事实体法的终极价值都是公平正义，选项 A 正确。通过解决民事纠纷、完善民事诉讼法律制度，民事实体法律制度也不断完善，即所谓“先有诉讼法后有实体法”，选项 B 正确。民事实体法规定的是民事主体享有何种权利、应当承担何种义务的问题，民事诉讼法是规范权利无法实现、义务没有履行如何救济的问题，民事诉讼法是民事实体法的保障，选项 C 正确。民事诉讼法与民事实体法有相通之处，民事诉讼法的一些规则建立在民事实体法的规则之上，比如证明责任的分配规则，故选项 D 正确。

7.【答案】CD

【解析】公证只是证明法律事实，并不解决纠纷，选项 A 错误。根据《证据规定》第 10 条的规定，已为有效公证文书所证明的事实，当事人无须举证证明，但当事人有相反证据足以推翻的除外，选项 B 错误。依法赋予强制执行效力的债权文书具有执行力，债权人可以直接申请执行，选项 C 正确。《公证债权文书执行规定》第 22 条规定：“有下列情形之一的，债务人可以在执行程序终结前，以债权人为被告，向执行法院提起诉讼，请求不予执行公证债权文书：(一) 公证债权文书载明的民事权利义务关系与事实不符；(二) 经公证的债权文书具有法律规定的无效、可撤销等情形；(三) 公证债权文书载明的债权因清偿、提存、抵销、免除等原因全部或者部分消灭。”故选项 D 正确。

8.【答案】ABCD

【解析】《民事诉讼法》第 2 条规定：“中华人民共和国民事诉讼法的任务，是保护当事人行使诉讼权利，保证人民法院查明事实，分清是非，正确适用法律，及时审理民事案件，确认民事权利义务关系，制裁民事违法行为，保护当事人的合法权益，教育公民自觉遵守法律，维护社会秩序、经济秩序，保障社会主义建设事业顺利进行。”故选项 A、B、C、D 均正确。

9.【答案】ABCD

【解析】《民事诉讼法》第 4 条规定：“凡在中华人民共和国领域内进行民事诉讼，必须遵守本法。”故选项 A、B、C、D 均正确。

10.【答案】ACD

【解析】民事诉讼与商事仲裁实行“或裁或审”的制度，法院作出的生效裁判和仲裁机构作出的裁决，对解决纠纷都具有终局性，故选项 A 正确。商事仲裁是纠纷的社会解决方式，不具有司法性，选项 B 错误。司法最终解决原则以及通过民事诉讼程序对仲裁进行监督、强制执行仲裁裁决，体现了民事诉讼对商事仲裁的保障与监督作用，选项 C 正确。“或裁或审”制度决定了仲裁协议排除法院对民事纠纷的主管权，故选项 D 正确。

三、不定项选择题

1.【答案】ABC

【解析】社会救济的基本特征是有第三方参与，但是第三方没有公权力。仲裁、调解是典型的社会救济方式，选项 A、B、C 均正确。张某与陈某达成离婚协议并到婚姻登记机关办理离婚登记，离婚登记是行政行为，不是社会救济，选项 D 错误。

2.【答案】BD

【解析】选项 A 规范的是法院的设置，与民事诉讼程序无关，故选项 A 不是民事诉讼法的法律渊源。选项 B 规范了不得起诉离婚的期间，是对当事人起诉权的限制，属于民事诉讼法规范，故选项 B 是民事诉讼法的法律渊源。选项 C 规范的是承担民事责任的条件，与诉讼程序无关，故选项 C 不是民事诉讼法的法律渊源。选项 D 确立了饲养动物致人损害案件的证明责任分配规则，故选项 D 属于民事诉讼法的法律渊源。

3.【答案】B

【解析】民事诉讼当事人诉讼主体地位平等，但不是所有的诉讼主体地位都平等，选项 A 错误。三大诉讼的基本原则，有些相同，有些不同，选项 B 正确。民事诉讼与行政诉讼裁判的执行是相同的，均适用民事执行程序，选项 C 错误。行政诉讼也可以调解，选项 D 错误。

4.【答案】B

【解析】人民调解是解决纠纷的第一道防线，但不是纠纷解决的必经程序，选项 A 错误。人民调解协议是当事人平等协商、自愿达成的，体现了当事人的真实意见表示，具有合同性质，选项 B 正确。人民调解协议司法确认必须由双方同时申请，选项 C 错误。一方当事人不履行经法院确认的人民调解协议的，另一方可以申请执行，而不必再提起诉讼，选项 D 错误。

5.【答案】ABC

【解析】根据民事诉讼法的规定，选民资格案件适用民事诉讼法规定的程序解决，选项 A 正确。《民事诉讼法》第 3 条："人民法院受理公民之间、法人之间、其他组织之间以及他们相互之间因财产关系和人身关系提起的民事诉讼，适用本法的规定。"故选项 B、C 均正确。是否符合授予学位条件的争议是行政争议，应当适用行政诉讼程序解决，选项 D 错误。

6.【答案】A

【解析】选项 A 中的英国人与美国人如果一致选择在中国进行诉讼，就可能适用我国民事诉讼法，故选项 A 正确。根据或裁或审制度，仲裁协议具有排除司法管辖的效力，选项 B 错误。诉讼程序适用法院地法，甲在日本起诉离婚，应当适用日本民事诉讼法，选项 C 错误。驻外大使享有司法豁免权，本案不适用我国民事诉讼法规定的程序处理，应当通过外交途径解决，故选项 D 错误。

7.【答案】ABCD

【解析】我国的劳动争议实行一裁两审制，选项 A 正确。农村土地承包合同纠纷实行调解、仲裁、诉讼并行的制度，选项 B 正确。商事争议实行或裁或审、一裁终局的制度，选项 C 正确。民事诉讼是其他各项纠纷解决制度的保障，选项 D 正确。

8.【答案】ACD

【解析】《民事诉讼法》第 3 条规定，法院受理公民之间、法人之间、其他组织之间以及他们相互之间因财产关系和人身关系提起的民事诉讼。根据该条规定，选项 A、C、D 都属于平等主体之间因财产关系和人身关系发生的纠纷案件，都可以适用民事诉讼法解决，故选项 A、C、D 均正确。选项 B 项所涉及的纠纷不是在平等主体之间发生的纠纷，而是行政机关和行政相对人之间产生的纠纷，不能适用民事诉讼法解决，故选项 B 错误。

四、名词解释

1. 民事纠纷

民事纠纷是指平等主体之间发生的、以民事权利义务为内容的社会纠纷。它有三个基本特征：主体平等性、内容可处分性和解决方式的可选择性。

2. 民事诉讼

民事诉讼是解决民事纠纷的一种方式，它是指通过国家公权力强制解决民事纠纷的一种纠纷解决方式，是民事权利救济的最后手段。

3. 民事诉讼法

民事诉讼法是国家制定或者认可的，规范民事诉讼活动、调整民事诉讼法律关系的法律规范的总和。它既是法院审判民事案件的准则，也是当事人和其他诉讼参与人进行民事诉讼活动的准则。

4. 民事诉讼法的法律渊源

民事诉讼法的法律渊源包括：(1) 宪法；(2) 民事诉讼法；(3) 人民法院组织法；(4) 民事实体法中有关民事诉讼程序的规范；(5) 司法解释；(6) 其他规范性文件和指导性案例；(7) 我国缔结或者参加的国际条约。

5. 民事诉讼法的效力

民事诉讼法的效力，是指民事诉讼法对什么人、对什么事、在什么时间和在什么空间范围内发生作用。

6. 民事诉讼法对人的效力

民事诉讼法对人的效力，是指民事诉讼法适用于哪些人。

7. 民事诉讼法对事的效力

民事诉讼法对事的效力，是指法院适用民事诉讼法审理案件的范围，即法院主管民事诉讼案件的范围。

五、简答题

1. 简述民事诉讼的特征。

【参考答案】

民事诉讼的特征包括：(1) 国家公权性；(2) 程序性；(3) 强制性。

2. 简述民事纠纷的特征及其解决机制。

【参考答案】

民事纠纷的主要特征包括：纠纷主体具有平等性、纠纷解决内容具有可处分性、纠纷解决方式具有可选择性。民事纠纷的解决机制包括诉讼和非诉讼两种基本机制。其中，非诉讼解决机制包括和解、调解、仲裁等诉讼外途径解决纠纷的制度体系。

六、论述题

论我国《民事诉讼法》的特色。

【参考答案】

我国《民事诉讼法》自1991年颁行以来，历经多次修改，已经形成了中国特色，主要体现在以下三个方面：(1) 方便当事人参加诉讼；(2) 重视调解，调判结合；(3) 强化对民事诉讼的监督。

七、案例分析题

【参考答案】

1. 本案纠纷因刘某的死亡而产生。刘某死亡的原因是执法人员要求刘某到水产局接受处理，刘某拒绝而发生的意外。刘某与水产局之间的关系，不是民事法律关系，而是行政法律关系。刘某亲属与水产局的关系，同样不是民事法律关系，而是行政法律关系。

2. 对于刘某亲属提起的民事诉讼，人民法院应当不予受理，已经受理的，应当裁定驳回起诉。《民事诉讼法》第3条规定："人民法院受理公民之间、法人之间、其他组织之间以及他们相互之间因财产关系和人身关系提起的民事诉讼，适用本法的规定。"本案刘某、刘某亲属与水产局的关系不是平等主体之间的人身关系或者财产关系，该纠纷不属于民事诉讼法的调整范围，不是法院主管民事诉讼案件的范围，故法院应当裁定不予受理，已经受理的应当裁定驳回起诉。

第二章习题自测参考答案

一、单项选择题

1.【答案】D

【解析】甲起诉请求判决与乙离婚和甲起诉请求判决解除与乙之间合同，都是变更之诉，故选项A、C错误。乙起诉请求确认与丙之间存在收养关系，是确认之诉，故选项B错误。甲起诉请求判决乙向其赔礼道歉，是请求乙履行给付义务，是给付之诉，故选项D正确。

2.【答案】D

【解析】既判力的客观范围是指判决主文中产生既判力的判定事项，即判决主文针对诉讼标的作出的判定，选项D正确，其他选项错误。

3.【答案】B

【解析】甲要求解除与乙之间的婚姻关系，就是使双方现存的婚姻关系消灭，是典型的变更之诉，也称形成之诉。故选项B正确，其他选项错误。

4.【答案】B

【解析】原告要求被告向其赔礼道歉，从法律上看是要求被告履行一定的给付行为，本案属于给付之诉。故选项B正确，其他选项错误。

5.【答案】C

【解析】消极确认之诉，是指要求法院确认某种法律关系不存在的请求。选项C请求确认合同无效，其实就是请求确认双方之间的合同没有法律效力，故是消极确认之诉，其他选项错误。

二、多项选择题

1.【答案】ACD

【解析】诉讼标的是指当事人之间争议并由法院审判的对象，它包括当事人之间争议的法律关系以及引起该法律关系发生、变更、消灭的法律事实，故选项 A 正确。诉讼标的既确定法院的裁判对象，也决定当事人之间攻击防御的对象，选项 B 错误。诉的客观合并是诉讼请求的变化，不是诉讼标的的变更，选项 C 正确。诉讼标的是裁判既判力客观范围的确定依据，选项 D 正确。

2.【答案】BC

【解析】民事诉讼法律关系是法院、当事人及其他诉讼参与人之间在民事诉讼过程中产生的诉讼权利义务关系，而不是实体权利义务关系，故选项 A 错误。法院是民事诉讼法律关系的当然主体，没有法院就不可能有民事诉讼法律关系，选项 B 正确。民事诉讼法律关系既能指引立法活动，又能指引当事人依法进行诉讼活动，还能指引民事审判活动的有序进行，选项 C 正确。法院与当事人之间、当事人之间、法院与检察院之间的民事诉讼法律的客体均包括案件事实，选项 D 错误。

3.【答案】BC

【解析】当事人与法院之间因民事诉讼形成的权利义务指向的客体，一是当事人的实体权利请求，二是案件事实。故选项 B、C 正确，其他选项错误。

4.【答案】ACD

【解析】原告在判决生效后死亡，其继承人属于既判力主体范围的扩张，故选项 A 正确。金钱给付的判决生效后，只有为了当事人的利益占有诉讼标的物的人才会受既判力主体范围扩张效力所及，因被告占有的房屋不是诉讼标的物，选项 B 错误。财产代管人以自己的名义起诉失踪人的债务人，属于既判力主体范围的扩张，选项 C 正确。离婚判决为形成判决，其既判力具有对世性，故选项 D 正确。

5.【答案】AB

【解析】影响民事诉讼法律关系运行的原因，也就是能够引起民事诉讼法律关系发生、变更、消灭的法律事实。法律事实包括法律行为和法律事件两类，在诉讼程序中就体现为诉讼行为和诉讼事件，故选项 A、B 正确，其他选项错误。

三、不定项选择题

1.【答案】A

【解析】确认之诉是双方当事人就双方之间是否存在某种法律关系发生争议引起的诉，法院依确认之诉作出的判决，就是要确认双方之间在判决生效之前是否存在某种法律关系；变更之诉是当事人就是否需要改变某种法律关系发生争议而引起的诉，法院作出判决改变双方之间的法律关系的，这种法律关系自判决生效之日起改变，而不改变双方之前存在的法律关系。故选项 A 正确。变更之前，当事人对于现存的法律关系没有争议，法院在审理变更之诉时不需要确认双方是否存在某种法律关系，选项 B 错误。确认之诉的当事人争议的是是否存在某种法律关系，而不是某种法律事实，选项 C 错误。确认之诉只是确认双方是否存在某种法律关系，而不涉及是否需要改变这种法律关系的问题，选项 D 错误。

2.【答案】ABC

【解析】反诉是指法院受理本诉后，本诉的被告以本诉的原告为被告，向受理本诉的法院提起与本诉具有牵连关系的一种独立的反请求。反诉在法院受理本诉后、法庭辩论终结前提出；反诉的当事人限于本诉的当事人的范围；反诉不违反专属管辖规定。故选项 A、B、C 均正确。根据《民诉法解释》第 326 条的规定,原审被告也可以在第二审程序中提出反诉,故选项 D 错误。

3.【答案】A

【解析】诉权是公民、法人和其他组织都享有的基本权利,故选项 A 正确。诉讼权利是诉权的表现形式,但是诉权并不是诉讼权利的总和,选项 B 错误。诉权的行使依据是民事诉讼法,而不是依据民事实体法,选项 C 错误。诉权通过整个民事诉讼过程而实现,而不只是在起诉阶段发挥作用,选项 D 错误。

4.【答案】BD

【解析】选项 A、C 分别以借款合同关系和租赁合同关系变更诉讼请求,争议的法律关系没有发生变化,诉讼标的也没有发生变更,故选项 A、C 错误。选项 B 在离婚诉讼中增加提出分割共同财产的请求,选项 D 由解除婚姻关系变更为解除同居关系,诉讼标的均发生了变化,故选项 B、D 正确。

5.【答案】BCD

【解析】程序公正与程序效益的目标是一致的,程序公正离不开程序效益,程序效益也离不开程序公正,程序效益价值中包含程序公正的内容,选项 A 错误。对某一方面价值的优越的强调,并不会贬低其他方面的价值,统一的价值观并不是将两方面相互作用的程序价值置于绝对的水平面上,选项 B 正确。公开性是程序公正的重要体现,也是实体公正的重要保障,选项 C 正确。参与性与当事人诉讼权利平等有密切关联,是结果公正的基础,选项 D 正确。

6.【答案】A

【解析】既判力就是指判决实质上的确定力,选项 A 正确。当事人不得提出与确定判决相异的主张,法院不得作出与确定判决相矛盾的新判决,是既判力的积极效果,选项 B 错误。一事不再理只是既判力的消极效果,选项 C 错误。既判力的拘束对象包括当事人和法院,选项 D 错误。

四、名词解释

1. 诉

诉是指当事人向法院提出的针对其权利主张进行裁判的请求。

2. 诉的要素

诉的要素是指构成一个完整的诉的因素。这些因素包括当事人、诉讼标的和诉的理由。

3. 诉权

诉权是当事人请求法院对其民事权益进行司法保护的权利。它是公民、法人和其他组织所享有的一项基本权利,有了诉权,才能向法院提出保护其民事权益的请求,才能有诉。

4. 诉讼行为

诉讼行为是指民事诉讼法律关系主体有目的实施的能够产生民事诉讼法律效果的行为。

5. 民事诉讼模式

民事诉讼模式是指当事人与法院在诉讼中权限范围划分的表现形式。

6. 当事人主义

当事人主义是指权限配置重心倾向于当事人,当事人在诉讼中起主导作用,诉讼按照当事人意志进行,当事人对于是否请求权利保护、提出诉讼资料、如何进行诉讼等具有支配权的一种民事诉讼模式。其基调是辩论主义和处分权主义。

7. 辩论主义

辩论主义是当事人主义的核心，它有三层含义：第一，判断权利发生或者消灭的法律效果所必需的要件事实，必须在当事人的辩论中出现，未在当事人辩论中出现的事实，不得作为认定事实的基础。第二，法院在判决理由中所需要认定的事实只限于当事人之间争执的事实，没有争执的事实，不仅没有必要以证据加以确认，而且也不允许法院作出与此相反的认定。第三，认定争执的事实所需要的证据资料必须从当事人提出的证据方法中获得，法院不得依职权调查取证。

8. 职权主义

职权主义是指权限配置重心倾向于法院，法院在诉讼中起主导作用，法院可以依职权推进诉讼、收集诉讼资料和证据，当事人处于次要、消极地位的民事诉讼模式。

9. 既判力

既判力是指法院作出的判决发生法律效力后，当事人和法院都受该判决所判定的内容拘束的作用力，也称为判决实质上的确定力。

五、简答题

1. 简述诉讼标的与诉讼请求的关系。

【参考答案】

诉讼标的与诉讼请求既有联系，又有区别。诉讼标的是双方当事人之间发生争议并请求法院裁判的对象，通常是特定的法律关系以及引起该法律关系发生、变动、消灭的法律事实；而诉讼请求是原告通过法院对被告主张的权利。原告基于双方之间的实体法律关系以及该法律关系发生、变动、消灭的法律事实提出诉讼请求，如果不存在实体法律关系，诉讼请求自然不能成立。所以，既不能以诉讼请求代替诉讼标的，也不能认为诉讼请求与诉讼标的毫无关系。

2. 简述学习民事诉讼法律关系的意义。

【参考答案】

学习民事诉讼法律关系的意义在于：(1) 指引未来的民事诉讼立法活动；(2) 指引当事人进行民事诉讼；(3) 指引法院进行民事审判。

3. 简述不同类型的诉的特点。

【参考答案】

确认之诉的特点是：诉讼本身只要求确认某种法律关系是否存在，双方当事人是对法律关系是否存在发生争议，而不是行使权利或履行义务之争。给付之诉的特点是：双方当事人之间有权利义务之争，法院判决是在确认权利义务的基础上，责令义务人履行一定的义务。变更之诉的特点是：双方当事人对现存的法律关系无争议，只是对是否变更或如何变更有争执，法院作出判决后，其法律关系发生变更或者消灭。

六、论述题

论诉的要素与类型，并举例说明。

【参考答案】

诉的要素：当事人、诉讼标的和诉的理由；诉的类型：确认之诉（如请求确认合同无效）、变更之诉（如请求判决离婚）、给付之诉（如请求判决归还借款）。

七、案例分析题

【参考答案】

1. 本案纠纷由同一医疗行为引起,但涉及两种法律关系:一是因医院侵权行为引起的杜某、杜某之夫、姚某精神损害赔偿关系;二是因医院侵权行为引起的姚某人身损害赔偿关系。尽管都是因侵权行为引起,但是主体和内容不同,因而是两种不同的民事实体法律关系。

2. 本案当事人提出的诉是给付之诉,且都是金钱给付之诉。无论是给付精神损失费还是赔偿医疗费,都是金钱给付关系。

3. 本案涉及两个实体法律关系,一是因侵权行为引起的精神损害赔偿法律关系,二是因侵权行为引起的人身损害赔偿法律关系。因此,本案有两个诉讼标的。

4. 由于杜某、杜某之夫、姚某提出的诉讼请求涉及两种民事实体法律关系,且该两种民事实体法律关系的主体不同,因此本案涉及两个诉。这两个诉不具备合并审理的条件,法院应当将该案分成两个案件进行审理和裁判。

第三章习题自测参考答案

一、单项选择题

1.【答案】C

【解析】《民事诉讼法》第 15 条规定:"机关、社会团体、企业事业单位对损害国家、集体或者个人民事权益的行为,可以支持受损害的单位或者个人向人民法院起诉。"故选项 C 正确,其他选项错误。

2.【答案】B

【解析】支持起诉的方式包括:从精神上、道义上、舆论上支持受害人提起诉讼,解除其思想顾虑,鼓励其向法院提起诉讼;帮助受害人收集提供证据;提供法律、科学知识、技术等方面的支持;支持受害人参与法庭辩论、为受害人提供物质上的支持,选项 B 正确,其他选项错误。

3.【答案】D

【解析】《民事诉讼法》第 14 条规定:"人民检察院有权对民事诉讼实行法律监督。"一般认为,检察院在民事诉讼中的法律监督对象是法院的审判活动和执行活动,而不是当事人的诉讼行为。故选项 D 正确,其他选项错误。

4.【答案】C

【解析】《民事诉讼法》第 9 条规定:"人民法院审理民事案件,应当根据自愿和合法的原则进行调解;调解不成的,应当及时判决。"故选项 C 正确,其他选项错误。

5.【答案】C

【解析】《民事诉讼法》第 5 条第 1 款规定:"外国人、无国籍人、外国企业和组织在人民法院起诉、应诉,同中华人民共和国公民、法人和其他组织有同等的诉讼权利义务。"故选项 C 正确,其他选项错误。

二、多项选择题

1.【答案】ABC

【解析】民事诉讼法是民事诉讼基本原理和内在规律的反映,是制定、适用、解释民事诉讼法的依据,是法院、当事人以及其他诉讼参与人进行民事诉讼活动必须遵循的根本规则,选项

A、B、C 均正确。相关法律的制定并不以民事诉讼法的基本原则为依据，选项 D 错误。

2.【答案】ABCD

【解析】民事诉讼法的平等原则是民事实体法平等原则在诉讼领域的内在要求，选项 A 正确。在民事诉讼中双方当事人享有某些相同的诉讼权利以及享有对等的诉讼权利，是平等原则的体现，选项 B、C 正确。法院平等地保障当事人行使诉讼权利，是平等原则实现的重要保障，也是平等原则的重要内容，故选项 D 正确。

3.【答案】BCD

【解析】只有在诉讼程序中才可以进行辩论，非讼程序虽然也是审判程序，但在非讼程序中因没有相对立的一方当事人，不适用辩论原则，故选项 A 错误。辩论的范围包括实体问题、程序问题和法律适用问题，选项 B 正确。开庭审理阶段，必须实行言辞辩论即口头辩论，选项 C 正确。《民事诉讼法》第 207 条第 9 项规定："违反法律规定，剥夺当事人辩论权利的"，是当事人申请再审的法定事由，选项 D 正确。

4.【答案】AB

【解析】法院调解坚持自愿原则，就是要尊重当事人的处分权，法院调解是法院行使审判权的一种方式，选项 A、B 正确。有些案件，如离婚案件，调解是必经程序，选项 C 错误。调解书一旦送达就发生法律效力，任何一方都不得反悔，故选项 D 错误。

5.【答案】ABD

【解析】法院依通常诉讼程序作出的判决书、裁定书、调解书都是检察监督的范围，选项 A、D 正确。检察监督还包括对执行行为的监督，选项 B 正确。对于非讼案件，由于不能适用再审程序，不属于检察监督的范围，选项 C 错误。

三、不定项选择题

1.【答案】AD

【解析】根据确立的依据和适用范围不同，民事诉讼法的基本原则分为共有原则和特有原则，选项 A 正确。三大诉讼法都可以适用的原则，是民事诉讼法的共有原则，选项 B 错误。特有原则是适用于民事诉讼活动的原则，而不只是适用于国内民事诉讼活动的基本原则，选项 C 错误。以事实为依据、以法律为准绳是民事诉讼法的共有原则，也是民事诉讼法的基本原则，选项 D 正确。

2.【答案】BD

【解析】在民事诉讼中，只有当事人及其法定诉讼代理人才享有处分权，选项 A 错误。在民事诉讼中，处分实体权利要通过处分诉讼权利实现，选项 B 正确。处分原则贯穿于民事诉讼的全过程，选项 C 错误。对于涉及身份关系的诉讼和非讼程序，明确限制或者排除处分原则的适用，选项 D 正确。

3.【答案】D

【解析】民事诉讼法的诚信原则，既拘束当事人，又拘束法院、检察院及其他诉讼参与人，选项 A 错误。民事诉讼法的诚信原则是道德准则的法律化，选项 B 错误。民事诉讼法的诚信原则，与实体法的诚信原则有联系，但是内容还是存在明显的差异，选项 C 错误。在诉讼过程中，当事人应当推进诉讼进程，不得故意拖延诉讼，是诚信原则的内容之一，选项 D 正确。

4.【答案】ABC

【解析】《民事诉讼法》第115条规定:"当事人之间恶意串通,企图通过诉讼、调解等方式侵害他人合法权益的,人民法院应当驳回其请求,并根据情节轻重予以罚款、拘留;构成犯罪的,依法追究刑事责任。"故选项A、B正确。《民诉法解释》第102条规定:当事人因故意或者重大过失逾期提供的证据,人民法院不予采纳。但该证据与案件基本事实有关的,人民法院应当采纳,并依照《民事诉讼法》第68条、第118条第1款的规定予以训诫、罚款。当事人非因故意或者重大过失逾期提供的证据,人民法院应当采纳,并对当事人予以训诫。当事人一方要求另一方赔偿因逾期提供证据致使其增加的交通、住宿、就餐、误工、证人出庭作证等必要费用的,人民法院可予支持。故选项C正确。法院作出的判决具有执行力和权威性,在该判决被否定之前,任何人都必须严格履行义务,故选项D错误。

5.【答案】BD

【解析】根据民事诉讼法的规定,支持起诉的案件只能是侵权纠纷案件且是受害人没有起诉的案件。选项A是合同纠纷,选项C是非讼案件,故均不属于支持起诉的案件;选项B、D均为侵权纠纷案件,故属于支持起诉的案件。

四、名词解释

1. 民事诉讼法的基本原则

民事诉讼法的基本原则是指在民事诉讼的全过程或者在民事诉讼的重要阶段起指导作用的行为准则。它集中体现了我国民事诉讼法的精神实质和立法目的,为法院的审判活动和诉讼参与人的诉讼活动指明了方向。

2. 平等原则

平等原则是指当事人在民事诉讼中享有平等的诉讼权利,具有平等的诉讼地位。

3. 处分原则

处分原则是指民事诉讼当事人有权在法律规定的范围内自由支配和处置自己依法享有的民事权利和诉讼权利的原则。

4. 民事检察监督原则

民事检察监督原则是指检察院对于法院行使民事审判权和执行权行为的合法性进行监督的原则。

5. 支持起诉原则

支持起诉原则是指对于损害国家、集体或者个人民事权益的行为,受损害的单位或个人不敢、无力或者不便提起诉讼的,机关、社会团体、企业事业单位可以支持其向法院起诉的原则。

五、简答题

1. 简述处分原则及其内容。

【参考答案】

处分原则是指民事诉讼当事人有权在法律规定的范围内处分自己的民事权利和诉讼权利。处分原则包括下列内容:(1) 处分权的享有者限于当事人及其法定代理人;(2) 处分权的对象是民事权利和诉讼权利;(3) 处分原则贯穿于民事诉讼的全过程;(4) 处分权的行使不得违反法律的强制性规定。民事诉讼当事人处分自己民事权利和诉讼权利,体现为:① 在纠纷发生后，是否向法院起诉，由当事人自己决定；② 诉讼请求的范围由当事人自己决定；③ 原告可以增加、变更、放弃自己的诉讼请求，被告可以承认对方的诉讼请求、可以提起反诉，双方可以进行和解或者接受法院的调解；④ 当事人有权决定是否提起上诉、是否申请再审、是否申请执行。

2. 简述民事诉讼法基本原则的功能。

【参考答案】

民事诉讼法基本原则的主要功能包括：(1) 立法准则；(2) 行为准则；(3) 司法准则。

3. 简述民事诉讼法特有原则的内容。

【参考答案】

民事诉讼法特有原则包括：(1) 同等和对等原则；(2) 当事人平等原则；(3) 自愿合法调解原则；(4) 辩论原则；(5) 诚信原则；(6) 处分原则；(7) 支持起诉原则；(8) 民事检察监督原则；(9) 在线诉讼与线下诉讼效力等同原则。

六、论述题

1. 论民事诉讼的辩论原则。

【参考答案】

辩论原则，是指根据我国民事诉讼法规定，法院审理案件时，当事人有权进行辩论。即当事人在法院的主持下，有权就案件的事实和争议的问题，各自陈述自己的主张，互相反驳和答辩。辩论原则主要包括以下几方面的内容：辩论权是当事人的一项重要的诉讼权利；当事人行使辩论权通常体现在对案件的实体问题、对案件的程序问题以及对案件的适用法律问题三个方面；当事人行使辩论权的形式可以是口头的，也可以是书面的；当事人在诉讼的全过程中行使辩论权；法院应保障当事人的辩论权。

2. 论民事诉讼的调解原则。

【参考答案】

民事诉讼的调解原则是指人民法院审理民事案件，应当根据自愿和合法的原则进行调解，调解不成的，应当及时判决。其主要内容包括：(1) 法院受理民事案件后，应当重视调解；(2) 法院调解应当在自愿和合法的基础上进行，不能违背当事人的意志强行调解，调解的程序和内容应当不违反法律的禁止性规定；(3) 法院调解应当以查明事实、分清是非为前提。

3. 论民事诉讼的诚信原则。

【参考答案】

诚信原则，是指在民事诉讼中，法院、检察院、当事人以及其他诉讼参与人必须公正、诚实和善意地行使权利和实施民事诉讼行为。《民事诉讼法》第 13 条第 1 款规定："民事诉讼应当遵循诚信原则。"

民事诉讼的诚信原则包括以下内容：(1) 对当事人来说，诚信原则的适用包括：禁止恶意提起诉讼；禁止提起虚假诉讼；禁止矛盾行为；禁止滥用诉讼权利；真实义务；诉讼促进义务。(2) 对其他诉讼参与人来说，诚信原则要求其他诉讼参与人实施民事诉讼行为时应诚实善意。(3) 对法院来说，诚信原则主要表现为：禁止滥用自由裁量权；禁止突袭裁判。(4) 对检察院来说，诚信原则要求检察院本着诚实和善意，根据立法本意行使检察监督权，不得滥用权力。(5) 违反诚信原则的法律后果有：否定已实施诉讼行为的效力；承受相应的法律制裁；承担因不诚信行为增加的诉讼费用等；申请国家赔偿。

七、案例分析题

【参考答案】

本案主要体现了民事诉讼法的下列原则：

1. 当事人平等原则。工程公司提起诉讼后，开发公司提起反诉，体现了当事人平等原则。

2. 辩论原则。工程公司和开发公司为了支持各自的主张，通过书面起诉状、书面答辩状以及法庭辩论，相互之间进行了辩论，以维护自己的合法权益。

3. 处分原则。在诉讼中，工程公司放弃对开发公司违约责任的追究，体现了当事人对自己权利的处分。

4. 自愿合法调解原则。本案经审判人员的调解，双方在互谅互让基础上达成了解决纠纷的一致协议，并最终调解结案。这不仅有利于维护双方之间的合作关系，也有利于节省司法资源，提高诉讼效率。

第四章习题自测参考答案

一、单项选择题

1.【答案】A

【解析】《民事诉讼法》第 48 条规定："当事人提出回避申请，应当说明理由，在案件开始审理时提出；回避事由在案件开始审理后知道的，也可以在法庭辩论终结前提出。被申请回避的人员在人民法院作出是否回避的决定前，应当暂停参与本案的工作，但案件需要采取紧急措施的除外。"许某在开庭后知道丙与被告法定代表人是兄弟关系时，可以提出回避申请。故选项 A 正确，选项 B 错误。《民事诉讼法》第 49 条规定："院长担任审判长或独任审判员时的回避，由审判委员会决定；审判人员的回避，由院长决定；其他人员的回避，由审判长或独任审判员决定。"因丙系合议庭的审判人员，其是否回避，应由院长决定，故选项 C 错误。根据《民事诉讼法》第 50 条的规定，申请人对回避决定不服的，可以在接到决定时申请复议一次。许某对回避决定提出上诉，违反法律规定，故选项 D 错误。

2.【答案】D

【解析】根据《民事诉讼法》第 41 条第 3、4 款的规定，发回重审的案件，原审法院应当按照第一审程序另行组成合议庭。审理再审案件，原来是第一审的，按照第一审程序另行组成合议庭。故选项 A、B 均错误。根据《民事诉讼法》第 40 条的规定，基层人民法院审理的基本事实清楚、权利义务关系明确的第一审民事案件，可以由审判员一人适用普通程序独任审理，无须上级法院批准，故选项 C 错误。根据《民事诉讼法》第 185 条的规定，选民资格案件或者重大、疑难的案件，由审判员组成合议庭审理，故选项 D 正确。

3.【答案】C

【解析】根据《民事诉讼法》第 185 条的规定，选民资格案件或者重大、疑难的案件，由审判员组成合议庭审理。其他案件由审判员一人独任审理。故选项 A、B 均错误，选项 C 正确。根据《民诉法解释》第 452 条的规定，适用公示催告程序审理案件，判决宣告票据无效的，应当组成合议庭审理，故选项 D 错误。

4.【答案】C

【解析】根据《民事诉讼法》第 49 条的规定，院长担任审判长或独任审判员时的回避，由审判委员会决定；审判人员的回避，由院长决定；其他人员的回避，由审判长或独任审判员决定。故选项 C 中其他审判人员的回避，由审判长决定，是错误的，故本题选项 C 正确。

5.【答案】A

【解析】根据《民事诉讼法》第 177 条第 1 款第 4 项的规定，第二审法院对上诉案件，发现原判决遗漏当事人或者违法缺席判决等严重违反法定程序的，裁定撤销原判决，发回原审人民法院重审。故应当回避的审判人员在第一审程序中未回避的，第二审法院应当裁定撤销原判决，发回原审人民法院重审。选项 A 正确，其他选项错误。

6.【答案】B

【解析】根据《民事诉讼法》第 41 条第 3 款的规定，发回重审的案件，原审法院应当按照第一审程序另行组成合议庭。故选项 B 正确，其他选项错误。

7.【答案】B

【解析】根据《民事诉讼法》第 48 条第 1 款的规定，当事人提出回避申请，应当说明理由，在案件开始审理时提出；回避事由在案件开始审理后知道的，也可以在法庭辩论终结前提出。故选项 B 正确，其他选项错误。

8.【答案】D

【解析】根据《民诉法解释》第 255 条的规定，判决书、裁定书尚未发生法律效力，或者已失去法律效力的，不提供查阅并告知申请人。申请查阅的内容涉及国家秘密、商业秘密、个人隐私的，不予准许并告知申请人。判决书、裁定书未通过信息网络向社会公开，且申请符合要求的，公众申请查阅裁判文书时，法院应当同意。故选项 D 正确，其他选项错误。

9.【答案】A

【解析】根据《人民陪审员法》第 15 条的规定，法院审判第一审民事案件，有下列情形之一的，由人民陪审员和法官组成合议庭进行：(1) 涉及群体利益、公共利益的；(2) 人民群众广泛关注或者其他社会影响较大的；(3) 案情复杂或者有其他情形，需要由人民陪审员参加审判的。因适用简易程序审理的案件，是由 1 名审判员独任审理，属于不需要人民陪审员参加审理的案件。故选项 A 正确，其他选项错误。

10.【答案】C

【解析】根据《民事诉讼法》第 157 条第 2 款的规定，可以提起上诉的裁定仅限于不予受理裁定、驳回起诉裁定、管辖权异议裁定，不包括管辖权转移裁定。故选项 C 正确，其他选项错误。

二、多项选择题

1.【答案】ABCD

【解析】《民事诉讼法》第 47 条第 1、2 款规定："审判人员有下列情形之一的，应当自行回避，当事人有权用口头或者书面方式申请他们回避：(一) 是本案当事人或者当事人、诉讼代理人近亲属的；(二) 与本案有利害关系的；(三) 与本案当事人、诉讼代理人有其他关系，可能影响对案件公正审理的。审判人员接受当事人、诉讼代理人请客送礼，或者违反规定会见当事人、诉讼代理人的，当事人有权要求他们回避。" 据此，选项 A、B、C、D 均正确。

2.【答案】AB

【解析】根据《民事诉讼法》第 137 条的规定，法院审理民事案件，除涉及国家秘密、个人隐私或者法律另有规定的以外，应当公开进行。离婚案件，涉及商业秘密的案件，当事人申请不公开审理的，可以不公开审理。选项 A、B 属于不公开审理的案件，是正确选项。离婚案件和涉及商业秘密的案件属于可以公开审理的案件，只有在当事人申请不公开审理时，才可以不公开审理，故选项 C、D 错误。

3.【答案】ABCD

【解析】根据《民事诉讼法》第 137 条、第 139 条、第 151 条、第 159 条的规定，公开审判制度包括向群众、社会和新闻媒体公开，既包括审判过程的公开，也包括审判结果的公开。故选项 A、B、C、D 均正确。

4.【答案】ACD

【解析】根据《民事诉讼法》第 50 条的规定，申请人对回避决定不服的，可以在接到决定时申请复议一次，故选项 A 正确。根据《民事诉讼法》第 50 条的规定，当事人对回避决定不可以提出异议，只能申请复议，故选项 B 错误。根据《民事诉讼法》第 177 条第 1 款第 4 项的规定，当事人对于审判人员应当回避而没有回避所作出的判决书，可以提起上诉，是一种救济措施，故选项 C 正确。根据《民事诉讼法》第 207 条第 7 项的规定，应当回避的审判人员没有回避的，是当事人对判决书申请再审的理由，故选项 D 正确。

5.【答案】BCD

【解析】根据《民事诉讼法》的规定，第一审法院适用简易程序作出的判决，当事人可以提起上诉，故选项 A 错误。根据《民事诉讼法》第 165 条的规定，基层法院和它派出的法庭审理事实清楚、权利义务关系明确、争议不大的简单金钱给付民事案件，标的额为各省、自治区、直辖市上年度就业人员年平均工资 50% 以下的，适用小额诉讼的程序审理，实行一审终审。故选项 B 正确。根据《民事诉讼法》第 10 条的规定，民事案件实行两审终审制。故选项 C 正确。根据《民事诉讼法》第 158 条的规定，最高人民法院审理第一审民事案件所作出的判决，是发生法律效力的判决。故选项 D 正确。

三、不定项选择题

1.【答案】AB

【解析】根据《民事诉讼法》第 40 条第 2 款的规定，适用简易程序审理的民事案件由审判员一人独任审理。故选项 B 正确。根据《民事诉讼法》第十三章的规定，小额诉讼程序属于简易程序的特别规定，故选项 A 正确。根据《民事诉讼法》第 41 条第 3、4 款的规定，发回重审的案件，原审法院应当按照第一审程序另行组成合议庭。审理再审案件，原来是第一审的，按照第一审程序另行组成合议庭；原来是第二审的或者是上级法院提审的，按照第二审程序另行组成合议庭。故选项 C、D 错误。

2.【答案】ABC

【解析】根据《民事诉讼法》第 47 条第 1、2、4 款的规定，回避适用于审判人员、书记员、翻译人员、鉴定人、勘验人。故选项 A、B、C 正确。证人具有唯一性和不可替代性，不是回避的适用主体，故选项 D 错误。

3.【答案】BCD

【解析】根据《人民陪审员法》第 21 条、第 22 条的规定，人民陪审员参加 3 人合议庭审判案件,对事实认定、法律适用,独立发表意见,行使表决权;人民陪审员参加 7 人合议庭审判案件,对事实认定,独立发表意见,并与法官共同表决;对法律适用,可以发表意见,但不参加表决。故选项 A 错误。合议庭评议案件时,全体成员均应当参加评议,故选项 B 正确。根据《民事诉讼法》第 45 条的规定,合议庭评议案件,实行少数服从多数的原则。评议应当制作笔录,由合议庭成员签名。评议中的不同意见,必须如实记入笔录。故选项 C、D 正确。

4.【答案】ACD

【解析】《民事诉讼法》第 41 条第 3 款规定,二审法院发回重审的案件,原审法院应当按照第一审程序另外组成合议庭。故选项 A 正确。根据《民诉法解释》第 45 条第 2 款的规定,发回重审的案件,在一审法院作出裁判后又进入第二审程序的,原第二审程序中审判人员不受前款规定的限制。故选项 B 错误。根据《民诉法解释》第 45 条第 1 款的规定,在一个审判程序中参与过本案审判工作的审判人员,不得再参与该案其他程序的审判。故选项 C、D 正确。

5.【答案】CD

【解析】依据《民事诉讼法》第 40 条第 1 款的规定,法院审理第一审民事案件,由审判员、陪审员共同组成合议庭或者由审判员组成合议庭。合议庭的成员人数,必须是单数。法律既没有对合议庭的成员人数作出最多不得超过 9 名的规定,也没有要求审判员的人数应多于陪审员。故选项 A、B 错误,选项 D 正确。根据《民事诉讼法》第 44 条的规定,合议庭的审判长由院长或者庭长指定审判员一人担任;院长或者庭长参加审判的,由院长或者庭长担任。故选项 C 正确。

四、名词解释

1. 合议制度

合议制度是指由 3 名以上审判人员组成合议庭,代表法院行使审判权,对案件进行审理并作出裁判的制度。

2. 陪审制度

陪审制度是指国家审判机关吸引非职业法官参与审理案件的一项司法制度。

3. 回避制度

回避制度是指在民事诉讼中,审判人员及其他有关人员遇有法律规定的回避情形时,应当退出该案审理活动的制度。

4. 公开审判制度

公开审判制度是指法院审理民事案件的过程和裁判结果应当依法向社会公开的制度。

5. 两审终审制度

两审终审制度是指一个民事案件经过两级法院的审判就告终结的制度。

五、简答题

1. 简述回避的事由。

【参考答案】

审判人员有下列情形之一的,应当自行回避,当事人有权申请其回避:(1) 是本案当事人或者当事人近亲属的;(2) 本人或者其近亲属与本案有利害关系的;(3) 担任过本案的证人、鉴定人、辩护人、诉讼代理人、翻译人员的;(4) 是本案诉讼代理人近亲属的;(5) 本人或者其近亲属持有本案非上市公司当事人的股份或者股权的；(6) 与本案当事人或者诉讼代理人有其他利害关系，可能影响公正审理的。

审判人员有下列行为之一的，当事人有权申请其回避：(1) 接受本案当事人及其受托人宴请，或者参加由其支付费用的活动的；(2) 索取、接受本案当事人及其受托人财物或者其他利益的；(3) 违反规定会见本案当事人、诉讼代理人的；(4) 为本案当事人推荐、介绍诉讼代理人，或者为律师、其他人员介绍代理本案的；(5) 向本案当事人及其受托人借用款物的；(6) 有其他不正当行为，可能影响公正审理的。

2. 简述公开审判制度的内容。

【参考答案】

(1) 法院应当在案件开庭审理 3 日前公告当事人的姓名或名称、案由和开庭审理的时间、地点。

(2) 开庭审理案件的过程向群众公开。在开庭审理期间，除法律规定不得公开的程序外，允许群众旁听案件的全部审理过程。

(3) 开庭审理案件的过程对社会公开。允许新闻记者及媒体对案件的审理进行记录、录音、录像、摄影、转播庭审实况，并将案件审理情况向社会披露。

(4) 宣判公开。对公开审理或不公开审理的案件一律公开宣告判决，不仅公开判决结果(即判决主文)，还应公开作出判决的理由。

(5) 公众查阅裁判书。公众可以查阅发生法律效力的判决书、裁定书，但涉及国家秘密、商业秘密和个人隐私内容的除外。

六、论述题

论合议庭与审判委员会的关系。

【参考答案】

审判委员会的任务是总结审判经验，讨论重大的或者疑难的案件以及其他有关审判工作的问题。审判委员会与合议庭的关系是指导与被指导、监督与被监督的关系。一方面，应落实合议庭的职权、强化其职责，使合议庭真正承担起法院的审判职能。因此，合议庭应当依照规定的权限，及时对评议意见一致或者形成多数意见的案件直接作出判决或者裁定。另一方面，审判委员会虽然不参与案件的开庭审理，但它对重大疑难案件享有讨论决定权，对其作出的最后处理意见，合议庭必须执行。

七、案例分析题

【参考答案】

1. 张某有权申请回避。《民事诉讼法》第 48 条第 1 款规定，当事人提出回避申请，应当说明理由，在案件开始审理时提出；回避事由在案件开始审理后知道的，也可以在法庭辩论终结前提出。

此时合议庭可以延期审理。根据《民事诉讼法》第 149 条第 2 项规定，当事人临时提出回避申请的，可以延期开庭审理。

2. 二审法院应裁定撤销原判决、发回重审。根据《民事诉讼法》第 177 条第 1 款第 4 项规定，第二审法院对上诉案件，经过审理，发现原判决遗漏当事人或者违法缺席判决等严重违反法定程序的，应当裁定撤销原判决，发回原审法院重审。根据《民诉法解释》第 323 条规定，下列情形，可以认定为《民事诉讼法》第 177 条第 1 款第 4 项规定的严重违反法定程序：(1) 审判组织的组成不合法的；(2) 应当回避的审判人员未回避的；(3) 无诉讼行为能力人未经法定代理人代为诉讼的；(4) 违法剥夺当事人辩论权利的。

3. 法院应予以再审。根据《民事诉讼法》第 207 条第 7 项规定，审判组织的组成不合法或者依法应当回避的审判人员没有回避的，当事人申请的，人民法院应当再审。

第五章习题自测参考答案

一、单项选择题

1.【答案】D

【解析】商铺虽为赵某、刘某共有，但赵某并不同意将商铺卖给陈某，法院不应依职权追加赵某为共同原告，因赵某不是商铺买卖合同的当事人。故选项 A 错误。赵某以刘某侵权提起的诉讼中，陈某并不是无独立请求权的第三人，因为陈某与刘某的侵权无关。故选项 B 错误。因赵某对争议的诉讼标的，即商铺具有一定的独立请求权，其不应作为无独立请求权的第三人参加诉讼。故选项 C 错误。赵某可以有独立请求权的第三人参加诉讼，对商铺主张所有权。故选项 D 正确。

2.【答案】B

【解析】根据《民诉法解释》第 59 条的规定，在诉讼中，个体工商户以营业执照上登记的经营者为当事人。有字号的，以营业执照上登记的字号为当事人，但应同时注明该字号经营者的基本信息。营业执照上登记的经营者与实际经营者不一致的，以登记的经营者和实际的经营者为共同诉讼人。本案中，徐某为个体工商户营业执照登记人，李某为打印设计中心的实际经营者，因此，徐某、李某为共同诉讼人，是本案的适格被告。故选项 B 正确。

3.【答案】D

【解析】根据《民诉法解释》第 67 条的规定，无民事行为能力人、限制民事行为能力人造成他人损害的，无民事行为能力人、限制民事行为能力人和其监护人为共同被告。此外，《民法典》第 1199 条规定，无民事行为能力人在幼儿园、学校或者其他教育机构学习、生活期间受到人身损害的，幼儿园、学校或者其他教育机构应当承担侵权责任；但是，能够证明尽到教育、管理职责的，不承担侵权责任。因此，姜某、朱某和向阳幼儿园应为共同被告。故选项 D 正确。

4.【答案】C

【解析】根据《民诉法解释》第 58 条的规定，在劳务派遣期间，被派遣的工作人员因执行工作任务造成他人损害的，以接受劳务派遣的用工单位为当事人。当事人主张劳务派遣单位承担责任的，该劳务派遣单位为共同被告。故选项 C 正确。

5.【答案】C

【解析】当事人是否属于发生争议的民事法律关系的主体，是判断当事人适格的标准，故选项 C 正确。

6.【答案】C

【解析】在人数确定的代表人诉讼中，既可能是必要共同诉讼，也可能是普通共同诉讼，故选项 C 正确。

7.【答案】B

【解析】根据《民诉法解释》第 89 条的规定，当事人向法院提交的授权委托书，授权委托书仅写“全权代理”而无具体授权的，诉讼代理人无权代为承认、放弃、变更诉讼请求，进行和解，提出反诉或者提起上诉。故选项 A、C、D 需要经当事人的特别授权，是错误选项。根据《证据规定》第 5 条的规定，当事人委托诉讼代理人参加诉讼的，除授权委托书明确排除的事项外，诉讼代理人的自认视为当事人的自认，故选项 B 正确。

8.【答案】C

【解析】企业法人分立前因民事活动所发生的纠纷，以分立后的企业为共同诉讼人，这属于原来并不存在共同的权利或者义务关系，因发生企业法人分立后，才产生共同的权利或者义务关系。故选项 A 不属于类似必要共同诉讼。根据《民诉法解释》第 67 条的规定，无民事行为能力人、限制民事行为能力人造成他人损害的，无民事行为能力人、限制民事行为能力人和其监护人为共同被告。故选项 B 不属于类似必要共同诉讼。类似必要共同诉讼是指数人对诉讼标的既可以选择共同起诉，也可以选择单独起诉，法院对诉讼标的合一确定。在连带债权中，数个债权人均可要求债务人履行义务；而在连带债务中，债权人可以要求部分或者全体债务人履行全部清偿义务。故选项 C 正确。养父母作为共同原告提起解除与被告收养关系的诉讼，因养父母与被告之间共同的权利义务关系，其不属于类似必要共同诉讼。

9.【答案】A

【解析】根据《民诉法解释》第 82 条的规定，在一审诉讼中，无独立请求权的第三人无权提出管辖异议，无权放弃、变更诉讼请求或者申请撤诉，被判决承担民事责任的，有权提起上诉。故选项 A 正确，其他选项错误。

10.【答案】B

【解析】根据《民事诉讼法》第 65 条的规定，离婚案件有诉讼代理人的，本人除不能表达意思的以外，仍应出庭；确因特殊情况无法出庭的，必须向人民法院提交书面意见。故选项 A 错误。根据《民事诉讼法》第 88 条的规定，受送达人有诉讼代理人的，可以送交其代理人签收。故选项 B 正确。根据《民诉法解释》第 89 条的规定，当事人向法院提交的授权委托书，授权委托书仅写“全权代理”而无具体授权的，诉讼代理人无权代为承认、放弃、变更诉讼请求，进行和解，提出反诉或者提起上诉。故选项 C 错误。根据《民诉法解释》第 526 条的规定，涉外民事诉讼中的外籍当事人，可以委托本国人为诉讼代理人，也可以委托本国律师以非律师身份担任诉讼代理人。故选项 D 错误。

二、多项选择题

1.【答案】BCD

【解析】根据《民事诉讼法》第 62 条、《民诉法解释》第 88 条的规定，律师作为诉讼代理人参加诉讼，应向法院提交由委托人签名或者盖章的授权委托书、律师的执业证、律师事务所证明材料。故选项 A 错误，其他选项正确。

2.【答案】ABCD

【解析】根据《民事诉讼法》第 148 条第 1 款的规定，宣判前，原告申请撤诉的，是否准许，由法院裁定。根据选项 A，程某申请撤诉，法院可以准许。故选项 A 正确。根据《民诉法解释》第 249 条第 2 款的规定，受让人申请以无独立请求权的第三人身份参加诉讼的，法院可予准许。受让人申请替代当事人承担诉讼的，法院可以根据案件的具体情况决定是否准许；不予准许的，可以追加其为无独立请求权的第三人。故选项 B、C、D 正确。

3.【答案】AB

【解析】根据《民事诉讼法》第 58 条第 1 款的规定，对污染环境、侵害众多消费者合法权益等损害社会公共利益的行为，法律规定的机关和有关组织可以向法院提起诉讼。故选项 A、B 正确，其他选项错误。

4.【答案】ABCD

【解析】我国民事诉讼法采用承认原则来处理必要共同诉讼人相互之间的关系，即依共同诉讼人中一人的行为是否为其他共同诉讼人所承认来决定其效力，其中一人的诉讼行为经其他共同诉讼人承认，对其他共同诉讼人发生效力。故选项 A 正确。承认原则也存在着例外情形：共同诉讼人之一发生诉讼中止、延期审理事由的，整个诉讼都应当中止审理或者延期审理。故选项 B、D 正确。采用承认原则的理由是每一共同诉讼人都是独立的诉讼主体，都有权独立实施诉讼行为。共同诉讼人之一不服一审判决提出上诉的，不论未提起上诉的其他共同诉讼人是否承认上诉行为，上诉的效力都及于全体共同诉讼人。故选项 C 正确。

5.【答案】ACD

【解析】有独立请求权的第三人在参加之诉中，是对本诉的诉讼标的提出实体主张，相当于原告的诉讼地位。故选项 A 正确。有独立请求权第三人虽然在提起诉讼时将本诉讼的双方当事人作为被告，但在参加之诉中，本诉的原告与被告并非共同诉讼人，因为他们对诉讼标的具有对立的而不是共同的利害关系。故选项 B 错误。有独立请求权的第三人是以提起诉讼的方式参加诉讼，故选项 C 正确。因有独立请求权的第三人提起诉讼是对本诉的诉讼标的提出实体主张，是一种独立的诉讼请求，本诉原告撤诉的，不影响其参加之诉的独立存在。故选项 D 正确。

三、不定项选择题

1.【答案】C

【解析】根据《民事诉讼法》第 61 条第 2 款的规定，下列人员可以被委托为诉讼代理人：(1) 律师、基层法律服务工作者；(2) 当事人的近亲属或者工作人员；(3) 当事人所在社区、单位以及有关社会团体推荐的公民。故选项 C 正确。

2.【答案】ABC

【解析】根据《民事诉讼法》第 58 条第 1 款的规定，对污染环境、侵害众多消费者合法权益等损害社会公共利益的行为，法律规定的机关和有关组织可以向法院提起诉讼。故选项 A 正确。根据《民法典》第 1145 条规定，继承开始后，遗嘱执行人为遗产管理人；没有遗嘱执行人的，继承人应当及时推选遗产管理人；继承人未推选的，由继承人共同担任遗产管理人；没有继承人或者继承人均放弃继承的，由被继承人生前住所地的民政部门或者村民委员会担任遗产管理人。故选项 B、C 正确。根据《民事诉讼法》第 153 条第 1 款第 1 项的规定，原告死亡后，其遗产继承人参加诉讼，属于诉讼承担。故选项 D 错误。

3.【答案】ABC

【解析】根据《民诉法解释》第 77 条的规定，当事人一方人数众多在起诉时不确定的，由当事人推选代表人。当事人推选不出的,可以由法院提出人选与当事人协商;协商不成的,也可以由法院在起诉的当事人中指定代表人。故选项 A、B、C 正确。

4.【答案】ABC

【解析】根据《民诉法解释》第 74 条的规定,法院追加共同诉讼的当事人时,应当通知其他当事人。应当追加的原告,已明确表示放弃实体权利的,可不予追加;既不愿意参加诉讼,又不放弃实体权利的,仍应追加为共同原告,其不参加诉讼,不影响法院对案件的审理和依法作出判决。故选项 A、B、C 均正确。根据《民诉法解释》第 241 条的规定,被告经传票传唤无正当理由拒不到庭,或者未经法庭许可中途退庭的,法院应当按期开庭或者继续开庭审理,对到庭的当事人诉讼请求、双方的诉辩理由以及已经提交的证据及其他诉讼材料进行审理后,可以依法缺席判决。故选项 D 错误。

5.【答案】BCD

【解析】根据《民诉法解释》第 64 条的规定,企业法人解散的,依法清算并撤销前,该企业法人为当事人。故选项 A 错误。被宣告为无民事行为能力的成年人仅仅失去了诉讼行为能力,仍有诉讼权利能力,可以自己的名义作为当事人进行诉讼。故选项 B 正确。根据《民诉法解释》第 52 条的规定,非法人组织依法可以自己的名义作为当事人进行诉讼。故选项 C 正确。根据《民事诉讼法》第 58 条和《消费者权益保护法》第 47 条的规定,中国消费者协会可以自己的名义作为当事人,对侵害众多消费者权益的企业提起公益诉讼。故选项 D 正确。

四、名词解释

1. 民事诉讼权利能力

民事诉讼权利能力,又称当事人能力,是指能够成为民事诉讼当事人,享有民事诉讼权利和承担民事诉讼义务的法律上的资格。

2. 必要共同诉讼

必要共同诉讼,是指当事人一方或者双方为二人以上,诉讼标的是共同的,法院必须合并审理并在裁判中对诉讼标的合一确定的诉讼。

3. 人数不确定的代表人诉讼

人数不确定的代表人诉讼,是指由人数不确定的共同诉讼人通过推选等方式产生代表人,由代表人以全体共同诉讼人的名义进行的诉讼。

4. 有独立请求权的第三人

有独立请求权的第三人,是指对他人之间的诉讼标的主张独立的请求权,而参加到原、被告之间正在进行的诉讼中的人。

5. 委托诉讼代理人

委托诉讼代理人,是指受诉讼当事人或法定代理人委托,以当事人的名义代为诉讼的人。

五、简答题

1. 简述公益诉讼中的原告。

【参考答案】

公益诉讼中的原告,是指被告实施的违法行为并未直接造成其合法权益受到损害,而是对不特定多数人的利益造成了损害,由其依法向法院起诉的人。

根根《民事诉讼法》第 58 条的规定,可以作为公益诉讼的原告有:(1) 法律规定的机关。

这是指经法律授权的国家机关才可以提起公益诉讼,成为公益诉讼中的原告。(2) 法律规定的有关组织。主要是指经法律授权的消费者协会和环保组织。(3) 检察院。检察院提起公益诉讼有前提条件,在法律规定的机关和有关组织不提起公益诉讼的情形下,检察院才可以成为公益诉讼中的原告。

2. 简述无独立请求权第三人的类型。

【参考答案】

(1) 辅助型第三人。这是指与案件处理结果有法律上的利害关系而参加诉讼的人。在辅助型第三人中,第三人参加一方进行诉讼,其地位不是主当事人,而是从参加人,是辅助一方当事人进行诉讼的人。

(2) 被告型第三人。这是指因自己与本案被告存在一定的法律关系,参加被告一方进行诉讼,并最终可能被法院判决对原告承担责任的人。这类第三人之所以存在,是因为我国民事诉讼法允许法院直接判决第三人承担民事责任。

六、论述题

1. 论当事人适格。

【参考答案】

当事人适格,是指在具体的诉讼中,作为本案当事人起诉或应诉的资格。适格的当事人,又称为正当当事人。

当事人适格与诉讼权利能力不同。诉讼权利能力是抽象的作为诉讼当事人的资格,它与具体的诉讼无关;当事人适格则不同,它是针对具体诉讼而言的,所要解决的是有诉讼权利能力的人在特定的诉讼中能否作为本案的当事人。

当事人适格与否,需将起诉人与所提起的诉讼联系起来分析,需看当事人与特定诉讼的诉讼标的之间的关系。民事主体欲成为适格当事人,就必须与诉讼标的有直接联系。例如,甲与乙是夫妻,甲经常对乙实施家庭暴力,乙的朋友丙向法院提起诉讼,请求法院解除甲与乙的婚姻关系,丙就属于与诉讼标的没有直接关系。在本例中,丙尽管具有诉讼权利能力,但作为本案的当事人不适格。

当事人适格是诉讼合法进行的必要条件,是重要的程序事项。为了保证诉讼合法地、有意义地进行,法院在程序进行中应当始终关注这一问题,如对此有疑问,法院应以职权予以查明。法院在审查起诉时就发现当事人不适格的,裁定不予受理。受理后才发现原告并非适格当事人的,则裁定驳回起诉。

国家设置民事诉讼的目的,是通过法院的裁判解决当事人之间民事权益的纠纷。当事人也是因为民事权利义务关系发生了争议,才通过诉讼方式寻求解决。所以,在通常情况下,应当以当事人是否是发生争议的民事法律关系(本案的诉讼标的)的主体,作为判断当事人适格与否的标准。根据这一标准,凡民事权利或民事法律关系的主体,以该权利或法律关系为诉讼标的进行诉讼时,都是适格的当事人。

但是在例外情况下,非民事权利主体或非民事法律关系主体也可以成为适格的当事人。例外情形有以下五种:(1) 对他人的权利或法律关系依法享有管理权的人,如遗产管理人、遗嘱执行人、破产管理人。(2) 为保护死者权益而提起诉讼的死者的近亲属。(3) 确认之诉中对诉讼标的有确认利益的人。在消极的确认之诉中,原告要求法院确认他与被告之间不存在某种法律关系,因此,要求原告和被告是发生争执的法律关系的主体,是与这种诉讼的性质相悖的。在消极确认之诉中,原告只需就诉讼标的有确认的利益,就可以成为适格的当事人;而被告只要与原告对作为诉讼标的的法律关系有争执,就能够成为适格的被告。(4) 公益诉讼中的原告。(5) 证券纠纷代表人诉讼中的投资者保护机构。

2. 论对必要共同诉讼人的追加。

【参考答案】

固有必要共同诉讼是不可分之诉,因此,只有全体共同诉讼人一同起诉或一同应诉,当事人才适格,法院才能够以同一判决合一确定当事人的权利和义务。但在诉讼实务中,存在着只有部分共同诉讼人起诉或应诉的情况。如在继承遗产的诉讼中,只有部分继承人起诉;在共同共有财产致人损害的诉讼中,原告只起诉部分共有人。此时就需要追加当事人。追加当事人可以由法院依职权追加,也可以根据参加诉讼的当事人的申请追加。法院受理诉讼时,如果发现只有部分必要共同诉讼人起诉或应诉,应当依职权通知未参加诉讼的共同诉讼人参加诉讼。但在遗产继承的诉讼中,对已经明确表示放弃实体权利的原告,可不予追加。参加诉讼的共同诉讼人也可以向法院申请追加当事人,对当事人的申请,法院审查后认为有理由的,应同意追加。法院追加共同诉讼当事人时,应当通知其他当事人。

法院通知未参加诉讼的共同诉讼人参加诉讼,被通知的共同诉讼人不愿意参加诉讼的,法院应区分被通知人是原告还是被告,分别作出处理。被通知的原告既不愿参加诉讼,又不放弃实体权利的,仍追加为共同原告,其不参加诉讼,不影响法院对案件的审理和判决。被通知的被告不愿参加诉讼的,不影响法院对案件的审理和裁判,法院所作出的裁判,对未参加诉讼的被告亦有拘束力。

七、案例分析题

【参考答案】

1. 一审法院应通知张三参加诉讼。《民事诉讼法》第 135 条规定,必须共同进行诉讼的当事人没有参加诉讼的,法院应当通知其参加诉讼。

2. 一审法院应将张一、张二、张三列为本案的共同原告。《民诉法解释》第 70 条规定,在继承遗产的诉讼中,部分继承人起诉的,法院应通知其他继承人作为共同原告参加诉讼;被通知的继承人不愿意参加诉讼又未明确表示放弃实体权利的,法院仍应将其列为共同原告。

3. 二审法院应组织调解;调解不成的,撤销原判决、发回重审。《民诉法解释》第 325 条规定,必须参加诉讼的当事人或者有独立请求权的第三人,在第一审程序中未参加诉讼,第二审法院可以根据当事人自愿的原则予以调解;调解不成的,发回重审。

第六章习题自测参考答案

一、单项选择题

1.【答案】C

【解析】军人与非军人之间的民事纠纷,由军事法院管辖不属于专属管辖的案件,故选项 A 错误。根据《民事诉讼法》第 273 条的规定,只有在履行中外合资经营企业合同时产生的纠纷,才由中国法院管辖。中外合资经营企业与外国公司之间的合同纠纷,依据合同的约定确定法院管辖。故选项 B 错误。最高人民法院通过司法解释授予部分基层法院对专利纠纷案件享有初审管辖权，体现了平衡法院案件负担的原则，故选项 C 正确。不动产纠纷由不动产所在地法院管辖，体现为专属管辖的规定。管辖权恒定是指案件受理后，对案件享有管辖权的法院，不因据以确定管辖的事实在诉讼过程中发生变化而受影响。故选项 D 错误。

2.【答案】C

【解析】根据《民诉法解释》第 30 条第 2 款的规定，管辖协议约定两个以上与争议有实际联系的地点的法院管辖，原告可以向其中一个法院起诉。故选项 C 错误，是本题选项。

3.【答案】A

【解析】根据《民诉法解释》第 223 条第 1 款的规定，当事人在提交答辩状期间提出管辖异议，又针对起诉状的内容进行答辩的，法院应当依照《民事诉讼法》第 130 条第 1 款的规定，对管辖异议进行审查。故选项 A 正确，其他选项错误。

4.【答案】D

【解析】根据《民诉法解释》第 20 条的规定，以信息网络方式订立的买卖合同，通过信息网络交付标的的，以买受人住所地为合同履行地；通过其他方式交付标的的，收货地为合同履行地。合同对履行地有约定的，从其约定。故选项 D 正确，其他选项错误。

5.【答案】C

【解析】根据《民诉法解释》第 26 条的规定，因产品、服务质量不合格造成他人财产、人身损害提起的诉讼，产品制造地、产品销售地、服务提供地、侵权行为地和被告住所地法院都有管辖权。选项 C 是服务机构注册地的法院，故该法院无管辖权，故选项 C 错误，是本题选项。

6.【答案】C

【解析】根据《民诉法解释》第 4 条的规定，公民的经常居住地是指公民离开住所地至起诉时已连续居住一年以上的地方，但公民住院就医的地方除外。故选项 C 正确，其他选项错误。

7.【答案】D

【解析】根据《民诉法解释》第 36 条的规定，两个以上法院都有管辖权的诉讼，先立案的法院不得将案件移送给另一个有管辖权的法院。法院在立案前发现其他有管辖权的法院已先立案的，不得重复立案；立案后发现其他有管辖权的法院已先立案的，裁定将案件移送给先立案的法院。移送管辖通常发生在同级法院之间，但上下级法院之间也可以移送管辖。故选项 D 错误，是本题选项。

8.【答案】C

【解析】根据《民诉法解释》第 39 条第 2 款的规定，法院发回重审或者按第一审程序再审的案件，当事人提出管辖异议的，法院不予审查。故选项 C 正确，其他选项错误。

9.【答案】B

【解析】根据《民诉法解释》第 36 条的规定，两个以上法院都有管辖权的诉讼，先立案的法院不得将案件移送给另一个有管辖权的法院。法院在立案前发现其他有管辖权的法院已先立案的，不得重复立案；立案后发现其他有管辖权的法院已先立案的，裁定将案件移送给先立案的法院。故选项 B 正确，其他选项错误。

10.【答案】D

【解析】根据《民诉法解释》第 40 的规定，发生管辖权争议的两个法院因协商不成报请它们的共同上级法院指定管辖时，双方为同属一个地、市辖区的基层法院的，由该地、市的中级法院及时指定管辖；同属一个省、自治区、直辖市的两个法院的，由该省、自治区、直辖市的高级法院及时指定管辖；双方为跨省、自治区、直辖市的法院，高级法院协商不成的，由最高人民法院及时指定管辖。故选项 D 正确，其他选项错误。

二、多项选择题

1.【答案】ACD

【解析】根据《民事诉讼法》第 29 条的规定，因侵权行为提起的诉讼，由侵权行为地或者被告住所地法院管辖。根据《民诉法解释》第 24 条的规定，《民事诉讼法》第 29 条规定的侵权行为地，包括侵权行为实施地、侵权结果发生地。本案中，A 地为被告住所地，C 地为侵权行为实施地，D 地为侵权结果发生地，故选项 A、C、D 均正确。

2.【答案】AC

【解析】根据《民事诉讼法》第 130 条第 1 款的规定，当事人对管辖权有异议的，应当在提交答辩状期间提出。可见，被告对案件管辖有不同看法，可以向受诉法院提出管辖权异议，故选项 A 正确。根据《民事诉讼法》第 157 条的规定，当事人对管辖权异议裁定可以提起上诉。但不可以向受诉法院的上级法院提出异议。故选项 B 错误，选项 C 正确。根据《民事诉讼法》第 207 条的规定，管辖错误不是当事人申请再审的事由。故选项 D 错误。

3.【答案】ACD

【解析】依据《民诉法解释》第 2 条的规定，专利纠纷案件由知识产权法院、最高人民法院确定的中级法院和基层法院管辖。故选项 A、C、D 正确。

三、不定项选择题

1.【答案】ABC

【解析】根据《民事诉讼法》第 23 条第 2 项的规定，对下落不明或者宣告失踪的人提起的有关身份关系的诉讼，由原告住所地法院管辖。因此，对下落不明或者宣告失踪的人提起的其他民事诉讼，并不是均由原告住所地法院管辖。故选项 A 错误。根据《民事诉讼法》第 33 条的规定，因共同海损提起的诉讼，由船舶最先到达地、共同海损理算地或者航程终止地的法院管辖。故选项 B 错误。根据《民事诉讼法》第 37 条的规定，甲区法院受理某技术转让合同纠纷案件后，发现自己没有管辖权，裁定将案件移送给市中级法院审理，这属于移送管辖，不属于管辖权的转移。故选项 C 错误。根据《民诉法解释》第 30 条的规定，当事人可以在管辖协议中约定两个以上与争议有实际联系的地点的法院，并可向其中一个法院起诉。故选项 D 正确，但不是本题选项。

2.【答案】ABD

【解析】根据《民诉法解释》第 13 条的规定，在国内结婚并定居国外的华侨，如定居国法院以离婚诉讼须由婚姻缔结地法院管辖为由不予受理，当事人向法院提出离婚诉讼的，由婚姻缔结地或者一方在国内的最后居住地法院管辖。故选项 A 正确。根据《民诉法解释》第 14 条规定，在国外结婚并定居国外的华侨，如定居国法院以离婚诉讼须由国籍所属国法院管辖为由不予受理，当事人向法院提出离婚诉讼的，由一方原住所地或者在国内的最后居住地法院管辖。故选项 B 正确。根据《民诉法解释》第 15 条规定，中国公民一方居住在国外，一方居住在国内，不论哪一方向法院提起离婚诉讼，国内一方住所地法院都有权管辖。国外一方在居住国法院起诉,国内一方向法院起诉的,受诉法院有权管辖。故选项 C 错误。根据《民诉法解释》第 16 条规定,中国公民双方在国外但未定居,一方向法院起诉离婚的,应由原告或者被告原住所地法院管辖。故选项 D 正确。

四、名词解释

1. 应诉管辖

应诉管辖,也称默示的协议管辖或者默认管辖,是指原告起诉并被法院受理后,被告不对管辖权提出异议并应诉答辩的,视为受诉法院对案件享有管辖权的一项管辖制度。

2. 裁定管辖

裁定管辖,是指法院在没有法律明文规定的情形下,基于案件的一定事实与理由,以裁定的方式确定管辖法院。裁定管辖是法定管辖的必要补充。民事诉讼法规定了三种裁定管辖:移送管辖、指定管辖和管辖权的转移。

3. 管辖权转移

管辖权转移,是指经上级法院的决定或同意,将案件的管辖权从有管辖权的法院转移给无管辖权的法院。

4. 移送管辖

移送管辖,是指法院受理案件后,发现本法院对该案无管辖权,依法裁定将案件移送给有管辖权的法院审理。移送管辖是对案件的移送,不是对案件管辖权的移送。

5. 选择管辖

选择管辖,是指当两个以上的法院对同一案件都有管辖权时,当事人可以选择其中一个提起诉讼。选择管辖与共同管辖实际上是一个问题的两个方面。共同管辖是从法院角度解决管辖权竞合问题,选择管辖则是从当事人角度在管辖权竞合时解决当事人如何提起诉讼的问题。

五、简答题

1. 简述中级法院管辖第一审民事案件的范围。

【参考答案】

(1) 重大涉外案件。重大涉外案件,是指争议标的额大,或者案情复杂,或者居住在国外的当事人人数众多的涉外案件。

(2) 在本辖区有重大影响的案件。这类案件是指社会影响超出了基层法院的辖区范围,在中级法院辖区内有重大影响的案件。

(3) 最高人民法院确定由中级法院管辖的案件。

2. 简述一般合同纠纷的特殊地域管辖。

【参考答案】

《民事诉讼法》第 24 条规定:“因合同纠纷提起的诉讼,由被告住所地或者合同履行地人民法院管辖。”这是确定一般合同纠纷的地域管辖的原则。合同履行地,是指合同约定的履行义务的地点。

六、论述题

论管辖权异议。

【参考答案】

管辖权异议,是指法院受理案件后,本诉被告在法定期限内向受诉法院提出该院对案件无管辖权的意见和主张。《民事诉讼法》第130条第1款规定:"人民法院受理案件后,当事人对管辖权有异议的,应当在提交答辩状期间提出。人民法院对当事人提出的异议,应当审查。异议成立的,裁定将案件移送有管辖权的人民法院;异议不成立的,裁定驳回。"

1. 提起管辖权异议的条件

(1) 提出管辖权异议的主体必须是本案的当事人,通常是被告。原告是主动提起诉讼的,说明受诉法院是原告自己选择的,因而原告不能再对案件的管辖权提出异议。被告参加诉讼是被动的,不是自愿的,为依法维护被告的诉讼权利,对于原告选择的受诉法院,被告有权提出管辖权异议。有独立请求权的第三人是以本诉的存在而参加诉讼的,应当视为已承认和接受了受诉法院的管辖,所以不会提出管辖权异议。

(2) 提出管辖权异议的客体是受诉法院对第一审案件的管辖权。当事人只能对第一审案件的管辖权提出异议,对第二审案件的管辖权不能提出异议。

(3) 管辖权异议提出的时间为在提交答辩状期间届满之前。当事人对管辖权有异议的,应当在提交答辩状期间提出,即在被告收到起诉状副本之日起15日内提出。

2. 管辖权异议的处理程序

(1) 受诉法院收到当事人提出的管辖权异议后,应当认真进行审查。认为异议成立的,裁定将案件移送有管辖权的法院审理;认为异议不成立的,应当裁定驳回。当事人对裁定不服的,可以在收到裁定之日起10日内向上一级法院上诉。当事人未提出上诉或上诉被驳回的,受诉法院应通知当事人参加诉讼。

(2) 当事人逾期提出管辖权异议的,法院不予审议。

(3) 根据2010年施行的《最高人民法院关于审理民事级别管辖异议案件若干问题的规定》,当事人就级别管辖提出异议的,按下列程序处理:第一,被告在提交答辩状期间提出级别管辖权异议,受诉法院应当审查,并在受理异议之日起15日内作出裁定。异议不成立的,裁定驳回;异议成立的,裁定移送有管辖权的法院。第二,提交答辩状期间届满后,原告增加诉讼请求金额致使案件标的额超过受诉法院级别管辖标准,被告提出级别管辖权异议,请求由上级法院管辖的,法院应当依法审查并作出裁定。第三,在管辖权异议裁定作出前,原告申请撤回起诉,受诉法院作出准予撤回起诉裁定的,对级别管辖权异议不再审查,并在裁定书中一并写明。第四,对法院就级别管辖异议作出的裁定,当事人不服、提起上诉的,第二审法院应当依法审理并作出裁定。第五,对于将案件移送上级法院管辖的裁定,当事人未提出上诉,但受移送的上级法院认为确有错误的,可以依职权裁定撤销。

七、案例分析题

【参考答案】

1.《民诉法解释》第28条规定,《民事诉讼法》第34条第1项规定的不动产纠纷是指因不动产的权利确认、分割、相邻关系等引起的物权纠纷。本案系因履行商品房买卖合同发生的纠纷,故不是专属管辖的案件。

2.《民事诉讼法》第35条规定,合同或者其他财产权益纠纷的当事人可以书面协议选择被告住所地、合同履行地、合同签订地、原告住所地、标的物所在地等与争议有实际联系的地点的法院管辖,但不得违反本法对级别管辖和专属管辖的规定。《民诉法解释》第30条第2款规定,管辖协议约定两个以上与争议有实际联系的地点的法院管辖,原告可以向其中一个法院起诉。故该案管辖协议有效。甲可以向A区法院或C区法院起诉乙,由甲自己选择。

第七章习题自测参考答案

一、单项选择题

1.【答案】C

【解析】视听资料和电子数据要求其形成过程与案件事实的发生过程同步,是对纠纷产生过程的同步记载。故选项A、B错误。照片属于事后对物证的提取和保留,是反映和记载物证物理属性的一种手段。故选项C正确。书证是通过思想内容来证明案件事实。故选项D错误。

2.【答案】D

【解析】根据《民事诉讼法》第84条第2款的规定,张某可以向证据所在地、被申请人住所地或者对案件有管辖权的法院申请诉前证据保全。可见,受理张某诉前证据保全申请的法院不止甲县一家法院。故选项A错误。根据《民事诉讼法》第104条第2款的规定,法院接受诉前证据保全申请后,必须在48小时内作出裁定。故选项B错误。根据《民事诉讼法》第104条第2款的规定,裁定采取保全措施的,应当立即开始执行。故选项C错误。根据《民事诉讼法》第104条第3款的规定,张某在法院采取保全措施后30日内不依法提起诉讼或者申请仲裁的,法院应当解除保全。故选项D正确。

3.【答案】A

【解析】根据《民事诉讼法》第80条第1款的规定,鉴定人在鉴定过程中可以询问当事人。故选项A正确。根据《民事诉讼法》第81条的规定,当事人对鉴定意见有异议的,鉴定人应当出庭作证,经法院通知,鉴定人拒不出庭作证,鉴定意见不得作为认定事实的根据。故选项B错误。根据《民诉法解释》第122条的规定,在举证期限届满前,当事人可以申请1至2名具有专门知识的人出庭,代表当事人对鉴定意见进行质证,或者对案件事实所涉及的专业问题提出意见。具有专门知识的人在法庭上就专业问题提出的意见,视为当事人的陈述。法院准许当事人申请的,相关费用由提出申请的当事人负担。燕教授的诉讼地位是专家辅助人,其出庭费用应由乙公司承担。故选项C、D错误。

4.【答案】A

【解析】根据《民诉法解释》第123条第1款的规定,经法庭准许,当事人可以对出庭的具有专门知识的人进行询问。故选项A正确。根据《民诉法解释》第122条第2款的规定,具有专门知识的人在法庭上就专业问题提出的意见,视为当事人的陈述。王某在庭上的陈述不属于鉴定意见。故选项B错误。根据《民事诉讼法》第47条的规定,回避适用于审判人员、书记员、翻译人员、鉴定人、勘验人。王某不是被回避的主体,故选项C错误。根据《民诉法解释》第122条第3款的规定,法院准许当事人申请的,相关费用由提出申请的当事人负担。王某出庭的费用应由原告承担,故选项D错误。

5.【答案】C

【解析】根据《证据规定》第15条第2款的规定,当事人以电子数据作为证据的,应当提供原件。电子数据的制作者制作的与原件一致的副本,或者直接来源于电子数据的打印件或其他可以显示、识别的输出介质,视为电子数据的原件。故选项C正确,其他选项错误。

6.【答案】C

【解析】根据《民诉法解释》第94条的规定,当事人及其诉讼代理人因客观原因不能自行收集的证据,可以在举证期限届满前书面申请法院调查收集,包括:(1)证据由国家有关部门保存,当事人及其诉讼代理人无权查阅调取的;(2)涉及国家秘密、商业秘密或者个人隐私的;(3)当事人及其诉讼代理人因客观原因不能自行收集的其他证据。故选项A、B、D当事人可以向法院申请收集。选项C是由对方当事人所持有的证据,当事人不可以向法院申请收集,是本题选项。

7.【答案】C

【解析】根据《证据规定》第34条的规定,法院应当组织当事人对鉴定材料进行质证。未经质证的材料,不得作为鉴定的根据。故选项C正确,其他选项错误。

8.【答案】D

【解析】根据《民诉法解释》第112条第1款的规定,书证在对方当事人控制之下的,承担举证证明责任的当事人可以在举证期限届满前书面申请法院责令对方当事人提交。故选项D正确。

9.【答案】D

【解析】根据《民诉法解释》第98条的规定,当事人根据相关规定申请证据保全的,可以在举证期限届满前书面提出。故选项D正确。

10.【答案】C

【解析】根据实物证据具有可变性较强、客观性较强和间接性较强的特点,以及言词证据具有生动性较强的特点,本题C是正确选项。

二、多项选择题

1.【答案】ABCD

【解析】根据《民诉法解释》第117条第1款的规定,当事人申请证人出庭作证的,应当在举证期限届满前提出。张志军在举证期限届满前提出让证人出庭作证,法院准许其申请是合法的。故选项A正确。根据《民诉法解释》第119条第1款的规定,法院在证人出庭作证前应当告知其如实作证的义务以及作伪证的法律后果,并责令其签署保证书,但无民事行为能力人和限制民事行为能力人除外。因蒋勇仅有13岁,属于限制民事行为能力人,可以不签署保证书并可出庭作证。法院允许蒋勇出庭作证是合法的。故选项B正确。根据《民诉法解释》第120条的规定,证人拒绝签署保证书的,不得作证。为此,法院不允许路芳出庭作证并对路芳的证言不组织质证的做法是合法的。故选项C、D正确。

2.【答案】BCD

【解析】根根《证据规定》第67条第2款的规定,待证事实与其年龄、智力状况或者精神健康状况相适应的无民事行为能力人和限制民事行为能力人,可以作为证人。故9岁以下的未成年人,可以作为证人。故A不是本题选项。在同一案件中,诉讼代理人是为维护一方当事人的利益而参加诉讼,如其再以证人的身份出庭作证,必然有失公正,因而担任诉讼代理人不能作为证人。故B是本题选项。参加本案审理的书记员、翻译人员如作为证人出庭作证,就有可能影响到司法公正，所以不得作为本案的证人。故 C、D 是本题选项。

3.【答案】AB

【解析】根据《民诉法解释》第 96 条第 1 款第 1、4 项的规定，法院认为涉及可能损害国家利益、社会公共利益的证据和当事人有恶意串通损害他人合法权益可能的证据，法院应当主动调查收集。故选项 A、B 正确。根据《民诉法解释》第 95 条的规定，与证明待证事实没有太大意义的证据，当事人申请调查收集的，法院不予准许。故选项 C 错误。根据《民诉法解释》第 112 条第 1 款的规定，合同原件在对方当事人手中，由承担举证证明的当事人在举证期限届满前书面申请法院责令对方当事人提交。故选项 D 错误。

4.【答案】ABCD

【解析】A、B、C、D 四个选项均是间接证据的运用规则。故选项 A、B、C、D 均正确。

5.【答案】ACD

【解析】《民事诉讼法》在 2012 年修正后，将“鉴定结论”更改为“鉴定意见”。故选项 B 错误，其他选项正确。

三、不定项选择题

1.【答案】ABD

【解析】只有以特定的物质载体表现出来并以某种方式所感知，证据才能够对案件事实起到证明作用，故选项 A 正确。只有真实的证据才能够成为认定案件事实的依据，故选项 B 正确。证据的客观性就是证据的真实性，故选项 C 错误。证据的内容客观性其实强调的是证据的真实性，故选项 D 正确。

2.【答案】AB

【解析】当本证和反证的证明力不能相互抵消时，待证事实将处于真伪不明的状态，由本证方当事人承担举证不能的后果。故选项 A、B 正确，选项 C、D 错误。

3.【答案】ABC

【解析】原始证据是指直接来源于案件事实或者通过第一来源的途径所直接获得的证据，没有经过传抄、复制、转述等任何中间环节或者辗转过程。证人转述他人的陈述，是属于对他人意思的间接表达。故选项 A 不是原始证据，是本题选项。手机录音内容存贮在手机里，其被拷贝到电脑后就成了传来证据。故选项 B 不是原始证据，是本题选项。物证的复制品不是直接来源于案件事实。故选项 C 不是原始证据，是本题选项。合同复印件由双方当事人签字确认后即成为原始证据。故选项 D 是原始证据，但不是本题选项。

4.【答案】ABD

【解析】物证是以其外部特征、内在属性及其存在的位置、状态等对案件事实起证明作用的证据。书证是以材料记载的思想内容来证明案件事实。从刊登不实消息的报纸的印刷、发行状态来看，它是物证，对案件事实起到了证明作用。故选项 A 正确。从该报纸刊登的内容来看，它是书证，对案件事实也起到了证明作用。故选项 B 正确。当事人陈述是当事人就有关案件的事实向法庭所作的陈述，故选项 C 错误。该报纸既是物证又是书证，故选项 D 正确。

5.【答案】AD

【解析】鉴定人是对与案件的待证事实有关的专门性问题进行分析、鉴别和判断后，提出自己结论性意见的人,必须具有一定的专业知识和技能。证人则是就其了解的案件事实向法庭作证的人,无需具备专业知识。故选项 A 正确。鉴定人是在诉讼开始后才了解案件事实,而证人了解案件事实一般在诉讼产生之前。故选项 B 错误。如果鉴定人与案件有一定的利害关系,依法应当回避,是回避的主体。证人即使与案件有利害关系或者是当事人的近亲属,也只会对其证言的证明力产生影响,不发生回避问题。故选项 C 错误。鉴定人具有可替代性,当法院委托或当事人选定的鉴定人因故不能进行鉴定时,可以更换鉴定人。证人作证是基于其对案件事实的感知,具有不可替代性。故选项 D 正确。

四、名词解释

1. 证据的关联性

证据的关联性,又称相关性,是指只有与待证的案件事实之间存在客观的、内在的、必然的联系的事实,才能成为民事诉讼证据。

2. 证据的证明力

证据的证明力,或称证据力,是指证据能够证明案件事实的能力。

3. 直接证据

直接证据,是指仅凭其自身的证明作用就能够直接证明案件某一待证事实的证据。

4. 反证

反证,是指一方当事人为证明其抗辩事实主张而提出的旨在推翻对方当事人主张的待证事实的证据。

5. 物证

物证,是以形状、规格、质量、数量等客观存在证明案件事实的物品或痕迹。

五、简答题

1. 简述证据能力与证据证明力的关系。

【参考答案】

证据能力是证明力的前提基础,有证据能力的证据才有证明力可言,凡有证明力的证据,在证据能力上均具有适格性。

对证据能力的采证属于形式要件的认定,它涉及证据的合法性;对于证据证明力的采证属于实质要件的认定,它涉及证据的客观性与关联性。

2. 简述处分性书证与报道性书证。

【参考答案】

处分性书证,是指记载设立、变更或消灭一定民事法律关系的书证,如合同书、赠与协议、离婚证书等。报道性书证,是指只记载了具有法律意义的事实,不以引起民事法律关系发生、变更或消灭为目的的书证,如信件、日记、档案等。

3. 简述不能作为证人的人员范围。

【参考答案】

(1) 不能正确表达意志的人。比如精神病患者或年幼的人,因不能正确表达自己的意志,不能出庭作证。但是否具有完全的民事行为能力并不是判断证人作证能力的标准。如果对与其年龄、智力状况或者精神状况相适应的待证事实有所感知,也可以成为证人。

(2) 诉讼代理人。对同一案件,诉讼代理人的身份与证人的身份是相互冲突的,因而不能既担任诉讼代理人又作证人。诉讼代理人如了解案件的重要事实，确有出庭作证的必要，应当在取消委托或辞去委托之后，以证人身份出庭作证。

(3) 办理本案的法官、书记员、鉴定人、翻译人员、勘验人员。办理本案的上述人员如同时作为案件的证人，就有可能影响到司法公正，所以不得作为本案的证人。

六、论述题

论文书提出命令。

【参考答案】

文书提出命令是指法院根据当事人的请求向持有文书的对方当事人或第三人发出提出文书的指令。《民诉法解释》第112条第1款规定，书证在对方当事人控制之下的，承担举证证明责任的当事人可以在举证期限届满前书面申请法院责令对方当事人提交。

1. 申请“书证提出命令”的条件。其一，作为提出对象的书证应当特定化，即申请人应当明确需要由对方当事人提出的书证名称或主要内容；其二，应当明确需要对象书证对证明案件事实的重要性，即对象书证对案件事实的证明有积极作用，且对于裁判有重要意义的情况下，法院才有作出“书证提出命令”的必要；其三，应当证明书证存在且由对方当事人控制的事实；其四，应载明申请人申请文书提出命令的法定原因或者理由。

2. 控制书证的当事人的书证提出义务范围。其一，控制书证的当事人在诉讼中曾经引用过的书证，控制书证的当事人在诉讼中引用过该书证，意味着其愿意将该书证公开，申请人有权要求其提交该书证；其二，为申请人的利益制作的书证，此处的利益也包括申请人与其他人共同拥有的利益；其三，申请人依照法律规定有权查阅、获取的书证；如委托人要求受托人交付其保管的文书；其四，账簿、记账原始凭证，这些财务资料在正常的经济往来中，能够比较准确地反映出交易的主要过程，或者能够从中推定交易情况，具有较强的证明作用；其五，法院认为应当提交书证的其他情形。

3. 不遵守“书证提出命令”的后果。不遵守书证提出命令，适用证明妨害法理确定行为的法律后果。对于不遵守“书证提出命令”的一般情形，法院可以认定“书证提出命令”的申请人所主张的书证内容为真实，通过这种间接强制的方法，对书证控制人课以诉讼法上的后果，以促使其尽可能提出书证。对于恶意损毁书证或者实施其他使书证不能使用行为的情形，由于其行为本身已经构成妨碍民事诉讼，在处以罚款、拘留等强制措施的同时，在证据法上也应令其承担更为严重的后果，法院可以认定对方当事人主张以该书证证明的事实为真实。

七、案例分析题

【参考答案】

法院的做法不正确。《民诉法解释》第106条规定，对以严重侵害他人合法权益、违反法律禁止性规定或者严重违背公序良俗的方法形成或者获取的证据，不得作为认定案件事实的根据。首先张三偷录视频的行为并不属于上述规定的取证行为，其偷录的视频可以作为证据使用。其次，张三偷录的视频可以证明李四持有买卖合同。《民诉法解释》第112条规定，书证在对方当事人控制之下的，承担举证证明责任的当事人可以在举证期限届满前书面申请法院责令对方当事人提交。申请理由成立的，法院应当责令对方当事人提交，因提交书证所产生的费用，由申请人负担。对方当事人无正当理由拒不提交的，法院可以认定申请人所主张的书证内容为真实。据此，法院应责令李四提交该买卖合同，李四无正当理由拒不提交的，法院可以认定张三所主张的合同为真实的，进而认定双方之间存在合同买卖关系并应判决支持张三的诉讼请求。

第八章习题自测参考答案

一、单项选择题

1.【答案】A

【解析】《民诉法解释》第 92 条第 1 款规定，一方当事人在法庭审理中，或者在起诉状、答辩状、代理词等书面材料中，对于己不利的事实明确表示承认的，另一方当事人无需举证证明。故选项 A 正确。根据《民诉法解释》第 107 条的规定，在诉讼中，当事人为达成调解协议或者和解协议作出妥协而认可的事实，不得在后续的诉讼中作为对其不利的根据。故选项 B 错误。根据《民诉法解释》第 92 条第 2 款的规定，对于涉及身份关系、国家利益、社会公共利益等应当由法院依职权调查的事实，不适用自认的规定。故选项 C 错误。自认的时间必须是在民事诉讼过程中，在诉讼发生前被告承认原告主张的事实，不是自认。故选项 D 错误。

2.【答案】B

【解析】根据《民法典》第 1230 条规定，因污染环境、破坏生态发生纠纷，行为人应当就法律规定的不承担责任或者减轻责任的情形及其行为与损害之间不存在因果关系承担举证责任。故选项 B 正确，其他选项错误。

3.【答案】B

【解析】根据《民诉法解释》第 102 条第 2 款的规定，当事人非因故意或者重大过失逾期提供的证据，法院应当采纳，并对当事人予以训诫。因王某在一审判决生效之前才找到李某书写的收据，其行为符合上述规定，法院应当采纳，但应当对王某予以训诫。故选项 B 正确，其他选项错误。

4.【答案】A

【解析】根据《民诉法解释》第 93 条第 2 款的规定，除自然规律以及定理、定律，当事人不能用相反的证据进行反驳外，根据法律规定推定的事实、根据已知的事实和日常生活经验法则推定出的另一事实、众所周知的事实，当事人都可以用相反的证据进行反驳。故选项 A 正确，其他选项错误。

5.【答案】B

【解析】根据《民诉法解释》第 108 条第 1 款的规定，对负有举证证明责任的当事人提供的证据，法院经审查并结合相关事实，确信待证事实的存在具有高度可能性的，应当认定该事实存在。故选项 B 正确，其他选项错误。

6.【答案】D

【解析】根据《民诉法解释》第 92 条第 2 款的规定，对于涉及身份关系、国家利益、社会公共利益等应当由法院依职权调查的事实，不适用自认的规定。故选项 D 正确，其他选项错误。

7.【答案】A

【解析】《民事诉讼法》第 7 条规定，法院作出的判决，必须以事实为根据，以法律为准绳。当事人逾期提供证据的，虽然会产生证据失权的后果，但不一定会败诉，因法院必须以案件已查明的事实为根据作出判决。故选项 A 错误，是本题选项。根据《民诉法解释》第 101 条的规定，当事人逾期提供证据的，法院应当责令当事人说明理由，必要时要求其提供相应的证据。当事人因客观原因逾期提供证据的，或者对方当事人对逾期提供证据未提出异议，视为未逾期。故选项 B、C 正确，但不是本题选项。根据《民诉法解释》第 102 条第 3 款的规定，当事人一方要求另一方因逾期提供证据致使其增加的交通、住宿、就餐、误工、证人出庭作证等必要费用的，法院可予支持。故选项 D 正确，但不是本题选项。

8.【答案】A

【解析】在民事诉讼中，双方当事人没有争议的案件事实，无需证明就可以由法院予以认定。故选项 A 错误，是本题选项。作为证明对象的事实，必定是双方当事人存在争议的案件事实。故选项 B 正确，但不是本题选项。在诉讼中需要当事人运用证据予以证明的案件事实，必须具有民事实体法和民事程序法上的意义。故选项 C 正确，但不是本题选项。当事人没有主张的案件事实，不得作为裁判的基础，也不能成为证明对象。故选项 D 正确，但不是本题选项。

9.【答案】B

【解析】根据《民法典》第 1240 条的规定，从事高空、高压、地下挖掘活动或者使用高速轨道运输工具造成他人损害的，经营者应当承担侵权责任；但是，能够证明损害是因受害人故意或者不可抗力造成的，不承担责任。据此，高度危险作业致人损害的侵权诉讼，由加害人就受害人故意造成损害的事实承担举证责任。故选项 B 正确，是本题选项。

10.【答案】B

【解析】根据《证据规定》第 9 条的规定，有下列情形之一，当事人在法庭辩论终结前撤销自认的，法院应当准许：(1) 经对方当事人同意的；(2) 自认是在受胁迫或者重大误解情况下作出的。故选项 A、C、D 正确，但不是本题选项。因该规定不包含“欺诈”这一情形。故选项 B 错误，是本题选项。

二、多项选择题

1.【答案】AC

【解析】根据本案事实，遗嘱原件在王武手中，王文只能向法院提交遗嘱的复印件，故选项 A 正确。根据《民诉法解释》第 112 条的规定，书证在对方当事人控制之下的，承担举证证明责任的当事人可以在举证期限届满前书面申请法院责令对方当事人提交。申请理由成立的，法院应当责令对方当事人提交。对方当事人无正当理由拒不提交的，法院可以认定申请人所主张的书证内容为真实。据此，在举证期限内，法院根据王文的书面申请责令王武提交遗嘱原件，在王武无正当理由拒绝提交情况下，法院只能认定王文所提交遗嘱复印件的内容为真实，不可以对王武进行拘留，也不可以根据王武的行为作出判决支持王文的诉讼请求。故选项 B、D 错误，选项 C 正确。

2.【答案】ABCD

【解析】民事诉讼所要解决的就是当事人之间关于实体权益的争议。所以，当事人所主张的实体法事实在为对方当事人所争执时，就成为证明的对象。故选项 A 正确。程序法事实虽然不直接涉及当事人之间实体权益的分配，但对民事诉讼程序的开始、进行和终止，都具有重要的意义。故选项 B 正确。证据只有经过当事人之间的质证、辩论，以及法官对证据的审查判断后，才能查明其真伪，这个过程是证明证据真实性的过程。这些被证明的证据性事实，就是证明对象。故选项 C 正确。在民事诉讼中，外国法律和地方性法规、习惯，不一定为法官所了解，基于审理民事案件的需要，外国法律和地方性法规、习惯，应当成为证明对象。故选项 D 正确。

3.【答案】ABCD

【解析】根据《证据规定》第 3 条的规定，在诉讼过程中，一方当事人陈述的于己不利的事实，或者对于己不利的事实明确表示承认的，另一方当事人无需举证证明。在证据交换、询问、调查过程中，或者在起诉状、答辩状、代理词等书面材料中，当事人明确承认于己不利的事实的，适用前款规定。故选项 A、B、C、D 均正确。

4.【答案】ABC

【解析】《民法典》第 1253 条规定："建筑物、构筑物或者其他设施及其搁置物、悬挂物发生脱落、坠落造成他人损害，所有人、管理人或者使用人不能证明自己没有过错的，应当承担侵权责任。"故选项 A 属于适用举证责任分配特殊规则的情形，是正确选项。《民法典》第 1245 条规定："饲养的动物造成他人损害的，动物饲养人或者管理人应当承担侵权责任；但是，能够证明损害是因被侵权人故意或者重大过失造成的，可以不承担或者减轻责任。"故选项 B 属于适用举证责任分配特殊规则的情形，是正确选项。《民法典》第 1218 条规定："患者在诊疗活动中受到损害，医疗机构或者其医务人员有过错的，由医疗机构承担赔偿责任。"故选项 C 属于适用举证责任分配特殊规则的情形，是正确选项。因共同危险行为致人损害的侵权诉讼，由实施危险行为的人就其行为与损害结果之间不存在因果关系承担举证责任。故选项 D 不属于适用举证责任分配特殊规则的情形，是错误选项。

5.【答案】ACD

【解析】根据《民诉法解释》第 109 条的规定，当事人对欺诈、胁迫、恶意串通事实的证明，以及对口头遗嘱或者赠与事实的证明，法院确信该待证事实存在的可能性能够排除合理怀疑的，应当认定该事实存在。故选项 A、C、D 正确。因该规定并未规定乘人之危这一选项，故选项 B 错误。

三、不定项选择题

1.【答案】AC

【解析】根据《证据规定》第 4 条的规定，一方当事人对于另一方当事人主张的于己不利的事实既不承认也不否认，经审判人员说明并询问后，其仍然不明确表示肯定或者否定的，视为对该事实的承认。在法官反复询问李平是否有向张力钱不还的事实时，李平却既不承认也不否认，应视为李平对向张力钱不还的事实的承认。故选项 A、C 正确。李平在法庭上面无表情，沉默不语，其行为不属于妨碍民事诉讼的行为，因其没有扰乱法庭秩序，法院不应对李平进行训诫及罚款。故选项 B、D 错误。

2.【答案】ABC

【解析】根据《证据规定》第 51 条第 2 款的规定，法院指定举证期限的，适用第一审普通程序审理的案件不得少于 15 日，当事人提供新的证据的第二审案件不得少于 10 日。适用简易程序审理的案件不得超过 15 日，小额诉讼案件的举证期限一般不得超过 7 日。故选项 A、B、C 正确，选项 D 错误。

3.【答案】C

【解析】"疏明"是指当事人对自己所主张的事实虽然没有达到证明的程度，但是提出的证据达到使法官大致确信的程度。适用于与当事人的实体权利义务无关的程序性事项。故选项 C 正确,其他选项错误。

4.【答案】BD

【解析】根据《证据规定》第 62 条第 2 款的规定,法院根据当事人申请调查收集的证据,审判人员对调查收集证据的情况进行说明后,由提出申请的当事人与对方当事人、第三人进行质证。故选项 A 错误。根据《证据规定》第 62 条第 3 款的规定,法院依职权调查收集的证据,由审判人员对调查收集证据的情况进行说明后,听取当事人的意见。故选项 B 正确。根据《民诉法解释》第 103 条第 3 款的规定,涉及国家秘密、商业秘密、个人隐私或者法律规定应当保密的证据,不得公开质证。故选项 C 错误。根据《民诉法解释》第 103 条第 2 款的规定,当事人在审理前的准备阶段认可的证据,经审判人员在庭审中说明后,视为质证过的证据。故选项 D 正确。

5.【答案】ABC

【解析】根据《民事诉讼法》第 76 条的规定,经法院通知,证人应当出庭作证。有下列情形之一的,经法院许可,可以通过书面证言、视听传输技术或者视听资料等方式作证:(1) 因健康原因不能出庭的;(2) 因路途遥远,交通不便不能出庭的;(3) 因自然灾害等不可抗力不能出庭的;(4) 其他有正当理由不能出庭的。故选项 A、B、C 均正确。证人证言不可以让当事人代为向法官转述。故选项 D 错误。

四、名词解释

1. 证明对象

证明对象,也称待证事实、证明客体,是指由实体法律规范所规定的,在民事诉讼中由对立的双方当事人提出诉讼主张和采用证据加以论证和证明的,并最终由裁判者加以确认的案件事实。

2. 证明责任

证明责任,又称客观的证明责任、确定责任、实质上的证明责任,是指案件审理终结时若事实仍处于真伪不明状态,由提出事实主张的当事人承担不利后果的责任。

3. 证明标准

证明标准,是指基于当事人提出的事实主张和证据,法官形成内心确信所要达到的程度或最低限度。

4. 质证

质证,是指在法庭的主持下,当事人对出示的证据进行询问、辨认、质疑、辩驳、核实等诉讼活动。

5. 证据交换

证据交换,是指在庭审之前,法官组织当事人双方将各自持有的证据材料与对方进行交流的诉讼活动。

五、简答题

1. 简述证明责任分配的一般规则。

【参考答案】

证明责任分配的一般规则,又称基本规则,是指根据法律就要件事实所规定的证明责任分配或虽无法律明文规定而根据相关法律要件分类说所确定的证明责任分配的基本规则。

《民事诉讼法》第67条第1款规定:“当事人对自己提出的主张,有责任提供证据。”人们通常将其归纳为“谁主张,谁举证”,但该款并没有明确证明责任分配的具体规则。《民诉法解释》第91条规定:“人民法院应当按照下列原则确定举证证明责任的承担,但法律另有规定的除外:(一)主张法律关系存在的当事人,应当对产生该法律关系的基本事实承担举证证明责任;(二)主张法律关系变更、消灭或者权利受到妨害的当事人,应当对该法律关系变更、消灭或者权利受到妨害的基本事实承担举证证明责任。”这一规定显然受到法律要件分类说的影响。

2. 简述逾期举证的法律后果。

【参考答案】

根据《民诉法解释》的规定,当事人逾期举证的行为可能导致以下法律后果:

(1) 说明理由并提供相应的证据。当事人逾期提供证据的,法院可以责令其说明逾期提供证据的理由,必要时还可以要求其提供相应的证据。

(2) 证据失权。当事人因故意或者重大过失逾期提供的证据,将直接导致该证据不能作为定案根据。

(3) 按妨害民事诉讼行为予以训诫、罚款。当事人逾期提供的证据与案件基本事实有关,法院在采纳后,将依照《民事诉讼法》的有关规定对其予以训诫、罚款;非因故意或者重大过失逾期提供的证据,法院在采纳后,将对其予以训诫、罚款。

(4) 承担经济赔偿责任。一方当事人要求另一方当事人赔偿因逾期提供证据致使其增加的交通、住宿、就餐、误工、证人出庭作证等必要费用的,法院可予支持。

六、论述题

论质证。

【参考答案】

质证,是指在庭审过程中,由案件的当事人就法庭上所出示的证据采取辨认、质疑、说明、辩论等形式进行对质核实,以确认其证明力的诉讼活动。质证是司法证明的基本环节,是法官选择证据前所必须经过的法定程序,是认证的前提,是对直接言词原则和辩论原则的具体落实。质证的主体是案件的双方当事人及其诉讼代理人。

1. 质证的内容和形式。质证的内容为证据的真实性、关联性、合法性,质证的表现形式是法庭上由双方当事人展开的质疑和辩驳等。质证时,证据应当在法庭上出示,当事人应当围绕证据的真实性、关联性、合法性,针对证据证明力有无以及证明力大小进行质疑、说明与辩驳。

2. 质证的客体。质证的客体是证明案件事实的证据。涉及国家秘密、商业秘密和个人隐私或者法律规定的其他应当保密的证据可视具体情况决定是否在开庭时出示,需要出示的,也不得在公开开庭时出示。对涉及国家机密的证据,一律不能交当事人质证,法官审查判定后可采用提示或向当事人做必要的解释说明的方式。其他涉密证据,一般应交另一方当事人质证,但必须贯彻不公开质证的特殊原则,质证参与者局限于法院和当事人,必要时可为当事人设定保密义务,防止涉密证据进一步扩散。

3. 质证的顺序。(1) 原告出示证据,被告、第三人与原告进行质证;(2) 被告出示证据,原告、第三人与被告进行质证;(3) 第三人出示证据,原告、被告与第三人进行质证。法院依照当事人申请调查收集的证据,作为提出申请的一方当事人提供的证据。法院依照职权调查收集的证据应当在庭审时出示，听取当事人意见，并可就调查收集该证据的情况予以说明。案件有两个以上独立的诉讼请求的，当事人可以逐个出示证据进行质证。

4. 质证的效力。未经质证的证据，不能作为认定案件事实的依据。当事人在证据交换过程中认可并记录在卷的证据，经审判人员在庭审中说明后，可以作为认定案件事实的依据。

七、案例分析题

【参考答案】

1.《民诉法解释》第 102 条规定，当事人因故意或者重大过失逾期提供的证据，法院不予采纳。但该证据与案件基本事实有关的，法院应当采纳，并依照《民事诉讼法》第 68 条、第 118 条第 1 款的规定予以训诫、罚款。根据上述规定，法院应该采纳乙逾期提交的照片。因为乙家里的厕所在装修完毕后存在漏水现象，该照片能够证明甲公司给乙装修的房屋存在重大质量瑕疵，属于违约行为，也是乙不支付剩余房屋装修款 5 万元的抗辩理由。

2. 根据本案上述事实，法院应采纳乙逾期提供的照片，法院若不采纳乙逾期提交的照片，是没有理由的。

3. 由于乙逾期提交的照片属于能够证明案件基本事实的证据，故法院在采纳该证据的同时，可以根据乙逾期提交照片的情形，予以训诫或者罚款。

第九章习题自测参考答案

一、单项选择题

1.【答案】A

【解析】根据《民事诉讼法》第 101 条的规定，调解维持收养关系的案件，法院可以不制作调解书。但应当记入笔录，并由双方当事人、审判人员、书记员签名或者盖章，该调解协议自各方签名或者盖章之日起即具法律效力。故选项 A 正确。根据《民事诉讼法》第 209 条的规定，当事人对已经发生法律效力的解除婚姻关系的判决、调解书，不得申请再审。故选项 B 错误。根据《民事诉讼法》第 215 条的规定，检察院对调解书的监督方式包括抗诉和再审检察建议。故选项 C 错误。根据《民事诉讼法》第 237 条的规定，执行过程中，双方当事人可以达成和解协议，由执行员将和解协议的内容记入笔录，但法院不可以根据当事人的要求制作成调解书，因调解书适用于诉讼程序，不适用于执行程序。故选项 D 错误。

2.【答案】D

【解析】因乙公司拒绝签收调解书，该案转入审判程序后，甲公司不可以持调解协议向法院另行起诉，因调解书没有生效，也不是起诉的依据。故选项 A 错误。根据《民诉法解释》第 145 条的规定，在案件转入审判程序后，法院可以再进行调解，只有在当事人坚持不调解的，才进行判决。故选项 B 错误。《民诉法解释》第 133 条的规定，调解书应当直接送达当事人本人，不适用留置送达。故选项 C 错误。《民诉法解释》第 107 条规定，在诉讼中，当事人为达成调解协议或者和解协议作出妥协而认可的事实，不得在后续的诉讼中作为对其不利的根据。故选项 D 正确。

3.【答案】B

【解析】根据《民诉法解释》第 147 条第 1 款的规定，法院调解案件时，当事人不能出庭的，经其特别授权，可由其委托代理人参加调解，达成的调解协议，可由委托代理人签名。故选项 B 正确,A、C、D 均错误。

4.【答案】C

【解析】根据《民事诉讼法》第 100 条第 3 款的规定,调解书经双方当事人签收后,即具有法律效力。A、B、D 均错误,制作完毕、送达和单方签收均不是调解书的法定生效时间。故选项 C 正确,A、B、D 均错误。

5.【答案】C

【解析】根据《民诉法解释》第 150 条的规定,法院调解民事案件,需由无独立请求权的第三人承担责任的,应当经其同意。该第三人在调解书送达前反悔的,法院应当及时裁判。故选项 C 正确,A、B、D 均错误。

二、多项选择题

1.【答案】ABCD

【解析】根据《民诉法解释》第 143 条的规定,适用特别程序、督促程序、公示催告程序的案件,婚姻等身份关系确认案件以及其他根据案件性质不能进行调解的案件,不得调解。故选项 A、B、C、D 均正确。

2.【答案】ABC

【解析】根据《民事诉讼法》第 9 条的规定,法院审理民事案件,应当根据自愿和合法的原则进行调解。第一审程序、第二审程序和再审程序都属于审判程序,均可以对民事案件进行调解。故选项 A、B、C 均正确。因执行程序不属于审判程序,双方当事人就被执行人的义务履行只能自行达成和解协议,不能由法院针对和解协议的内容出具调解书。故选项 D 错误。

3.【答案】ACD

【解析】根据《民事诉讼法》第 101 条第 1 款的规定,下列案件调解达成协议,法院可以不制作调解书:(1) 调解和好的离婚案件;(2) 调解维持收养关系的案件;(3) 能够即时履行的案件;(4) 其他不需要制作调解书的案件。调解解除收养关系的案件,涉及当事人之间权利义务关系的解除,必须由法院制作调解书并送达当事人签收。故选项 A、C、D 均正确,选项 B 错误。

4.【答案】ABD

【解析】根据《民诉法解释》第 133 条的规定,调解书应当直接送达当事人本人,不适用留置送达,故选项 A 正确。根据《民事诉讼法》第 92 条和第 93 条的规定,受送达人是军人、被监禁或采取强制性教育措施的,可以采取转交送达方式,转交送达不是直接送达当事人本人,故调解书不适用转交送达,选项 B 正确。公告送达不是直接送达当事人本人,而只是推定送达,故选项 D 正确。《民事诉讼法》第 90 条第 1 款规定,经受送达人同意,法院可以采用能够确认其收悉的电子方式送达诉讼文书。通过电子方式送达的判决书、裁定书、调解书,受送达人提出需要纸质文书的,法院应当提供。可见,调解书可以实行电子送达,故选项 C 错误。

5.【答案】AD

【解析】达成和解协议的原告,可以向法院申请撤销对被告的起诉。故选项 A 正确。现行法没有对和解书这一法律文书作出规定。故选项 B 错误。根据《民诉法解释》第 148 条第

1 款的规定，当事人自行和解或者调解达成协议后，请求法院按照和解协议或者调解协议的内容制作判决书的，法院不予准许。故选项 C 错误。《民事调解工作规定》第 2 条规定，当事人自行和解达成协议的，法院可以根据当事人的申请按照和解协议的内容制作调解书。故选项 D 正确。

三、不定项选择题

1.【答案】ABC

【解析】只有法院调解是在诉讼中进行，人民调解组织的调解、行政机关的调解、仲裁机构的调解都属于诉讼外调解。故选项 A、B、C 均正确，选项 D 错误。

2.【答案】AB

【解析】人民调解委员会主持调解达成的调解协议，必须经法院司法确认后，才具有强制执行力。故选项 A 正确。行政机关主持调解达成的调解协议，不具有强制执行的效力。故选项 B 正确。仲裁机构和法院主持调解达成的调解协议，具有强制执行力。故选项 C、D 均错误。

3.【答案】ABD

【解析】根据《民事诉讼法》第 96 条的规定，法院审理民事案件，根据当事人自愿的原则，在事实清楚的基础上，分清是非，进行调解。故选项 A、B、D 均正确，选项 C 错误。

4.【答案】A

【解析】根据《民诉法解释》第 146 条的规定，法院审理民事案件，调解过程不公开，但当事人同意公开的除外。调解协议内容不公开，但为保护国家利益、社会公共利益、他人合法权益，法院认为确有必要公开的除外。主持调解以及参与调解的人员，对调解过程以及调解过程中获悉的国家秘密、商业秘密、个人隐私和其他不宜公开的信息，应当保守秘密，但为保护国家利益、社会公共利益、他人合法权益的除外。故选项 A 正确，B、C、D 错误。

5.【答案】A

【解析】根据《民诉法解释》第 148 条第 2 款的规定，无民事行为能力人的离婚案件，由其法定代理人进行诉讼。法定代理人与对方达成协议要求发给判决书的，可根据协议内容制作判决书。故选项 A 正确，选项 B、C、D 错误。

四、名词解释

1. 法院调解

法院调解，是指在审判人员的主持下，双方当事人就他们之间发生的民事权益争议，通过自愿、平等协商，互谅互让，达成协议，解决纠纷的诉讼活动和结案方式。

2. 调解协议

调解协议，是指经过法院的调解，当事人之间就他们争议的民事权利义务关系所达成的，经过法院审查、批准的协议。

3. 诉讼和解

诉讼和解，是指在民事诉讼过程中，当事人双方在相互协商的基础上达成解决争议的协议，并请求法院结束诉讼程序的一种制度。

4. 调解的自愿原则

调解的自愿原则，是指法院进行调解时，必须以双方当事人的自愿为前提，不得违背当事人的自主意志强行启动调解程序,以及强迫当事人接受调解方案。

五、简答题

1. 简述调解书的效力。

【参考答案】

(1) 既判力。生效的调解书终局地确定了当事人之间争议的实体权利义务关系。任何一方当事人都不得再就同一纠纷向法院提起诉讼。

(2) 形成力。部分生效的调解书具有形成力。如生效的离婚调解书能够消灭当事人之间的婚姻关系,生效的分割共有财产调解书能够变更当事人之间的财产共有关系。

(3) 强制执行力。生效的调解书或者不需要制作调解书的调解协议生效后,即产生与判决书一样的强制执行效力,当事人必须履行协议确定的义务。负有履行调解书义务的一方当事人未按调解书的内容履行义务时,权利人可以根据调解书向法院申请强制执行。

2. 简述不能适用诉讼和解的情形。

【参考答案】

(1) 按照《民事诉讼法》规定适用特别程序、公示催告程序、督促程序的民事案件不适用诉讼和解。因为这类民事案件没有明确的原告、被告,仅仅是请求法院对某项法律事实作出确认,因而不适用诉讼和解。

(2) 单纯的确认之诉,即确认民事行为无效、确认合同无效、确认身份关系以及婚姻关系等案件不适用和解。因为这是一方当事人请求法院查明当事人之间民事法律关系是否存在的一类诉讼。对于这类诉讼案件,法院应当在查明事实的基础上作出存在或不存在的裁判,因而不适用诉讼和解。

(3) 对于当事人人数众多,在起诉时尚未确定的诉讼案件,不适用诉讼和解。此种情况,如果容许诉讼和解,将侵害未参加登记权利人的利益。

(4) 对于涉及身份关系(诸如亲子关系、收养关系、婚姻关系)的案件,不适用诉讼和解。因为当事人对自己的身份权以及身份关系,不能像财产权以及财产关系那样随意处分,应当由法院根据法律的规定及其事实予以确定。

六、论述题

论法院调解的原则。

【参考答案】

1. 自愿原则

自愿原则,是指法院进行调解时,必须以双方当事人的自愿为前提,不得违背当事人的自主意志强行启动调解程序,以及强迫当事人接受调解方案。自愿原则具体表现在程序与实体两个方面。

(1) 在程序方面,自愿表现为法院采用调解的方式解决民事纠纷。除离婚等必须进行调解的案件以外,对于任何案件进行调解,都必须首先征得当事人双方同意,即不论是调解的启动还是调解的进行,都需要征得当事人双方的同意,在当事人双方自愿的条件下进行,不得强迫调解。

(2) 在实体方面,自愿表现为当事人双方对调解协议的内容,即实体民事权益的处分必须自愿,且属于真实意思表示。《民事诉讼法》第 99 条规定,“调解达成协议,必须双方自愿,不得强迫”。《民诉法解释》第 145 条第 1 款规定:“人民法院审理民事案件,应当根据自愿、合法的原则进行调解。当事人一方或者双方坚持不愿调解的,应当及时裁判。”

在法院调解中,审判人员可以根据法律与民事政策对当事人进行引导,说服教育,向当事人提出调解的建议,但不能将自己对案件的处理意见强加给当事人。双方当事人能否达成协议,不仅完全取决于双方当事人的自愿,而且当事人在是否同意调解意愿的表达上必须是明示的,不能采取默示的方式。

2. 合法原则

合法原则,是指法院调解不仅必须依法进行,而且调解的过程以及调解中达成协议的内容也要符合法律的规定。所谓符合法律的规定,也具体表现在程序和实体两个方面。

(1) 在程序方面,法院调解的启动、方式、步骤以及调解协议的达成与调解书的制作、送达,均应符合法律规定。不能为追求调解结案而省略若干程序,即调解必须按照《民事诉讼法》以及最高人民法院有关调解程序的规定进行。

(2) 在实体方面,调解协议的内容不得违反法律、行政法规的强制性规定,不得损害国家利益、社会公共利益和他人的合法权益。在法院调解过程中,主持调解的审判人员应当认真审查、引导当事人正确达成调解协议,如果调解协议内容违反法律规定,即使是出于当事人的自愿而达成的,也不应当允许。

3. 查明事实、分清是非的原则

查明事实、分清是非的原则,是指法院调解应当在事实清楚、是非分明的基础上进行。《民事诉讼法》第 96 条规定:“人民法院审理民事案件,根据当事人自愿的原则,在事实清楚的基础上,分清是非,进行调解。”即法院调解不是无原则地“和稀泥”,应当以事实为依据,以法律为准绳,体现对社会公平正义的追求。换言之,事实清楚,是非分明,不仅是衡量调解结果正当与否的基础,也是促使当事人达成协议的重要手段。如果当事人双方在案件事实和是非判断上认识不清,就不可能对事实的法律后果有正确的理解,也很难对实体权利作出令人接受的方案。同时,只有查明案件事实,分清是非,才能使审判人员抓住当事人争议的焦点,找准解决纠纷的切入点,实施合理的调解措施,为正确进行调解、达成调解协议提供依据。

七、案例分析题

【参考答案】

1.《民诉法解释》第 89 条规定,当事人向法院提交的授权委托书,应当在开庭审理前送交法院。授权委托书仅写“全权代理”而无具体授权的,诉讼代理人无权代为承认、放弃、变更诉讼请求,进行和解,提出反诉或者提起上诉。因此,张三应在授权委托书中记明律师王五有代为承认、放弃、变更诉讼请求,进行和解,提出反诉或者提起上诉的权限和委托事项,属于特别授权。

2.《民事诉讼法》第 90 条规定,经受送达人同意,法院可以采用能够确认其收悉的电子方式送达诉讼文书。通过电子方式送达的判决书、裁定书、调解书,受送达人提出需要纸质文书的,法院应当提供。《民诉法解释》第 133 条规定,调解书应当直接送达当事人本人,不适用留置送达。因此,法院不得以留置送达和公告送达的方式向双方当事人送达调解书。

3. 根据《民事诉讼法》第 208 条的规定,当事人对已经发生法律效力的调解书,提出证据证明调解违反自愿原则或者调解协议的内容违反法律的,可以申请再审。经法院审查属实的,应当再审。因此,李四认为调解违反自愿原则的,只能申请再审,不得上诉。

第十章习题自测参考答案

一、单项选择题

1.【答案】C

【解析】《民事诉讼法》第 86 条规定,当事人因不可抗拒的事由或者其他正当理由耽误期限的,在障碍消除后的 10 日内,可以申请顺延期限,是否准许,由法院决定。根据上述规定,张海因被摩托车撞伤造成昏迷不醒,属于有正当理由耽误上诉期限的情形,在其清醒后 10 日内,可以向法院申请顺延上诉期限,法院应当准许;但法院不能依职权决定顺延上诉期限。故选项 C 正确,其他选项错误。

2.【答案】B

【解析】《民诉法解释》第 163 条规定,法律文书生效后,进入执行程序前,债权人因对方当事人转移财产等紧急情况,不申请保全将可能导致生效法律文书不能执行或者难以执行的,可以向执行法院申请采取保全措施。债权人在法律文书指定的履行期间届满后 5 日内不申请执行的,法院应当解除保全。根据上述规定,本案判决生效后,在尚未进入执行程序前,李某发现温某正在转移财产,此时李某可以向北京市东城区法院申请采取保全措施,因该法院是执行本案判决的法院,其他法院无管辖权。故选项 A、C 错误,选项 B 正确。李某应当在判决生效后 15 日内的履行期间届满后 5 日内申请执行;未申请执行的,法院解除保全措施。并不是履行期间届满后 15 日内。故选项 D 错误。

3.【答案】D

【解析】根据《民诉法解释》第 133 条的规定,调解书应当直接送达当事人本人,不适用留置送达。故选项 A 错误。根据《民事诉讼法》第 92 条的规定,受送达人是军人的,通过其所在部队团以上单位的政治机关转交。法院将起诉状副本和应诉通知书交王星所在连队指导员代为转交,其送达行为是违法的。故选项 B 错误。根据《民事诉讼法》第 92 条和第 93 条的规定,只有受送达人是军人、被监禁或被采取强制性教育措施的人,才能采取转交送达方式。故选项 C 错误。根据《民事诉讼法》第 90 条第 1 款的规定,经受送达人许某同意,法院可以用电子邮件方式向其送达起诉状副本和应诉通知书。故选项 D 正确。

4.【答案】B

【解析】根据《民诉法解释》第 125 条的规定,期间以日、月计算的,期间从次日起算。故选项 B 正确,其他选项错误。

5.【答案】B

【解析】根据《民诉法解释》第 130 条的规定,向法人送达诉讼文书,应当由法人的法定代表人或者办公室、收发室、值班室等负责收件的人签收或者盖章,拒绝签收或者盖章的,适用留置送达。根据上述规定,法院可以向法定代表人、值班室负责收件的人直接送达判决书。故选项 A、C 不是本题选项。大门保安人员的职责是守护企业法人的财产安全,没有收取诉讼文书的职责。故选项 B 是本题选项。根据《民诉法解释》第 132 条的规定,受送达人有诉讼代理人的,或者受送达人指定诉讼代理为代收人的,法院可以向诉讼代理人直接送达判决书。故选项

D 不是本题选项。

6.【答案】D

【解析】根据《民诉法解释》第 133 条的规定，只有调解书应当直接送达当事人本人，不适用留置送达方式。判决书、裁定书和决定书均可在一定条件下适用留置送达方式。故选项 D 正确。

7.【答案】B

【解析】根据《民事诉讼法》第 119 条第 1 款的规定，拘传、罚款、拘留必须经院长批准。故 A、C、D 不是本题选项。根据《民诉法解释》第 177 条的规定，责令退出法庭由合议庭或者独任审判员决定。故选项 B 正确。

8.【答案】B

【解析】根据《民诉法解释》第 141 条的规定，法院在定期宣判时，当事人拒不签收判决书、裁定书的，应视为送达，并在宣判笔录中记明。故选项 B 正确，其他选项错误。

9.【答案】D

【解析】根据《民诉法解释》第 152 条的规定，采取诉前保全措施，申请人必须提供担保；采取诉中保全措施，法院视情况决定申请人是否应当提供担保。故选项 A、B 不是本题选项。根据《民事诉讼法》第 107 条的规定，财产纠纷案件，被申请人提供担保的，法院应当裁定解除保全。故选项 C 不是本题选项。申请人提供担保的功能在于因保全错误所给被申请人造成的财产损失能够给予赔偿；被申请人提供担保的功能在于解除保全措施。故选项 D 是本题选项。

10.【答案】D

【解析】根据《民诉法解释》第 166 条第 1 款的规定，裁定采取保全措施后，有下列情形之一的，法院应当作出解除保全裁定：(1) 保全错误的；(2) 申请人撤回保全申请的；(3) 申请人的起诉或者诉讼请求被生效裁判驳回的；(4) 法院认为应当解除保全的其他情形。故选项 A、B、C 不是本题选项。根据《民诉法解释》第 165 条的规定，法院裁定采取保全措施后，除作出保全裁定的法院自行解除或者其上级法院决定解除外，在保全期限内，任何单位不得解除保全措施。其他法院执行被保全的财产，也不属于应当解除财产保全的法定情形，故选项 D 正确。

二、多项选择题

1.【答案】BD

【解析】根据《民诉法解释》第 161 条的规定，对当事人不服一审判决提起上诉的案件，在第二审法院接到报送的案件之前，当事人有转移、隐匿、出卖或者毁损财产等行为，必须采取保全措施的，由第一审法院依当事人申请或者依职权采取。第一审法院的保全裁定，应当及时报送第二审法院。本案在上诉期间，二审法院还未接到报送的一审案件材料，李某发现杨某正在转移财产，可以向一审甲区法院申请财产保全。故选项 A 错误，选项 B 正确。根据《民诉法解释》第 161 条的上述规定，保全裁定应由一审甲区法院作出并采取保全措施，同时将保全裁定报送二审法院。故选项 C 错误，选项 D 正确。

2.【答案】AB

【解析】根据《民事诉讼法》第 92 条、第 93 条第 1 款的规定，受送达人是军人的，通过其所在部队团以上单位的政治机关转交；受送达人被监禁的，通过其所在监所转交。故选项A、B正确。受送达人在国外上学的，不能通过其父母转交，可以采取邮寄送达、电子送达或者公告送达的方式。故选项C错误。受送达人在国内没有住所的，委托我国驻受送达人所在国的使领馆代为送达，称为委托送达，不是转交送达。故选项D错误。

3.【答案】AB

【解析】根据《民事诉讼法》第109条的规定，追索赡养费、扶养费、抚养费、抚恤金、医疗费用的案件和追索劳动报酬的案件，可以适用先予执行制度。故选项A、B正确。追索疾病保险费的案件、追索车辆租赁费的案件不适用先予执行制度，因这两类案件不适用先予执行制度，不会严重影响权利人的生活和生产经营。故选项C、D错误。

4.【答案】AC

【解析】根据《民事诉讼法》第85条第4款的规定，期间不包括在途时间，诉讼文书在期满前交邮的，不算过期。故选项A正确。根据《民事诉讼法》第86条规定，当事人因不可抗拒的事由或者其他正当理由耽误期限的，在障碍消除后的10日内，可以申请顺延期限。故选项B错误。根据《民事诉讼法》第85条第3款规定，期间届满的最后一日是法定休假日的，以法定休假日后的第一日为期间届满的日期。故选项C正确。根据《民事诉讼法》第85条第2款规定，期间开始的时和日，不计算在期间内，但不包括月。故选项D错误。

5.【答案】CD

【解析】根据《民诉法解释》第175条的规定，拘传用拘传票。故选项A错误。训诫是法院以口头方式训斥实施妨害诉讼行为的人，不适用决定书的形式。故选项B错误。根据《民事诉讼法》第119条第3款的规定，罚款、拘留应当用决定书。故选项C、D正确。

三、不定项选择题

1.【答案】ABCD

【解析】根据《民事诉讼法》第90条第1款的规定，经受送达人同意，法院可以采用能够确认其收悉的电子方式送达诉讼文书。通过电子方式送达的判决书、裁定书、调解书，受送达人提出需要纸质文书的，人民法院应当提供。故A、B、D选项均可以适用电子送达方式，是正确选项。C选项可以适用电子送达方式，也是正确选项。

2.【答案】BC

【解析】根据《民诉法解释》第140条的规定，适用简易程序的案件，不适用公告送达。小额诉讼程序作为简易程序的特殊类型，同样不适用公告送达。故选项A、D错误，选项B、C正确。

3.【答案】ABC

【解析】根据《民诉法解释》第174条第1款的规定，《民事诉讼法》第112条规定的必须到庭的被告，是指负有赡养、抚育、扶养义务和不到庭就无法查清案情的被告。故选项A正确。根据《民事诉讼法》第112条的规定，法院对必须到庭的被告，经两次传票传唤，无正当理由拒不到庭的，可以拘传。故选项B正确。《民诉法解释》第174条第2款规定，法院对必须到庭才能查清案件基本事实的原告，经两次传票传唤，无正当理由拒不到庭的，可以拘传。故选项C正确。生活处于困难状态的原告经传票传唤，无正当理由拒不到庭的，按撤诉处理。故选项D错误。

4.【答案】A

【解析】根据《民诉法解释》第168条的规定，保全裁定未经法院依法撤销或者解除，进入执行程序后，自动转为执行中的查封、扣押、冻结措施，期限连续计算，执行法院无需重新制作裁定书，但查封、扣押、冻结期限届满的除外。故选项A正确，其他选项错误。

5.【答案】ACD

【解析】管辖权异议期限、上诉期限、申请再审期限都是法定期间，无论法院还是当事人，都不得任意改变。故选项A、C、D正确，选项B错误。

四、名词解释

1. 留置送达

留置送达，是指受送达人或与其同住的成年家属拒收诉讼文书时，送达人将诉讼文书留在受送达人住所的一种送达方式。

2. 行为保全

行为保全，是指法院根据一方当事人的申请，责令另一方当事人为或不为一定的行为。

3. 先予执行

先予执行，是指法院对某些民事案件作出判决前，为解决当事人一方生活或生产的紧迫需要，根据其申请，裁定另一方当事人给付申请人一定的钱物，或者停止实施某种行为，并立即执行的一项制度。

4. 对妨害民事诉讼的强制措施

对妨害民事诉讼的强制措施，是指法院为制止和排除妨害民事诉讼的行为，保证诉讼活动的顺利进行，依法对实施妨害诉讼行为的人采取的强制手段。

5. 拘传

拘传，是指必须到庭的被告，不到庭就无法查清事实的原告，接受法院调查询问的被执行人，被执行人的法定代表人、负责人、实际控制人，经过两次传票传唤无正当理由拒不到庭，法院派出司法警察，强制当事人等到庭参加诉讼和到场接受询问。

五、简答题

1. 简述送达的效力。

【参考答案】

(1) 程序上的效力。程序上的效力是指送达所产生的民事诉讼法上的后果。例如，被告签收应诉通知书和起诉状副本后，便与法院发生诉讼系属关系，有提交答辩状的权利，同时答辩期间和提出管辖权异议的期间也于次日开始计算。再如，传唤当事人出庭的传票送达后，当事人就应当出庭参加诉讼，原告无正当理由拒不到庭的，法院可按撤诉处理；被告拒不到庭的，法院可以缺席判决。

(2) 实体上的效力。实体上的效力是指送达所产生的实体法上的后果。如具有给付内容的判决书送达后，债务人就应当按判决书指定的期间履行给付义务；离婚调解书送达双方当事人后，就产生婚姻关系消灭的后果。

2. 简述妨害民事诉讼行为的构成要件。

【参考答案】

(1) 行为人实施了妨害民事诉讼的行为，是构成妨害行为的客观要件。只要实际上发生了一定的行为，并且该行为产生了妨害民事诉讼的后果，则不论该行为表现为积极的行为还是消极的行为，均构成妨害诉讼的行为。

(2) 妨害行为发生在审判和执行过程中，是构成妨害行为时间上的要件。妨害行为发生在诉讼过程中，才会对诉讼的顺利进行造成妨害，才有必要运用强制措施加以排除。行为人于诉讼开始前或终结后实施的违法行为，如当事人于诉讼结束后对证人进行打击报复等，即使与诉讼有关联，也不构成妨害民事诉讼行为，违法行为应依据有关法律的规定给予制裁。

(3) 行为人主观上为故意，是构成妨害行为的主观要件。只有行为人故意实施妨害民事诉讼行为时，才能构成妨害行为。过失行为即使在客观上造成了妨害民事诉讼的后果，也不构成妨害行为，不得对行为人采取强制措施。

六、论述题

论司法救助。

【参考答案】

司法救助，是指法院对交纳诉讼费用确有困难的当事人，依其申请，决定缓交、减交或免交诉讼费用的制度。设立司法救助制度是为了使经济上有困难的当事人能够寻求和获得司法救济。司法救助一般只适用于作为当事人的自然人。

1. 司法救助不同于法律援助。我国的法律援助专指由国家设立法律援助机构，指派律师、公证员、法律工作者为经济困难的自然人和特殊案件的当事人无偿提供法律咨询、代理、辩护等法律服务的制度。

2. 司法救助的方式。司法救助包括三种方式：缓交诉讼费用、减交诉讼费用、免交诉讼费用。

3. 司法救助的程序。当事人申请司法救助，须向法院以书面形式提出申请，并提供经济确有困难的证明材料和其他相关证明材料。法院收到申请后，应及时进行审查，认为符合救助条件的，应决定给予救助；属于缓交的，应在决定立案前作出准予缓交的决定。法院审查后不予批准的，应向当事人书面说明理由。

法院对一方当事人给予司法救助后，对方当事人败诉的，诉讼费用由对方负担；对方当事人胜诉的，由法院视申请救助的一方的经济状况决定其减交或免交诉讼费用。

七、案例分析题

【参考答案】

1.《民事诉讼法》第 110 条第 2 款规定，法院可以责令申请人提供担保，申请人不提供担保的，驳回申请。申请人败诉的，应当赔偿被申请人因先予执行遭受的财产损失。本案中，甲因系 80 岁的老人且无经济来源，法院可以不要求甲对其先予执行申请提供担保。

2.《民事诉讼法》第 112 条规定，法院对必须到庭的被告，经两次传票传唤，无正当理由拒不到庭的，可以拘传。《民诉法解释》第 174 条第 1 款规定，《民事诉讼法》第 112 条规定的必须到庭的被告，是指负有赡养、抚育、扶养义务和不到庭就无法查清案情的被告。据此，乙作为负有赡养义务的被告，法院在其经过两次传票传唤均不到庭的情况下，拘传其到庭参加本案的开庭审理，是合法行为。

第十一章习题自测参考答案

一、单项选择题

1.【答案】B

【解析】《民诉法解释》第 247 条第 1 款规定:“当事人就已经提起诉讼的事项在诉讼过程中或者裁判生效后再次起诉,同时符合下列条件的,构成重复起诉:(一)后诉与前诉的当事人相同;(二)后诉与前诉的诉讼标的相同;(三)后诉与前诉的诉讼请求相同,或者后诉的诉讼请求实质上否定前诉裁判结果。”因法院对本案甲、乙两公司之间家具买卖合同纠纷已作出判决,乙公司的起诉符合上述重复起诉的规定,法院应当裁定驳回乙公司起诉。故选项 B 正确。

2.【答案】B

【解析】根据《民事诉讼法》第 122 条第 2 项的规定,起诉必须有明确的被告。离婚案件的被告在起诉前已经死亡的,不符合该项起诉条件。根据《民诉法解释》第 208 条第 3 款的规定,立案后发现不符合起诉条件或者属于《民事诉讼法》第 127 条规定情形的,裁定驳回起诉。故选项 B 正确。

3.【答案】A

【解析】根据民事诉讼理论,何某的起诉行为,将对何某产生诉讼时效中断的法律后果,与田某的答辩期起算无关。故选项 A 正确,选项 B 不正确。根据《民事诉讼法》第 128 条的规定,法院依法受理案件后,才产生取得排他管辖权以及田某成为本案适格被告的法律后果。故选项 C、D 均不正确。

4.【答案】B

【解析】根据《民事诉讼法》的规定,送达诉讼文书发生于庭审前的阶段或者庭审后的阶段,不会发生在开庭审理阶段。故选项 A 错误。根据《民诉法解释》第 103 条第 1 款的规定,证据应当在法庭上出示,由当事人互相质证。未经当事人质证的证据,不得作为认定案件事实的根据。故选项 B 正确。根据《民事诉讼法》的规定,法院调解纠纷可以在立案阶段进行,也可以在庭审前、庭审中和庭审后进行。故选项 C 错误。追加必须参加诉讼的当事人发生在庭审前或者庭审后。故选项 D 错误。

5.【答案】D

【解析】《民事诉讼法》第 140 条规定,书记员应当查明当事人和其他诉讼参与人是否到庭,宣布法庭纪律。开庭审理时,由审判长或独任审判员核对当事人,宣布案由。故选项 A 错误。根据《民诉法解释》第 103 条的规定,证据应当在法庭上出示,由当事人互相质证。未经当事人质证的证据,不得作为认定案件事实的根据。故选项 B 错误。《民事诉讼法》第 45 条规定,合议庭评议案件,实行少数服从多数的原则。形成不了多数意见时,也不是以审判长意见为准,应依据《人民法院组织法》第 37 条的规定,上报审判委员会讨论决定。故选项 C 错误。《民事诉讼法》第 151 条第 2 款规定:“当庭宣判的,应当在十日内发送判决书;定期宣判的,宣判后立即发给判决书。”故选项 D 正确。

6.【答案】C

【解析】根据《民事诉讼法》第 153 条第 1 款第 1 项的规定,一方当事人死亡,需要等待继承人表明是否参加诉讼的,应当裁定中止诉讼。在成某经主管单位宣布不可能生还的情形下,甲县法院应当裁定中止诉讼。故选项 C 正确,其他选项均错误。

7.【答案】C

【解析】根据《民事诉讼法》第 157 条第 1 款第 7 项的规定,裁定适用于补正判决书中的笔误。二审法院发现在判决书中计算少了 7 万余元,这属于笔误,应当作出裁定予以补正。故选项 C 正确,其他选项均错误。

8.【答案】D

【解析】《民诉法解释》第 242 条规定:"一审宣判后,原审人民法院发现判决有错误,当事人在上诉期内提出上诉的,原审人民法院可以提出原判决有错误的意见,报送第二审人民法院,由第二审人民法院按照第二审程序进行审理;当事人不上诉的,按照审判监督程序处理。"故选项 D 正确。应注意该题法院依职权适用诉讼时效属于实体性错判。

9.【答案】C

【解析】驳回诉讼请求适用判决,不适用裁定。故选项 A 错误。当事人有正当理由没有到庭的,法院对延期审理应当适用决定,不能适用裁定。故选项 B 错误。裁定的拘束力通常只及于当事人、诉讼参与人和审判人员,这是裁定拘束力的范围。故选项 C 正确。根据《民事诉讼法》第 157 条第 2 款的规定,只有不予受理、对管辖权有异议、驳回起诉三项裁定,当事人可以上诉,其他裁定不准上诉。故选项 D 不正确。

10.【答案】A

【解析】《民诉法解释》第 238 条第 2 款规定:法庭辩论终结后原告申请撤诉,被告不同意的,人民法院可以不予准许。故选项 A 不正确,是本题选项。《民诉法解释》第 236 条规定,有独立请求权的第三人经人民法院传票传唤,无正当理由拒不到庭的,或者未经法庭许可中途退庭的,比照《民事诉讼法》第 146 条的规定,按撤诉处理。故选项 B 正确,不是本题选项。《民诉法解释》第 235 条规定:无民事行为能力的当事人的法定代理人,经传票传唤无正当理由拒不到庭,属于原告方的,比照《民事诉讼法》第 146 条的规定,按撤诉处理;属于被告方的,比照《民事诉讼法》第 147 条的规定,缺席判决。必要时,人民法院可以拘传其到庭。故选项 C 正确,不是本题选项。《民诉法解释》第 240 条规定:无独立请求权的第三人经人民法院传票传唤,无正当理由拒不到庭,或者未经法庭许可中途退庭的,不影响案件的审理。故选项 D 正确,不是本题选项。

11.【答案】C

【解析】《民诉法解释》第 225 条规定:"根据案件具体情况,庭前会议可以包括下列内容:(一)明确原告的诉讼请求和被告的答辩意见;(二)审查处理当事人增加、变更诉讼请求的申请和提出的反诉,以及第三人提出的与本案有关的诉讼请求;(三)根据当事人的申请决定调查收集证据,委托鉴定,要求当事人提供证据,进行勘验,进行证据保全;(四)组织交换证据;(五)归纳争议焦点;(六)进行调解。"故选项 C 确定举证期限是错误的,是本题选项。其他选项正确,不是本题选项。

12.【答案】B

【解析】根据《民诉法解释》第 174 条的规定,乙某属于必须到庭才能查清案件基本事实的被告。法院经传票传唤,开庭审理时乙某未到庭也未向法院说明理由,根据《民事诉讼法》

第 149 条第 4 项的规定，本案应当延期审理。故选项 C 正确。

13.【答案】B

【解析】陈某在诉讼中意外死亡，其唯一的继承人一直下落不明，根据《民事诉讼法》第 153 条第 1 款第 1 项的规定，本案应当中止审理，需要等待陈某的继承人表明是否参加诉讼。故选项 B 正确。

二、多项选择题

1.【答案】ABD

【解析】《民诉法解释》第 212 条规定：裁定不予受理、驳回起诉的案件，原告再次起诉，符合起诉条件且不属于《民事诉讼法》第 127 条规定情形的，人民法院应予受理。故选项 A 正确。《民诉法解释》第 214 条第 1 款规定：原告撤诉或者人民法院按撤诉处理后，原告以同一诉讼请求再次起诉的，人民法院应予受理。故选项 B 正确。根据《民事诉讼法》第 127 条第 7 项规定，判决不准离婚和调解和好的离婚案件，没有新情况、新理由，原告在 6 个月内又起诉的，不予受理。故选项 C 不正确。根据《民诉法解释》第 219 条规定，当事人超过诉讼时效期间起诉的，法院应予受理。故选项 D 正确。

2.【答案】AB

【解析】根据民事诉讼理论，判决是法院行使审判权对于实体性问题进行审理后作出的职务判断，而裁定则是法院对于程序性问题进行处理所作出的，但少数裁定，如先予执行的裁定则涉及实体义务的履行。故选项 A 正确。判决应当采用书面判决书的形式作出，而裁定则可以采取书面形式，也可以采取口头形式。故选项 B 正确。根据《民事诉讼法》第 165 条和 185 的规定，法院适用特别程序审理的案件和小额诉讼案件，实行一审终审。故选项 C 不正确。具有给付内容的生效判决具有执行力，而财产案件的生效判决不一定都具有给付内容；少数裁定涉及给付内容，具有执行力。故选项 D 不正确。

3.【答案】ABC

【解析】根据《民事诉讼法》第 146 条的规定，原告经传票传唤，无正当理由拒不到庭的，或者未经法庭许可中途退庭的，可以按撤诉处理。在洪某经传票传唤，无正当理由未到庭的情形下，法院应当裁定洪某撤诉，不应作出判决。故选项 A 错误，是本题选项。根据《民事诉讼法》第 153 条第 1 款第 3 项“作为一方当事人的法人或者其他组织终止，尚未确定权利义务承受人的，中止诉讼”的规定，在乙公司与丙公司合并为丁公司后，已经确定了乙公司的权利义务承受人，不应当中止诉讼。故选项 B 错误，是本题选项。根据《民事诉讼法》第 153 条第 1 款第 2 项“一方当事人丧失诉讼行为能力，尚未确定法定代理人的，中止诉讼”的规定，秦某是否丧失诉讼行为能力，在青瓷花瓶买卖合同纠纷一案中，还没有证据予以证明，法院裁定诉讼中止是错误的。故选项 C 错误，是本题选项。根据《民事诉讼法》第 154 条第 3 项“离婚案件一方当事人死亡的，终结诉讼”的规定，齐华因车祸意外死亡，其与陈明之间的婚姻关系就自然终止，法院应当裁定终结诉讼。故选项 D 正确，但不是本题选项。

4.【答案】AB

【解析】《民诉法解释》第 212 条规定：裁定不予受理、驳回起诉的案件，原告再次起诉，符合起诉条件且不属于《民事诉讼法》第 127 条规定情形的，人民法院应予受理。甲公司基于同一标的再次起诉，只要符合起诉条件，法院应当受理。故选项 A 正确。根据《民事诉讼法》第

127 条第 7 项“判决、调解维持收养关系的案件，没有新情况、新理由，原告在六个月内又起诉的，不予受理”的规定，齐辉在 2016 年 1 月经法院调解，与齐洪达成维持收养关系的协议后，在 2016 年 9 月已超过 6 个月的时间，且齐辉于 2016 年 9 月提起诉讼的事由，不同于 2015 年 11 月起诉、2016 年 1 月达成调解协议的事由，也就是有了新情况、新理由，齐辉起诉要求解除与齐洪的收养关系，法院应当受理。故选项 B 正确。《民事诉讼法》第 122 条规定：“起诉必须符合下列条件：（一）原告是与本案有直接利害关系的公民、法人和其他组织；（二）有明确的被告；（三）有具体的诉讼请求和事实、理由；（四）属于人民法院受理民事诉讼的范围和受诉人民法院管辖。”陈某起诉请求市晚报赔礼道歉，其起诉符合《民事诉讼法》第 122 条的规定，法院应当受理。故选项 C 错误。根据《民诉法解释》第 214 条第 1 款“原告撤诉或者人民法院按撤诉处理后，原告以同一诉讼请求再次起诉的，人民法院应予受理”的规定，王某在与陈某达成和解协议并撤诉后，可以同一诉讼请求再次起诉，法院应当受理。故选项 D 错误。

5.【答案】AD

【解析】根据《民诉法解释》第 219 条“当事人超过诉讼时效期间起诉的，人民法院应予受理。受理后对方当事人提出诉讼时效抗辩，人民法院经审理认为抗辩事由成立的，判决驳回原告的诉讼请求”的规定，在邱某未对诉讼时效提出抗辩的情形下，法院不可以依职权适用诉讼时效的规定，判决驳回李某的诉讼请求。故选项 A 不合法，是本题选项。《民诉法解释》第 247 条规定：“当事人就已经提起诉讼的事项在诉讼过程中或者裁判生效后再次起诉，同时符合下列条件的，构成重复起诉：（一）后诉与前诉的当事人相同；（二）后诉与前诉的诉讼标的相同；（三）后诉与前诉的诉讼请求相同，或者后诉的诉讼请求实质上否定前诉裁判结果。当事人重复起诉的，裁定不予受理；已经受理的，裁定驳回起诉，但法律、司法解释另有规定的除外。”甲公司与乙公司之间的医疗器械买卖合同纠纷经法院审理后已作出判决，甲公司基于该买卖合同再次诉至区法院的行为属于重复起诉，区法院裁定不予受理是合法的，但 B 不是本题选项。《民诉法解释》第 221 条规定：“基于同一事实发生的纠纷，当事人分别向同一人民法院起诉的，人民法院可以合并审理。”故选项 C 合法，但不是本题选项。根据《民事诉讼法》第 109 条的规定，法院必须根据当事人的申请，方可裁定先予执行。本题甲区法院在章某未提出先予执行的申请情况下，裁定先予执行是不合法的，但为本题选项。

6.【答案】ABCD

【解析】根据《民事诉讼法》第 40 条第 2 款“基层人民法院审理的基本事实清楚、权利义务关系明确的第一审民事案件，可以由审判员一人适用普通程序独任审理”的规定，甲区法院适用普通程序审理于某与田某之间临街商铺买卖合同纠纷一案，可以由审判员独任审理，故选项 A 正确。根据《民事诉讼法》第 59 条第 1 款“对当事人双方的诉讼标的，第三人认为有独立请求权的，有权提起诉讼”的规定，因田某已将临街商铺卖给谷某并已由谷某占有使用，谷某认为其对该案的诉讼标的，即原、被告之间争议的临街商铺所有权法律关系享有独立请求权，可以作为有独立请求权的第三人申请参加诉讼。故选项 B 正确。《民诉法解释》第 230 条规定：“人民法院根据案件具体情况并征得当事人同意，可以将法庭调查和法庭辩论合并进行。”故选项 C 正确。《民诉法解释》第 238 条第 2 款规定：“法庭辩论终结后原告申请撤诉，被告不同意的，人民法院可以不予准许。”也就是说，法庭辩论终结后，原告申请撤诉，被告不同意的，法院可以不予准许，也可以准许。故区法院裁定准许于某撤诉的做法是合法的，选项 D

正确。

三、不定项选择题

1.【答案】BD

【解析】根据《民事诉讼法》第 40 条第 1 款“人民法院审理第一审民事案件,由审判员、陪审员共同组成合议庭或者由审判员组成合议庭。合议庭的成员人数,必须是单数”的规定,合议庭由审判员陈某、人民陪审员赵某与吴某组成,符合法律规定。故选项 A 不正确,选项 B 正确。根据《民事诉讼法》第 41 条第 3 款“发回重审的案件,原审人民法院应当按照第一审程序另行组成合议庭”的规定,故选项 C 不正确,选项 D 正确。

2.【答案】C

【解析】《民事诉讼法》第 157 条第 1 款第 7 项规定,裁定适用于补正判决书中的笔误。《民诉法解释》第 245 条规定:《民事诉讼法》第 157 条第 1 款第 7 项规定的笔误是指法律文书误写、误算,诉讼费用漏写、误算和其他笔误。纠正本案一审判决将支付设备款 360 万元误写成 330 万元的错误,由 A 区法院作出裁定补正判决书中的笔误。故选项 C 正确,其他选项错误。

3.【答案】A

【解析】根据《民事调解工作规定》第 2 条第 1 款“当事人在诉讼过程中自行达成和解协议的,人民法院可以根据当事人的申请依法确认和解协议制作调解书”的规定,机械公司可以申请 A 区法院确认和解协议制作调解书;如果机械公司没有向 A 区法院提出确认和解协议制作调解书的申请,A 区法院是不能依职权根据和解协议制作调解书的。故选项 A 正确,选项 D 错误。根据《民诉法解释》第 148 条第 1 款“当事人自行和解或者调解达成协议后,请求人民法院按照和解协议或者调解协议的内容制作判决书的,人民法院不予准许”的规定,机械公司申请 A 区法院依据和解协议制作判决书,是法律不允许的。故选项 B 错误。根据民事诉讼理论,撤诉是当事人对诉权的处分行为,是当事人的一项诉讼权利。因此,在机械公司与纺织公司自行和解达成协议后,机械公司有权申请撤诉,法院不能因和解协议尚未履行,不允许机械公司撤诉。故选项 C 错误。

四、名词解释

1. 起诉

起诉,是指公民、法人或者其他组织认为自己享有的或者依法由自己管理、支配的民事权益受到侵害,或者与他人发生争议,以自己的名义要求法院通过审判予以保护的诉讼行为。

2. 审理前准备

审理前准备,是指法院受理案件后至开庭审理之前依法进行的各项诉讼活动的总称。其目的是保证庭审活动及时、顺利地进行,防止诉讼拖延。

3. 开庭审理

开庭审理,又称法庭审理,简称庭审,是指法院在当事人及其他诉讼参与人的参加下,依照法定程序和形式,在法庭上对案件进行实体审理并作出裁判的诉讼活动。

4. 法庭辩论

法庭辩论,是指在合议庭的主持下,双方当事人及其诉讼代理人,根据法庭调查查明的事实和证据,就案件争议的有关问题,阐明自己的观点和意见,并互相进行辩驳的诉讼活动。

5. 撤诉

撤诉,是指当事人向法院撤回起诉,不再要求法院对其诉讼请求进行审判的诉讼行为。

6. 缺席判决

缺席判决，是指在一方当事人经法院传票传唤，无正当理由拒不到庭或者未经法院许可中途退庭的情况下，法院依法对案件进行审理并作出判决的制度。

7. 延期审理

延期审理，是指出现法律规定的特殊情形，致使不能按照确定的日期进行法庭审理，法院将法庭审理推延到另一期日的诉讼制度。

8. 诉讼中止

诉讼中止，是指法院在审理案件的过程中，因为发生某种法定的情形，使诉讼无法继续进行而暂时停止的诉讼制度。

9. 诉讼终结

诉讼终结，是指在诉讼进行中，因发生某种法定的情形，使诉讼无法继续进行或者继续进行已无必要，从而结束诉讼程序的制度。

五、简答题

1. 简述起诉及其条件。

【参考答案】

(1) 起诉，是指公民、法人和其他组织认为自己享有的或者依法由自己管理、支配的民事权益受到侵害，或者与他人发生争议，以自己的名义要求法院通过审判予以保护的诉讼行为。

(2) 起诉应具备以下条件：① 原告必须是与本案有直接利害关系的公民、法人和其他组织；② 有明确的被告；③ 有具体的诉讼请求和事实、理由；④ 属于人民法院受理民事诉讼的范围和受诉人民法院管辖。

2. 简述诉讼中止与诉讼终结的区别。

【参考答案】

(1) 两者的法定事由不同。

(2) 两者的法律效果不同。诉讼中止是诉讼程序的暂时停止，诉讼中止事由消除的，法院应当恢复诉讼程序。恢复诉讼程序的，不必撤销原中止诉讼的裁定，从法院通知或准许当事人双方继续进行诉讼时起，中止诉讼的裁定即失去效力。诉讼终结是诉讼程序永久性结束，诉讼终结的裁定一旦发生法律效力，诉讼即宣告终结，案件将不再系属于诉讼之中。

六、论述题

《民诉法解释》第 247 条规定："当事人就已经提起诉讼的事项在诉讼过程中或者裁判生效后再次起诉，同时符合下列条件的，构成重复起诉：(一) 后诉与前诉的当事人相同；(二) 后诉与前诉的诉讼标的相同；(三) 后诉与前诉的诉讼请求相同，或者后诉的诉讼请求实质上否定前诉裁判结果。当事人重复起诉的，裁定不予受理；已经受理的，裁定驳回起诉，但法律、司法解释另有规定的除外。"

评述该司法解释规定所涉及的诉讼制度。

【参考答案】

本条是关于民事诉讼中"一事不再理"原则及判断标准的规定。本条借鉴了大陆法系国家的理论，对"一事不再理"原则的适用标准作出了规定。

1. "一事不再理"原则的主观方面：当事人相同。具有"同一性"的当事人包括：(1) 通常当事人。(2) 诉讼担当人,即就他人的诉讼标的的权利义务有当事人的诉讼实施权,从而为他人担当诉讼的人。(3) 诉讼参加人。一个诉讼提起后,原被告双方之外的第三人参与到诉讼之中的情况,称为诉讼参加。该参加到他人诉讼中的人即为诉讼参加人。(4) 当事人继受人,即通过继受而承受诉讼标的权利义务关系,从而承受当事人地位的人。(5) 为当事人或者其继受人占有请求标的物的人,即在诉讼标的为以给付特定物为目的的请求权时,如该特定物被诉讼外的他人为当事人或其继受人占有而非为自己占有的情形。(6) 既判力所及的一般第三人,即主要指在有关身份关系和公司关系的诉讼中所作出的具有形成效力的判决,具有对世效力,在原告胜诉时任何人均不得再次起诉。

2. “一事不再理”原则的客观方面:诉讼对象的同一性。诉讼对象又称诉讼标的,是指法院在民事诉讼中审理和判断的对象。诉讼请求是建立在诉讼标的基础上的具体声明。本条中“后诉的诉讼请求实质上否定前诉的裁判结果”主要是指后诉提起相反请求的情况。

七、案例分析题

【参考答案】

1. 洪湖区法院移送管辖的做法是正确的。因为根据《民诉法解释》第 28 条的规定,本案所涉及的建设工程施工合同属于专属管辖,应专属于工程所在地的四方区法院管辖,洪湖区法院对本案没有管辖权。

2. (1) 四方区法院基于城建公司申请裁定准许城建公司撤诉是合法的。根据《民诉法解释》第 238 条第 2 款的规定,法庭辩论终结后原告申请撤诉,被告不同意的,法院可以不予准许。该规定只是“可以不予准许”,并非“应当不予准许”。本案中,开发公司不同意城建公司撤回起诉,法院有权裁量是否准许,法院裁定准予城建公司撤诉,也是合法的。(2) 城建公司申请法院通知建筑公司参加诉讼,四方区法院未予准许是不正确的。因为在本案诉讼中,城建公司提出,3 号楼由其分包给了建筑公司,案件的处理结果与建筑公司有法律上的利害关系,建筑公司是本案的无独立请求权的第三人。(3) 四方区法院合并审理了开发公司要求城建公司赔偿损失的请求是正确的。因为开发公司的该请求属于反诉,根据《民诉法解释》第 232 条的规定,在案件受理后,法庭辩论结束前,原告增加诉讼请求,被告提出反诉,第三人提出与本案有关的诉讼请求,可以合并审理的,法院应当合并审理。(4) 四方区法院经过审理,判决城建公司赔偿给开发公司造成的损失 130 万元,判决开发公司向城建公司支付 300 万元工程款是正确的。因为工程款是原告城建公司的诉讼请求,而损失赔偿是被告开发公司在诉讼中针对原告城建公司提出的反诉请求,法院应当对上述本诉和反诉请求合并审理并作出判决。

第十二章习题自测参考答案

一、单项选择题

1.【答案】D

【解析】《简易程序规定》第 8 条第 2 项规定:“原告不能提供被告准确的送达地址,人民法院经查证后仍不能确定被告送达地址的,可以被告不明确为由裁定驳回原告起诉。”因原告夏某不能提供被告陈某准确的送达地址,法院经查证后仍不能确定被告陈某的送达地址,故选项 D 正确,其他选项错误。

2.【答案】B

【解析】根据《民诉法解释》第 261 条第 1 款“适用简易程序审理案件,人民法院可以采取捎口信、电话、短信、传真、电子邮件等简便方式传唤双方当事人、通知证人和送达裁判文书以外的诉讼文书”的规定,法院电话通知当事人开庭是可以的,故选项 A 错误。根据《民诉法解释》第 261 条第 2 款“以简便方式送达的开庭通知,未经当事人确认或者没有其他证据证明当事人已经收到的,人民法院不得缺席判决”的规定,在没有证据能够证明孙华已经收到开庭通知的情形下,孙华以法院未传票通知其开庭即缺席判决为由,提出的再审申请符合《民事诉讼法》第 207 条第 10 项“未经传票传唤,缺席判决的”规定,一审法院应当裁定再审。故选项 B 正确。根据《民事诉讼法》第 206 条“当事人对已经发生法律效力的判决、裁定,认为有错误的,可以向上一级人民法院申请再审;当事人一方人数众多或者当事人双方为公民的案件,也可以向原审人民法院申请再审”的规定,孙华可以向原一审法院申请再审。故选项 C 错误。根据《民事诉讼法》第 213 条“按照审判监督程序决定再审的案件,裁定中止原判决、裁定、调解书的执行,但追索赡养费、扶养费、抚养费、抚恤金、医疗费用、劳动报酬等案件,可以不中止执行”的规定,因本案属于人身损害赔偿案件,即索要医疗费用,一审法院决定再审后,可以不中止执行,故选项 D 错误。

3.【答案】C

【解析】《民事诉讼法》第 161 条规定:“对简单的民事案件,原告可以口头起诉。当事人双方可以同时到基层人民法院或者它派出的法庭,请求解决纠纷。基层人民法院或者它派出的法庭可以当即审理,也可以另定日期审理。”故选项 A 正确,但不是本题选项。《民事诉讼法》第 163 条规定:“简单的民事案件由审判员一人独任审理,并不受本法第一百三十九条、第一百四十一条、第一百四十四条规定的限制。”故选项 B 正确,但不是本题选项。《民诉法解释》第 263 条规定:“适用简易程序审理案件,卷宗中应当具备以下材料:(一)起诉状或者口头起诉笔录;(二)答辩状或者口头答辩笔录……(六)询问当事人笔录……”故选项 C 不正确,是本题选项。《民诉法解释》第 270 条规定:“适用简易程序审理的案件,有下列情形之一的,人民法院在制作判决书、裁定书、调解书时,对认定事实或者裁判理由部分可以适当简化:(一)当事人达成调解协议并需要制作民事调解书的;(二)一方当事人明确表示承认对方全部或者部分诉讼请求的;(三)涉及商业秘密、个人隐私的案件,当事人一方要求简化裁判文书中的相关内容,人民法院认为理由正当的;(四)当事人双方同意简化的。”故选项 D 正确,但不是本题选项。

4.【答案】B

【解析】根据《民事诉讼法》第 125 条“当事人起诉到人民法院的民事纠纷,适宜调解的,先行调解,但当事人拒绝调解的除外”的规定,法院适用小额诉讼程序审理的案件,可以先行调解。故选项 A 正确,但不是本题选项。根据《民事诉讼法》第 10 条“人民法院审理民事案件,依照法律规定实行合议、回避、公开审判和两审终审制度”的规定,即使双方当事人协商同意采用书面方式审理小额诉讼案件,法院也是不允许的,必须进行开庭审理。故选项 B 错误,是本题选项。《简易程序规定》第 27 条规定:“适用简易程序审理的民事案件,除人民法院认为不宜当庭宣判的以外,应当当庭宣判。”故选项 C 正确,但不是本题选项。根据《民事诉讼法》第 165 条第 1 款的规定,基层人民法院和它派出的法庭审理事实清楚、权利义务关系明确、争议不大的简单金钱给付民事案件,标的额为各省、自治区、直辖市上年度就业人员平均工资 50% 以下的，适用小额诉讼的程序审理，实行一审终审。因赵洪诉陈海偿还借款 800 元，法院应当适用小额诉讼程序进行审理，一审终审，故选项 D 正确，但不是本题选项。

5.【答案】A

【解析】根据《民诉法解释》第 269 条第 1 款的规定，在基层法院适用简易程序审理案件时，当事人有异议，可以向法院提出，但不可以自行约定不适用简易程序。故选项 A 错误，是本题选项。根据《民诉法解释》第 260 条“已经按照普通程序审理的案件，在开庭后不得转为简易程序审理”的规定，选项 B 正确，但不是本题选项。根据《民诉法解释》第 266 条第 3 款“当事人双方均表示不需要举证期限、答辩期间的，人民法院可以立即开庭审理或者确定开庭日期”的规定，选项 C 正确，但不是本题选项。根据《民诉法解释》第 270 条第 1 款“适用简易程序审理的案件……人民法院在制作判决书、裁定书、调解书时，对认定事实或者裁判理由部分可以适当简化”的规定，选项 D 正确，但不是本题选项。

6.【答案】A

【解析】根据《民事诉讼法》第 125 条“当事人起诉到人民法院的民事纠纷，适宜调解的，先行调解，但当事人拒绝调解的除外”的规定，法院适用简易程序审理的合同纠纷案件，可以先行调解。故选项 A 正确。根据《民诉法解释》第 269 条第 3 款“转为普通程序前，双方当事人已确认的事实，可以不再进行举证、质证”的规定，选项 B 错误。根据《民事诉讼法》第 164 条“人民法院适用简易程序审理案件，应当在立案之日起三个月内审结”的规定，没有要求一次开庭审结并当庭宣判，仅规定在立案之日起 3 个月内审结。故选项 C 错误。根据《民事诉讼法》第 164 条“有特殊情况需要延长的，经本院院长批准，可以延长一个月”的规定，选项 D 错误。

7.【答案】D

【解析】根据《民事诉讼法》第 165 条第 1 款“基层人民法院和它派出的法庭审理事实清楚、权利义务关系明确、争议不大的简单金钱给付民事案件，标的额为各省、自治区、直辖市上年度就业人员年平均工资百分之五十以下的，适用小额诉讼的程序审理，实行一审终审”的规定，甲区法院适用小额诉讼程序审理标的额 5 000 元的案件，不需要征得当事人的同意，判决一经作出并送达，立即生效。故选项 A 错误，选项 D 正确。《民诉法解释》第 276 条规定：“当事人对小额诉讼案件提出管辖异议的，人民法院应当作出裁定。裁定一经作出即生效。”故选项 B 错误。《民诉法解释》第 280 条规定：“小额诉讼案件的裁判文书可以简化，主要记载当事人基本信息、诉讼请求、裁判主文等内容。”故选项 C 错误。

二、多项选择题

1.【答案】BC

【解析】根据《民诉法解释》第 257 条第 2 项的规定，发回重审的案件，不适用简易程序。故选项 A 错误。《民诉法解释》第 39 条第 2 款规定：“人民法院发回重审或者按第一审程序再审的案件，当事人提出管辖异议的，人民法院不予审查。”故选项 B 正确。《民诉法解释》第 251 条规定：二审裁定撤销一审判决发回重审的案件，当事人申请变更、增加诉讼请求或者提出反诉，第三人提出与本案有关的诉讼请求的，依照《民事诉讼法》第 143 条规定处理。《民事诉讼法》第 143 条规定：“原告增加诉讼请求，被告提出反诉，第三人提出与本案有关的诉讼请求，可以合并审理。”故选项 C 受理章俊提出的增加诉讼请求是正确的选项。选项 D 拒绝受理李泳的反诉是错误的选项。

2.【答案】CD

【解析】《民事诉讼法》第 160 条规定:“基层人民法院和它派出的法庭审理事实清楚、权利义务关系明确、争议不大的简单的民事案件,适用本章规定。基层人民法院和它派出的法庭审理前款规定以外的民事案件,当事人双方也可以约定适用简易程序。”故选项 A 合法。根据《民诉法解释》第 261 条第 1、2 款“适用简易程序审理案件,人民法院可以采取捎口信、电话、短信、传真、电子邮件等简便方式传唤双方当事人、通知证人和送达裁判文书以外的诉讼文书。以简便方式送达的开庭通知,未经当事人确认或者没有其他证据证明当事人已经收到的,人民法院不得缺席判决”的规定,法院以电子邮件的方式向双方当事人通知开庭时间,是可以的,但没有证据证明开庭通知已经得到万雷的确认或者万雷已经收到,法院不应对本案缺席判决。故选项 B 合法,选项 C 违法。《民诉法解释》第 140 条规定:“适用简易程序的案件,不适用公告送达。”故选项 D 违法。

3.【答案】AB

【解析】根据《民事诉讼法》第 165 条的规定,基层法院和它派出的法庭适用简易程序审理小额诉讼案件,实行一审终审。故选项 A 区法院适用小额诉讼程序审理该案作出的判决是生效判决,是正确选项。《民诉法解释》第 275 条规定:“小额诉讼案件的举证期限由人民法院确定,也可以由当事人协商一致并经人民法院准许,但一般不超过七日。被告要求书面答辩的,人民法院可以在征得其同意的基础上合理确定答辩期间,但最长不得超过十五日。当事人到庭后表示不需要举证期限和答辩期间的,人民法院可立即开庭审理。”故选项 B 正确,选项 D 不正确。《民诉法解释》第 276 条规定:“当事人对小额诉讼案件提出管辖异议的,人民法院应当作出裁定。裁定一经作出即生效。”故选项 C 不正确。

4.【答案】ABD

【解析】根据《民事诉讼法》第 166 条第 1、2 项的规定,人身关系案件、涉外案件不适用小额诉讼程序审理。故选项 A、B 是本题的答案。《民诉法解释》第 273 条规定:“海事法院可以适用小额诉讼的程序审理海事、海商案件。案件标的额应当以实际受理案件的海事法院或者其派出法庭所在的省、自治区、直辖市上年度就业人员年平均工资为基数计算。”故选项 C 不是本题的答案。根据《民事诉讼法》第 165 条的规定,小额诉讼案件实行一审终审,凡发回重审的案件都不属于小额诉讼案件。故选项 D 是本题的答案。

5.【答案】ACD

【解析】《民诉法解释》第 269 条第 3 款规定:“转为普通程序前,双方当事人已确认的事实,可以不再进行举证、质证。”故选项 A 正确。《民诉法解释》第 261 条第 2 款规定:“以简便方式送达的开庭通知,未经当事人确认或者没有其他证据证明当事人已经收到的,人民法院不得缺席判决。”故选项 B 错误。《民诉法解释》第 266 条第 1 款规定:“适用简易程序案件的举证期限由人民法院确定,也可以由当事人协商一致并经人民法院准许,但不得超过十五日。被告要求书面答辩的,人民法院可在征得其同意的基础上,合理确定答辩期间。”故选项 C 正确。根据《简易程序规定》第 14 条第 1 款第 2 项的规定,法院在开庭审理劳务合同纠纷时,应当先行调解。故选项 D 正确。

6.【答案】CD

【解析】根据《民事诉讼法》第 165 条第 1 款“基层人民法院和它派出的法庭审理事实

清楚、权利义务关系明确、争议不大的简单金钱给付民事案件，标的额为各省、自治区、直辖市上年度就业人员年平均工资百分之五十以下的，适用小额诉讼的程序审理，实行一审终审”的规定，A 区法院可以依职权适用小额诉讼程序审理标的金额 3 000 元的案件。故选项 A 正确，但不是本题选项。《民诉法解释》第 274 条规定："人民法院受理小额诉讼案件，应当向当事人告知该类案件的审判组织、一审终审、审理期限、诉讼费用交纳标准等相关事项。" 故选项 B 正确，但不是本题选项。《民诉法解释》第 275 条第 2 款规定："被告要求书面答辩的，人民法院可以在征得其同意的基础上合理确定答辩期间，但最长不得超过十五日。" 故吴法官给刘某确定的 7 天答辩期合法，选项 C 是错误的，是本题选项。《民诉法解释》第 276 条规定："当事人对小额诉讼案件提出管辖异议的，人民法院应当作出裁定。裁定一经作出即生效。" 故选项 D "刘某对驳回其管辖权异议裁定不服的有权提出上诉" 是错误的，是本题选项。

三、不定项选择题

1.【答案】AD

【解析】根据《民事诉讼法》第 165 条的规定，孙某以房屋租赁合同为依据，要求王某支付拖欠的房屋租金 1 万元，属于适用小额诉讼程序审理的案件范围。故选项 A 正确。《民事诉讼法》第 165 条第 1 款规定："基层人民法院和它派出的法庭审理事实清楚、权利义务关系明确、争议不大的简单金钱给付民事案件，标的额为各省、自治区、直辖市上年度就业人员年平均工资百分之五十以下的，适用小额诉讼的程序审理，实行一审终审。" 故选项 B "本案依职权适用小额诉讼程序审理是不正确的" 是错误选项。因本案争议标的额在小额诉讼程序强制适用范围内，不需要当事人协商确定就可以适用小额诉讼程序，故选项 C "本案未经当事人协商适用小额诉讼程序审理是不正确的" 是错误选项。根据《民事诉讼法》第 165 条的规定，选项 D "本案依职权适用小额诉讼程序审理是正确的" 是本题选项。

2.【答案】ABD

【解析】《民诉法解释》第 278 条第 1 款规定："因当事人申请增加或者变更诉讼请求、提出反诉、追加当事人等，致使案件不符合小额诉讼案件条件的，应当适用简易程序的其他规定审理。" 本案因追加胡某参加诉讼，应当适用简易程序审理。故选项 A 正确。《民诉法解释》第 261 条第 1 款规定："适用简易程序审理案件，人民法院可以依照民事诉讼法第九十条、第一百六十二条的规定采取捎口信、电话、短信、传真、电子邮件等简便方式传唤双方当事人、通知证人和送达诉讼文书。" 故选项 B 正确。《民诉法解释》第 261 条第 2 款规定："以简便方式送达的开庭通知，未经当事人确认或者没有其他证据证明当事人已经收到的，人民法院不得缺席判决。" 故选项 C 不正确，选项 D 正确。

3.【答案】ACD

【解析】《民诉法解释》第 275 条第 1 款规定："小额诉讼案件的举证期限由人民法院确定，也可以由当事人协商一致并经人民法院准许，但一般不超过七日。" 故选项 A 正确。《民诉法解释》第 276 条规定："当事人对小额诉讼案件提出管辖异议的，人民法院应当作出裁定。裁定一经作出即生效。" 故选项 B 错误。《民诉法解释》第 274 条规定："人民法院受理小额诉讼案件，应当向当事人告知该类案件的审判组织、一审终审、审理期限、诉讼费用交纳标准等相关事项。" 故选项 C 正确。根据《民事诉讼法》第 165 条的规定，法院审理小额诉讼案件，实行一审终审，所作出的判决立即生效。故选项 D 正确。

四、名词解释

1. 简易程序

简易程序，是指基层法院及其派出法庭审理第一审简单民事案件所适用的审判程序。

2. 小额诉讼程序

小额诉讼程序，是指基层法院及其派出的法庭在当事人和其他诉讼参与人的参加下，审理和解决事实清楚、权利义务关系明确、争议不大，标的额为各省、自治区、直辖市上年度就业人员年平均工资 50% 以下，或者标的额超过各省、自治区、直辖市上年度就业人员年平均工资 50% 但在 2 倍以下，当事人双方约定适用的简单金钱给付民事案件的活动与程序。

五、简答题

1. 简述简易程序的特点。

【参考答案】

简易程序有以下特点：第一，起诉方式简便；第二，受理程序简便；第三，传唤方式简便；第四，审判组织采取独任制；第五，庭审程序简化；第六，审理期限较短。

2. 简述小额诉讼程序的适用。

【参考答案】

我国《民事诉讼法》第 165 条所规定的小额诉讼程序，属于简易程序的特别规定。根据《民事诉讼法》第 165 条的规定，小额诉讼程序分为法院强制适用和当事人合意选择适用两种。其中，基层法院和它派出的法庭审理事实清楚、权利义务关系明确、争议不大的简单金钱给付民事案件，标的额为各省、自治区、直辖市上年度就业人员年平均工资 50% 以下的，强制适用小额诉讼程序；基层法院和它派出的法庭审理事实清楚、权利义务关系明确、争议不大的简单金钱给付民事案件，标的额超过各省、自治区、直辖市上年度就业人员年平均工资 50% 但在 2 倍以下的，当事人双方可以约定适用小额诉讼程序，这就是小额诉讼程序的选择适用。

强制适用小额诉讼程序应当具备三个条件：(1) 属于基层法院和它派出的法庭适用简易程序审理的简单民事案件，非简单民事案件即使争议标的额小也不得适用小额诉讼程序；(2) 案件性质应当为金钱给付民事案件；(3) 争议标的额应当在各省、自治区、直辖市上年度就业人员年平均工资 50% 以下。当事人可以合意选择适用小额诉讼程序的条件，前两个条件与强制适用的前两个条件相同，只是第三个条件改为争议标的额应当在各省、自治区、直辖市上年度就业人员年平均工资 50% 以上 2 倍以下。

六、论述题

论简易程序与普通程序适用的关系。

【参考答案】

1. 选择适用。第一，基层法院和它派出的法庭适用普通程序审理的民事案件，当事人双方可以约定适用简易程序，应当在开庭前提出。口头提出的，记入笔录，由双方当事人签名或者捺印确认。该法律规定体现了当事人对简易程序适用的选择权。所谓“程序选择权”，是指双方当事人基于诉讼契约，就民事纠纷所适用的诉讼程序进行选择的诉讼权利。第二，基层法院和它派出的法庭适用简易程序审理的民事案件，当事人不得约定不适用简易程序，即不得约定适用普通程序，否则会造成司法资源的浪费与诉讼效率的降低。

2. 程序的转化。第一,基层法院和它派出的法庭适用简易程序审理案件的过程中,出现下列法定情形,可以转化为普通程序:其一,法院审理中发现案情复杂,需要转为普通程序审理的;其二,当事人就简易程序适用提出异议,异议成立的,裁定转为普通程序;其三,原告提供了被告准确的送达地址,但法院无法向被告直接送达或者留置送达应诉通知书的,应当将案件转入普通程序。法院裁定将案件转入普通程序的,将合议庭组成人员及相关事项以书面形式通知双方当事人;转入普通程序审理的民事案件的审理期限自法院立案之日起计算。简易程序转入普通程序前,双方当事人已经确认的事实,可以不再进行举证、质证。第二,法院已经按照普通程序审理的民事案件,开庭后不得转为简易程序。

七、案例分析题

【参考答案】

1. 法院审理此案适用的是简易程序。法院认为本案系简单民事案件,所以采用的是独任制,由独任审判员李某审理案件,根据《民事诉讼法》第 40 条第 2 款、第 160 条第 1 款的规定,本案应适用简易程序。

2. 法院追加王某为被告不正确,因为在本案中,刘某诉张某返还牛,而张某所买的牛是王某卖给他的,因此,王某应为本案无独立请求权的第三人,而非本案的共同被告。

3. 法院所作的缺席判决是正确的。因为根据《民诉法解释》第 240 条的规定,无独立请求权的第三人经法院传票传唤,无正当理由拒不到庭,不影响案件的审理。

第十三章习题自测参考答案

一、单项选择题

1.**【答案】**A

【解析】因本案系某省消费者保护协会提起的公益诉讼,根据《民诉法解释》第 283 条"公益诉讼案件由侵权行为地或者被告住所地中级人民法院管辖,但法律、司法解释另有规定的除外"的规定,选项 A 正确。根据《民诉法解释》第 288 条"公益诉讼案件的原告在法庭辩论终结后申请撤诉的,人民法院不予准许"的规定,选项 B 不正确。根据《民诉法解释》第 287 条"对公益诉讼案件,当事人可以和解,人民法院可以调解"的规定,选项 C 不正确。《民诉法解释》第 286 条规定,人民法院受理公益诉讼案件,不影响同一侵权行为的受害人根据《民事诉讼法》第 122 条规定提起诉讼。法院受理公益诉讼,不影响购买该品牌手机的消费者甲以前述理由诉请赔偿,选项 D 不正确。

2.**【答案】**D

【解析】公益诉讼制度的设立以维护社会公共利益为目的,有利于保障社会发展,体现了依法治国的法治理念,因此选项 A、C 正确,但不是本题选项。根据《民事诉讼法》第 58 条第 1 款"对污染环境、侵害众多消费者合法权益等损害社会公共利益的行为,法律规定的机关和有关组织可以向人民法院提起诉讼"的规定,选项 B 正确,但不是本题选项。因为公益诉讼既可以针对已经造成社会公共利益损害的行为提起,也可以针对潜在的危害行为提起,因此选项 D 不正确,是本题选项。

3.**【答案】**D

【解析】根据《民诉法解释》第 297 条"受理第三人撤销之诉案件后,原告提供相应担保,请求中止执行的,人民法院可以准许”的规定,法院中止原裁判的执行需要原告提供相应担保,并提出中止执行的请求,故选项A不正确。根据民事诉讼理论,第三人撤销之诉是通过撤销生效法律文书而改变被生效法律文书所确定的权利义务关系,因此,属于变更之诉,而不是确认之诉。故选项B不正确。根据《民事诉讼法》第59条第3款“前两款规定的第三人,因不能归责于本人的事由未参加诉讼,但有证据证明发生法律效力的判决、裁定、调解书的部分或者全部内容错误,损害其民事权益的,可以自知道或者应当知道其民事权益受到损害之日起六个月内,向作出该判决、裁定、调解书的人民法院提起诉讼”的规定,选项C不正确,选项D正确。

4.【答案】C

【解析】本题中,甲区法院的一审判决因双方当事人未上诉而生效。根据《民事诉讼法》第59条第3款“前两款规定的第三人,因不能归责于本人的事由未参加诉讼,但有证据证明发生法律效力的判决、裁定、调解书的部分或者全部内容错误,损害其民事权益的,可以自知道或者应当知道其民事权益受到损害之日起六个月内,向作出该判决、裁定、调解书的人民法院提起诉讼”的规定,选项A、B均不正确。根据《民诉法解释》第297条“受理第三人撤销之诉案件后,原告提供相应担保,请求中止执行的,人民法院可以准许”的规定,选项C正确。根据《民诉法解释》第292条“人民法院对第三人撤销之诉案件,应当组成合议庭开庭审理”的规定,选项D不正确。

二、多项选择题

1.【答案】ACD

【解析】根据《环境公益诉讼解释》第12条“人民法院受理环境民事公益诉讼后,应当在十日内告知对被告行为负有环境保护监督管理职责的部门”的规定,选项A不正确,但是本题选项。根据《环境公益诉讼解释》第10条第2款“有权提起诉讼的其他机关和社会组织在公告之日起三十日内申请参加诉讼,经审查符合法定条件的,人民法院应当将其列为共同原告”的规定,选项B正确,但不是本题选项。根据《环境公益诉讼解释》第17条“环境民事公益诉讼案件审理过程中,被告以反诉方式提出诉讼请求的,人民法院不予受理”的规定,选项C不正确,但是本题选项。根据《环境公益诉讼解释》第25条第2款“当事人以达成和解协议为由申请撤诉的,不予准许”的规定,选项D不正确,是本题选项。

2.【答案】ABCD

【解析】根据《民事诉讼法》第58条第1款“对污染环境、侵害众多消费者合法权益等损害社会公共利益的行为,法律规定的机关和有关组织可以向人民法院提起诉讼”和第122条第1款第1项“原告是与本案有直接利害关系的公民、法人和其他组织”的规定,选项A正确。公益诉讼具有预防社会公共利益受损害以及对受到损害的社会公共利益予以救济的双重功能,可以针对潜在危害行为提起,也可以针对损害公共利益的行为提起;而私益诉讼的功能是救济受到损害的私益,只能针对已经造成损害的行为提起。故选项B、D正确。公共利益是抽象的、不特定的,而私益是具体的、明确的。故选项C正确。

3.【答案】BCD

【解析】根据《民事诉讼法》第58条“对污染环境、侵害众多消费者合法权益等损害社会公共利益的行为,法律规定的机关和有关组织可以向人民法院提起诉讼。人民检察院在履行职责中发现破坏生态环境和资源保护、食品药品安全领域侵害众多消费者合法权益等损害社会公共利益的行为，在没有前款规定的机关和组织或者前款规定的机关和组织不提起诉讼的情况下，可以向人民法院提起诉讼”的规定，只有在乙市环保组织不提起公益诉讼的情况下，乙市检察院才可以提起环境公益诉讼。故选项 A 不正确。根据《民事诉讼法》第 58 条第 1 款和《环境公益诉讼解释》第 20 条第 2 款“人民法院可以在判决被告修复生态环境的同时，确定被告不履行修复义务时应承担的生态环境修复费用；也可以直接判决被告承担生态环境修复费用”的规定，选项 B 正确。根据《环境公益诉讼解释》第 17 条“环境民事公益诉讼案件审理过程中，被告以反诉方式提出诉讼请求的，人民法院不予受理”的规定，选项 C 正确。根据《环境公益诉讼解释》第 22 条“原告请求被告承担检验、鉴定费用，合理的律师费以及为诉讼支出的其他合理费用的，人民法院可以依法予以支持”的规定，选项 D 正确。

4.【答案】ABD

【解析】《消费公益诉讼解释》第 8 条规定，有权提起消费民事公益诉讼的机关或者社会组织，可以依据《民事诉讼法》第 81 条[①]规定申请保全证据，故 A 省消费者协会可以申请证据保全，选项 A 正确。根据《民事诉讼法》第 58 条第 2 款“前款规定的机关或者组织提起诉讼的，人民检察院可以支持起诉”的规定，甲市检察院可以支持 A 省消费者协会的起诉。故选项 B 正确。《消费公益诉讼解释》第 9 条规定，人民法院受理消费民事公益诉讼案件后，因同一侵权行为受到损害的消费者申请参加诉讼的，人民法院应当告知其根据《民事诉讼法》第 119 条[②]规定主张权利。本案中，吴某以无独立请求权的第三人申请参加诉讼，是不允许的。故选项 C 不正确。根据《消费公益诉讼解释》第 18 条“原告及其诉讼代理人对侵权行为进行调查、取证的合理费用、鉴定费用、合理的律师代理费用，人民法院可根据实际情况予以相应支持”的规定，A 省消费者协会请求法院判令欣欣食品公司支付其聘请律师的费用，是合法请求。故选项 D 正确。

5.【答案】ACD

【解析】在本题中，甲向法院起诉请求撤销乙免除丙 50 万元债务的行为，甲与乙的诉讼结果影响丙的利益，在第三人撤销之诉中，甲、乙为被告，丙是无独立请求权的第三人。故选项 A 不正确，是本题的选项。甲与乙以调解书方式结案，调解书未涉及丙的权利义务。根据《民诉法解释》第 296 条“第三人提起撤销之诉，人民法院应当将该第三人列为原告，生效判决、裁定、调解书的当事人列为被告，但生效判决、裁定、调解书中没有承担责任的无独立请求权的第三人列为第三人”的规定，选项 B 正确，但不是本题的选项，选项 C、D 不正确，是本题的选项。

6.【答案】BCD

【解析】在本题中，成某是玉瓶的所有权人，系毛某与汤某争议案件的有独立请求权的第三人。因此，本题考查的是未参加诉讼的有独立请求权的第三人得知生效判决进入执行程序后的救济问题。《民诉法解释》第 420 条规定，必须共同进行诉讼的当事人因不能归责于本人或者其诉讼代理人的事由未参加诉讼的，可以根据《民事诉讼法》第 207 条第 8 项规定，自知

---

① 2021 年《民事诉讼法》修改后，该条文序号变为第 84 条。

② 2021 年《民事诉讼法》修改后，该条文序号变为第 122 条。

道或者应当知道之日起 6 个月内申请再审，但符合本解释第 421 条规定情形的除外。故选项 A 不正确。根据《民事诉讼法》第 234 条关于执行过程中，案外人对执行标的提出书面异议的相关规定，成某有权向执行法院提出案外人异议，选项 B 正确。根据《民事诉讼法》第 59 条第 3 款“前两款规定的第三人，因不能归责于本人的事由未参加诉讼，但有证据证明发生法律效力的判决、裁定、调解书的部分或者全部内容错误，损害其民事权益的，可以自知道或者应当知道其民事权益受到损害之日起六个月内，向作出该判决、裁定、调解书的人民法院提起诉讼”的规定，选项 C 正确。根据《民事诉讼法》第 205 条关于法院依审判监督权启动再审程序的规定，成某可以向县法院申诉，选项 D 正确。

7.【答案】ABD

【解析】本题生效判决由 B 县法院作出，因检察院提起抗诉，A 市中级法院对该案进行再审应适用第二审程序。根据《民诉法解释》第 300 条“第三人诉讼请求并入再审程序审理的……（二）按照第二审程序审理的，人民法院可以调解，调解达不成协议的，应当裁定撤销原判决、裁定、调解书，发回一审法院重审，重审时应当列明第三人”的规定，选项 A、B、D 均不正确，是本题的选项。选项 C 正确，但不是本题的选项。

8.【答案】AC

【解析】本题中，市中级法院的二审判决生效后，第三人蔡某向市中级法院提起第三人撤销之诉，省高级法院基于原案当事人洪某的申请裁定再审。根据《民诉法解释》第 299 条“第三人撤销之诉案件审理期间，人民法院对生效判决、裁定、调解书裁定再审的，受理第三人撤销之诉的人民法院应当裁定将第三人的诉讼请求并入再审程序。但有证据证明原审当事人之间恶意串通损害第三人合法权益的，人民法院应当先行审理第三人撤销之诉案件，裁定中止再审诉讼”的规定，选项 A、C 正确，选项 D 不正确。根据《民诉法解释》第 300 条“第三人诉讼请求并入再审程序审理的……（二）按照第二审程序审理的，人民法院可以调解，调解达不成协议的，应当裁定撤销原判决、裁定、调解书，发回一审法院重审，重审时应当列明第三人”的规定，选项 B 不正确。

三、不定项选择题

1.【答案】AB

【解析】根据《民诉法解释》第 99 条第 1 款“人民法院应当在审理前的准备阶段确定当事人的举证期限”的规定，选项 A 正确。根据《民诉法解释》第 225 条关于庭前会议的规定，选项 B 正确。根据《民诉法解释》第 107 条“在诉讼中，当事人为达成调解协议或者和解协议作出妥协而认可的事实，不得在后续的诉讼中作为对其不利的根据”的规定，选项 C 不正确。根据《民诉法解释》第 219 条“当事人超过诉讼时效期间起诉的，人民法院应予受理。受理后对方当事人提出诉讼时效抗辩，人民法院经审理认为抗辩事由成立的，判决驳回原告的诉讼请求”的规定，选项 D 不正确。

2.【答案】CD

【解析】《消费公益诉讼解释》第 8 条规定，有权提起消费民事公益诉讼的机关或者社会组织，可以依据《民事诉讼法》第 81 条[①] 规定申请保全证据，故选项 A 是正确的，但不是本题选

---

① 2021 年《民事诉讼法》修改后，该条文序号变为第 84 条。

项。根据《消费公益诉讼解释》第 18 条“原告及其诉讼代理人对侵权行为进行调查、取证的合理费用、鉴定费用、合理的律师代理费用，人民法院可根据实际情况予以相应支持”的规定，选项 B 是正确的，但不是本题选项。《消费公益诉讼解释》第 9 条规定，人民法院受理消费民事公益诉讼案件后，因同一侵权行为受到损害的消费者申请参加诉讼的，人民法院应当告知其根据《民事诉讼法》第 119 条[①]规定主张权利，故选项 C 是不正确的，是本题选项。根据《消费公益诉讼解释》第 11 条“消费民事公益诉讼案件审理过程中，被告提出反诉的，人民法院不予受理”的规定，选项 D 是不正确的，是本题选项。

3.【答案】BCD

【解析】《消费公益诉讼解释》第 9 条规定，人民法院受理消费民事公益诉讼案件后，因同一侵权行为受到损害的消费者申请参加诉讼的，人民法院应当告知其根据《民事诉讼法》第 119 条[②]规定主张权利，故选项 A 是错误选项，而选项 D 正确。《消费公益诉讼解释》第 10 条规定，消费民事公益诉讼案件受理后，因同一侵权行为受到损害的消费者请求对其根据《民事诉讼法》第 119 条[③]规定提起的诉讼予以中止，人民法院可以准许，故选项 B 正确。《消费公益诉讼解释》第 16 条规定，已为消费民事公益诉讼生效裁判认定的事实，因同一侵权行为受到损害的消费者根据《民事诉讼法》第 119 条[④]规定提起的诉讼，原告、被告均无需举证证明，但当事人对该事实有异议并有相反证据足以推翻的除外，故选项 C 正确。

四、名词解释

1. 公益诉讼

公益诉讼，是指对损害国家和社会公共利益的违法行为，由法律规定的国家机关或组织向法院提起诉讼的制度。

2. 环境公益诉讼

环境公益诉讼，是指原告针对已经损害社会公共利益或者具有损害社会公共利益重大风险的污染环境、破坏生态的行为提起诉讼，请求法院判令被告停止侵害、排除妨害、消除危险，对生态和环境进行修复，赔偿自然资源所受到的损失的诉讼。

3. 消费者公益诉讼

消费者公益诉讼，是指法律授权的机关和有关组织，对经营者侵害众多不特定消费者合法权益或者具有危及消费者人身、财产安全等损害社会公共利益的行为提起诉讼，请求法院判令经营者停止侵害、排除妨害、消除由违法行为造成的危险的诉讼。

4. 第三人撤销之诉

第三人撤销之诉，是指由于不可归责于本人的事由未能参加诉讼的第三人，针对法院所作出的存在错误并损害自己利益的判决、裁定、调解书，将生效司法文书中的双方当事人作为被告，以提起诉讼的方式，请求法院撤销已经发生法律效力的司法文书的诉讼。

五、简答题

1. 简述公益诉讼与普通民事诉讼的区别。

【参考答案】

公益诉讼与普通民事诉讼的区别主要体现在以下几个方面：

---

①②③④ 2021 年《民事诉讼法》修改后，该条文序号变为第 122 条。

(1) 诉讼目的不同。公益诉讼的目的是维护社会公共利益；而普通民事诉讼的目的是解决民事法律关系主体之间的权利义务争议，维护当事人的民事权益。

(2) 维护利益的特点不同。公益诉讼所维护的社会公共利益具有抽象性、不特定性的特点；而普通民事诉讼所维护的当事人个体利益具有具体性、特定性的特点。

(3) 对起诉主体的要求不同。民事诉讼法不要求公益诉讼的提起者与所要解决的民事纠纷具有法律上的直接利害关系，如食品安全问题，消费者权益保护组织依法可以提起公益诉讼；而普通民事诉讼中，民事诉讼法要求原告是与本案有直接利害关系的公民、法人或者其他组织。

(4) 起诉针对的行为特点不同。公益诉讼具有事后救济与事前预防的双重功能，提起公益诉讼既可以针对已经给社会公共利益造成损害的行为，也可以针对存在给社会公共利益造成重大损害风险的行为；而普通民事侵权诉讼只具有事后救济功能，提起民事侵权诉讼只能针对已经给他人造成损害的行为。

(5) 损害的范围不同。公益诉讼纠纷主要涉及环境污染、侵害众多消费者合法权益的行为，这些行为所造成的损害往往具有广泛性、严重性和长期性，有些损害甚至具有潜在性、不可弥补性；而普通民事诉讼主要涉及公民、法人或者其他组织及其相互之间的民事纠纷，其损害往往具有特定性、暂时性、现实性和可弥补性。

2. 简述第三人撤销之诉的提起条件。

【参考答案】

根据《民事诉讼法》第 59 条第 3 款的规定，提起第三人撤销之诉应当具备以下条件：(1) 需符合法定主体，即有权提起撤销之诉的只能是有独立请求权的第三人和无独立请求权的第三人。(2) 需符合法定前提，即第三人提起撤销之诉的前提是因不能归责于自己的事由未参加诉讼。(3) 需符合法定情形，即第三人提起撤销之诉需要有证据证明发生法律效力的判决、裁定、调解书的部分或者全部内容错误，损害其民事权益。(4) 需符合法定期间，即第三人可以自知道或者应当知道其民事权益受到损害之日起 6 个月内提起撤销之诉。(5) 需符合法定管辖，即第三人撤销之诉应当向作出原生效判决、裁定、调解书的法院提出。

六、论述题

1. 论检察院在民事公益诉讼中的作用。

【参考答案】

根据《民事诉讼法》第 58 条第 2 款的规定，检察院在公益诉讼中的作用体现为两个方面：第一，作为辅助主体提起公益诉讼。《民事诉讼法》第 58 条第 1 款规定："对污染环境、侵害众多消费者合法权益等损害社会公共利益的行为，法律规定的机关和有关组织可以向人民法院提起诉讼。"可见，除了检察院，其他机关和组织也可以提起民事公益诉讼。根据《环境保护法》和《消费者权益保护法》等的规定，环境保护组织、消费者权益保护组织，可以分别提起环境民事公益诉讼和消费者民事公益诉讼，而且这些机关和组织应当成为民事公益诉讼的主要力量。2017 年修正的《民事诉讼法》明确规定检察院可以作为提起公益诉讼的辅助主体，即在法律规定的机关和组织不提起公益诉讼的情况下，检察院可以向法院提起公益诉讼。第二，检察院可以支持公益诉讼。即法律规定的机关或组织提起公益诉讼的，检察院可以支持起诉。

2. 论第三人撤销之诉的性质。

【参考答案】

第三人撤销之诉的性质可以从以下两个方面来理解：

(1) 第三人撤销之诉是一种形成之诉。第三人撤销之诉从性质上属于形成之诉，虽然这种诉的内容从表面上看是要求撤销他人之间的生效判决、裁定和调解书，但其本质是要求改变生效判决、裁定和调解书已经确定的法律关系。当然，第三人撤销之诉也有不同于一般形成之诉的地方。一般形成之诉依据的是民法上的实体请求权——形成请求权，针对的是形成义务人，而第三人撤销之诉不是直接依据实体法上的请求权，而是诉讼法上的请求权，针对的是法院。

(2) 第三人撤销之诉是一种特殊的事后救济程序。第三人撤销之诉是针对已经生效的判决、裁定和调解书损害案外第三人民事权益而设置的救济性程序，基于生效裁判的稳定性与程序的安定性而言，第三人撤销之诉在程序性质上属于一种特殊救济程序。

七、案例分析题

案例(一)

【参考答案】

1. 商玉良不可以提出执行异议之诉。因为商玉良主张被抵押的翡翠观音属自己所有，即法院作出用翡翠观音抵偿杨之元债务的判决是错误的，该执行异议与该判决有关，故不能提起执行异议之诉。

2. 商玉良系有独立请求权的第三人，其认为作为法院执行根据的判决有错，可以采取下列两种途径保护自己的合法权益：第一，根据《民事诉讼法》第 59 条第 3 款“前两款规定的第三人，因不能归责于本人的事由未参加诉讼，但有证据证明发生法律效力的判决、裁定、调解书的部分或者全部内容错误，损害其民事权益的，可以自知道或者应当知道其民事权益受到损害之日起六个月内，向作出该判决、裁定、调解书的人民法院提起诉讼”的规定，商玉良提起第三人撤销之诉。第二，根据《民事诉讼法》第 234 条“执行过程中，案外人对执行标的提出书面异议的，人民法院应当自收到书面异议之日起十五日内审查，理由成立的，裁定中止对该标的的执行；理由不成立的，裁定驳回。案外人、当事人对裁定不服，认为原判决、裁定错误的，依照审判监督程序办理；与原判决、裁定无关的，可以自裁定送达之日起十五日内向人民法院提起诉讼”的规定，商玉良以案外人身份申请再审。

3. 第三人撤销之诉在适用上的特点有：第一，诉讼主体。有权提起第三人撤销之诉的须是当事人以外的第三人，该第三人应当具备诉的利益，即其民事权益受到了原案判决书的损害。本案中，商玉良是原告，杨之元和胜洋公司是被告。第二，诉讼客体。损害第三人民事权益的判决书已经发生法律效力，该判决书是诉讼客体。第三，提起诉讼的期限、条件与受理法院。本案中，期限是商玉良自知道或应当知道其民事权益受到损害之日起 6 个月内提起诉讼；条件是商玉良因不能归责于本人的事由未参加诉讼，发生法律效力的判决的内容错误，使商玉良的民事权益受到损害；受诉法院为作出生效判决的法院。

案外人申请再审程序特点有：案外人不是必要的共同诉讼当事人的，法院仅审理原判决、裁定、调解书对其民事权益造成损害的内容。经审理，再审请求成立的，撤销或者改变原判决、裁定、调解书；再审请求不成立的，维持原判决、裁定、调解书。

4. 商玉良不可以同时适用上述两种制度(或程序)。

根据《民诉法解释》第 301 条的规定，第三人提起撤销之诉后，未中止生效判决、裁定、调解书执行的，执行法院对第三人依照《民事诉讼法》第 234 条规定提出的执行异议，应予审查。第三人不服驳回执行异议裁定，申请对原判决、裁定、调解书再审的，人民法院不予受理。

案外人对法院驳回其执行异议裁定不服，认为原判决、裁定、调解书内容错误损害其合法权益的，应当根据《民事诉讼法》第 234 条规定申请再审，提起第三人撤销之诉的，法院不予受理。

案例（二）

【参考答案】

1. 正确。因为根据《环境公益诉讼解释》第 9 条的规定，在环境公益诉讼中，法院认为原告提出的诉讼请求不足以保护社会公共利益的，可以向其释明变更或者增加停止侵害、恢复原状等诉讼请求。

2. 省环保组织处于共同原告的诉讼地位。根据《环境保护法》第 10 条和第 58 条的规定，省环保组织是提起公益诉讼的主体，在甲市中级法院受理环境公益诉讼后，其可以在开庭前向甲市中级法院申请参加诉讼。甲市中级法院准许省环保组织参加诉讼，省环保组织处于共同原告的诉讼地位。

3. 在环境公益诉讼中，能够适用诉讼自认制度。市环保组织如在诉讼过程中承认对己方不利的事实和证据，甲市中级法院认为损害社会公共利益的，应当不予确认。

4. 第一，在本案诉讼中，市环保组织应当就下列事实承担证明责任：(1) 兴盛公司实施排放废硫酸等高度危险物行为的事实；(2) 河流与土壤受到污染的事实；(3) 河流与土壤的污染与兴盛公司排放废硫酸等高度危险物的行为具有关联性的事实。第二，兴盛公司拒绝提供市环保组织要求其提供的相关环境信息，甲市中级法院应推定市环保组织提出的对兴盛公司不利的事实主张成立。

5. 第一，本案中，黄某、于某与孙某可以通过向新华区或者东岳县法院提起侵权损害赔偿诉讼的途径救济其遭受的损失。因为根据《环境公益诉讼解释》第 29 条的规定，法院受理公益诉讼案件，不影响同一侵权行为的受害人根据《民事诉讼法》第 122 条规定提起诉讼。第二，黄某、于某与孙某的权利能够得到实现。因为根据《环境公益诉讼解释》第 31 条的规定，被告因污染环境、破坏生态在环境民事公益诉讼和其他民事诉讼中均承担责任，其财产不足以履行全部义务的，应当先履行其他民事诉讼生效裁判所确定的义务，但法律另有规定的除外。

第十四章习题自测参考答案

一、单项选择题

1.【答案】C

【解析】根据普通程序的基础性法律地位，对于其他程序没有规定的情形，适用一审普通程序的规定。故选项 A 正确，但不是本题选项。根据《民事诉讼法》第 176 条第 1 款“第二审人民法院对上诉案件应当开庭审理。经过阅卷、调查和询问当事人，对没有提出新的事实、证据或者理由，人民法院认为不需要开庭审理的，可以不开庭审理”的规定，选项 B 正确，但不是本题选项。根据《民事诉讼法》第 179 条“第二审人民法院审理上诉案件，可以进行调解。调解达成协议，应当制作调解书，由审判人员、书记员署名，加盖人民法院印章。调解书送达后，原审人民法院的判决即视为撤销”的规定，选项C错误，是本题选项。根据《民事诉讼法》第41条第2款“中级人民法院对第一审适用简易程序审结或者不服裁定提起上诉的第二审民事案件，事实清楚、权利义务关系明确，经双方当事人同意，可以由审判员一人独任审理”的规定，选项D正确，但不是本题选项。

2.【答案】A

【解析】甲、乙、丙三人共同致丁身体损害，丁起诉三人要求赔偿3万元，甲、乙、丙因共同侵权而成为本案的必要共同被告。一审判决作出后，只有必要共同被告之一的甲提起上诉，其他当事人均未提起上诉，因此正确解答本题的关键在于分析甲提起上诉，其上诉请求系对与谁之间的权利义务分担有意见。本题中，甲认为丙赔偿2 000元的数额过低，提起上诉，可见，甲仅对丙有意见，而对乙和丁没有意见。根据《民诉法解释》第317条“必要共同诉讼人的一人或者部分人提起上诉的，按下列情形分别处理：……（二）上诉仅对共同诉讼人之间权利义务分担有意见，不涉及对方当事人利益的，未上诉的同一方当事人为被上诉人，对方当事人依原审诉讼地位列明”的规定，甲为上诉人，丙为被上诉人，其他人依原审诉讼地位列明。故选项A正确，其他选项均错误。

3.【答案】D

【解析】本题继承遗产纠纷诉讼中，甲、乙、丙为必要共同原告，丁为被告。甲不服一审判决，认为分配给丙和丁的遗产份额过多，其对与丙和丁之间的权利义务分担有意见，而对与乙之间的权利义务分担没有意见。根据《民诉法解释》第317条“必要共同诉讼人的一人或者部分人提起上诉的，按下列情形分别处理：……（三）上诉对双方当事人之间以及共同诉讼人之间权利义务承担有意见的，未提起上诉的其他当事人均为被上诉人”的规定，甲为上诉人，丙与丁为被上诉人，乙作为原审原告参加诉讼。故选项D正确，其他选项均不正确。

4.【答案】A

【解析】在本题中，甲对丙提起代位权诉讼，乙作为代位权诉讼中的主债务人，应处于无独立请求权第三人的诉讼地位。法院一审判决仅判决丙向甲支付10万元，根据《民诉法解释》第82条的规定，在一审诉讼中，无独立请求权的第三人被判决承担民事责任的，有权提起上诉，本案中，乙没有被判决承担民事责任，故乙没有上诉权，选项B、C不正确。在本题中，丙上诉请求法院判令甲对乙的债权不成立，因此，丙对与甲之间的权利义务分担有意见，选项A正确，选项D不正确。

5.【答案】A

【解析】本题中乙公司提出上诉，在二审中，因双方当事人达成和解协议，并约定双方均将提起之诉予以撤回，就意味着原审原告甲公司在二审中撤回起诉，而乙公司在二审中撤回上诉。根据《民诉法解释》第336条“在第二审程序中，原审原告申请撤回起诉，经其他当事人同意，且不损害国家利益、社会公共利益、他人合法权益的，人民法院可以准许。准许撤诉的，应当一并裁定撤销一审裁判”的规定，选项A正确。根据民事诉讼理论，上诉人有权申请撤回上诉，故选项B、C、D均不正确。

6.【答案】C

【解析】根据民事诉讼理论，上诉人在二审程序中撤回上诉并获得法院准许后，产生一审判决生效的法律后果。因当事人不履行和解协议，王某实现债权的方式应当是依照生效的一审判决书申请执行。故选项 C 正确。此外，当事人达成的和解协议本身不具有强制执行力，故选项 A、B、D 均不正确。

7.【答案】B

【解析】在本题二审程序中，双方当事人达成和解协议后，上诉人建安公司申请撤回上诉，二审法院裁定准许后，产生一审判决生效的法律后果。故选项 B 正确，选项 A、C 不正确。根据《民事诉讼法》第 201 条的规定：申请司法确认调解协议，由双方当事人依照人民调解法等法律，自调解协议生效之日起 30 日内，共同向有管辖权的法院提出。申请司法确认的对象是人民调解协议，故选项 D 不正确。

8.【答案】D

【解析】根据民事诉讼理论，第二审法院依法裁定撤销原判，发回重审，只是第二审法院对上诉案件的处理，不影响原有诉讼行为的效力。故选项 A、B 不正确。根据《民事诉讼法》第 41 条第 3 款“发回重审的案件，原审人民法院应当按照第一审程序另行组成合议庭”的规定，选项 C 不正确。根据《民事诉讼法》第 177 条“第二审人民法院对上诉案件，经过审理，按照下列情形，分别处理：……（二）原判决、裁定认定事实错误或者适用法律错误的，以判决、裁定方式依法改判、撤销或者变更……原审人民法院对发回重审的案件作出判决后，当事人提起上诉的，第二审人民法院不得再次发回重审”的规定，选项 D 正确。

9.【答案】D

【解析】解答本题需注意两个关键事实：第一，一审法院遗漏了对住房分割诉讼请求的处理；第二，二审中，张红增加了要求分割诉讼期间齐远继承其父遗产的诉讼请求。根据《民诉法解释》第 324 条“对当事人在第一审程序中已经提出的诉讼请求，原审人民法院未作审理、判决的，第二审人民法院可以根据当事人自愿的原则进行调解；调解不成的，发回重审”和第 326 条“在第二审程序中，原审原告增加独立的诉讼请求或者原审被告提出反诉的，第二审人民法院可以根据当事人自愿的原则就新增加的诉讼请求或者反诉进行调解；调解不成的，告知当事人另行起诉。双方当事人同意由第二审人民法院一并审理的，第二审人民法院可以一并裁判”的规定，选项 A 正确，其他选项均不正确。

10.【答案】B

【解析】根据《民诉法解释》第 18 条“合同约定履行地点的，以约定的履行地点为合同履行地……合同没有实际履行，当事人双方住所地都不在合同约定的履行地的，由被告住所地人民法院管辖”的规定，选项 A 不正确。根据《民事诉讼法》第 130 条“人民法院受理案件后，当事人对管辖权有异议的，应当在提交答辩状期间提出……当事人未提出管辖异议，并应诉答辩的，视为受诉人民法院有管辖权，但违反级别管辖和专属管辖规定的除外”的规定，本题中 D 县法院受理案件后，被告甲公司在答辩期内未提出管辖权异议且提交了答辩状，视为受诉法院有管辖权，因此，D 县法院基于被告甲公司的应诉答辩行为而取得管辖权。甲公司无权以一审法院没有管辖权为由提出上诉，因此，二审法院无需审查甲公司的管权异议，选项 B 正确。根据《民事诉讼法》第 177 条“第二审人民法院对上诉案件，经过审理，按照下列情形，分别处理：（一）原判决、裁定认定事实清楚，适用法律正确的，以判决、裁定方式驳回上诉，维持原判决、裁定……”的规定，本题甲公司上诉请求不成立，选项 C 不正确。根据《民诉法解释》第 329 条

“人民法院依照第二审程序审理案件,认为第一审人民法院受理案件违反专属管辖规定的,应当裁定撤销原裁判并移送有管辖权的人民法院”的规定,选项 D 不正确。

11.【答案】C

【解析】根据《民诉法解释》第 28 条的规定,建设工程施工合同纠纷属于专属管辖范围。根据《民事诉讼法》第 130 条“人民法院受理案件后,当事人对管辖权有异议的,应当在提交答辩状期间提出。……当事人未提出管辖异议,并应诉答辩的,视为受诉人民法院有管辖权,但违反级别管辖和专属管辖规定的除外”的规定,选项 A 不正确。根据《民诉法解释》第 329 条“人民法院依照第二审程序审理案件,认为第一审人民法院受理案件违反专属管辖规定的,应当裁定撤销原裁判并移送有管辖权的人民法院”的规定,选项 C 正确,选项 B、D 不正确。

12.【答案】D

【解析】民事诉讼实行两审终审的审级制度,基于审级制度需要设置第一审程序和第二审程序。故选项 A 正确,但不是本题选项。民事诉讼实行不告不理的原则,第一审程序与第二审程序的启动均遵循司法被动的原则。故选项 B 正确,但不是本题选项。根据民事诉讼理论,第一审程序的审理范围限于当事人的诉讼请求范围;根据《民诉法解释》第 321 条“第二审人民法院应当围绕当事人的上诉请求进行审理。当事人没有提出请求的,不予审理,但一审判决违反法律禁止性规定,或者损害国家利益、社会公共利益、他人合法权益的除外”的规定,第二审程序的审理范围原则上限于上诉请求的范围。故选项 C 正确,但不是本题选项。第一审程序审理当事人之间的争议,需要有原被告对立的双方当事人;根据《民诉法解释》第 315 条“双方当事人和第三人都提起上诉的,均列为上诉人”的规定,选项 D 不正确,是本题选项。

二、多项选择题

1.【答案】BD

【解析】根据《民事诉讼法》第 171 条“当事人不服地方人民法院第一审判决的,有权在判决书送达之日起十五日内向上一级人民法院提起上诉。当事人不服地方人民法院第一审裁定的,有权在裁定书送达之日起十日内向上一级人民法院提起上诉”的规定,二审程序都是因当事人上诉而发生,选项 A 不正确。根据《民事诉讼法》第 175 条“第二审人民法院应当对上诉请求的有关事实和适用法律进行审查”的规定,选项 B 正确。根据《民事诉讼法》第 179 条“调解书送达后,原审人民法院的判决即视为撤销”的规定,选项 C 不正确。根据《民事诉讼法》第 176 条第 1 款“第二审人民法院对上诉案件应当开庭审理。经过阅卷、调查和询问当事人,对没有提出新的事实、证据或者理由,人民法院认为不需要开庭审理的,可以不开庭审理”的规定,选项 D 正确。

2.【答案】ACD

【解析】根据《执行程序适用解释》第 3 条第 2 款规定,法院对当事人提出的执行管辖异议,应当审查。异议不成立的,裁定驳回。当事人对裁定不服的,可以向上一级法院申请复议。故 A 是本题选项。根据《民事诉讼法》第 171 条第 1 款“当事人不服地方人民法院第一审判决的,有权在判决书送达之日起十五日内向上一级人民法院提起上诉”的规定,B 不是本题选项。根据《民事诉讼法》第 202 条的规定,法院对当事人司法确认申请经审查,符合法律规定的,裁定调解协议有效,一方当事人拒绝履行或者未全部履行的,对方当事人可以向法院申请执行;不符合法律规定的,裁定驳回申请,当事人可以通过调解方式变更原调解协议或者达成新的调解协议,也可以向法院提起诉讼。故 C 是本题选项。根据《民事法诉讼》第 154 条“有下列情形之一的,终结诉讼:……(三)离婚案件一方当事人死亡的……”的规定,林某死亡,法院应裁定诉讼终结,尹某不得再上诉,故 D 是本题选项。

3.【答案】AB

【解析】正确解答本题应注意一个关键事实:甲欲上诉,但在上诉期限内因遇车祸住院 1 个月死亡,丙是甲的唯一继承人。根据民事诉讼理论,甲在上诉期内死亡,丙作为其唯一继承人,有权继受其诉讼主体资格,选项 B 正确。根据《民事诉讼法》第 86 条“当事人因不可抗拒的事由或者其他正当理由耽误期限的,在障碍消除后的十日内,可以申请顺延期限,是否准许,由人民法院决定”的规定,选项 A 正确,选项 C、D 不正确。

4.【答案】ABD

【解析】根据《民事诉讼法》第 177 条“第二审人民法院对上诉案件,经过审理,按照下列情形,分别处理:(一)原判决、裁定认定事实清楚,适用法律正确的,以判决、裁定方式驳回上诉,维持原判决、裁定;(二)原判决、裁定认定事实错误或者适用法律错误的,以判决、裁定方式依法改判、撤销或者变更;(三)原判决认定基本事实不清的,裁定撤销原判决,发回原审人民法院重审,或者查清事实后改判;(四)原判决遗漏当事人或者违法缺席判决等严重违反法定程序的,裁定撤销原判决,发回原审人民法院重审。原审人民法院对发回重审的案件作出判决后,当事人提起上诉的,第二审人民法院不得再次发回重审”的规定,选项 A、B、D 均不正确,但是本题选项,选项 C 正确。

5.【答案】AC

【解析】正确解答本题,应当注意力胜公司仅对一审判决令其支付 5 万元违约金的内容提起上诉,而二审法院发现一审法院关于房屋有质量问题的事实认定,证据不充分。根据《民诉法解释》第 321 条“第二审人民法院应当围绕当事人的上诉请求进行审理。当事人没有提出请求的,不予审理,但一审判决违反法律禁止性规定,或者损害国家利益、社会公共利益、他人合法权益的除外”的规定,选项 A、C 正确,选项 B 不正确。此外,通过上述关于第二审法院审理上诉案件范围的规定,可以看出,基于尊重当事人处分权,除法定特殊情形之外,第二审实行有限审理,而不是全面审理,故选项 D 不正确。

6.【答案】BD

【解析】根据《民事诉讼法》第 154 条第 3 项“离婚案件一方当事人死亡的,终结诉讼”的规定,刘女身亡后,本案不应该诉讼中止,选项 A 不正确,而选项 B 正确。一审判决 7 月 3 日送达双方当事人,7 月 10 日刘女身亡,法定上诉期尚未届满,因此,一审判决尚未生效,也就意味着,刘女死亡后,其与张男的夫妻共同财产应当依法分割,属于刘女的财产作为其遗产由张男与李某继承,选项 C 不正确,而选项 D 正确。

7.【答案】AB

【解析】根据《民事诉讼法》第 179 条“第二审人民法院审理上诉案件,可以进行调解。调解达成协议,应当制作调解书,由审判人员、书记员署名,加盖人民法院印章。调解书送达后,原审人民法院的判决即视为撤销”的规定,以及根据民事诉讼理论,二审程序中双方经法院调解达成协议后,二审法院应当制作调解书,因为二审调解书影响一审裁判的效力。故选项 A、

B 不正确，是本题选项。选项 D 正确，但不是本题选项。根据《民事诉讼法》第 180 条“第二审人民法院判决宣告前，上诉人申请撤回上诉的，是否准许，由第二审人民法院裁定”的规定，选项 C 正确，但不是本题选项。

8.【答案】BCD

【解析】解答本题的关键在于，未经过劳动争议仲裁前置程序的案件不属于法院的受理范围。根据《民诉法解释》第 328 条“人民法院依照第二审程序审理案件，认为依法不应由人民法院受理的，可以由第二审人民法院直接裁定撤销原裁判，驳回起诉”的规定，选项 A 正确，但不是本题选项。选项 B、C、D 均错误，是本题选项。

三、不定项选择题

1.【答案】C

【解析】根据《民事诉讼法》第 181 条“第二审人民法院审理上诉案件，除依照本章规定外，适用第一审普通程序”的规定和第 154 条“有下列情形之一的，终结诉讼：……（三）离婚案件一方当事人死亡的……”的规定，本案系离婚案件，一方当事人洪某死亡，法院应裁定终结诉讼。根据民事诉讼理论，第一审判决被提起上诉后，二审程序因法定原因裁定终结诉讼，一审判决不发生法律效力。故选项 C 正确，其他选项均不正确。

2.【答案】B

【解析】根据《民事诉讼法》第 180 条“第二审人民法院判决宣告前，上诉人申请撤回上诉的，是否准许，由第二审人民法院裁定”的规定，选项 A 不正确。根据民事诉讼理论，上诉人在二审程序中申请撤回上诉，第二审法院裁定准许的，第一审判决即发生法律效力，选项 B 正确，选项 C、D 不正确。

3.【答案】B

【解析】根据《民诉法解释》第 336 条“在第二审程序中，原审原告申请撤回起诉，经其他当事人同意，且不损害国家利益、社会公共利益、他人合法权益的，人民法院可以准许。准许撤诉的，应当一并裁定撤销一审裁判。原审原告在第二审程序中撤回起诉后重复起诉的，人民法院不予受理”的规定，选项 B 正确，其他选项均不正确。

4.【答案】BC

【解析】根据《民事诉讼法》第 177 条“第二审人民法院对上诉案件，经过审理，按照下列情形，分别处理：……（三）原判决认定基本事实不清的，裁定撤销原判决，发回原审人民法院重审，或者查清事实后改判……”的规定，选项 B、C 正确，选项 A、D 不正确。

5.【答案】CD

【解析】刘某在二审程序中提出抚养 8 岁儿子属于新增加诉讼请求。根据《民诉法解释》第 326 条“第二审程序中，原审原告增加独立的诉讼请求或者原审被告提出反诉的，第二审人民法院可以根据当事人自愿的原则就新增加的诉讼请求或者反诉进行调解；调解不成的，告知当事人另行起诉。双方当事人同意由第二审人民法院一并审理的，第二审人民法院可以一并裁判”的规定，选项 C、D 正确，选项 A、B 不正确。

四、名词解释

1. 第二审程序

第二审程序，是指第二审法院审理上诉案件所适用的审判程序。

2. 上诉

上诉,是指当事人不服地方各级法院作出的尚未生效的一审裁判,在法定期间内,请求上一级法院对其上诉请求进行审理并撤销或者变更一审裁判的诉讼行为。

3. 上诉的撤回

上诉的撤回,是指上诉人依法提起上诉后,在第二审法院作出判决前,要求撤回上诉的行为。

4. 不开庭审理

不开庭审理,是指如果第一审裁判认定的事实比较清楚,也无其他证据需要在法庭上审查核实,同时,当事人之间对事实无争议,只是对第一审裁判适用法律有异议,或者是一方当事人对实体权利义务的确定不服的,第二审法院就不需要开庭审理。

5. 发回重审

发回重审,是指第二审法院对上诉案件进行审理后,遇有法定情形时,裁定撤销第一审判决,将案件发回原一审法院重新审理的制度。发回重审是第二审法院对上诉案件的一种裁判方式。

五、简答题

1.《民事诉讼法》第 176 条第 1 款规定:第二审人民法院对上诉案件,应当开庭审理。经过阅卷、调查和询问当事人,对没有提出新的事实、证据或者理由,人民法院认为不需要开庭审理的,可以不开庭审理。

简述该法律规定所涉及的诉讼制度。

【参考答案】

该法律条文是关于第二审法院对上诉案件审理方式的规定。第二审法院审理上诉案件有下列两种方式,即开庭审理与不开庭审理。

(1) 开庭审理。第二审法院对上诉案件,以开庭审理为原则。即第二审法院应当组成由审判员参加的合议庭或者依法适用独任制,在依法传唤双方当事人和其他诉讼参与人到庭的情况下,对上诉案件经过开庭审理后作出裁判。

(2) 不开庭审理。根据《民事诉讼法》第 176 条的规定,经过阅卷、调查和询问当事人,对没有提出新的事实、证据或者理由,法院认为不需要开庭审理的,可以不开庭审理。

2. 简述二审程序中的发回重审制度。

【参考答案】

根据《民事诉讼法》第 177 条及相关司法解释的规定,第二审程序中的发回重审适用于以下情形:(1) 原判决认定基本事实不清,可以裁定撤销原判决,发回重审;(2) 原判决遗漏当事人或者违法缺席判决等严重违反法定程序的,裁定撤销原判决,发回原审人民法院重审。《民诉法解释》第 323 条对严重违反法定程序的情形作了补充规定。

六、论述题

论第二审程序中的撤回起诉制度。

【参考答案】

《民诉法解释》第 336 条规定,在第二审程序中,原审原告申请撤回起诉,经其他当事人同意,且不损害国家利益、社会公共利益、他人合法权益的,法院可以准许。准许撤诉的,应当一并裁定撤销一审裁判。原审原告在第二审程序中撤回起诉后重复起诉的,法院不予受理。

从理论上来看,通常将当事人行使诉权作为诉讼的起点,将既判力作为诉讼的终点,故撤回起诉作为一种当事人行使处分权的行为,亦应贯彻诉讼始终,即便是在诉讼程序启动后,只要在判决确定前,若当事人出于对各种诉讼利益的权衡,其有权向第二审法院提出撤诉申请。此外,从比较法的角度来看,允许原审原告在第二审程序中申请撤回起诉也有国外制度经验可借鉴,如大陆法系国家的德国、日本等都规定了原审原告在第二审程序中撤回起诉的制度。基于此,2014 年修改《民诉法解释》时确立了原审原告在第二审程序中撤回起诉的制度。但是,第二审程序中撤回起诉不同于第一审程序中撤回起诉,原告在第一审程序中撤回起诉仅仅是对其自身权利的处理,其撤诉后有权再次提起诉讼,而案件进入第二审程序,已经一审法院作出审理和裁判,势必对案涉相关当事人的权利义务产生影响,若相关当事人只能对原告的起诉、撤诉被动接受而无任何提出异议的权利,双方权益显然有所失衡,故在第二审程序中原审原告申请撤回起诉应经其他当事人同意。此外,如果允许当事人自由地撤诉而使该判决无效,进而使此前所有程序归于无效,无疑有悖诉讼效益原则,故在尊重当事人撤诉自由的前提下,亦应对其撤诉后的再诉权利作出必要的限制,原审原告在第二审程序中撤回起诉后重复起诉的,法院不予受理。

七、案例分析题

【参考答案】

1. ⑴ 对于原审原告钱某要求追加孙某作为共同被告,乙市中级法院调解无效,应裁定撤销甲县法院的判决,发回甲县法院重审,但发回重审的裁定不列应追加的孙某。⑵ 对于原审原告钱某增加的退伙析产的诉讼请求,乙市中级法院调解无效的,应告知钱某另行起诉。

2. 如果甲县法院重审本案,应当在程序上注意以下特殊事项:⑴ 重审本案应当适用普通程序,而不得适用简易程序。⑵ 应当按照第一审程序另行组成合议庭,而不得适用独任制。⑶ 重审本案时应当追加孙某作为共同被告。

3. ⑴法院调解,是指在法院审判人员的主持下,双方当事人就他们之间发生的民事权益争议,通过自愿、平等协商,互谅互让,达成协议,解决纠纷的诉讼活动和结案方式。法院调解是我国民事诉讼法规定的一项重要的诉讼制度,也是我国各级法院依法行使审判权的重要方式。民事审判,是法院依照法定程序,对民事案件的审理和判决活动,包括对案件的受理、审查、调解、判决与执行等活动。

⑵ 法院调解以当事人之间私权冲突为基础,以当事人一方的诉讼请求为依据,以民事审判权的介入和审查为特征,以当事人之间处分自己的权益为内容,实际上是公权力主导下对私权利的一种处分和让与。民事调解通过将讲理与讲法相结合的方式,让当事人能够接受调解结果,提高其自觉履行程度,对于化解社会矛盾、解决纠纷、促进和谐社会构建,具有其他方式所无法替代的作用。

⑶ 法院调解与民事审判都是法院解决民事纠纷的重要方式,二者的关系主要表现在以下几个方面:第一,法院调解是在法院审判人员的主持下,当事人相互协商解决纠纷的诉讼活动。在诉讼过程中,调解由法院审判人员主持,当事人根据自愿原则,经过相互协商,合意解决纠纷。法官不仅是调解参与者,而且还是主持者。第二,法院调解贯穿于民事诉讼程序的全过程。法院根据审理民事案件的需要,在诉讼过程中根据案件的具体情况,能够调解的随时都可

以进行调解。就审级而言，法院调解既可以适用于第一审程序，也可以适用于第二审程序，还可以在审判监督程序中适用；就诉讼阶段而言，法院调解从案件的立案阶段、审理前的准备阶段、开庭审理阶段，直至法庭辩论终结后法院宣判之前，都可以进行。第三，法院调解是法院审理民事案件，解决民事纠纷的一种结案方式。判决并非解决民事争议的唯一结果，调解与判决一样，都是法院行使审判权解决民事案件的方式。在审判人员的主持下，双方当事人经过协商，如能自愿达成调解协议并经法院审查认可，调解书送达双方当事人后具有与生效判决同等的法律效力，诉讼程序终结。法院调解成为结束诉讼程序中的一种不可忽视的方式。第四，调解是法院行使审判权与当事人行使诉权相结合的产物。调解是由审判人员主持劝导当事人协商解决民事纠纷的活动，是法院行使审判权的行为；同时，调解也是当事人双方在诉讼中合意解决民事争议的行为，调解协议的达成以当事人对自己权利的处分为基础。没有法院的主持和劝导以及对调解协议的审查确认，调解就不具有诉讼的性质；没有双方当事人的积极参与和配合，调解就难以进行下去。因此，法院调解实质上是法院行使审判权与当事人行使诉权的有机结合。

第十五章习题自测参考答案

一、单项选择题

1.【答案】A

【解析】根据《民诉法解释》第 400 条“再审申请审查期间，有下列情形之一的，裁定终结审查：……（三）当事人达成和解协议且已履行完毕的，但当事人在和解协议中声明不放弃申请再审权利的除外”的规定，选项 A 是本题的答案。根据《民诉法解释》第 393 条“当事人主张的再审事由成立，且符合民事诉讼法和本解释规定的申请再审条件的，人民法院应当裁定再审。当事人主张的再审事由不成立，或者当事人申请再审超过法定申请再审期限、超出法定再审事由范围等不符合民事诉讼法和本解释规定的申请再审条件的，人民法院应当裁定驳回再审申请”的规定，选项 B 不是本题答案。根据《民事诉讼法》第 240 条“执行完毕后，据以执行的判决、裁定和其他法律文书确有错误，被人民法院撤销的，对已被执行的财产，人民法院应当作出裁定，责令取得财产的人返还；拒不返还的，强制执行”的规定，选项 C 不是本题答案。根据《民诉法解释》第 384 条的规定，人民法院受理申请再审案件后，应当依照《民事诉讼法》第 207、208、211 条等规定，对当事人主张的再审事由进行审查，选项 D 不是本题答案。

2.【答案】C

【解析】根据《民事诉讼法》第 215 条“……地方各级人民检察院对同级人民法院已经发生法律效力的判决、裁定，发现有本法第二百零七条规定情形之一的，或者发现调解书损害国家利益、社会公共利益的，可以向同级人民法院提出检察建议，并报上级人民检察院备案；也可以提请上级人民检察院向同级人民法院提出抗诉。各级人民检察院对审判监督程序以外的其他审判程序中审判人员的违法行为，有权向同级人民法院提出检察建议”的规定，选项 A、B 不正确，而选项 C 正确。根据《民诉法解释》第 412 条“人民检察院对已经发生法律效力的判决以及不予受理、驳回起诉的裁定依法提出抗诉的，人民法院应予受理，但适用特别程序、督促程序、公示催告程序、破产程序以及解除婚姻关系的判决、裁定等不适用审判监督程序的判决、裁定除外”的规定，选项 D 不正确。

3.【答案】C

【解析】《民诉法解释》第 373 条规定，当事人死亡或者终止的，其权利义务承继者可以根据《民事诉讼法》第 206 条、第 208 条的规定申请再审，故选项 C 正确，其他选项均不正确。

4.【答案】D

【解析】根据民事诉讼理论，普通程序具有普适性，其他审判程序中未作出特别规定的，可以适用普通程序的相关规定。本题中的万某是再审程序中的被申请人，再审中万某未出席开庭审理，也未向法院说明理由，应当适用普通程序关于缺席判决的规定。故选项 D 正确，其他选项均不正确。

5.【答案】B

【解析】根据《民事诉讼法》第 206 条“当事人对已经发生法律效力的判决、裁定，认为有错误的，可以向上一级人民法院申请再审；当事人一方人数众多或者当事人双方为公民的案件，也可以向原审人民法院申请再审。当事人申请再审的，不停止判决、裁定的执行”的规定，选项 A、D 正确，但不是本题选项。根据《民事诉讼法》第 212 条“当事人申请再审，应当在判决、裁定发生法律效力后六个月内提出；有本法第二百零七条第一项、第三项、第十二项、第十三项规定情形的，自知道或者应当知道之日起六个月内提出”的规定，故选项 B 错误，是本题选项。选项 C 正确，但不是本题选项。

6.【答案】C

【解析】正确解答本题的关键在于准确判断案外人丙公司的诉讼地位。根据《民诉法解释》第 72 条“共有财产权受到他人侵害，部分共有权人起诉的，其他共有权人为共同诉讼人”的规定，丙公司应当为必要共同诉讼人。《民诉法解释》第 420 条规定，必须共同进行诉讼的当事人因不能归责于本人或者其诉讼代理人的事由未参加诉讼的，可以根据《民事诉讼法》第 207 条第 8 项规定，自知道或者应当知道之日起 6 个月内申请再审，但符合本解释第 421 条规定情形的除外。人民法院因前述规定的当事人申请而裁定再审，按照第一审程序再审的，应当追加其为当事人，作出新的判决、裁定；按照第二审程序再审，经调解不能达成协议的，应当撤销原判决、裁定，发回重审，重审时应追加其为当事人。故选项 C 正确，其他选项均不正确。

7.【答案】C

【解析】根据《民事诉讼法》第 41 条“人民法院审理第二审民事案件，由审判员组成合议庭。……审理再审案件，原来是第一审的，按照第一审程序另行组成合议庭；原来是第二审的或者是上级人民法院提审的，按照第二审程序另行组成合议庭”的规定，选项 A 正确，但不是本题选项。根据民事诉讼理论，我国实行两审终审制度，第二审法院作出的判决即为生效判决；而根据《民事诉讼法》第 214 条“人民法院按照审判监督程序再审的案件，发生法律效力的判决、裁定是由第一审法院作出的，按照第一审程序审理，所作的判决、裁定，当事人可以上诉；发生法律效力的判决、裁定是由第二审法院作出的，按照第二审程序审理，所作的判决、裁定，是发生法律效力的判决、裁定；上级人民法院按照审判监督程序提审的，按照第二审程序审理，所作的判决、裁定是发生法律效力的判决、裁定”的规定，选项 B 正确，但不是本题选项。根据《民事诉讼法》第 176 条第 1 款“第二审人民法院对上诉案件应当开庭审理。经过阅卷、调查和询问当事人，对没有提出新的事实、证据或者理由，人民法院认为不需要开庭审理的，可以不开庭审理”的规定,二审程序以开庭审理为原则;根据《民事诉讼法》第 214 条的规定,法院按照审判监督程序再审的案件,可能分别适用第一审程序或第二审程序,适用第一审程序的必须开庭审理,适用第二审程序的,以开庭审理为原则。故选项 C 不正确,是本题选项。根据民事诉讼理论,适用第二审程序的法院应当是原一审的上一级法院,即只能是中级以上的法院,而适用审判监督程序对案件进行再审的法院则可以是各级法院。因此选项 D 正确,但不是本题选项。

8.【答案】B

【解析】根据《民诉法解释》第 408 条"一审原告在再审审理程序中申请撤回起诉,经其他当事人同意,且不损害国家利益、社会公共利益、他人合法权益的,人民法院可以准许。裁定准许撤诉的,应当一并撤销原判决。一审原告在再审审理程序中撤回起诉后重复起诉的,人民法院不予受理"的规定,选项 B 正确,其他选项均不正确。

9.【答案】A

【解析】解答本题需注意两个事实:一是城建公司申请再审被驳回后将其债权转让给建筑公司;二是开发公司并入华夏公司。《民诉法解释》第 373 条规定:当事人死亡或者终止的,其权利义务承继者可以根据《民事诉讼法》第 206 条、第 208 条的规定申请再审。判决、调解书生效后,当事人将判决、调解书确认的债权转让,债权受让人对该判决、调解书不服申请再审的,人民法院不予受理。故选项 A 正确,其他选项均不正确。

10.【答案】A

【解析】根据《民事诉讼法》第 215 条的规定,检察机关对民事诉讼的监督既包括对生效文书提出抗诉或再审检察建议,也包括对审判人员违法行为的监督,选项 A 正确。根据《民事诉讼法》第 215 条第 3 款"各级人民检察院对审判监督程序以外的其他审判程序中审判人员的违法行为,有权向同级人民法院提出检察建议"的规定,选项 B 不正确。根据《民事诉讼法》第 215 条第 2 款"地方各级人民检察院对同级人民法院已经发生法律效力的判决、裁定,发现有本法第二百零七条规定情形之一的,或者发现调解书损害国家利益、社会公共利益的,可以向同级人民法院提出检察建议,并报上级人民检察院备案;也可以提请上级人民检察院向同级人民法院提出抗诉"的规定,选项 C 不正确。根据《民诉法解释》第 412 条"人民检察院对已经发生法律效力的判决以及不予受理、驳回起诉的裁定依法提出抗诉的,人民法院应予受理,但适用特别程序、督促程序、公示催告程序、破产程序以及解除婚姻关系的判决、裁定等不适用审判监督程序的判决、裁定除外"的规定,选项 D 不正确。

二、多项选择题

1.【答案】ABC

【解析】解答本题应注意一个基本事实:丙对执行标的提出异议被法院裁定驳回后,向市中级法院申请再审,市中级法院经再审审理认为该钢琴属于丙和原审原告甲共同所有。《民诉法解释》第 422 条规定:根据《民事诉讼法》第 234 条规定,人民法院裁定再审后,案外人属于必要的共同诉讼当事人的,依照本解释第 420 条第 2 款规定处理。故按照第二审程序再审,经调解不能达成协议的,应当撤销原判决、裁定,发回重审,重审时应追加丙为当事人。故选项 D 正确,其他选项均不正确,本题答案应为选项 A、B、C。

2.【答案】CD

【解析】根据《民事诉讼法》第 216 条"有下列情形之一的,当事人可以向人民检察院申请检察建议或者抗诉:(一)人民法院驳回再审申请的……人民检察院对当事人的申请应当在三个月内进行审查,作出提出或者不予提出检察建议或者抗诉的决定。当事人不得再次向人民检察院申请检察建议或者抗诉”的规定,选项A、B不正确。根据《民事诉讼法》第217条“人民检察院因履行法律监督职责提出检察建议或者抗诉的需要,可以向当事人或者案外人调查核实有关情况”的规定,选项C、D正确。

3.【答案】ABC

【解析】根据《民事诉讼法》第206条“当事人对已经发生法律效力的判决、裁定,认为有错误的,可以向上一级人民法院申请再审;当事人一方人数众多或者当事人双方为公民的案件,也可以向原审人民法院申请再审”的规定,选项A不正确,是本题选项。根据《民事诉讼法》第218条“人民检察院提出抗诉的案件,接受抗诉的人民法院应当自收到抗诉书之日起三十日内作出再审的裁定……”的规定,选项B不正确,是本题选项。根据《民事诉讼法》第213条“按照审判监督程序决定再审的案件,裁定中止原判决、裁定、调解书的执行,但追索赡养费、扶养费、抚养费、抚恤金、医疗费用、劳动报酬等案件,可以不中止执行”的规定,选项C不正确,是本题选项。选项D正确,但不是本题选项。

4.【答案】ACD

【解析】根据《民事诉讼法》第214条“人民法院按照审判监督程序再审的案件……上级人民法院按照审判监督程序提审的,按照第二审程序审理,所作的判决、裁定是发生法律效力的判决、裁定”的规定,选项A正确。根据《民事诉讼法》第211条第2款“因当事人申请裁定再审的案件由中级人民法院以上的人民法院审理,但当事人依照本法第二百零六条的规定选择向基层人民法院申请再审的除外。最高人民法院、高级人民法院裁定再审的案件,由本院再审或者交其他人民法院再审,也可以交原审人民法院再审”的规定,选项B不正确。根据《民诉法解释》第403条第1款“人民法院审理再审案件应当围绕再审请求进行。当事人的再审请求超出原审诉讼请求的,不予审理”的规定,选项C正确。根据《民事诉讼法》第216条“有下列情形之一的,当事人可以向人民检察院申请检察建议或者抗诉:……(三)再审判决、裁定有明显错误的”规定,选项D正确。

5.【答案】BC

【解析】根据《民诉法解释》第424条第2款“当事人以不应按小额诉讼案件审理为由向原审人民法院申请再审的,人民法院应当受理。理由成立的,应当裁定再审,组成合议庭审理。作出的再审判决、裁定,当事人可以上诉”的规定,选择A、D不正确,选项B、C正确。

6.【答案】AB

【解析】根据《民事诉讼法》第215条“……上级人民检察院对下级人民法院已经发生法律效力的判决、裁定,发现有本法第二百零七条规定情形之一的,或者发现调解书损害国家利益、社会公共利益的,应当提出抗诉……”的规定,选项A正确,选项C不正确。根据《民事诉讼法》第218条“人民检察院提出抗诉的案件,接受抗诉的人民法院应当自收到抗诉书之日起三十日内作出再审的裁定;有本法第二百零七条第一项至第五项规定情形之一的,可以交下一级人民法院再审,但经该下一级人民法院再审的除外”的规定和第214条“人民法院按照审判监督程序再审的案件,……上级人民法院按照审判监督程序提审的,按照第二审程序审理,所作的判决、裁定是发生法律效力的判决、裁定”的规定,选项B正确,选定D不正确。

7.【答案】CD

【解析】根据《民事诉讼法》第 215 条第 2 款“……地方各级人民检察院对同级人民法院已经发生法律效力的判决、裁定,发现有本法第二百零七条规定情形之一的,或者发现调解书损害国家利益、社会公共利益的,可以向同级人民法院提出检察建议,并报上级人民检察院备案……”的规定,选项 A 正确,但不是本题选项。根据《民诉法解释》第 417 条“人民法院收到再审检察建议后,应当组成合议庭,在三个月内进行审查……经审查,决定不予再审的,应当书面回复人民检察院”的规定,选项 B 正确,但不是本题选项;选项 C 不正确,是本题选项。根据《民事诉讼法》第 216 条第 2 款“人民检察院对当事人的申请应当在三个月内进行审查,作出提出或者不予提出检察建议或者抗诉的决定。当事人不得再次向人民检察院申请检察建议或者抗诉”的规定,选项 D 不正确,是本题选项。

8.【答案】BC

【解析】根据《民事诉讼法》第 215 条第 2 款“……地方各级人民检察院对同级人民法院已经发生法律效力的判决、裁定,发现有本法第二百零七条规定情形之一的,或者发现调解书损害国家利益、社会公共利益的,可以向同级人民法院提出检察建议,并报上级人民检察院备案;也可以提请上级人民检察院向同级人民法院提出抗诉”的规定,选项 A 不正确。根据《民事诉讼法》第 215 条第 3 款“各级人民检察院对审判监督程序以外的其他审判程序中审判人员的违法行为,有权向同级人民法院提出检察建议”的规定,选项 B 正确。根据《民事诉讼法》第 215 条第 2 款和第 207 条“当事人的申请符合下列情形之一的,人民法院应当再审:……(七)审判组织的组成不合法或者依法应当回避的审判人员没有回避的……”的规定,选项 C 正确。根据《民诉法解释》第 412 条“人民检察院对已经发生法律效力的判决以及不予受理、驳回起诉的裁定依法提出抗诉的,人民法院应予受理,但适用特别程序、督促程序、公示催告程序、破产程序以及解除婚姻关系的判决、裁定等不适用审判监督程序的判决、裁定除外”的规定,选项 D 不正确。

9.【答案】BC

【解析】根据《民诉法解释》第 403 条“人民法院审理再审案件应当围绕再审请求进行。当事人的再审请求超出原审诉讼请求的,不予审理;符合另案诉讼条件的,告知当事人可以另行起诉”的规定,选项 A 不正确,选项 B 正确。根据《民事诉讼法》第 211 条第 2 款“因当事人申请裁定再审的案件由中级人民法院以上的人民法院审理,但当事人依照本法第二百零六条的规定选择向基层人民法院申请再审的除外”和第 214 条“人民法院按照审判监督程序再审的案件, ……上级人民法院按照审判监督程序提审的,按照第二审程序审理,所作的判决、裁定是发生法律效力的判决、裁定”的规定,选项 C 正确,选项 D 不正确。

10.【答案】AD

【解析】正确解答本题的关键在于齐某的诉讼地位。在本案中,齐某应当是有独立请求权的第三人,但是因不能归责于其本人的原因而未参加原有诉讼程序。根据《民事诉讼法》第 59 条第 3 款“前两款规定的第三人,因不能归责于本人的事由未参加诉讼,但有证据证明发生法律效力的判决、裁定、调解书的部分或者全部内容错误,损害其民事权益的,可以自知道或者应当知道其民事权益受到损害之日起六个月内,向作出该判决、裁定、调解书的人民法院提起诉讼”的规定,选项 A 正确。《民诉法解释》第 420 条规定:必须共同进行诉讼的当事人因不能归责于本人或者其诉讼代理人的事由未参加诉讼的，可以根据《民事诉讼法》第 207 条第 8 项规定，自知道或者应当知道之日起 6 个月内申请再审，但符合本解释第 421 条规定情形的除外，故选项 B 不正确。《民诉法解释》第 301 条规定：案外人对人民法院驳回其执行异议裁定不服，认为原判决、裁定、调解书内容错误损害其合法权益的，应当根据《民事诉讼法》第 234 条规定申请再审，提起第三人撤销之诉的，人民法院不予受理，故选项 C 不正确，选项 D 正确。

三、不定项选择题

1.【答案】AC

【解析】正确解答本题应注意一个关键事实，即乙区法院作出的一审判决因双方当事人未上诉而发生法律效力后，新乐公司向 A 市中级法院申请再审，A 市中级法院裁定再审该案，属于按照审判监督程序提审。根据《民事诉讼法》第 214 条“上级人民法院按照审判监督程序提审的，按照第二审程序审理，所作的判决、裁定是发生法律效力的判决、裁定”的规定，选项 A、C 正确，选项 B、D 不正确。

2.【答案】B

【解析】正确解答本题的关键在于天泰公司的诉讼地位。根据本题的假设以及《民诉法解释》第 72 条“共有财产权受到他人侵害，部分共有权人起诉的，其他共有权人为共同诉讼人”的规定，天泰公司应当是必要共同诉讼人，但因不能归责于本人的原因未参加原有诉讼程序。根据《民事诉讼法》第 59 条第 3 款“前两款规定的第三人，因不能归责于本人的事由未参加诉讼，但有证据证明发生法律效力的判决、裁定、调解书的部分或者全部内容错误，损害其民事权益的，可以自知道或者应当知道其民事权益受到损害之日起六个月内，向作出该判决、裁定、调解书的人民法院提起诉讼”的规定，选项 A 不正确。《民诉法解释》第 420 条规定：必须共同进行诉讼的当事人因不能归责于本人或者其诉讼代理人的事由未参加诉讼的，可以根据《民事诉讼法》第 207 条第 8 项规定，自知道或者应当知道之日起 6 个月内申请再审。故选项 B 正确。根据《民事诉讼法》第 216 条“有下列情形之一的，当事人可以向人民检察院申请检察建议或者抗诉：(一) 人民法院驳回再审申请的；(二) 人民法院逾期未对再审申请作出裁定的；(三) 再审判决、裁定有明显错误的……”的规定，选项 C、D 不正确。

3.【答案】B

【解析】解答本题的关键在于天泰公司的诉讼地位。根据本题假设，天泰公司认为该天宫一号游戏软件是自己出资委托远达公司为其开发，双方约定该游戏软件归天泰公司所有，其系有独立请求权的第三人，但未参加诉讼。《民诉法解释》第 301 条第 2 款规定：案外人对人民法院驳回其执行异议裁定不服，认为原判决、裁定、调解书内容错误损害其合法权益的，应当根据《民事诉讼法》第 234 条规定申请再审，提起第三人撤销之诉的，人民法院不予受理；《民诉法解释》第 421 条规定：根据《民事诉讼法》第 234 条规定，案外人对驳回其执行异议的裁定不服，认为原判决、裁定、调解书内容错误损害其民事权益的，可以自执行异议裁定送达之日起 6 个月内，向作出原判决、裁定、调解书的人民法院申请再审。根据上述规定，选项 B 正确，而选项 A、D 不正确。根据《民事诉讼法》第 234 条“……案外人、当事人对裁定不服，认为原判决、裁定错误的，依照审判监督程序办理；与原判决、裁定无关的，可以自裁定送达之日起十五日内向人民法院提起诉讼”的规定，本题中天泰公司提出异议的标的天宫一号游戏软件与生效判决有关,选项 C 不正确。

四、名词解释

1. 再审程序

再审程序,是指法院基于一定事由,对判决、裁定或者调解书已经发生法律效力的案件再一次进行审理并作出裁判所适用的审判程序。

2. 当事人申请再审

当事人申请再审,是指民事诉讼中的当事人,认为已经发生法律效力的判决、裁定确有错误或者认为已经发生法律效力的调解书违反自愿原则或者内容违法,依法提请原审法院或者上一级法院对该案件再行审理的行为。

3. 检察院抗诉

检察院抗诉,是指检察院对已经发生法律效力的判决、裁定、调解书,发现确有错误的,依法提请法院对案件再次审理的诉讼行为。

4. 再审检察建议

再审检察建议,是指享有法律监督权的地方各级检察院对同级法院已经发生法律效力的判决、裁定、调解书,认为具有法定再审事由的,依法向法院提出对案件再次进行审理的检察建议的一种诉讼行为。

五、简答题

1. 简述检察院监督民事诉讼的方式。

【参考答案】

检察院是我国的法律监督机关,有权对民事诉讼活动实行法律监督。根据《民事诉讼法》第 215 条的规定,检察院行使对民事诉讼的法律监督权,具体可以通过以下三种方式:第一,对法院作出的生效判决、裁定具有抗诉情形,或者发现调解书损害国家利益、社会公共利益的,依照法定程序和方式提出抗诉;第二,对法院作出的生效判决、裁定具有抗诉情形,或者发现调解书损害国家利益、社会公共利益的,依照法定程序和方式提出再审检察建议;第三,对审判监督程序以外的其他审判程序中审判人员的违法行为提出检察建议。其中,检察院通过前两种方式行使法律监督权的目的在于提起审判监督程序,而检察院通过第三种方式行使法律监督权的目的在于纠正审判监督程序以外的其他审判程序中审判人员的违法行为,以保障程序的正当性。

2. 简述审判监督程序的特点。

【参考答案】

我国民事诉讼法规定的审判监督程序,具有以下特点:(1) 是一种非正常的审判程序。(2) 是一种事后救济程序。(3) 该程序的提起主体与方式特殊。(4) 该程序提起的理由特殊。(5) 该程序提起的期限特殊。(6) 审理再审案件的法院特殊。(7) 适用的程序与作出裁判的效力特殊。

六、论述题

《民诉法解释》第 420 条规定:必须共同进行诉讼的当事人因不能归责于本人或者其诉讼代理人的事由未参加诉讼的,可以根据《民事诉讼法》第 207 条第 8 项规定,自知道或者应当知道之日起 6 个月内申请再审,但符合本解释第 421 条规定情形的除外。人民法院因前款规定的当事人申请而裁定再审,按照第一审程序再审的,应当追加其为当事人,作出新的判决、裁定；按照第二审程序再审，经调解不能达成协议的，应当撤销原判决、裁定，发回重审，重审时应追加其为当事人。

请评述该司法解释规定所涉及的诉讼制度。

【参考答案】

本条是根据《民事诉讼法》第 207 条第 8 项的规定，为被遗漏的必要共同诉讼人增加申请再审的规定。被遗漏的必要共同诉讼人并非第三人，不能通过第三人撤销之诉获得救济；在裁判未进入执行程序或者不需要强制执行时，其也无法依据《民事诉讼法》第 234 条的规定申请再审，因此，有必要为被遗漏的必要共同诉讼人设置相应的救济程序。

本条第 1 款规定了必要共同诉讼人作为案外人申请再审时的条件，即应当符合下列条件：(1) 申请再审的主体是必须共同进行诉讼的当事人。必要共同诉讼人对诉讼标的有共同的权利义务，必须共同参加诉讼，遗漏必要共同诉讼人，则影响诉的合法性。(2) 申请再审的理由是申请人未参加诉讼系因不能归责于本人或者其诉讼代理人的事由。如果再审申请人系因本人或者其诉讼代理人的原因，没有参加诉讼行使诉讼权利的，则不能在裁判生效后以没有参加诉讼为由申请再审。(3) 申请再审的期间是自知道或者应当知道之日起 6 个月内。根据《民事诉讼法》第 212 条的规定，当事人申请再审，通常应当在判决、裁定发生法律效力后 6 个月内提出，而被遗漏的必要共同诉讼人因未参加原审诉讼，并不知道案件审理与裁判情况，无法在裁判生效之日起 6 个月内申请再审，因此，司法解释作出特殊规定，即应当自知道或者应当知道之日起 6 个月内申请再审。(4) 案件未进入执行程序。为了避免与《民事诉讼法》第 234 条和《民诉法解释》第 421 条规定的案外人对执行异议裁定不服申请再审的规定发生冲突，明确不同情形下的救济程序，本条的适用前提是案件未进入执行程序。如果案件已经进入执行程序，被遗漏的必要共同诉讼人则应当通过提出执行异议主张权利，执行异议被驳回的，则应根据《民诉法解释》第 421 条的规定申请再审。

本条第 2 款规定了法院对被遗漏的必要共同诉讼人申请再审的处理。因被遗漏的必要共同诉讼人申请而启动再审的，依据所适用程序的不同，应作出不同的处理。即按照第一审程序再审的，应当直接追加其为当事人，对于争议经过审理后作出新的判决、裁定，当事人不服的可以上诉。按照第二审程序再审的，经过调解达成协议的，出具调解书；无法达成调解协议的，则应裁定撤销一审、二审裁判，将案件发回原一审法院重审。重审时，应当追加被遗漏的必要共同诉讼人为当事人，以保证其上诉权。

七、案例分析题

【参考答案】

1. 乙区法院裁定驳回孙宏管辖权异议的做法是正确的。因为本案系合同纠纷，双方当事人约定，因合同履行发生的争议，协商不成的，由原告住所地和被告住所地法院管辖，该协议管辖是有效的。原告刘意有权选择向自己住所地乙区法院起诉，乙区对此案有管辖权。

2. A 市中级法院未准许吴浩参加二审诉讼的做法是不正确。因为吴浩主张孙宏已经将该 3 间商铺卖给自己，并已办理过户手续，其属于本案有独立请求权的第三人，根据司法解释的规定，必须参加诉讼的有独立请求权的第三人在一审中未参加诉讼，第二审法院可以根据当事人自愿的原则予以调解，调解不成的，发回重审。

3. 吴浩可以通过以下途径寻求救济：(1) 吴浩可以通过提起第三人撤销之诉的途径寻求

救济。本案中，吴浩申请参加二审诉讼未获得准许，属于不能归责于本人的原因未参加诉讼，其有证据证明生效判决损害其民事权益，可以自知道或者应当知道民事权益受到损害之日起6个月内，向作出生效判决的A市中级法院提起第三人撤销之诉。(2) 如果刘意向乙区法院或者丙区法院申请执行，责令孙宏向其交付3间商铺并为其办理过户手续，在执行程序中，吴浩可以向执行法院提出执行异议。执行法院经过审查后，如果认为吴浩异议理由成立，裁定中止对3间商铺的执行，则保护了吴浩的民事权益；如果认为吴浩异议理由不成立，裁定驳回其异议，吴浩可以自执行异议裁定送达之日起6个月内，向作出生效判决的A市中级法院申请再审。

4. 赵非系本案的必要共同诉讼人，其可以通过以下途径寻求救济：(1) 赵非在A市中级法院的判决生效后，始得知其与孙宏共同购买的3间商铺被出卖，其可以自知道或者应当知道之日起6个月内申请再审。再审法院按照第二审程序再审，经调解不能达成协议的，应当撤销原判决，发回重审，重审时应追加赵非为当事人。(2) 如果刘意向乙区法院或者丙区法院申请执行，责令孙宏向其交付3间商铺并为其办理过户手续，在执行程序中，赵非可以向执行法院提出执行异议，执行法院经过审查后，如果认为赵非异议理由成立，裁定中止对3间商铺的执行，则保护了赵非的民事权益；如果认为赵非异议理由不成立，裁定驳回其异议，赵非可以自执行异议裁定送达之日起6个月内，向作出生效判决的A市中级法院申请再审。A市中级法院按照第二审程序再审，经调解不能达成协议的，应当撤销原判决，发回重审，重审时应追加赵非为当事人。

第十六章习题自测参考答案

一、单项选择题

1.【答案】B

【解析】李某与刘某之间存在债权债务关系，其作为利害关系人有权申请宣告刘某失踪，故选项A不正确。根据《民诉法解释》第342条第2款“失踪人的其他利害关系人申请变更代管的，人民法院应当告知其以原指定的代管人为被告起诉，并按普通程序进行审理”的规定，刘父认为由刘妻代管财产会损害儿子的利益，其有权以刘妻作为被告起诉，故选项B正确，选项C、D不正确。

2.【答案】D

根据《民事诉讼法》第201条“经依法设立的调解组织调解达成调解协议，申请司法确认的，由双方当事人自调解协议生效之日起三十日内，共同向下列人民法院提出：(一) 人民法院邀请调解组织开展先行调解的，向作出邀请的人民法院提出；(二) 调解组织自行开展调解的，向当事人住所地、标的物所在地、调解组织所在地的基层人民法院提出；调解协议所涉纠纷应当由中级人民法院管辖的，向相应的中级人民法院提出”的规定，选项A涉及的李云出差地法院没有管辖权，选项B只有王亮单方申请而不是双方当事人共同申请，选项C超过了法定的申请司法确认的期限，故选项A、B、C均不正确。根据《民诉法解释》第355条“当事人申请司法确认调解协议，有下列情形之一的，人民法院裁定不予受理：……(五) 调解协议内容涉及物权、知识产权确权的……”的规定，选项D正确。

3.【答案】D

【解析】根据《民事诉讼法》第 203 条“申请实现担保物权，由担保物权人以及其他有权请求实现担保物权的人依照民法典等法律，向担保财产所在地或者担保物权登记地基层人民法院提出”的规定，选项 A 不正确。因为本案系银行针对甲公司董事长汤姆(美国人)的别墅主张实现抵押权，应以汤姆为被申请人，选项 B 不正确。根据《民事诉讼法》第 204 条“人民法院受理申请后，经审查，符合法律规定的，裁定拍卖、变卖担保财产，当事人依据该裁定可以向人民法院申请执行；不符合法律规定的，裁定驳回申请，当事人可以向人民法院提起诉讼”的规定，选项 C 不正确，而选项 D 正确。

4.【答案】C

【解析】根据《民事诉讼法》第 185 条“依照本章程序审理的案件，实行一审终审。选民资格案件或者重大、疑难的案件，由审判员组成合议庭审理；其他案件由审判员一人独任审理”的规定，选项 A 正确，但不是本题选项；选项 C 不正确，是本题选项。根据民事诉讼理论，特别程序作为非讼程序，其目的并非解决当事人之间的民事权利义务争议，而是确认一定的事实状态，因此，无需设置答辩程序。故选项 B 正确，但不是本题选项。根据《民诉法解释》第 143 条“适用特别程序、督促程序、公示催告程序的案件，婚姻等身份关系确认案件以及其他根据案件性质不能进行调解的案件，不得调解”的规定，选项 D 正确，但不是本题选项。

5.【答案】A

【解析】根据《民法典》第 50 条“被宣告死亡的人重新出现，经本人或者利害关系人申请，人民法院应当撤销死亡宣告”的规定，选项 A 正确，选项 D 不正确。根据《民法典》第 51 条“被宣告死亡的人的婚姻关系，自死亡宣告之日起消除。死亡宣告被撤销的，婚姻关系自撤销死亡宣告之日起自行恢复。但是，其配偶再婚或者向婚姻登记机关书面声明不愿意恢复的除外”的规定，选项 B 不正确。根据《民法典》第 52 条“被宣告死亡的人在被宣告死亡期间，其子女被他人依法收养的，在死亡宣告被撤销后，不得以未经本人同意为由主张收养行为无效”的规定，选项 C 不正确。

6.【答案】D

【解析】根据《民事诉讼法》相关规定，适用特别程序审理的案件由基层法院管辖，且起诉人或申请人与案件不一定有直接的利害关系。故选项 A、B 正确，但不是本题选项。根据《民事诉讼法》第 185 条“依照本章程序审理的案件，实行一审终审。选民资格案件或者重大、疑难的案件，由审判员组成合议庭审理；其他案件由审判员一人独任审理”的规定，选项 C 正确，但不是本题选项；选项 D 不正确，是本题选项。

7.【答案】B

【解析】根据《民事诉讼法》第 189 条第 1、2 款“人民法院受理选民资格案件后，必须在选举日前审结。审理时，起诉人、选举委员会的代表和有关公民必须参加”的规定，选项 A 正确，但不是本题选项。根据《民事诉讼法》第 188 条“公民不服选举委员会对选民资格的申诉所作的处理决定，可以在选举日的五日以前向选区所在地基层人民法院起诉”的规定，选项 B 不正确，是本题选项。根据《民事诉讼法》第 185 条“依照本章程序审理的案件，实行一审终审。选民资格案件或者重大、疑难的案件，由审判员组成合议庭审理；其他案件由审判员一人独任审理”的规定，选项 C、D 正确，但不是本题选项。

8.【答案】A

【解析】根据《民事诉讼法》第 192 条第 1 款“人民法院受理宣告失踪、宣告死亡案件后，应当发出寻找下落不明人的公告”的规定，选项 A 是本题答案。根据《民事诉讼法》第 195 条“人民法院受理申请后，必要时应当对被请求认定为无民事行为能力或者限制民事行为能力的公民进行鉴定。申请人已提供鉴定意见的，应当对鉴定意见进行审查”的规定，认定公民无民事行为能力案件应进行鉴定，而非公告。故选项 B 不是本题答案。根据《民事诉讼法》第 202 条“人民法院受理申请后，经审查，符合法律规定的，裁定调解协议有效，一方当事人拒绝履行或者未全部履行的，对方当事人可以向人民法院申请执行；不符合法律规定的，裁定驳回申请，当事人可以通过调解方式变更原调解协议或者达成新的调解协议，也可以向人民法院提起诉讼”的规定，法院对确认调解协议效力案件经过审查后即可以根据审查的情况作出相应的处理，而无需经过公告。故选项 C 不是本题答案。根据《民事诉讼法》第 204 条“人民法院受理申请后，经审查，符合法律规定的，裁定拍卖、变卖担保财产，当事人依据该裁定可以向人民法院申请执行；不符合法律规定的，裁定驳回申请，当事人可以向人民法院提起诉讼”的规定，法院对实现担保物权案件审查后，即可以根据审查的情况作出相应的处理，而无需经过公告。故选项 D 不是本题答案。

二、多项选择题

1.【答案】BC

【解析】根据本题信息，乙公司董事长孙某以个人独有写字楼与一幅夫妻共有的古画为甲公司提供足额担保，因此，甲公司可以孙某与李某为被申请人向法院申请实现担保物权，故选项 B 正确。根据《民诉法解释》第 370 条“人民法院审查后，按下列情形分别处理：……（二）当事人对实现担保物权有部分实质性争议的，可以就无争议部分裁定准许拍卖、变卖担保财产……”的规定，本案担保物权实现程序中，李某提出异议，主张古画的担保物权未经其书面同意，不能成立，意味着李某对甲公司申请就古画实现担保物权存在实质争议，而就写字楼实现担保物权无实质争议。故选项 C 正确，选项 A 不正确。担保物权实现程序系非讼程序，不涉及第三人的实体利益，故选项 D 不正确。

2.【答案】ACD

【解析】《民事诉讼法》第 201 条规定：“经依法设立的调解组织调解达成调解协议，申请司法确认的，由双方当事人自调解协议生效之日起三十日内，共同向下列人民法院提出：（一）人民法院邀请调解组织开展先行调解的，向作出邀请的人民法院提出；（二）调解组织自行开展调解的，向当事人住所地、标的物所在地、调解组织所在地的基层人民法院提出；调解协议所涉纠纷应当由中级人民法院管辖的，向相应的中级人民法院提出。”本案纠纷不属于中级法院管辖的范围，故选项 A 不正确。乙区是 B 公司的住所地，根据上述规定，乙区法院对本案有管辖权，故选项 B 是正确的，但不是本题答案。《民事诉讼法》第 185 条规定：“依照本章程序审理的案件，实行一审终审。选民资格案件或者重大、疑难的案件，由审判员组成合议庭审理；其他案件由审判员一人独任审理。”题干没有交代本案是疑难、复杂案件，即使是疑难、复杂案件也不能由审判员和人民陪审员组成合议庭审理，故选项 C 不正确。根据《民事诉讼法》第 202 条“人民法院受理申请后，经审查，符合法律规定的，裁定调解协议有效，一方当事人拒绝履行或者未全部履行的，对方当事人可以向人民法院申请执行……”的规定，调解协议经司法确认后，产生既判力的是确认裁定，而非调解协议，选项 D 不正确。

3.【答案】AB

【解析】《民事诉讼法》第 201 条规定:“经依法设立的调解组织调解达成调解协议,申请司法确认的,由双方当事人自调解协议生效之日起三十日内,共同向下列人民法院提出:(一) 人民法院邀请调解组织开展先行调解的,向作出邀请的人民法院提出;(二) 调解组织自行开展调解的,向当事人住所地、标的物所在地、调解组织所在地的基层人民法院提出;调解协议所涉纠纷应当由中级人民法院管辖的,向相应的中级人民法院提出。”选项 A 没有明确双方当事人共同向 A 区法院提出申请,题干没有体现 B 区法院与本案有任何关联性,比如是当事人住所地、标的物所在地或者调解组织所在地,故选项 A、B 均不正确,是本题选项。选项 C 正确,但不是本题选项。根据《民事诉讼法》第 202 条“人民法院受理申请后,经审查,符合法律规定的,裁定调解协议有效,一方当事人拒绝履行或者未全部履行的,对方当事人可以向人民法院申请执行……”的规定,选项 D 正确,但不是本题选项。

4.【答案】ABD

【解析】根据《民诉法解释》第 364 条“同一财产上设立多个担保物权,登记在先的担保物权尚未实现的,不影响后顺位的担保物权人向人民法院申请实现担保物权”的规定,选项 A 不正确,是本题选项。《民诉法解释》第 363 条规定,依照《民法典》第 392 条的规定,被担保的债权既有物的担保又有人的担保,当事人对实现担保物权的顺序有约定,实现担保物权的申请违反该约定的,人民法院裁定不予受理;没有约定或者约定不明的,人民法院应当受理,故选项 B 不正确,是本题选项。根据《民诉法解释》第 369 条第 1 款“人民法院应当就主合同的效力、期限、履行情况,担保物权是否有效设立、担保财产的范围、被担保的债权范围、被担保的债权是否已届清偿期等担保物权实现的条件,以及是否损害他人合法权益等内容进行审查”的规定,选项 C 正确,但不是本题选项。根据《民诉法解释》第 370 条“人民法院审查后,按下列情形分别处理:……(二) 当事人对实现担保物权有部分实质性争议的,可以就无争议部分裁定准许拍卖、变卖担保财产……”的规定,选项 D 不正确,是本题选项。

5.【答案】ABC

【解析】根据《民事诉讼法》第 198 条第 1 款“申请认定财产无主,由公民、法人或者其他组织向财产所在地基层人民法院提出”的规定,选项 A 不正确,是本题选项。根据《民事诉讼法》第 199 条“人民法院受理申请后,经审查核实,应当发出财产认领公告。公告满一年无人认领的,判决认定财产无主,收归国家或者集体所有”的规定,选项 B 不正确,是本题选项。根据《民诉法解释》第 348 条“认定财产无主案件,公告期间有人对财产提出请求的,人民法院应当裁定终结特别程序,告知申请人另行起诉,适用普通程序审理”的规定,公告期内,陈某向甲县法院主张权利时,法院应裁定终结特别程序,选项 C 不正确,是本题选项;选项 D 正确,但不是本题选项。

6.【答案】ABCD

【解析】根据《民事诉讼法》第 196 条“人民法院审理认定公民无民事行为能力或者限制民事行为能力的案件,应当由该公民的近亲属为代理人,但申请人除外……”的规定,选项 A 正确。根据《民诉法解释》第 349 条“被指定的监护人不服居民委员会、村民委员会或民政部门指定,应当自接到通知之日起三十日内向人民法院提出异议。经审理,认为指定并无不当的,裁定驳回异议;指定不当的,判决撤销指定,同时另行指定监护人”的规定,选项 B、C、D 均正确。

三、不定项选择题

1.【答案】CD

【解析】根据《民事诉讼法》第 203 条“申请实现担保物权,由担保物权人以及其他有权请求实现担保物权的人依照物权法等法律,向担保财产所在地或者担保物权登记地基层人民法院提出”的规定,选项 A、B 不正确。根据《民诉法解释》第 362 条“同一债权的担保物有多个且所在地不同,申请人分别向有管辖权的人民法院申请实现担保物权的,人民法院应当依法受理”的规定,选项 C、D 正确。

2.【答案】ABD

【解析】《民诉法解释》第 363 条规定,依照《民法典》第 392 条的规定,被担保的债权既有物的担保又有人的担保,当事人对实现担保物权的顺序有约定,实现担保物权的申请违反该约定的,人民法院裁定不予受理;没有约定或者约定不明的,人民法院应当受理,故选项 A、B、D 正确,选项 C 不正确。

3.【答案】ABCD

【解析】根据《民诉法解释》第 367 条“实现担保物权案件可以由审判员一人独任审查。担保财产标的额超过基层人民法院管辖范围的,应当组成合议庭进行审查”的规定,因本案贷款公司的债权为 400 万元,应由一名审判员独任审查,故选项 A 正确。根据《民诉法解释》第 369 条“人民法院应当就主合同的效力、期限、履行情况,担保物权是否有效设立、担保财产的范围、被担保的债权范围、被担保的债权是否已届清偿期等担保物权实现的条件,以及是否损害他人合法权益等内容进行审查。被申请人或者利害关系人提出异议的,人民法院应当一并审查”的规定,选项 B、C 正确。根据《民诉法解释》第 371 条“人民法院受理申请后,申请人对担保财产提出保全申请的,可以按照民事诉讼法关于诉讼保全的规定办理”的规定,选项 D 正确。

4.【答案】ABC

【解析】根据《民事诉讼法》第 185 条“依照本章程序审理的案件,实行一审终审”的规定,选项 A 正确。根据《民事诉讼法》第 204 条“人民法院受理申请后,经审查,符合法律规定的,裁定拍卖、变卖担保财产,当事人依据该裁定可以向人民法院申请执行……”的规定,选项 B 正确。根据《民诉法解释》第 372 条“适用特别程序作出的判决、裁定,当事人、利害关系人认为有错误的,可以向作出该判决、裁定的人民法院提出异议。……对人民法院作出的确认调解协议、准许实现担保物权的裁定,当事人有异议的,应当自收到裁定之日起十五日内提出……”的规定,选项 C 正确,而选项 D 不正确。

四、名词解释

1. 特别程序

特别程序,是指法院审理特殊类型案件适用的特殊审判程序。

2. 选民资格案件

选民资格案件,是指公民对于选举委员会所公布的选民资格名单有异议,向选举委员会申诉后,不服选举委员会作出的决定而向法院提起诉讼的案件。

3. 认定财产无主案件

认定财产无主案件,是指法院根据申请人的申请,通过一定法律程序,对某项权利主体不明或失去权利主体的财产进行认定，判决宣布其为无主财产，并收归国家或集体所有的案件。

4. 确认调解协议案件

确认调解协议案件，是指法院根据双方当事人的共同申请，依法对调解组织调解达成的调解协议进行审查并确认其法律效力的案件。

5. 实现担保物权案件

实现担保物权案件，是指债务人不履行到期债务，担保物权人及其他有权请求实现担保物权的人依据《民法典》等法律，申请法院对担保标的物进行拍卖、变卖等，使担保债权得到优先受偿的案件。

五、简答题

1. 简述特别程序的特点。

【参考答案】

特别程序具有以下特点：(1) 对某种权利或者法律事实进行确认。(2) 没有对立的双方当事人。(3) 审判组成特殊。(4) 实行一审终审制度。(5) 不适用审判监督程序。(6) 审判期限较短。(7) 免交案例受理费用。

2. 简述确认调解协议案件的申请条件。

【参考答案】

根据《民事诉讼法》第 201 条的规定，申请司法确认调解协议应遵循以下条件：(1) 由双方当事人共同提出申请。(2) 向有管辖权的法院提出申请。(3) 在法定期间内提出申请，即双方当事人应当自调解协议生效之日起 30 日内提出。(4) 当事人可以采用书面形式或者口头形式向人民法院提出申请。

六、论述题

《民诉法解释》第 363 条规定：依照《民法典》第 392 条的规定，被担保的债权既有物的担保又有人的担保，当事人对实现担保物权的顺序有约定，实现担保物权的申请违反顺序约定的，人民法院裁定不予受理；没有约定或者约定不明的，人民法院应当受理。

请评述该条文所涉及的制度。

【参考答案】

该条是关于人保与物保并存时申请实现担保物权法院如何受理的规定，该条规定直接来源于《民法典》相关规定。《民法典》第 392 条规定："被担保的债权既有物的担保又有人的担保的，债务人不履行到期债务或者发生当事人约定的实现担保物权的情形，债权人应当按照约定实现债权；没有约定或者约定不明确，债务人自己提供物的担保的，债权人应当先就该物的担保实现债权；第三人提供物的担保的，债权人可以就物的担保实现债权，也可以请求保证人承担保证责任。提供担保的第三人承担担保责任后，有权向债务人追偿。"对于人保和物保并存的，担保物权人向法院申请实现担保物权时，应当根据该规定进行。如果当事人对物保和人保的担保范围及实现顺序等有明确约定，担保物权人提出的实现担保物权申请不违反该约定的，法院应当适用实现担保物权程序。如果当事人对物保和人保的担保范围及实现顺序等没有约定或者约定不明确的，又区分两种情形：人保和主债务人自己提供的物保并存的，债权人应当先就物保实现债权，其提出的实现担保物权申请，法院应适用实现担保物权程序。人保和第三人提供的物保并存时，债权人可自由选择行使物保或人保，债权人选择申请实现担保物权的，法院也应适用实现担保物权程序。

七、案例分析题

【参考答案】

1. 孙某要实现自己的权益，在我国现有民事诉讼框架内可以通过下列两种途径：第一，根据特别程序申请法院确认调解协议的效力；第二，提起诉讼。

2. (1) 根据特别程序申请法院确认调解协议的效力应遵守下列条件：第一，由孙某或者张某共同提出申请。第二，应当在调解协议生效之日起 30 日内提出申请。第三，可以采取书面形式或者口头形式申请，当事人口头申请的，法院应当记入笔录，并由当事人签名、捺印或者盖章。第四，向当事人所在地、标的物所在地、调解组织所在地的基层法院提出申请。法院受理申请后，经审查，符合法律规定的，裁定调解协议有效，一方当事人拒绝履行或者未全部履行的，对方当事人可以向法院申请执行；不符合法律规定的，裁定驳回申请，当事人可以通过调解方式变更原调解协议或者达成新的调解协议，也可以向法院提起诉讼。(2) 提起诉讼。当事人经人民调解委员会调解达成协议后，孙某可以向法院起诉，但应当按照调解协议起诉要求张某归还 50 万元，而不能起诉原借款纠纷。

第十七章习题自测参考答案

一、单项选择题

1.【答案】C

【解析】根据《民诉法解释》第 431 条第 1 款“债务人在收到支付令后，未在法定期间提出书面异议，而向其他人民法院起诉的，不影响支付令的效力”的规定，选项 A 不正确，选项 C 正确。根据《民事诉讼法》第 224 条第 1 款“人民法院收到债务人提出的书面异议后，经审查，异议成立的，应当裁定终结督促程序，支付令自行失效”的规定，选项 B 不正确。根据《民诉法解释》第 434 条第 1 款“对设有担保的债务的主债务人发出的支付令，对担保人没有拘束力”的规定，选项 D 不正确。

2.【答案】A

【解析】根据《民诉法解释》第 430 条“有下列情形之一的，人民法院应当裁定终结督促程序，已发出支付令的，支付令自行失效：(一) 人民法院受理支付令申请后，债权人就同一债权债务关系又提起诉讼的……”的规定，选项 A 正确，其他选项均不正确。

3.【答案】D

【解析】根据《民诉法解释》第 429 条“向债务人本人送达支付令，债务人拒绝接收的，人民法院可以留置送达”的规定，选项 A 不正确。根据《民事诉讼法》第 223 条第 2 款“债务人应当自收到支付令之日起十五日内清偿债务，或者向人民法院提出书面异议”的规定，选项 B 不正确。陈某的异议未否认借贷法律关系，虽然是在法定期间提出异议，但其异议不成立，不会影响到支付令的效力，故选项 C 不正确。根据《民事诉讼法》第 224 条“人民法院收到债务人提出的书面异议后，经审查，异议成立的，应当裁定终结督促程序，支付令自行失效。支付令失效的，转入诉讼程序，但申请支付令的一方当事人不同意提起诉讼的除外”的规定，选项 D 正确。

4.【答案】A

【解析】根据《民诉法解释》第 436 条第 1 款“债务人对债务本身没有异议，只是提出缺乏清偿能力、延缓债务清偿期限、变更债务清偿方式等异议的,不影响支付令的效力”的规定,田某应针对债务本身提出异议,而不是针对债务所依据的法律关系提出异议,选项 A 不正确,是本题选项。根据《民事诉讼法》第 224 条“人民法院收到债务人提出的书面异议后,经审查,异议成立的,应当裁定终结督促程序,支付令自行失效。支付令失效的,转入诉讼程序,但申请支付令的一方当事人不同意提起诉讼的除外”的规定,本题中,田某提出赵某因做生意曾向其借款 30 万元并提出异议,故选项 B 正确,但不是本题选项。根据《民诉法解释》第 438 条“支付令失效后,申请支付令的一方当事人不同意提起诉讼的,应当自收到终结督促程序裁定之日起七日内向受理申请的人民法院提出。申请支付令的一方当事人不同意提起诉讼的,不影响其向其他有管辖权的人民法院提起诉讼”的规定,选项 C、D 正确,但不是本题选项。

5.【答案】B

【解析】根据《民诉法解释》第 428 条“人民法院受理申请后,由审判员一人进行审查”的规定,选项 A 正确,但不是本题选项。根据《民诉法解释》第 429 条“向债务人本人送达支付令,债务人拒绝接收的,人民法院可以留置送达”的规定,选项 B 不正确,是本题选项。根据《民诉法解释》第 431 条“债务人在收到支付令后,未在法定期间提出书面异议,而向其他人民法院起诉的,不影响支付令的效力”的规定,选项 C 正确,但不是本题选项。根据《民事诉讼法》第 224 条第 1 款“人民法院收到债务人提出的书面异议后,经审查,异议成立的,应当裁定终结督促程序,支付令自行失效”的规定,选项 D 正确,但不是本题选项。

6.【答案】B

【解析】根据《民诉法解释》第 432 条“债权人基于同一债权债务关系,在同一支付令申请中向债务人提出多项支付请求,债务人仅就其中一项或者几项请求提出异议的,不影响其他各项请求的效力”的规定,选项 A 不正确,而选项 B 正确。根据《民诉法解释》第 435 条“经形式审查,债务人提出的书面异议有下列情形之一的,应当认定异议成立,裁定终结督促程序,支付令自行失效……”的规定,选项 C 不正确。根据《民事诉讼法》第 224 条第 1 款“人民法院收到债务人提出的书面异议后,经审查,异议成立的,应当裁定终结督促程序,支付令自行失效”的规定,选项 D 不正确。

7.【答案】B

【解析】根据《民事诉讼法》第 221 条“债权人请求债务人给付金钱、有价证券,符合下列条件的,可以向有管辖权的基层人民法院申请支付令……”的规定,选项 A 正确,但不是本题选项。根据《民诉法解释》第 428 条“人民法院受理申请后,由审判员一人进行审查”的规定,选项 B 不正确,是本题选项。根据《民事诉讼法》第 221 条“债权人请求债务人给付金钱、有价证券,符合下列条件的,可以向有管辖权的基层人民法院申请支付令……”的规定,选项 C 正确,但不是本题选项。根据《民事诉讼法》第 223 条第 2 款“债务人应当自收到支付令之日起十五日内清偿债务,或者向人民法院提出书面异议”的规定,选项 D 正确,但不是本题选项。

8.【答案】B

【解析】根据《民事诉讼法》第 40 条第 2 款“适用简易程序审理的民事案件,由审判员一人独任审理”和《民诉法解释》第 428 条“人民法院受理申请后,由审判员一人进行审查”的规定,选项 A 正确,但不是本题选项。简易程序审理的案件适用二审终审制度,而适用督促程序的案件实行一审终审制。故选项 B 不正确，是本题选项。根据《民事诉讼法》第 160 条第 1 款“基层人民法院和它派出的法庭审理事实清楚、权利义务关系明确、争议不大的简单的民事案件，适用本章规定”和第 221 条“债权人请求债务人给付金钱、有价证券，符合下列条件的，可以向有管辖权的基层人民法院申请支付令……”的规定，对于债权债务关系清楚的给付金钱、有价证券的简单案件，债权人可以选择申请支付令，也可以选择起诉适用简易程序，且均由基层法院管辖，故选项 C、D 正确，但不是本题选项。

二、多项选择题

1.【答案】AC

【解析】根据《民诉法解释》第 429 条“向债务人本人送达支付令，债务人拒绝接收的，人民法院可以留置送达”的规定，选项 A 正确。根据《民诉法解释》第 431 条第 1 款“债务人在收到支付令后，未在法定期间提出书面异议，而向其他人民法院起诉的，不影响支付令的效力”的规定，选项 B 不正确。根据《民事诉讼法》第 223 条第 3 款“债务人在前款规定的期间不提出异议又不履行支付令的，债权人可以向人民法院申请执行”的规定，本题甲公司未在法定期间提出异议，选项 C 正确。根据《民诉法解释》第 434 条第 1 款“对设有担保的债务的主债务人发出的支付令，对担保人没有拘束力”的规定，本题法院经审查向甲公司发出支付令对担保人丙公司没有拘束力，选项 D 不正确。

2.【答案】AB

【解析】根据《民诉法解释》第 429 条“向债务人本人送达支付令，债务人拒绝接收的，人民法院可以留置送达”的规定，选项 A 正确。根据《民事诉讼法》第 223 条第 2、3 款“债务人应当自收到支付令之日起十五日内清偿债务，或者向人民法院提出书面异议。债务人在前款规定的期间不提出异议又不履行支付令的，债权人可以向人民法院申请执行”的规定，甲区法院经审查向卢某发出支付令后，卢某在 20 天后向乙区法院起诉，不影响支付令效力，债权人可以向人民法院申请执行，选项 B 正确。根据《民诉法解释》第 431 条第 1 款“债务人在收到支付令后，未在法定期间提出书面异议，而向其他人民法院起诉的，不影响支付令的效力”的规定，选项 C、D 均不正确。

3.【答案】BD

【解析】根据《民诉法解释》第 143 条“适用特别程序、督促程序、公示催告程序的案件，婚姻等身份关系确认案件以及其他根据案件性质不能进行调解的案件，不得调解”的规定，选项 A 不正确。根据《民事诉讼法》第 224 条第 1 款“人民法院收到债务人提出的书面异议后，经审查，异议成立的，应当裁定终结督促程序，支付令自行失效”的规定，选项 B 正确。根据《民事诉讼法》第 224 条第 2 款“支付令失效的，转入诉讼程序，但申请支付令的一方当事人不同意提起诉讼的除外”的规定，本案债权人是胡某，选项 C 不正确，选项 D 正确。

4.【答案】AC

【解析】根据《民诉法解释》第 431 条第 1 款“债务人在收到支付令后，未在法定期间提出书面异议，而向其他人民法院起诉的，不影响支付令的效力”的规定，本题乙公司向 A 县法院提起诉讼，影响支付令效力，选项 A 正确。根据《民事诉讼法》第 223 条第 3 款“债务人在前款规定的期间不提出异议又不履行支付令的，债权人可以向人民法院申请执行”的规定，本题乙公司向 A 县法院提起诉讼的行为导致支付令无法产生执行效力，选项 B 不正确。根据《民诉法解释》第 431 条第 1 款“债务人在收到支付令后，未在法定期间提出书面异议，而向其他人民法院起诉的，不影响支付令的效力”的规定，乙公司有权选择不提出异议而向法院起诉，选项C正确，而选项D不正确。

5.【答案】AB

【解析】根据《民诉法解释》第429条“向债务人本人送达支付令，债务人拒绝接收的，人民法院可以留置送达”的规定，选项A正确。根据《民诉法解释》第435条“经形式审查，债务人提出的书面异议有下列情形之一的，应当认定异议成立，裁定终结督促程序，支付令自行失效……”的规定，选项B正确。根据《民诉法解释》第431条第1款“债务人在收到支付令后，未在法定期间提出书面异议，而向其他人民法院起诉的，不影响支付令的效力”的规定，本题选项C是债务人收到支付令后不在法定期间提出异议而向法院起诉，并不是向其他法院起诉，所以不正确。根据《民事诉讼法》第223条第3款“债务人在前款规定的期间不提出异议又不履行支付令的，债权人可以向人民法院申请执行”的规定，选项D不正确。

6.【答案】BD

【解析】根据《民诉法解释》第433条“债权人基于同一债权债务关系，就可分之债向多个债务人提出支付请求，多个债务人中的一人或者几人提出异议的，不影响其他请求的效力”的规定，选项A不正确，而选项B正确。根据《民诉法解释》第435条“经形式审查，债务人提出的书面异议有下列情形之一的，应当认定异议成立，裁定终结督促程序，支付令自行失效……”的规定，选项C不正确。根据《民事诉讼法》第224条“人民法院收到债务人提出的书面异议后，经审查，异议成立的，应当裁定终结督促程序，支付令自行失效”的规定，选项D正确。

三、不定项选择题

1.【答案】A

【解析】根据《民事诉讼法》第221条“债权人请求债务人给付金钱、有价证券，符合下列条件的，可以向有管辖权的基层人民法院申请支付令……”的规定，有管辖权的法院是债务人住所地的基层法院。故选项A正确，其他选项均不正确。

2.【答案】AB

【解析】根据《民诉法解释》第428条“人民法院受理申请后，由审判员一人进行审查”的规定，选项A正确。根据《民诉法解释》第429条“向债务人本人送达支付令，债务人拒绝接收的，人民法院可以留置送达”的规定，选项B正确，而选项C不正确。根据《民事诉讼法》第223条第1款“人民法院受理申请后，经审查债权人提供的事实、证据，对债权债务关系明确、合法的，应当在受理之日起十五日内向债务人发出支付令”的规定，选项D不正确。

3.【答案】AC

【解析】根据《民事诉讼法》第223条第2、3款“债务人应当自收到支付令之日起十五日内清偿债务，或者向人民法院提出书面异议。债务人在前款规定的期间不提出异议又不履行支付令的，债权人可以向人民法院申请执行”的规定，选项A正确，而选项B、D均不正确。根据《民事诉讼法》第224条第1款“人民法院收到债务人提出的书面异议后，经审查，异议成立的，应当裁定终结督促程序，支付令自行失效”的规定，选项C正确。

4.【答案】ACD

【解析】根据《民事诉讼法》第224条第1款“人民法院收到债务人提出的书面异议后，经审查，异议成立的，应当裁定终结督促程序，支付令自行失效”的规定，选项A正确，而选项B

不正确。根据《民诉法解释》第 438 条“支付令失效后,申请支付令的一方当事人不同意提起诉讼的,应当自收到终结督促程序裁定之日起七日内向受理申请的人民法院提出。申请支付令的一方当事人不同意提起诉讼的,不影响其向其他有管辖权的人民法院提起诉讼”的规定,选项 C、D 正确。

四、名词解释

1. 督促程序

督促程序,是指法院根据债权人的申请,向债务人发出支付令,催促债务人限期履行给付金钱或者有价证券的义务,债务人在法定期间内未提出异议又不履行义务时,支付令发生强制执行效力的一种特别程序。

2. 支付令

支付令,是指法院根据债权人的申请,督促债务人履行义务或提出书面异议的命令,是一种司法文书,也是督促程序的核心内容。

3. 支付令异议

支付令异议,是指债务人在收到支付令后,向法院申明不服支付令确定的给付义务的诉讼行为。

4. 督促程序终结

督促程序终结,是指由于发生了法定的情形或者某种特殊原因,导致结束督促程序。

五、简答题

1. 简述督促程序的特点。

【参考答案】

督促程序作为一种简捷略式的实现债权的程序,具有以下几个特点:(1) 适用范围的特定性。即仅适用于请求给付金钱和有价证券的案件。(2) 审查过程的简捷性。即法院仅进行书面审查,且由审判员一人独任审理。(3) 程序适用的选择性。即以给付金钱或者有价证券为内容的债权,债权人是依督促程序还是依一般诉讼程序来主张债权,由债权人选择。(4) 与诉讼程序衔接。即督促程序因债务人在法定期间提出书面异议而终结后,为了尽快解决债权债务纠纷,由法院转入诉讼程序。(5) 程序终结附期限。

2. 简述支付令异议的条件。

【参考答案】

根据《民事诉讼法》第 221 条和相关司法解释的规定,申请支付令需要具备以下条件:(1) 债权人请求债务人给付的只能是金钱或者有价证券。(2) 请求给付的金钱或者有价证券已到期并且数额确定。(3) 债务人没有对待给付义务。(4) 债务人在我国境内且未下落不明。(5) 支付令必须能够送达债务人。(6) 收到申请书的法院有管辖权。(7) 债权人未向法院申请诉前保全。

六、论述题

《民诉法解释》第 438 条规定:“支付令失效后,申请支付令的一方当事人不同意提起诉讼的,应当自收到终结督促程序裁定之日起七日内向受理申请的人民法院提出。申请支付令的一方当事人不同意提起诉讼的,不影响其向其他有管辖权的人民法院提起诉讼。”

请评述该规定。

【参考答案】

《民事诉讼法》第224条第2款规定了但书,即将"申请支付令的一方当事人不同意提起诉讼的除外"作为督促程序转入诉讼程序的排除条件,该司法解释规定是对该但书的进一步细化。该规定明确了以下两点内容:第一,对"不同意提起诉讼"的当事人提出要求,即支付令失效后,申请支付令的一方当事人不同意提起诉讼的,应当自收到终结督促程序裁定之日起7日内向受理申请的法院提出。第二,对不同意提起诉讼一方的救济方式,即申请支付令的一方当事人不同意提起诉讼的,不影响其向其他有管辖权的法院提起诉讼。换言之,该规定许可申请支付令一方当事人不同意就地转入诉讼程序而向其他有管辖权的法院另行提起诉讼,法院不得以当事人因督促程序终结后不同意提起诉讼为由,影响申请支付令一方当事人独立的起诉、受理以及后续程序。

七、案例分析题

【参考答案】

1. 根据我国现行《民事诉讼法》的规定,田某可以通过申请支付令适用督促程序,或者提起诉讼适用诉讼程序两种方式实现自己的权利。

2. (1) 适用督促程序应具备下列条件:第一,债权人请求债务人给付的只能是金钱或者汇票、本票、支票、股票、债券、国库券、可转让的存单等有价证券。第二,请求给付的金钱或者有价证券已到期并且数额确定,并写明了请求所根据的事实、证据。第三,债务人没有对待给付义务。第四,债务人在我国境内且未下落不明。第五,支付令必须能够送达债务人。第六,收到申请书的法院有管辖权。第七,债权人未向法院申请诉前保全。(2) 适用诉讼程序应具备下列条件:第一,原告是与本案有直接利害关系的公民、法人和其他组织。第二,有明确的被告。第三,有具体的诉讼请求和事实、理由。第四,属于法院受理民事诉讼的范围和受诉法院管辖。

第十八章习题自测参考答案

一、单项选择题

1.【答案】C

【解析】《民诉法解释》第448条规定,在申报期届满后、判决作出之前,利害关系人申报权利的,应当适用《民事诉讼法》第228条第2、3款规定处理,即法院应当裁定终结公示催告程序。故选项A、B均不正确,选项C正确。根据《民事诉讼法》第229条"没有人申报的,人民法院应当根据申请人的申请,作出判决,宣告票据无效"的规定,本题家佳公司向法院申报权利,法院应当裁定终结公示催告程序,而不是告知其另行起诉。故选项D不正确。

2.【答案】C

【解析】《民诉法解释》第448条规定,在申报期届满后、判决作出之前,利害关系人申报权利的,应当适用《民事诉讼法》第228条第2、3款规定处理,即利害关系人申报权利的最后期限是判决作出之前。故选项A不正确。公示催告程序作为非讼程序,无需开庭审理,也不存在法庭调查与法庭辩论环节。故选项B不正确。根据《民诉法解释》第449条"利害关系人申报权利,人民法院应当通知其向法院出示票据,并通知公示催告申请人在指定的期间查看该票据"的规定,选项C正确,而选项D不正确。

3.【答案】D

【解析】根据《民事诉讼法》第 221 条、第 225 条的规定，债权人可以向有管辖权的基层法院申请支付令；票据持有人可以向票据支付地的基层法院申请公示催告。故选项 A 正确，但不是本题选项。由于督促程序与公示催告程序都是非讼程序，都实行一审终审，且都没有开庭审理程序。故选项 B、C 正确，但不是本题选项。根据《民事诉讼法》第 223 条第 2 款、第 226 条的规定，债务人应当自收到支付令之日起 15 日内清偿债务，或者向法院提出书面异议；法院决定受理申请，应当同时通知支付人停止支付，并在 3 日内发出公告，催促利害关系人申报权利。可见，督促程序设置的是债务人异议程序而非申报权利程序；公示催告程序设置的是利害关系人申报权利程序。故选项 D 错误，是本题选项。

4.【答案】D

【解析】根据《民诉法解释》第 449 条的规定，利害关系人申报权利，法院应当通知其向法院出示票据，并通知公示催告申请人在指定的期间查看该票据。故法院应对申报的票据做形式审查，而不作申报理由的实质审查。选项 A 正确，但不是本题选项。根据《民诉法解释》第 448 条的规定，在申报期届满后、判决作出之前，利害关系人申报权利的，应当适用《民事诉讼法》第 228 条第 2、3 款规定处理，即法院应裁定终结公示催告程序。故选项 B 正确，但不是本题选项。根据《民事诉讼法》第 230 条“利害关系人因正当理由不能在判决前向人民法院申报的，自知道或者应当知道判决公告之日起一年内，可以向作出判决的人民法院起诉”的规定，选项 C 正确，但不是本题选项。根据《民诉法解释》第 450 条“在申报权利的期间无人申报权利，或者申报被驳回的，申请人应当自公示催告期间届满之日起一个月内申请作出判决”的规定，选项 D 不正确，是本题选项。

5.【答案】C

【解析】根据《民事诉讼法》第 225 条“按照规定可以背书转让的票据持有人，因票据被盗、遗失或者灭失，可以向票据支付地的基层人民法院申请公示催告”的规定，选项 A 正确，但不是本题选项。根据《民诉法解释》第 452 条“适用公示催告程序审理案件，可由审判员一人独任审理”的规定，选项 B 正确，但不是本题选项。根据《民事诉讼法》第 226 条“人民法院决定受理申请，应当同时通知支付人停止支付，并在三日内发出公告，催促利害关系人申报权利”的规定，B 区法院于 4 月 7 日就受理了甲公司的公示催告申请案件，应当在受理申请的同时通知支付人停止支付，并在 3 日内发出公告。故 4 月 9 日审判员陈某才向乙银行发出止付通知，该行为是不正确，但同日发出公告的行为正确。故选项 C 不正确，是本题选项；选项 D 正确，但不是本题选项。

二、多项选择题

1.【答案】AC

【解析】根据《民诉法解释》第 449 条“利害关系人申报权利，人民法院应当通知其向法院出示票据，并通知公示催告申请人在指定的期间查看该票据。公示催告申请人申请公示催告的票据与利害关系人出示的票据不一致的，应当裁定驳回利害关系人的申报”的规定，选项 A、C 正确。公示催告程序属于非讼程序，法院仅对利害关系人的申报作形式审查，而无需开庭审理，选项 B、D 不正确。

2.【答案】AD

【解析】根据《民事诉讼法》第 227 条“支付人收到人民法院停止支付的通知，应当停止支付，至公示催告程序终结。公示催告期间，转让票据权利的行为无效”的规定，选项 A 正确，选项 B 不正确。根据《民事诉讼法》第 229 条“没有人申报的，人民法院应当根据申请人的申请，作出判决，宣告票据无效”的规定，选项 C 不正确。根据《民诉法解释》第 452 条“适用公示催告程序审理案件，可由审判员一人独任审理；判决宣告票据无效的，应当组成合议庭审理”的规定，选项 D 正确。

3.【答案】AD

【解析】根据《民诉法解释》第 449 条“利害关系人申报权利，人民法院应当通知其向法院出示票据，并通知公示催告申请人在指定的期间查看该票据”的规定，选项 A 正确。公示催告程序作为非讼程序，没有开庭审理的程序。故选项 B 不正确。根据《民诉法解释》第 452 条“适用公示催告程序审理案件，可由审判员一人独任审理；判决宣告票据无效的，应当组成合议庭审理”的规定，选项 C 不正确。根据《民事诉讼法》第 228 条第 1、2 款“利害关系人应当在公示催告期间向人民法院申报。人民法院收到利害关系人的申报后，应当裁定终结公示催告程序，并通知申请人和支付人”的规定，选项 D 正确。

三、名词解释

1. 公示催告程序

公示催告程序，是指法院依据申请人的申请，将申请的票据以公示的方式，催告不明的利害关系人在指定期间内申报权利，如逾期无人申报，则作出除权判决，宣告票据失权的一种非讼程序。

2. 停止支付通知

停止支付通知，是指法院在决定受理公示催告申请的同时，向对丧失的票据负有支付义务的人发出的停止支付的诉讼文书。

3. 公示催告公告

公示催告公告，是指法院在决定受理公示催告申请后，向社会发出的催告利害关系人申报权利的告示，是公示催告程序的必经阶段。

4. 申报权利

申报权利，是指利害关系人在指定期间内向法院主张票据权利的行为，也是利害关系人维护自己合法权益的一种手段。

5. 除权判决

除权判决，是指在公示催告期间无人申报权利，或者申报被驳回，法院依申请人的申请所作出的宣告票据无效的判决。

四、简答题

1. 简述公示催告程序的特点。

【参考答案】

公示催告程序相对于诉讼程序具有以下特点：(1) 程序的开始方式特殊。(2) 程序适用范围具有特定性。即公示催告程序主要适用于可以背书转让的票据和其他法定事项。(3) 程序具有非讼性。(4) 审理方式具有特殊性。即法院以公告和申报权利的方式确定票据利害关系人是否存在，而不进行实体审理，也无需开庭审理；此外，公示催告程序的进行分为两个阶段，即公示催告和除权判决作出。(5) 实行一审终审制度。

2.《民诉法解释》第 459 条第 1 款规定：根据《民事诉讼法》第 230 条的规定，利害关系人请求人民法院撤销除权判决的，应当将申请人列为被告。

简述该司法解释规定所涉及的制度。

【参考答案】

该条款是撤销之诉关于被告的规定。利害关系人提起撤销之诉，意在通过确认自己的合法票据权利人身份以撤销除权判决，因为其认为基于申请人的申请作出的除权判决认定的事实错误，故该诉纠纷实际发生在利害关系人与申请人之间，且一旦除权判决被撤销势必会影响到申请人的票据权利。因此，利害关系人提起撤销之诉应当以申请人为被告。

五、论述题

论除权判决的法律效力。

【参考答案】

公示催告程序实行一审终审制度，因此，除权判决作出后，即产生以下法律效力：(1) 申请人申请公示催告的票据或者其他事项丧失效力，即持有该票据、其他事项的利害关系人不能行使票据或者其他事项上的权利。(2) 依据该判决，在申请人与付款人之间重新恢复债权债务关系，即申请人可以根据除权判决，重新享有已经丧失的票据上的权利，从而有权请求付款人支付票面金额，付款人不得拒绝。付款人拒绝支付的，申请人可以向法院起诉，符合起诉条件的，法院应当受理。(3) 公示催告程序终结，任何人不得对除权判决提出上诉。

六、案例分析题

【参考答案】

家电公司向综合商场背书转让汇票的行为无效。因为根据《民事诉讼法》第 227 条第 2 款的规定，公示催告期间，转让票据权利的行为无效。

第十九章习题自测参考答案

一、单项选择题

1.【答案】D

【解析】民事执行与民事审判的权力基础不同，选项 A 错误。二者并不是解决民事纠纷的必经程序，如有仲裁协议的纠纷，就不需要经过民事审判程序；义务人主动履行生效法律文书确定的义务，就不需要经过民事执行程序。故选项 B 错误。民事执行程序是单一类型的程序，民事审判程序是多类型程序。故选项 C 错误。民事执行程序与民事审判程序有共同的、通用的制度与规则，故选项 D 正确。

2.【答案】C

【解析】有的案件既有对行为的执行也有对财产的执行，从执行的内容来说，有行为和财产两个执行标的。故选项 A 错误。在可替代行为的执行中，执行标的可能由行为变成财产。故选项 B 错误。执行标的只有行为和财产两类，因此某个案件的执行标的不是财产就是行为，或者既有财产又有行为。故选项 C 正确。执行标的是由执行依据而不是执行法官确定的。故选项 D 错误。

3.【答案】B

【解析】民事执行的基本职能是实现权利而不是确认权利。故选项 A 错误。执行当事人与案外人之间因执行行为发生的争议，属于执行裁判权能的作用范围。故选项 B 正确。辖区内的执行案件存在级别管辖的问题，并非所有辖区内的案件都由本院管辖。故选项 C 错误。只有高级法院才具有统一管理本辖区执行工作的职能。故选项 D 错误。

4.【答案】A

【解析】最高院指导案例 34 号裁判要旨指出："生效法律文书确定的权利人在进入执行程序前合法转让债权的，债权受让人即权利承受人可以作为申请执行人直接申请执行，无需执行法院作出变更申请执行人的裁定。"故选项 A 正确，其他选项错误。

5.【答案】C

【解析】根据《变更、追加执行当事人规定》第 32 条第 1 款"被申请人或申请人对执行法院依据本规定第十四条第二款、第十七条至第二十一条规定作出的变更、追加裁定或驳回申请裁定不服的，可以自裁定书送达之日起十五日内，向执行法院提起执行异议之诉"的规定，选项 C 正确，其他选项错误。

6.【答案】B

【解析】《变更、追加执行当事人规定》第 30 条规定："被申请人、申请人或其他执行当事人对执行法院作出的变更、追加裁定或驳回申请裁定不服的，可以自裁定书送达之日起十日内向上一级人民法院申请复议，但依据本规定第三十二条的规定应当提起诉讼的除外。"本案不涉及第 32 条的内容，故选项 B 正确，其他选项错误。

7.【答案】C

【解析】《民事诉讼法》第 117 条规定："有义务协助调查、执行的单位有下列行为之一的，人民法院除责令其履行协助义务外，并可以予以罚款：(一) 有关单位拒绝或者妨碍人民法院调查取证的；(二) 有关单位接到人民法院协助执行通知书后，拒不协助查询、扣押、冻结、划拨、变价财产的；(三) 有关单位接到人民法院协助执行通知书后，拒不协助扣留被执行人的收入、办理有关财产权证照转移手续、转交有关票证、证照或者其他财产的；(四) 其他拒绝协助执行的。人民法院对有前款规定的行为之一的单位，可以对其主要负责人或者直接责任人员予以罚款；对仍不履行协助义务的，可以予以拘留；并可以向监察机关或者有关机关提出予以纪律处分的司法建议。"本题中，某市公安局机动车管理部门拒绝接受协助执行通知书，是一种拒不协助执行的行为，根据上述规定，执行法院可以采取的措施包括：对某市公安局机动车管理部门予以罚款；对其主要负责人或者直接责任人员予以罚款、拘留；向监察机关或者有关机关提出予以纪律处分的司法建议。故选项 C 正确，其他选项错误。

8.【答案】D

【解析】本案不符合《民事诉讼法》第 263 条规定的中止执行的条件，故选项 A 错误。题干没有表明申请执行人李某是否同意王某提供担保并中断执行程序，本案不构成执行和解，选项 B 错误。根据《民事诉讼法》第 238 条的规定，执行担保必须经申请执行人同意。《民诉法解释》第 467 条规定："如果担保是有期限的，暂缓执行的期限应当与担保期限一致，但最长不得超过一年。"本案题干没有表明申请执行人李某已经同意暂缓执行，加上王某提供担保的期间为 2 年，不符合暂缓执行的条件，故选项 C 错误。本案既不符合暂缓执行的条件，也不符合中止执行、执行和解的条件，只能继续执行。故选项 D 正确。

9.【答案】B

【解析】根据《民事诉讼法》第 264 条第 2 项的规定，据以执行的法律文书被撤销的，法院裁定终结执行。本题涉及的案件，经省高级法院再审判决驳回张某的诉讼请求，本案据以执行的法律文书被撤销，就不存在中止执行、暂缓执行的情节，也就没有必要再进行评估，执行法院应当裁定终结执行。故选项 B 正确，其他选项错误。

10.【答案】B

【解析】根据《民事诉讼法》第 263 条第 1 款第 3 项的规定，作为一方当事人的公民死亡，需要等待继承人继承权利或者承担义务的，法院应当裁定中止执行；根据《民事诉讼法》第 264 条第 3 项的规定，作为被执行人的公民死亡，无遗产可供执行，又无义务承担人的，法院应当裁定终结执行。本案中，作为被执行人的乙死亡，首先要裁定中止执行以等待乙的继承人表示是否行使继承权；如果乙的继承人不行使继承权，则要恢复执行以查明乙是否有遗产以及是否有人应当承担其债务，只有既无遗产可供执行又无义务承担人的，才能裁定终结执行。由于题干并未交代乙是否有遗产以及是否有义务承担人，因此，本案执行法院只能裁定中止执行，选项 B 正确，其他选项均错误。

11.【答案】B

【解析】本题涉及对债权执行的问题。根据现行法律和司法解释的规定，在对债权执行程序中，次债务人（《民法典》称相对人）可以对债权提出异议，执行当事人可以提出执行行为异议，利害关系人可以提出执行标的异议。丁是本案的利害关系人，其提出的异议应当属于执行标的异议。《民诉法解释》第 499 条第 2 款规定，利害关系人对到期债权有异议的，人民法院应当按照《民事诉讼法》第 234 条规定处理。其实是对利害关系人提出异议的类型作出了规定。故选项 B 正确，其他选项均错误。

12.【答案】B

【解析】根据最高人民法院指导案例 2 号，本案的执行依据应当是一审判决。这是因为，双方在第二审程序中达成和解协议，但没有请求二审法院按照和解协议制作调解书，建安公司撤回上诉后，一审判决生效。故选项 B 正确。

13.【答案】D

【解析】《变更、追加执行当事人规定》第 14 条第 1 款规定："作为被执行人的合伙企业，不能清偿生效法律文书确定的债务，申请执行人申请变更、追加普通合伙人为被执行人的，人民法院应予支持。" 故选项 D 正确。

二、多项选择题

1.【答案】ABCD

【解析】民事执行程序的权力基础是民事执行权，民事审判程序的权力基础是民事审判权，选项 A 正确。民事执行程序的任务是实现权利，民事审判程序的任务是确认权利，选项 B 正确。民事执行程序的基本价值取向是效益优先，而民事审判程序的基本价值取向是公正优先，选项 C 正确。民事执行程序是单一类型的程序，而民事审判程序是多种类型的程序构成，选项 D 正确。

2.【答案】ABC

【解析】根据《民事诉讼法》第 233 条的规定，执行法院消极执行的，申请执行人可以向上一级法院申请执行。上一级法院经审查，可以：(1) 责令原法院在一定期限内执行；(2) 决定由本院执行；(3) 指令其他法院执行。因此，选项 A、B、C 正确。现行法律和司法解释没有规定选项 D 的内容,该选项错误。

3.【答案】AC

【解析】《执行程序适用解释》第 3 条规定:“人民法院受理执行申请后,当事人对管辖权有异议的,应当自收到执行通知书之日起十日内提出。人民法院对当事人提出的异议,应当审查。异议成立的,应当撤销执行案件,并告知当事人向有管辖权的人民法院申请执行;异议不成立的,裁定驳回。当事人对裁定不服的,可以向上一级人民法院申请复议。”若被执行人超过 10 日提出管辖权异议的,应当属于异议不成立,则此时选项 A 正确。既然司法解释规定当事人可以提出管辖权异议,选项 B 就是错误的。在执行程序中,若管辖权异议成立,则执行法院的处理方法是撤销案件而不是移送管辖。故选项 C 正确,选项 D 错误。

4.【答案】ABC

【解析】《仲裁执行规定》第 3 条规定:“仲裁裁决或者仲裁调解书执行内容具有下列情形之一导致无法执行的,人民法院可以裁定驳回执行申请;导致部分无法执行的,可以裁定驳回该部分的执行申请;导致部分无法执行且该部分与其他部分不可分的,可以裁定驳回执行申请……”故选项 B 正确。《仲裁执行规定》第 19 条第 2 款规定:“被执行人、案外人对仲裁裁决执行案件申请不予执行,经审查理由成立的,人民法院应当裁定不予执行;理由不成立的,应当裁定驳回不予执行申请。”故选项 A 正确。《执行规定》第 18 条规定:“人民法院受理执行案件应当符合下列条件:(1) 申请或移送执行的法律文书已经生效;(2) 申请执行人是生效法律文书确定的权利人或其继承人、权利承受人;(3) 申请执行人在法定期限内提出申请;(4) 申请执行的法律文书有给付内容,且执行标的和被执行人明确;(5) 义务人在生效法律文书确定的期限内未履行义务;(6) 属于受申请执行的人民法院管辖。人民法院对符合上述条件的申请,应当在七日内予以立案;不符合上述条件之一的,应当在七日内裁定不予受理。”故选项 C 正确。撤销仲裁裁决只有可能在案件进入执行程序前适用,选项 D 错误。

5.【答案】BC

【解析】从实体上看,某银行对房屋享有抵押权,也就可以就拍卖款项主张优先受偿权。因此,本案中,在执行法院拍卖乙的房屋的过程中,某银行只能主张优先受偿权而不得主张排除执行,也就是只能申请参与分配而不得提出执行标的异议。故选项 A 错误,选项 B 正确。对于法院作出的分配方案不服的,可以提起分配方案异议之诉,分配方案异议之诉也属于执行异议之诉,选项 C 正确。某银行不具有提起执行标的异议的权利基础,也就不可能享有在某异议请求被驳回后申请再审的权利,选项 D 错误。

6.【答案】ABD

【解析】《民事诉讼法》第 244 条第 2、3 款规定:“被申请人提出证据证明仲裁裁决有下列情形之一的,经人民法院组成合议庭审查核实,裁定不予执行:(一) 当事人在合同中没有订有仲裁条款或者事后没有达成书面仲裁协议的;(二) 裁决的事项不属于仲裁协议的范围或者仲裁机构无权仲裁的;(三) 仲裁庭的组成或者仲裁的程序违反法定程序的;(四) 裁决所根据的证据是伪造的;(五) 对方当事人向仲裁机构隐瞒了足以影响公正裁决的证据的;(六) 仲裁员在仲裁该案时有贪污受贿,徇私舞弊,枉法裁决行为的。人民法院认定执行该裁决违背社会公共利益的,裁定不予执行。”故选项 A、B、D 正确。

7.【答案】AB

【解析】《民事诉讼法》第 243 条规定:“发生法律效力的民事判决、裁定,当事人必须履行。一方拒绝履行的,对方当事人可以向人民法院申请执行,也可以由审判员移送执行员执行。”第 244 条第 1 款规定:“对依法设立的仲裁机构的裁决,一方当事人不履行的,对方当事人可以向有管辖权的人民法院申请执行。受申请的人民法院应当执行。”故选项 A、B 正确,选项 C、D 错误。

8.【答案】ABD

【解析】执行阻却是指执行程序的暂时停止状态,是执行措施的停止,它包括暂缓执行、执行和解和执行中止三种情形,执行担保是暂缓执行的事由。故选项 A、B、D 正确,选项 C 错误。

9.【答案】CD

【解析】《民事诉讼法》第 264 条规定:“有下列情形之一的,人民法院裁定终结执行:(一)申请人撤销申请的;(二)据以执行的法律文书被撤销的;(三)作为被执行人的公民死亡,无遗产可供执行,又无义务承担人的;(四)追索赡养费、扶养费、抚养费案件的权利人死亡的;(五)作为被执行人的公民因生活困难无力偿还借款,无收入来源,又丧失劳动能力的;(六)人民法院认为应当终结执行的其他情形。”故选项 C、D 正确,选项 A、B 错误。

10.【答案】BC

【解析】《民诉法解释》第 467 条规定:“被执行人或者担保人对担保的财产在暂缓执行期间有转移、隐藏、变卖、毁损等行为的,人民法院可以恢复强制执行。”第 469 条规定:“被执行人在人民法院决定暂缓执行的期限届满后仍不履行义务的,人民法院可以直接执行担保财产,或者裁定执行担保人的财产,但执行担保人的财产以担保人应当履行义务部分的财产为限。”根据上述规定,担保人在暂缓执行期间转移、毁损财产的,执行机构可以恢复执行,故选项 D 错误。恢复执行后,根据第 469 条的规定,可以直接执行担保的财产或者担保人的财产,当然也可以直接执行被执行人的财产,故选项 B、C 正确。在执行程序中,执行机构无权依职权采取保全措施,选项 A 错误。

11.【答案】BCD

【解析】本题考察的是关于共有财产执行的规定。《查封扣押冻结规定》第 12 条规定:“对被执行人与其他人共有的财产,人民法院可以查封、扣押、冻结,并及时通知共有人。共有人协议分割共有财产,并经债权人认可的,人民法院可以认定有效。查封、扣押、冻结的效力及于协议分割后被执行人享有份额内的财产;对其他共有人享有份额内的财产的查封、扣押、冻结,人民法院应当裁定予以解除。共有人提起析产诉讼或者申请执行人代位提起析产诉讼的,人民法院应当准许。诉讼期间中止对该财产的执行。”根据该条第 1 款的规定,选项 A 错误,选项 B 正确。根据该条第 2 款的规定,选项 C 正确。根据该条第 3 款的规定,选项 D 正确。

三、不定项选择题

1.【答案】BCD

【解析】为了提高执行效率,对执行依据仅进行形式审查、不进行实质审查,选项 A 错误。迅速、及时、连续地采取执行措施,有利于提高效率,选项 B 正确。按照现金、动产、其他财产权利、不动产的顺序执行,有利于降低执行成本,选项 C 正确。严格禁止超标的查封,有利于防止执行错误从而控制执行成本,选项 D 正确。

2.【答案】BCD

【解析】执行依据的构成要件分为形式要件和实体要件两个方面。其中,必须是公文书,这是执行依据的形式要件。选项A是错误的。执行依据必须有明确的权利义务主体、必须有明确的给付内容,这也是执行依据的形式要件,选项B、C正确。执行依据的给付内容必须具有可执行性,义务人履行义务的条件已经成就,这是执行依据的实质要件。故选项D正确。

3.【答案】B

【解析】执行标的与诉讼标的完全不同,并非诉讼标的在执行程序中的发展,选项A错误。执行标的是执行行为指向的、用于满足债权人实体权利请求的客体,选项B正确。执行标的具有非抗辩性,并不是由当事人通过言词辩论确定,选项C错误。执行标的具有确定性,它不会随着执行程序的发展而变化,选项D错误。

4.【答案】AC

【解析】根据《民事诉讼法》第231条的规定,对于法院作出的判决,由第一审法院或者与第一审法院同级的被执行财产所在地法院管辖。本案中,第一审法院是甲市A区法院,被申请人刘正在丙市B区法院辖区有可供执行的财产,甲市A区法院和丙市B区法院对本案具有管辖权。故选项A、C正确。

5.【答案】CD

【解析】本题涉及一方当事人不履行执行和解协议的处理问题。根据《民事诉讼法》第237条第2款的规定,当事人不履行和解协议的,法院可以根据当事人的申请,恢复对原生效法律文书的执行。本案李某没有履行执行和解协议,张某可以申请恢复执行,选项A错误。根据上述规定,执行和解后的恢复执行只能以原生效法律文书为依据,不得以执行和解协议为依据,选项B错误,选项C符合上述法律规定。选项D是对金钱债权的执行措施,执行法院有权实施,选项D正确。

6.【答案】D

【解析】中止执行是执行程序的中断,已经采取的执行措施的效力应当予以维持,但不得采取新的执行措施,中止执行的法定事由消灭的,应当裁定恢复执行。故选项A、B、C错误,选项D正确。

7.【答案】A

【解析】丁提起的异议属于利害关系人提起的执行行为异议。根据现行法律和司法解释的规定,丁对执行法院作出的裁定不服的,可以向上一级法院申请复议,选项A正确。提起执行异议之诉和申请再审是对执行标的提出异议后的后续救济程序,故选项B、C错误。本案乙与丙之间并没有裁判文书,丁也无法提起第三人撤销之诉,选项D错误。

8.【答案】A

【解析】本案属于案外人提起的执行异议之诉,也称案外人异议之诉。根据《民事诉讼法》第234条和《民诉法解释》第302条的规定,执行异议之诉由执行法院管辖,选项A正确。根据《民诉法解释》第305条的规定,案外人提起执行异议之诉的,以申请执行人为被告;被执行人反对案外人异议的,被执行人为共同被告;被执行人不反对案外人异议的,可以列被执行人为第三人。本案中,作为申请执行人的李某是当然的被告,作为被执行人的江某反对黄某的主张,江某应当是共同被告。故选项B、C均错误。根据《民诉法解释》第310条第2款的规定,案外人同时提出确认其权利的诉讼请求的，法院可以在判决中一并作出裁判。本案中，黄某并没有提出确认其权利的诉讼请求，根据不告不理的基本法理，法院不得就此作出判决，选项 D 错误。

9.【答案】B

【解析】《民事诉讼法》第 244 条第 4 款规定："仲裁裁决被人民法院裁定不予执行的，当事人可以根据双方达成的书面仲裁协议重新申请仲裁，也可以向人民法院起诉。"故选项 B 正确。

10.【答案】D

【解析】《民事诉讼法》第 245 条第 2 款规定："公证债权文书确有错误的，人民法院裁定不予执行，并将裁定书送达当事人和公证机关。"《公证债权文书执行规定》第 12 条规定，有下列情形之一的，被执行人可以依照《民事诉讼法》第 238 条[①] 第 2 款规定申请不予执行公证债权文书：(1) 被执行人未到场且未委托代理人到场办理公证的；(2) 无民事行为能力人或者限制民事行为能力人没有监护人代为办理公证的；(3) 公证员为本人、近亲属办理公证，或者办理与本人、近亲属有利害关系的公证的；(4) 公证员办理该项公证有贪污受贿、徇私舞弊行为，已经由生效刑事法律文书等确认的；(5) 其他严重违反法定公证程序的情形。被执行人以公证债权文书的内容与事实不符或者违反法律强制性规定等实体事由申请不予执行的，人民法院应当告知其依照本规定第 22 条第 1 款规定提起诉讼。第 5 条规定："债权人申请执行公证债权文书，有下列情形之一的，人民法院应当裁定不予受理；已经受理的，裁定驳回执行申请……(四) 债权人未提交执行证书……"故选项 A、B、C 均错误，选项 D 正确。其中，选项 A 属于可以另案提起诉讼的事由，选项 B、C 属于不予受理和驳回申请的事由。

四、名词解释

1. 民事执行

民事执行，是指法院执行机构依照法定程序，运用国家强制力，强制拒绝履行义务的被执行人履行生效法律文书确定的义务，以实现申请执行人合法权益的活动。

2. 执行机构

执行机构是最基本、最重要的执行主体，是指依法行使民事执行权、专门负责实施强制执行行为并使申请执行人的合法权益得以实现的职能组织。我国的执行机构是在法院内设置的执行局。

3. 执行依据

执行依据又称执行根据、执行名义，是指由法定机关或者机构作出的记载具有一定的民事实体权利，并且权利人可据以请求执行的生效法律文书。

4. 执行阻却

执行阻却就是在执行完毕前，执行程序的停止状态，主要有暂缓执行、执行和解和中止执行三种情形。

5. 暂缓执行

暂缓执行，是指在执行程序中，经执行当事人达成合意或者执行机构依职权决定，暂时停

---

① 2021 年《民事诉讼法》修改后，该条文序号变为第 245 条。

止采取执行措施，从而使执行程序进入停止状态的制度。

6. 执行和解

执行和解，是指在执行程序中，经自愿、平等协商，执行当事人就如何实现生效法律文书确定的内容达成协议，从而结束执行程序的活动。

7. 中止执行

中止执行，是指由于出现法定的事由，执行机构裁定中断执行程序的一种执行制度。

8. 执行完毕

执行完毕是指在生效法律文书确定的权利义务全面实现的情况下的执行程序的结束。

9. 终结执行

终结执行是指在生效法律文书确定的权利义务没有全面实现的情况下的执行程序的结束。

10. 执行救济

执行救济，是指在执行程序中，执行当事人或者第三因自己的合法权益受到或者可能受到侵害，依法向有关机关提出采取保护和补救措施的请求，有关机关依法矫正已经发生或者业已造成损害的违法或者不当执行行为的法律制度。

五、简答题

1. 简述民事执行标的的法律特征。

【参考答案】

(1) 民事执行标的范围的有限性；(2) 民事执行标的的确定性；(3) 民事执行标的的非抗辩性；(4) 财产型民事执行标的所有权权能与所有权的分离性、行为型民事执行标的意思表示与法律效果的分离性。

2. 简述执行担保导致暂缓执行的条件。

【参考答案】

(1) 债务人向民事执行机关提出申请；(2) 以债务人自己的财产或者第三人提供担保；(3) 债权人同意；(4) 暂缓执行的期限与担保的期限一致，但最长不得超过 1 年。

3. 简述执行回转的原因与条件。

【参考答案】

执行回转的原因是：生效法律文书的内容已经执行完毕，但该生效法律文书又被依法撤销。执行回转应当具备下列条件：(1) 具有对原作为执行根据的法律文书作出明确否定的新的法律文书；(2) 原法律文书必须已经执行完毕，执行程序已经终结；(3) 根据新的法律文书已获得执行所得的人丧失了取得财产的依据，并且拒不返还其所得的财产。

4. 简述案外人提出执行异议的条件。

【参考答案】

案外人提起异议应当具备下列条件：(1) 提起异议的主体是案外人；(2) 提起异议的时间应当是在执行程序中；(3) 提起异议的理由是对执行标的主张实体权利；(4) 必须采取书面的形式提起异议。

六、论述题

1. 论执行标的有限原则及其具体要求。

【参考答案】

执行标的有限原则,是指在民事执行程序中,执行活动只能针对债务人的财产和行为,不能对债务人的人身采取执行措施,不得以羁押人身的方式促使或者替代债务人履行义务,执行债务人的财产时,也有一定范围的限制。

执行标的有限原则要求民事执行应当做到以下几点:(1) 执行标的只能是财产和行为,不得以羁押人身的方式促使或者替代债务人履行义务;(2) 必须严格依据执行名义确定执行标的,不得随意变更执行标的或者扩大执行标的的范围;(3) 执行标的限于债务人的财产和行为,不得对案外人的财产或者行为实施执行;(4) 执行债务人的财产时必须有一定的限制,不得执行债务人依法不得执行的财产(或者执行豁免的财产应当排除在执行标的范围之外)。

2. 论启动民事执行程序应当具备的条件。

【参考答案】

(1) 有执行依据,即据以执行的生效法律文书,包括判决书、裁定书、调解书、支付令以及法律规定由人民法院执行的其他机关制作的法律文书。(2) 执行依据必须具有给付内容,即一方当事人应当交付另一方当事人一定的财物或者完成一定的行为。(3) 执行依据已经发生法律效力。(4) 负有义务的一方当事人拒绝或者推拖履行生效法律文书确定的义务。

七、案例分析题

【参考答案】

1. 本案执行程序存在下列瑕疵:

(1) 东城区法院裁定以物抵债方式不符合法律规定。现行法律和司法解释没有关于不经评估就可以直接裁定以物抵债的规定。从本案提供的案情来看,并未显示东城区法院对以物抵债的该房屋进行价格评估,也未显示申请执行人和被执行人就以物抵债的该房屋在价格上达成一致协议。孙纪右在收到以物抵债裁定书后,又不同意以其房屋抵偿债务,说明本案不具备以物抵债的条件。本案东城区法院的正确做法是对该房屋进行价格评估,以评估价为基础确定保留价后,对该房屋进行拍卖。

(2) 东城区法院在裁定以物抵债的同时,裁定本案终结执行是错误的。根据本案提供的材料,既然该房屋折价 233 万元,就已经全部实现了申请执行人马洪的债权,本案应当执行结案,而不是终结执行。本案不具备终结执行的条件。

(3) 东城区法院于 4 月 25 日才作出驳回孙纪右异议的裁定,不符合法律和司法解释的规定。根据《民事诉讼法》第 232 条的规定,执行法院收到当事人的书面异议后,应当在 15 日内审查;根据《执行程序适用解释》的规定,执行法院审查处理执行异议,应当自收到书面异议之日起 15 日内作出裁定。东城区法院于 4 月 3 日收到当事人的书面异议,应当在 4 月 18 日前作出裁定。但事实上,东城区法院直至 4 月 25 日才作出裁定,违反了法律规定。

2. 根据《民事诉讼法》第 232 条的规定,如果孙纪右不服东城区法院就其异议所作出的裁定,可以在收到裁定书之日起 10 日内向上一级法院申请复议。根据《执行程序适用解释》的规定,孙纪右申请复议应当采取书面形式。孙纪右申请复议的书面材料既可通过东城区法院转交,也可以直接向执行法院的上一级法院提交。执行法院收到复议申请后,应当在 5 日内将复议所需的案卷材料报送上一级法院,上一级法院收到复议申请后,应当通知执行法院在 5 日内报送复议所需的案卷材料。上一级法院应当组成合议庭进行审查,并自收到复议申请之日起 30 日内审查完毕并作出裁定。

第二十章习题自测参考答案

一、单项选择题

1.【答案】A

【解析】《民事诉讼法》第 250 条第 2 款规定:“人民法院扣留、提取收入时,应当作出裁定,并发出协助执行通知书,被执行人所在单位、银行、信用合作社和其他有储蓄业务的单位必须办理。”故选项 A 正确。

2.【答案】D

【解析】《民诉法解释》第 488 条第 2 款规定:“对变卖的财产,人民法院或者其工作人员不得买受。”故选项 D 正确。

3.【答案】C

【解析】《民事诉讼法》第 255 条规定:“被执行人不履行法律文书确定的义务,并隐匿财产的,人民法院有权发出搜查令,对被执行人及其住所或者财产隐匿地进行搜查。采取前款措施,由院长签发搜查令。”故选项 C 正确。

4.【答案】B

【解析】《查封扣押冻结规定》第 26 条第 1 款规定:“对已被人民法院查封、扣押、冻结的财产,其他人民法院可以进行轮候查封、扣押、冻结。查封、扣押、冻结解除的,登记在先的轮候查封、扣押、冻结即自动生效。”故选项 B 正确。

5.【答案】C

【解析】本案被申请人的异议理由分为两个方面:一是评估程序严重违法,二是评估结果错误。前者属于《确定财产处置参考价规定》第 22 条第 1 款第 4 项事由,后者属于该规定第 23 条第 1 款规定的事由。《确定财产处置参考价规定》第 23 条第 2 款规定:“当事人、利害关系人提出前款异议,同时涉及本规定第二十二条第一款第一、二项情形的,按照前款规定处理;同时涉及本规定第二十二条第一款第三、四项情形的,按照本规定第二十二条第二款先对第三、四项情形审查,异议成立的,应当通知评估机构三日内将人民法院委托评估时移交的材料退回,另行委托下一顺序的评估机构重新进行评估;异议不成立的,按照前款规定处理。”故选项 C 正确。

6.【答案】A

【解析】《拍卖变卖规定》第 22 条规定:“拍卖成交或者以流拍的财产抵债后,买受人逾期未支付价款或者承受人逾期未补交差价而使拍卖、抵债的目的难以实现的,人民法院可以裁定重新拍卖。重新拍卖时,原买受人不得参加竞买。重新拍卖的价款低于原拍卖价款造成的差价、费用损失及原拍卖中的佣金,由原买受人承担。人民法院可以直接从其预交的保证金中扣除。扣除后保证金有剩余的,应当退还原买受人;保证金数额不足的,可以责令原买受人补交;拒不补交的,强制执行。”《网络司法拍卖规定》第 24 条规定:“拍卖成交后买受人悔拍的,交纳的保证金不予退还,依次用于支付拍卖产生的费用损失、弥补重新拍卖价款低于原拍卖价款的差价、冲抵本案被执行人的债务以及与拍卖财产相关的被执行人的债务。悔拍后重新拍卖的,原买受人不得参加竞买。”题干指明本案是“委托某拍卖行拍卖”,应当适用《拍卖变卖规定》而不适用《网络司法拍卖规定》,选项 A 正确。

7.【答案】A

【解析】《民诉法解释》第 511 条规定:“在执行中,作为被执行人的企业法人符合企业破产法第二条第一款规定情形的,执行法院经申请执行人之一或者被执行人同意,应当裁定中止对该被执行人的执行,将执行案件相关材料移送被执行人住所地人民法院。”本案有两个申请执行人同意,选项 A 正确。《民诉法解释》第 514 条规定:“当事人不同意移送破产或者被执行人住所地人民法院不受理破产案件的,执行法院就执行变价所得财产,在扣除执行费用及清偿优先受偿的债权后,对于普通债权,按照财产保全和执行中查封、扣押、冻结财产的先后顺序清偿。”故选项 B 错误。《民诉法解释》第 513 条第 1 款规定:“被执行人住所地人民法院裁定受理破产案件的,执行法院应当解除对被执行人财产的保全措施。被执行人住所地人民法院裁定宣告被执行人破产的,执行法院应当裁定终结对该被执行人的执行。”本案只是受理乙公司的破产案件,尚未宣告乙公司破产,选项 C 错误。《民诉法解释》第 512 条规定:“被执行人住所地人民法院应当自收到执行案件相关材料之日起三十日内,将是否受理破产案件的裁定告知执行法院。不予受理的,应当将相关案件材料退回执行法院。”故选项 D 错误。

8.【答案】B

【解析】本案判决确定的内容是乙应当腾空房屋并交付给甲,故是实现物的交付请求权的执行,选项 B 正确。本案判决并没有确定乙的行为义务,也没有确定其金钱给付义务,选项 A、C、D 均错误。

二、多项选择题

1.【答案】ABCD

【解析】执行措施只能由法律作出规定,法律没有规定的,不得作为执行措施,执行措施具有法定性。故选项 A 正确。债权的多样性以及实现债权的复杂性决定了执行措施必须具有多样性。故选项 B 正确。执行措施的实施是执行机构的单向行为,不以被执行人同意为条件,具有单向性。故选项 C 正确。执行措施是国家公权力的体现,当事人没有选择权,具有强制性。故选项 D 正确。

2.【答案】AD

【解析】《民事诉讼法》第 249 条第 1 款规定:“被执行人未按执行通知履行法律文书确定的义务,人民法院有权向有关单位查询被执行人的存款、债券、股票、基金份额等财产情况。人民法院有权根据不同情形扣押、冻结、划拨、变价被执行人的财产。”故选项 A 正确。《民事诉讼法》第 250 条第 1 款规定:“被执行人未按执行通知履行法律文书确定的义务,人民法院有权扣留、提取被执行人应当履行义务部分的收入。但应当保留被执行人及其所扶养家属的生活必需费用。”故选项 B 错误。《查封扣押冻结规定》第 3 条规定:“人民法院对被执行人下列的财产不得查封、扣押、冻结:……(六)被执行人所得的勋章及其他荣誉表彰的物品……”选项 C 错误。《民事诉讼法》第 251 条第 1 款规定:“被执行人未按执行通知履行法律文书确定的义务,人民法院有权查封、扣押、冻结、拍卖、变卖被执行人应当履行义务部分的财产。但应当保留被执行人及其所扶养家属的生活必需品。”故选项 D 正确。

3.【答案】ACD

【解析】《查封扣押冻结规定》第 6 条规定:“查封、扣押动产的,人民法院可以直接控制该项财产。人民法院将查封、扣押的动产交付其他人控制的,应当在该动产上加贴封条或者采取其他足以公示查封、扣押的适当方式。”从定义来看，扣押动产应当要转移占有。故选项 B 错误，选项 A、C、D 正确。

4.【答案】BD

【解析】《民事诉讼法》第 114 条第 1 款规定：“诉讼参与人或者其他人有下列行为之一的，人民法院可以根据情节轻重予以罚款、拘留；构成犯罪的，依法追究刑事责任：……（六）拒不履行人民法院已经发生法律效力的判决、裁定的。”故选项 B 正确。《民事诉讼法》第 260 条规定：“被执行人未按判决、裁定和其他法律文书指定的期间履行给付金钱义务的，应当加倍支付迟延履行期间的债务利息。被执行人未按判决、裁定和其他法律文书指定的期间履行其他义务的，应当支付迟延履行金。”本案涉及的是金钱债务，选项 D 正确。

5.【答案】BCD

【解析】《确定财产处置参考价规定》第 1 条规定：“人民法院查封、扣押、冻结财产后，对需要拍卖、变卖的财产，应当在三十日内启动确定财产处置参考价程序。”故选项 A 错误。《确定财产处置参考价规定》第 2 条规定：“人民法院确定财产处置参考价，可以采取当事人议价、定向询价、网络询价、委托评估等方式。”故选项 B、C、D 正确。

6.【答案】AC

【解析】《网络司法拍卖规定》第 26 条第 1 款规定：“网络司法拍卖竞价期间无人出价的，本次拍卖流拍。流拍后应当在三十日内在同一网络司法拍卖平台再次拍卖，拍卖动产的应当在拍卖七日前公告；拍卖不动产或者其他财产权的应当在拍卖十五日前公告。再次拍卖的起拍价降价幅度不得超过前次起拍价的百分之二十。”《拍卖变卖规定》第 16 条第 1 款规定：“拍卖时无人竞买或者竞买人的最高应价低于保留价，到场的申请执行人或者其他执行债权人申请或者同意以该次拍卖所定的保留价接受拍卖财产的，应当将该财产交其抵债。”故选项 A、C 正确。选项 B、D 没有司法解释的明确规定，故错误。

7.【答案】AB

【解析】《拍卖变卖规定》第 31 条规定：“对查封、扣押、冻结的财产，当事人双方及有关权利人同意变卖的，可以变卖。金银及其制品、当地市场有公开交易价格的动产、易腐烂变质的物品、季节性商品、保管困难或者保管费用过高的物品，人民法院可以决定变卖。”故选项 A、B 正确，选项 C、D 错误。

8.【答案】ABC

【解析】实现行为请求权执行的执行标的是行为，实现物的交付请求权执行的执行标的是物，选项 A 正确。实现行为请求权执行一般只采取间接执行措施，实现物的交付请求权执行一般采取查封、扣押、冻结等直接执行措施，选项 B 正确。实现行为请求权执行的程序包括作为的执行程序和不作为的执行程序，实现物的交付请求权执行的程序包括控制和交付两个阶段，选项 C 正确。实现行为请求权执行和实现物的交付请求权执行均由法院执行机构执行，选项 D 错误。

三、不定项选择题

1.【答案】B

【解析】本题考查的是执行措施的分类。本案判决李某拆除鞋柜，执行标的是李某的行为，执行机构可以采取的是对行为的执行措施。故选项 B 正确，选项 A、D 错误。由于执行措施不可能直接作用于李某的行为，故本案不可能采取直接执行措施，选项 C 错误。

2.【答案】B

【解析】《民诉法解释》第 506 条规定："被执行人为公民或者其他组织，在执行程序开始后，被执行人的其他已经取得执行依据的债权人发现被执行人的财产不能清偿所有债权的，可以向人民法院申请参与分配。对人民法院查封、扣押、冻结的财产有优先权、担保物权的债权人，可以直接申请参与分配，主张优先受偿权。"本案中，甲、丙、丁均没有取得执行依据，故均不具有申请参与分配的主体资格，选项 A、C、D 错误。乙已经取得执行依据，具有申请参与分配的主体资格，选项 B 正确。

3.【答案】ABC

【解析】综合现行司法解释，拍卖的停止的情形主要包括：一是执行程序中断，即暂缓执行或者中止执行；二是被执行人已经全面清偿债务而失去拍卖的必要性；三是在拍卖开始前执行法院撤回拍卖。被执行人提出执行异议，并不是停止拍卖的法定事由。故选项 A、B、C 正确，选项 D 错误。

4.【答案】B

【解析】《执行程序适用解释》第 15 条规定：案外人对执行标的主张所有权或者有其他足以阻止执行标的转让、交付的实体权利的，可以依照《民事诉讼法》第 227 条[①]的规定，向执行法院提出异议。乙银行对甲公司名下的房屋不能主张所有权或者有其他足以阻止执行标的转让、交付的实体权利，不得提起排除执行异议，故选项 A 错误。《拍卖变卖规定》第 28 条规定："拍卖财产上原有的担保物权及其他优先受偿权，因拍卖而消灭，拍卖所得价款，应当优先清偿担保物权人及其他优先受偿权人的债权，但当事人另有约定的除外。拍卖财产上原有的租赁权及其他用益物权，不因拍卖而消灭，但该权利继续存在于拍卖财产上，对在先的担保物权或者其他优先受偿权的实现有影响的，人民法院应当依法将其除去后进行拍卖。"故选项 B 正确，选项 C、D 错误。

5.【答案】BC

【解析】《民诉法解释》第 489 条规定："经申请执行人和被执行人同意，且不损害其他债权人合法权益和社会公共利益的，人民法院可以不经拍卖、变卖，直接将被执行人的财产作价交申请执行人抵偿债务。对剩余债务，被执行人应当继续清偿。"选项 A 没有包含"不损害其他债权人合法权益和社会公共利益"的内容，故选项 A 错误。《拍卖变卖规定》第 16 条规定："拍卖时无人竞买或者竞买人的最高应价低于保留价，到场的申请执行人或者其他执行债权人申请或者同意以该次拍卖所定的保留价接受拍卖财产的，应当将该财产交其抵债。"故选项 B 正确。《拍卖变卖规定》第 32 条第 3 款规定："变卖的财产无人应买的，适用本规定第十六条的规定将该财产交申请执行人或者其他执行债权人抵债；申请执行人或者其他执行债权人拒绝接受或者依法不能交付其抵债的，人民法院应当解除查封、扣押，并将该财产退还被执行人。"故选项 C 正确。是否能够直接以物抵债，并不是由抵债价格直接决定，选项 D 错误。

6.【答案】AC

【解析】《民诉法解释》第 499 条第 1 款规定："人民法院执行被执行人对他人的到期债权，

---

① 2021 年《民事诉讼法》修改后，该法条序号变为第 234 条。

可以作出冻结债权的裁定，并通知该他人向申请执行人履行。”由此可见，对债权执行的，执行法院可以作出冻结债权裁定书和通知次债务人履行债务的通知书。故选项 A、C 正确，选项 B、D 错误。

7.【答案】B

【解析】根据《民诉法解释》第 499 条第 2 款的规定，在对债权执行中，次债务人提出异议，申请执行人请求对异议部分的债权强制执行的，法院不予支持。本案中，次债务人张某没有提出异议，故王某请求执行该债权的，法院应予支持。故选项 A 错误。同样根据该款的规定，利害关系人对到期债权有异议的，法院应当按照《民事诉讼法》第 234 条的规定处理。本案中，陈某的地位是利害关系人，法院对陈某提出的异议应当按照《民事诉讼法》第 234 条的规定处理，选项 B 正确。同样根据该款的规定，在对到期债权执行中，对于次债务人的异议，法院不进行审查，选项 C 错误。本案次债务人没有提出异议，利害关系人提出的异议尚未处理，不具备终结对债权执行的条件，选项 D 错误。

8.【答案】A

【解析】《执行规定》第 91 条第 1 款规定：“对参与被执行人财产的具体分配，应当由首先查封、扣押或者冻结的法院主持进行。”故选项 A 正确。《执行规定》第 92 条规定：“债权人申请参与分配的，应当向其原申请执行法院提交参与分配申请书，写明参与分配的理由，并附有执行依据。该执行法院应将参与分配申请书转交给主持分配的法院，并说明执行情况。”故选项 B 错误。《民诉法解释》第 506 条规定：“被执行人为公民或者其他组织，在执行程序开始后，被执行人的其他已经取得执行依据的债权人发现被执行人的财产不能清偿所有债权的，可以向人民法院申请参与分配。对人民法院查封、扣押、冻结的财产有优先权、担保物权的债权人，可以直接申请参与分配，主张优先受偿权。”故选项 C 错误。《民诉法解释》第 507 条第 2 款规定：“参与分配申请应当在执行程序开始后，被执行人的财产执行终结前提出。”故选项 D 错误。

9.【答案】ABCD

【解析】《限制高消费及有关消费规定》第 3 条第 1 款规定：“被执行人为自然人的，被采取限制消费措施后，不得有以下高消费及非生活和工作必需的消费行为……”该条第 2 款规定：“被执行人为单位的，被采取限制消费措施后，被执行人及其法定代表人、主要负责人、影响债务履行的直接责任人员、实际控制人不得实施前款规定的行为。因私消费以个人财产实施前款规定行为的，可以向执行法院提出申请。执行法院审查属实的，应予准许。”故 A、B、C、D 选项均正确。

10.【答案】AB

【解析】《限制高消费及有关消费规定》第 3 条第 2 款规定：“被执行人为单位的，被采取限制消费措施后，被执行人及其法定代表人、主要负责人、影响债务履行的直接责任人员、实际控制人不得实施前款规定的行为。因私消费以个人财产实施前款规定行为的，可以向执行法院提出申请。执行法院审查属实的，应予准许。”故选项 A 正确。《失信名单信息规定》第 6 条规定：“记载和公布的失信被执行人名单信息应当包括：(一) 作为被执行人的法人或者其他组织的名称、统一社会信用代码(或组织机构代码)、法定代表人或者负责人姓名……”由此可见，可以将被执行人的法定代表人或者负责人姓名通过媒体进行公布，选项 B 正确。《民事诉讼法》第 262 条规定：“被执行人不履行法律文书确定的义务的，人民法院可以对其采取或者通知有关单位协助采取限制出境，在征信系统记录、通过媒体公布不履行义务信息以及法律规定的其他措施。”由此可见，对被执行人只能采取限制出境措施，没有关于采取限制入境措施的规定，选项 C 错误。同时，根据上述规定，在征信系统记录不履行义务信息，只能记入被执行人的征信系统，不能记入被执行人的法定代表人的个人征信系统，选项 D 错误。

四、名词解释

1. 执行措施

执行措施，是指执行机构依据法律规定，在执行程序中强制被执行人履行义务，以实现申请执行人合法权益的方法与手段。

2. 直接执行措施

直接执行措施，是指执行行为直接作用于执行标的的方法与手段。

3. 间接执行措施

间接执行措施，是指执行行为不直接作用于执行标的的方法与手段。

4. 对到期债权执行

对到期债权执行，是指被执行人对相对人享有到期债权，执行机构裁定冻结该债权并通知相对人向申请执行人履行的执行措施。

5. 参与分配

参与分配，是指在实现金钱债权的执行中，被执行人的全部或者主要财产已经被执行机构采取查封、扣押、冻结措施，在该财产或者该财产的变价所得金额交付申请执行人之前，其他债权人可以请求就该财产或者该财产变价所得金额，按照债权比例受偿的执行制度。

6. 执行威慑机制

执行威慑机制，是指在民事执行中使被执行人感到压力和不安，最终促成其自动履行义务的措施与制度。根据我国现行法律的规定，民事执行威慑机制包括限制被执行人高消费及有关消费、限制出境、在征信系统记录和通过媒体公布不履行义务信息等内容。

7. 限制消费

限制消费，也称为限制高消费及有关消费，是指在执行程序中，执行机构依法限制甚至禁止尚未全面履行生效法律文书确定义务的被执行人，以自己的财产实施某些类型的消费行为，从而使该被执行人履行义务的一种执行制度。执行机构限制被执行人消费，应当作出限制消费令。有关人员违反限制消费令的，可以予以拘留、罚款，构成犯罪的，依法追究刑事责任。

8. 限制出境

限制出境是指通过国家边防机关的协助，使尚未履行义务的被执行人不得离开中华人民共和国领域，或者从内地前往香港、澳门特别行政区或者从大陆前往台湾地区的执行制度。

9. 在征信系统记录和通过媒体公布不履行义务信息

在征信系统记录不履行义务信息，是指在被执行人的个人或者单位的信用记录中，载明其有拒绝履行或者没有全面履行生效法律文书确定义务的事实，使其个人或者单位信用受到影响的执行制度。

五、简答题

1. 简述分配方案异议之诉的条件。

【参考答案】

(1) 原告是提起参与分配异议的债权人或者债务人;(2) 被告是提起反对意见的其他债权人或者债务人;(3) 在收到其他债权人或者债务人提出反对意见的通知之日起 15 日内提起诉讼;(4) 向执行法院提起诉讼。

2. 简述实现物的交付请求权执行与实现金钱债权执行的区别。

【参考答案】

(1) 给付内容和执行标的不同,实现物的交付请求执行的给付内容是物,执行标的是物;实现金钱债权执行的给付内容是金钱,执行标的既可以是物,也可以是财产性权利。(2) 措施不同,实现物的交付请求权执行一般不包含变价措施;而实现金钱债权执行的执行措施包括变价措施。(3) 程序不同,实现物的交付请求权执行不必经过变价程序;而实现金钱债权执行的程序包含变价程序。

3. 简述我国执行威慑机制的体系。

【参考答案】

我国执行威慑机制包括限制消费、限制出境、在征信系统记录和通过媒体公布不履行义务信息等内容。

六、论述题

试论对到期债权的执行程序。

【参考答案】

根据现行法律和司法解释的规定,对到期债权执行的程序主要包括:(1) 作出冻结债权的裁定;(2) 通知第三人向申请执行人履行债务;(3) 处理第三人和利害关系人异议;(4) 对第三人的财产采取执行措施。

七、案例分析题

【参考答案】

1. 朝阳区房地产管理局不予协助朝阳区法院办理红楼湾第 42、43 栋别墅的查封登记不合法。根据有关司法解释的规定,即使第 42、43 栋别墅已经由西城区法院查封,朝阳区房地产管理局收到朝阳区法院的协助执行通知书后,也应当办理该两栋别墅的轮候查封登记,而不是拒绝办理查封登记。

2. 对于王劲松提出的异议,朝阳区法院应当根据《民事诉讼法》第 234 条的规定进行处理:在收到异议申请书后 15 日内进行审查,异议理由成立的,裁定解除查封;异议理由不成立的,裁定驳回异议。王劲松对此裁定不服的,应当在收到裁定书之日起 15 日内向朝阳区法院提起诉讼。起诉时应当以申请执行人即双强公司为被告;大地公司反对王劲松对该别墅主张实体权利的,应当以双强公司和大地公司为共同被告。

3. 如果王劲松已经支付 50% 的价款但尚未实际占有该房屋,朝阳区法院可以查封红楼湾第 39 栋别墅;即使王劲松已经实际占有该房屋,但他并没有付清全部购房款,朝阳区法院还是可以查封。

4. 根据现行法律和司法解释的规定,本案红楼湾第 42、43 栋别墅应当由某市西城区法院处理。这是因为,西城区法院对该两栋别墅的查封在先,朝阳区法院对该两栋别墅最多只具有轮候查封的效力,其查封次序落后于西城区法院。

5. 本案拍卖程序至少存在三处违法：一是有的拍卖成交价低于拍卖保留价。《网络司法拍卖规定》第 10 条规定："网络司法拍卖应当确定保留价，拍卖保留价即为起拍价。起拍价由人民法院参照评估价确定；未作评估的，参照市价确定，并征询当事人意见。起拍价不得低于评估价或者市价的百分之七十。"该 5 栋别墅的评估价为 450 万元，拍卖保留价应当为人民币 315 万元，但是其成交价为 300 万元 ~350 万元不等，肯定有的拍卖成交价低于保留价。二是网络司法拍卖平台的公告期间不符合法律规定。《网络司法拍卖规定》第 12 条第 1 款规定："网络司法拍卖应当先期公告，拍卖公告除通过法定途径发布外，还应同时在网络司法拍卖平台发布。拍卖动产的，应当在拍卖十五日前公告；拍卖不动产或者其他财产权的，应当在拍卖三十日前公告。"本案于 3 月 12 日公告，3 月 28 日拍卖，公告期间不足司法解释规定的 30 日。三是西城区法院对红楼湾第 42、43 栋别墅查封在先，应当由西城区法院对该两栋别墅进行拍卖，朝阳区法院对该两栋别墅进行拍卖是违法的。

第二十一章习题自测参考答案

一、单项选择题

1.【答案】B

【解析】《民事诉讼法》第 266 条规定："在中华人民共和国领域内进行涉外民事诉讼，适用本编规定。本编没有规定的，适用本法其他有关规定。"《民事诉讼法》中"涉外民事诉讼程序的特别规定"一编，没有就人民法院裁定准许诉前财产保全后，涉外民事诉讼当事人提起诉讼的期间作出特别规定，故涉外民事诉讼中人民法院裁定准许诉前财产保全后，申请人提起诉讼的期间应当适用《民事诉讼法》第 104 条第 3 款的规定："申请人在人民法院采取保全措施后三十日内不依法提起诉讼或者申请仲裁的，人民法院应当解除保全。"故选项 B 正确。

2.【答案】A

【解析】在我国进行的涉外民事诉讼，适用我国民事诉讼法是涉外民事诉讼的基本原则。故选项 A 正确。

3.【答案】B

【解析】《民事诉讼法》第 274 条第 6 项规定："受送达人所在国的法律允许邮寄送达的，可以邮寄送达，自邮寄之日起满三个月，送达回证没有退回，但根据各种情况足以认定已经送达的，期间届满之日视为送达。"故选项 B 正确。

4.【答案】B

【解析】《民诉法解释》第 549 条规定："人民法院审理涉及香港、澳门特别行政区和台湾地区的民事诉讼案件，可以参照适用涉外民事诉讼程序的特别规定。"故选项 B 正确。

5.【答案】B

【解析】《民事诉讼法》第 267 条规定："中华人民共和国缔结或者参加的国际条约同本法有不同规定的，适用该国际条约的规定，但中华人民共和国声明保留的条款除外。"故选项 B 正确。

二、多项选择题

1.【答案】BCD

【解析】根据有关规定，通过外交途径向国外当事人送达法律文书时，需报经高级人民法院审查，而不是报经最高人民法院审查。故选项 A 错误。选项 B、C、D 所述符合规定与实践，均正确。

2.【答案】ABC

【解析】《民事诉讼法》第 274 条规定："人民法院对在中华人民共和国领域内没有住所的当事人送达诉讼文书，可以采用下列方式：(一) 依照受送达人所在国与中华人民共和国缔结或者共同参加的国际条约中规定的方式送达；(二) 通过外交途径送达；(三) 对具有中华人民共和国国籍的受送达人，可以委托中华人民共和国驻受送达人所在国的使领馆代为送达；(四) 向受送达人委托的有权代其接受送达的诉讼代理人送达；(五) 向受送达人在中华人民共和国领域内设立的代表机构或者有权接受送达的分支机构、业务代办人送达；(六) 受送达人所在国的法律允许邮寄送达的，可以邮寄送达，自邮寄之日起满三个月，送达回证没有退回，但根据各种情况足以认定已经送达的，期间届满之日视为送达；(七) 采用传真、电子邮件等能够确认受送达人收悉的方式送达；(八) 不能用上述方式送达的，公告送达，自公告之日起满三个月，即视为送达。" 故选项 A、B、C 正确，选项 D 错误。

3.【答案】AB

【解析】《民事诉讼法》第 272 条规定："因合同纠纷或者其他财产权益纠纷，对在中华人民共和国领域内没有住所的被告提起的诉讼，如果合同在中华人民共和国领域内签订或者履行，或者诉讼标的物在中华人民共和国领域内，或者被告在中华人民共和国领域内有可供扣押的财产，或者被告在中华人民共和国领域内设有代表机构，可以由合同签订地、合同履行地、诉讼标的物所在地、可供扣押财产所在地、侵权行为地或者代表机构住所地人民法院管辖。" 故选项 A、B 正确，选项 C、D 错误。

4.【答案】ABC

【解析】《民事诉讼法》第 273 条规定："因在中华人民共和国履行中外合资经营企业合同、中外合作经营企业合同、中外合作勘探开发自然资源合同发生纠纷提起的诉讼，由中华人民共和国人民法院管辖。" 故选项 A、B、C 均正确。人身关系纠纷不属于人民法院专属管辖涉外民事纠纷的范围，选项 D 错误。

5.【答案】ACD

【解析】《民事诉讼法》第 273 条规定了涉外民事诉讼案件的专属管辖，排除了外国法院对在我国履行的"三资企业合同纠纷"的管辖权，选项 A 正确。《民诉法解释》第 531 条规定："中华人民共和国法院和外国法院都有管辖权的案件，一方当事人向外国法院起诉，而另一方当事人向中华人民共和国法院起诉的，人民法院可予受理。判决后，外国法院申请或者当事人请求人民法院承认和执行外国法院对本案作出的判决、裁定的，不予准许；但双方共同缔结或者参加的国际条约另有规定的除外。外国法院判决、裁定已经被人民法院承认，当事人就同一争议向人民法院起诉的，人民法院不予受理。" 可见重复诉讼规则并不是排除外国法院的管辖权，而是体现我国法院的裁判效力优先规则，选项 B 错误。《民诉法解释》第 530 条规定："涉外民事案件同时符合下列情形的，人民法院可以裁定驳回原告的起诉，告知其向更方便的外国法院提起诉讼：(一) 被告提出案件应由更方便外国法院管辖的请求，或者提出管辖异议；(二) 当事人之间不存在选择中华人民共和国法院管辖的协议；(三) 案件不属于中华人民共和国法院专属管辖；(四) 案件不涉及中华人民共和国国家、公民、法人或者其他组织的利益；

（五）案件争议的主要事实不是发生在中华人民共和国境内，且案件不适用中华人民共和国法律，人民法院审理案件在认定事实和适用法律方面存在重大困难；（六）外国法院对案件享有管辖权，且审理该案件更加方便。”不方便法院规则是我国法院拒绝行使管辖权的依据，选项C正确。《民事诉讼法》第272条规定的牵连管辖，实质上是扩大我国法院对涉外民事纠纷案件的管辖权，以维护国家主权，选项D正确。

三、名词解释

1. 涉外民事诉讼

涉外民事诉讼，是指法院在当事人及其他诉讼参与人的参加下，对涉外民事案件进行审理并作出裁判的一种活动，也称为具有涉外因素的民事诉讼、国际民事诉讼。

2. 涉外民事诉讼程序

涉外民事诉讼程序，是指法院受理、审判和执行涉外民事案件时所适用的法定程序。

3. 优先适用国际条约原则

优先适用国际条约原则，是指在涉外民事诉讼中，我国缔结或者参加的国际条约同我国《民事诉讼法》有不同规定的，适用该国际条约的规定，但我国声明保留的条款除外。优先适用国际条约原则是信守国际条约的体现与要求。

4. 司法豁免原则

司法豁免原则，是指对享有外交特权与豁免的外国人、外国组织或者国际组织提起的民事诉讼，依照我国有关法律和我国缔结或者参加的国际条约的规定办理。依法享有司法豁免权的人，具有免受司法管辖的特权。

5. 平行诉讼

平行诉讼又称一事两讼，是指同一涉外民事纠纷可由两个国家的法院管辖时，双方当事人分别向自己国家的法院起诉并受理。

四、简答题

1. 简述确定涉外民事诉讼管辖的原则。

【参考答案】

确定涉外民事诉讼管辖时，应当遵循以下原则：第一，维护国家主权原则；第二，尊重当事人选择权原则；第三，涉外民事案件与法院所在地有实际联系的原则。

2. 简述涉外民事诉讼期间的特别规定。

【参考答案】

（1）答辩期间的特别规定，为收到起诉状副本的次日起30日；（2）上诉期间的特别规定，为收到一审判决、裁定的次日起30日；（3）审理期间的特别规定，不受审限规定的限制。

五、论述题

论涉外民事诉讼程序的基本原则。

【参考答案】

涉外民事诉讼，是指法院在当事人及其他诉讼参与人的参加下，对涉外民事案件进行审理并作出裁判的一种活动。涉外民事诉讼程序，是指法院受理、审判和执行涉外民事案件时所适用的法定程序。涉外民事诉讼程序的基本原则包括：（1）适用我国民事诉讼法原则；（2）同等和对等原则；（3）优先适用国际条约原则；（4）司法豁免原则；（5）使用中国语言文字原则；

(6) 委托中国律师代理诉讼原则。

六、案例分析题

【参考答案】

1. 中国法院对本案享有管辖权。《民诉法解释》第 531 条规定:“中华人民共和国法院和外国法院都有管辖权的案件,一方当事人向外国法院起诉,而另一方当事人向中华人民共和国法院起诉的,人民法院可予受理。判决后,外国法院申请或者当事人请求人民法院承认和执行外国法院对本案作出的判决、裁定的,不予准许;但双方共同缔结或者参加的国际条约另有规定的除外。”《民事诉讼法》第 23 条规定:“下列民事诉讼,由原告住所地人民法院管辖;原告住所地与经常居住地不一致的,由原告经常居住地人民法院管辖:(一) 对不在中华人民共和国领域内居住的人提起的有关身份关系的诉讼……” 故北京市朝阳区法院对本案有管辖权。

2. 本案应当适用我国《民事诉讼法》的规定。《民事诉讼法》第 266 条规定:“在中华人民共和国领域内进行涉外民事诉讼,适用本编规定。本编没有规定的,适用本法其他有关规定。”

3. 中国法院应当作出不予承认的裁定。《民诉法解释》第 531 条规定:“中华人民共和国法院和外国法院都有管辖权的案件,一方当事人向外国法院起诉,而另一方当事人向中华人民共和国法院起诉的,人民法院可予受理。判决后,外国法院申请或者当事人请求人民法院承认和执行外国法院对本案作出的判决、裁定的,不予准许;但双方共同缔结或者参加的国际条约另有规定的除外。”

4. 建议张某就驳回起诉裁定提起上诉,理由是该裁定适用法律错误,本案不符合不方便法院规则的适用条件。《民诉法解释》第 530 条规定了适用不方便法院规则应当同时具备的 6 个条件,即:(1) 被告提出案件应由更方便外国法院管辖的请求,或者提出管辖异议;(2) 当事人之间不存在选择中华人民共和国法院管辖的协议;(3) 案件不属于中华人民共和国法院专属管辖;(4) 案件不涉及中华人民共和国国家、公民、法人或者其他组织的利益;(5) 案件争议的主要事实不是发生在中华人民共和国境内,且案件不适用中华人民共和国法律,人民法院审理案件在认定事实和适用法律方面存在重大困难;(6) 外国法院对案件享有管辖权,且审理该案件更加方便。本案中,双方在中国结婚,婚姻关系的效力应当适用中国法律,故不符合上述第 5 个条件中 “且案件不适用中华人民共和国法律” 的要求,故中国法院不得适用不方便法院规则处理本案。北京市朝阳区法院适用不方便法院规则,裁定驳回张某的起诉,适用法律错误。

第二十二章习题自测参考答案

一、单项选择题

1.【答案】B

【解析】《民事诉讼法》第 289 条规定:“人民法院对申请或者请求承认和执行的外国法院作出的发生法律效力的判决、裁定,依照中华人民共和国缔结或者参加的国际条约,或者按照互惠原则进行审查后,认为不违反中华人民共和国法律的基本原则或者国家主权、安全、社会公共利益的,裁定承认其效力,需要执行的,发出执行令,依照本法的有关规定执行。违反中华人民共和国法律的基本原则或者国家主权、安全、社会公共利益的,不予承认和执行。”可见,我国法院是使用裁定方式承认外国法院作出的生效判决。故选项 B 正确,其他选项错误。

2.【答案】B

【解析】《民事诉讼法》第 288 条规定:“外国法院作出的发生法律效力的判决、裁定,需要中华人民共和国人民法院承认和执行的,可以由当事人直接向中华人民共和国有管辖权的中级人民法院申请承认和执行,也可以由外国法院依照该国与中华人民共和国缔结或者参加的国际条约的规定,或者按照互惠原则,请求人民法院承认和执行。”故选项 B 正确,其他选项错误。

3.【答案】A

【解析】《民诉法解释》第 546 条第 1 款规定:“承认和执行外国法院作出的发生法律效力的判决、裁定或者外国仲裁裁决的案件,人民法院应当组成合议庭进行审查。”故选项 A 正确。《民诉法解释》第 543 条规定:对临时仲裁庭在中华人民共和国领域外作出的仲裁裁决,一方当事人向人民法院申请承认和执行的,人民法院应当依照《民事诉讼法》第 290 条规定处理。故选项 B 错误。《民事诉讼法》第 290 条规定:“国外仲裁机构的裁决,需要中华人民共和国人民法院承认和执行的,应当由当事人直接向被执行人住所地或者其财产所在地的中级人民法院申请,人民法院应当依照中华人民共和国缔结或者参加的国际条约,或者按照互惠原则办理。”《纽约公约》只是我国承认和执行外国仲裁机构裁决的程序依据,而不是实体依据,选项 C 错误。《民事诉讼法》第 266 条规定:“在中华人民共和国领域内进行涉外民事诉讼,适用本编规定。本编没有规定的,适用本法其他有关规定。”故选项 D 错误。

4.【答案】B

【解析】《民法典》第 469 条第 3 款规定:“以电子数据交换、电子邮件等方式能够有形地表现所载内容,并可以随时调取查用的数据电文,视为书面形式。”故选项 A 错误。《民事诉讼法》第 290 条规定:“国外仲裁机构的裁决,需要中华人民共和国人民法院承认和执行的,应当由当事人直接向被执行人住所地或者其财产所在地的中级人民法院申请,人民法院应当依照中华人民共和国缔结或者参加的国际条约,或者按照互惠原则办理。”结合《民诉法解释》第 549 条的规定,选项 B 正确。《民事诉讼法》只规定在我国领域内进行涉外民事诉讼和参照适用涉外民事诉讼的程序问题,并不涉及在其他法域的民事诉讼管辖问题,选项 C 错误。《民诉法解释》第 542 条第 2 款规定:“承认和执行申请被裁定驳回的,当事人可以向人民法院起诉。”故选项 D 错误。

5.【答案】C

【解析】根据《海牙送达公约》的规定,公约成员国驻华使领馆转送该国法院或者其他机关请求我国送达的民事或者商事法律文书,应当直接送交我国司法部,由司法部转递给最高人民法院,再由最高人民法院交有关法院送达给当事人。故选项 C 正确。

二、多项选择题

1.【答案】BD

【解析】《民事诉讼法》第 282 条规定:“仲裁裁决被人民法院裁定不予执行的,当事人可以根据双方达成的书面仲裁协议重新申请仲裁,也可以向人民法院起诉。”故选项 B、D 正确。

2.【答案】CD

【解析】《民事诉讼法》第 285 条规定:“外国法院请求人民法院提供司法协助的请求书及

其所附文件，应当附有中文译本或者国际条约规定的其他文字文本。人民法院请求外国法院提供司法协助的请求书及其所附文件，应当附有该国文字译本或者国际条约规定的其他文字文本。”故选项 C、D 正确。

3.【答案】AB

【解析】《民事诉讼法》第 280 条规定：“经中华人民共和国涉外仲裁机构裁决的，当事人不得向人民法院起诉。一方当事人不履行仲裁裁决的，对方当事人可以向被申请人住所地或者财产所在地的中级人民法院申请执行。”故选项 A、B 正确。

4.【答案】ABD

【解析】送达文书和调查取证属于一般司法协助，相互承认和执行法院裁判属于特殊司法协助。故选项 A、B、D 正确。采取强制措施属于司法主权，不能进行协助，选项 C 错误。

5.【答案】ACD

【解析】《民事诉讼法》第 266 条规定：“在中华人民共和国领域内进行涉外民事诉讼，适用本编规定。本编没有规定的，适用本法其他有关规定。”承认和执行外国法院裁判，是涉外民事诉讼的重要内容，选项 A 正确。《民事诉讼法》第 267 条规定：“中华人民共和国缔结或者参加的国际条约同本法有不同规定的，适用该国际条约的规定，但中华人民共和国声明保留的条款除外。”故选项 C 正确。我国与有关国家签订的双边司法协助条约，是国际条约的一种，选项 D 正确。承认和执行外国法院裁判，属于程序法规范的事项，根据“程序法适用法院地法”的规则，选项 B 错误。

三、不定项选择题

1.【答案】ABC

【解析】我国《民事诉讼法》第 273 条规定，凡在我国履行中外合资经营企业合同产生的案件，由我国法院专属管辖，并适用涉外民事诉讼程序的特别规定。故选项 A 正确。我国《民事诉讼法》第 288 条、第 290 条规定，当事人申请中国法院承认和执行外国法院作出的生效裁判、外国仲裁机构的仲裁裁决，均应当适用涉外民事诉讼程序的特别规定。故选项 B、C 均正确。北京仲裁委员会属于国内仲裁机构，当事人申请中国法院执行北京仲裁委员会作出的裁决案件，不适用涉外民事诉讼程序的特别规定。故选项 D 错误。

2.【答案】AD

【解析】《民事诉讼法》第 288 条规定：“外国法院作出的发生法律效力的判决、裁定，需要中华人民共和国人民法院承认和执行的，可以由当事人直接向中华人民共和国有管辖权的中级人民法院申请承认和执行，也可以由外国法院依照该国与中华人民共和国缔结或者参加的国际条约的规定，或者按照互惠原则，请求人民法院承认和执行。”故选项 A 正确。《民诉法解释》第 546 条第 1 款规定：“承认和执行外国法院作出的发生法律效力的判决、裁定或者外国仲裁裁决的案件，人民法院应当组成合议庭进行审查。”故选项 B 错误。《民事诉讼法》第 289 条规定：“人民法院对申请或者请求承认和执行的外国法院作出的发生法律效力的判决、裁定，依照中华人民共和国缔结或者参加的国际条约，或者按照互惠原则进行审查后，认为不违反中华人民共和国法律的基本原则或者国家主权、安全、社会公共利益的，裁定承认其效力，需要执行的，发出执行令，依照本法的有关规定执行。违反中华人民共和国法律的基本原则或者国家主权、安全、社会公共利益的，不予承认和执行。”对承认与执行外国法院裁判的申请，只审查是否违反我国法律的基本原则或者国家主权、安全、社会公共利益,既不审查其事实认定,也不审查法律适用。故选项 C 错误。同时,我国法院应当以裁定作出结论,选项 D 正确。

3.【答案】ABD

【解析】根据《民事诉讼法》第 274 条第 2、3、6 项的规定,人民法院对在我国领域内没有住所的当事人送达诉讼文书,可以通过外交途径送达;可以委托我国驻受送达人所在国的使领馆代为送达;受送达人所在国的法律允许邮寄送达的,可以邮寄送达。故选项 A、B、D 正确。如果受送达人在我国领域内的亲属,未经受送达人的委托授权,是不可以向受送达人在我国领域内的亲属送达。故选项 C 错误。

4.【答案】D

【解析】我国法院对于外国仲裁裁决的承认和执行,仅审查其程序是否合法以及是否损害我国法律的基本原则或者国家主权、安全和社会公共利益,不审查其实体内容,故选项 D 正确,其他选项错误。

5.【答案】ABD

【解析】《民事诉讼法》第 289 条规定:“人民法院对申请或者请求承认和执行的外国法院作出的发生法律效力的判决、裁定,依照中华人民共和国缔结或者参加的国际条约,或者按照互惠原则进行审查后,认为不违反中华人民共和国法律的基本原则或者国家主权、安全、社会公共利益的,裁定承认其效力,需要执行的,发出执行令,依照本法的有关规定执行。违反中华人民共和国法律的基本原则或者国家主权、安全、社会公共利益的,不予承认和执行。”故选项 A、B、D 正确。对于外国文书所解决的案件,我国法院已经受理并在审理中,证明我国法院对该案件享有管辖权,它不仅涉及对我国当事人的合法权益保护,还会涉及维护国家主权的问题,不应进行特殊司法协助。故选项 C 错误。

四、名词解释

1. 司法协助

司法协助是指不同国家的法院之间,根据本国缔结或者参加的国际条约或者按照互惠原则,互相协助代为实施一定诉讼行为的制度。司法协助有广义和狭义之分。

2. 一般司法协助

一般司法协助是指我国法院和外国法院之间按照国际条约或者互惠关系,相互委托代为送达诉讼文书、调查取证和其他诉讼行为。

3. 特殊司法协助

特殊司法协助是指我国法院与外国法院之间按照国际条约或者互惠关系,相互承认并执行对方法院作出的生效裁判和仲裁机构作出的仲裁裁决的司法活动。它包括两个方面的内容:一是外国法院裁判和外国仲裁机构裁决在我国的承认与执行;二是我国法院裁判和仲裁机构裁决在外国的承认与执行。

五、简答题

1. 简述承认与执行外国法院裁判的条件和原则。

【参考答案】

承认与执行外国法院裁判的条件是:第一,对外国法院裁判承认与执行的前提是我国与该国存在共同缔结或者参加的国际条约或者存在事实上的互惠关系;第二,外国法院的裁判必须生效；第三，确实存在由我国法院承认与执行的必要性。其原则是：不违反中国法律的基本原则；不违反我国主权、安全和社会公共利益。对外国法院的裁判，经人民法院审查，具备上述前提条件和原则的，裁定承认其效力并依法执行。

2. 简述我国提供司法协助的条件。

【参考答案】

(1) 委托司法协助的事项不得有损于我国的公共秩序；(2) 提供必要的书面材料；(3) 依照我国法律规定的程序提出请求。

六、论述题

试论司法协助。

【参考答案】

司法协助是指不同国家的法院之间，根据本国缔结或者参加的国际条约，或者按互惠原则，彼此相互协助，为对方代为一定诉讼行为的制度。司法协助包括一般司法协助和特殊司法协助两种类型。一般司法协助包括代为送达诉讼文书和调查取证；特殊司法协助是指相互承认和执行对方的法院裁判和仲裁裁决。

七、案例分析题

【参考答案】

1. 中国法院对本案具有管辖权。《民事诉讼法》第 272 条规定："因合同纠纷或者其他财产权益纠纷，对在中华人民共和国领域内没有住所的被告提起的诉讼，如果合同在中华人民共和国领域内签订或者履行，或者诉讼标的物在中华人民共和国领域内，或者被告在中华人民共和国领域内有可供扣押的财产，或者被告在中华人民共和国领域内设有代表机构，可以由合同签订地、合同履行地、诉讼标的物所在地、可供扣押财产所在地、侵权行为地或者代表机构住所地人民法院管辖。" 双方约定的交货地点即合同履行地为中国大连，故中国法院对本案具有管辖权，甲公司可以向中国法院提起诉讼。

2. 甲公司可以申请中国法院承认和执行美国洛杉矶高等法院的判决。《民事诉讼法》第 288 条规定："外国法院作出的发生法律效力的判决、裁定，需要中华人民共和国人民法院承认和执行的，可以由当事人直接向中华人民共和国有管辖权的中级人民法院申请承认和执行，也可以由外国法院依照该国与中华人民共和国缔结或者参加的国际条约的规定，或者按照互惠原则，请求人民法院承认和执行。"《民事诉讼法》第 289 条规定："人民法院对申请或者请求承认和执行的外国法院作出的发生法律效力的判决、裁定，依照中华人民共和国缔结或者参加的国际条约，或者按照互惠原则进行审查后，认为不违反中华人民共和国法律的基本原则或者国家主权、安全、社会公共利益的，裁定承认其效力，需要执行的，发出执行令，依照本法的有关规定执行。违反中华人民共和国法律的基本原则或者国家主权、安全、社会公共利益的，不予承认和执行。"

3. 中国法院应当裁定不予准许。《民诉法解释》第 531 条第 1 款规定："中华人民共和国法院和外国法院都有管辖权的案件，一方当事人向外国法院起诉，而另一方当事人向中华人民共和国法院起诉的，人民法院可予受理。判决后，外国法院申请或者当事人请求人民法院承认和执行外国法院对本案作出的判决、裁定的，不予准许；但双方共同缔结或者参加的国际条约另有规定的除外。" 本案中国法院具有管辖权，且甲公司已经向中国法院提起诉讼，故乙公司申请承认和执行美国法院生效判决的，人民法院应当裁定不予准许。

4. 即使乙公司先向美国法院提起诉讼，只要美国法院的判决尚未被中国法院承认，甲公司就可向中国法院提起诉讼，且中国法院应当受理。这是因为，中国法院对本案具有管辖权。《民诉法解释》第531条第2款规定："外国法院判决、裁定已经被人民法院承认，当事人就同一争议向人民法院起诉的，人民法院不予受理。"根据此问假设的条件，本案中国法院尚未承认美国法院的判决，故甲公司可以向中国法院提起诉讼，中国法院应当受理。

综合试卷参考答案

《民事诉讼法学》期末考试模拟试卷(一)参考答案

一、单项选择题(本大题共 20 小题,每小题 1 分,共 20 分)

1. B　2. C　3. B　4. D　5. D　6. B　7. C　8. B　9. C　10. B　11. C　12. D　13. C　14. C　15. A　16. D　17. C　18. A　19. A　20. C

二、多项选择题(本大题共 5 小题,每小题 2 分,共 10 分)

1. ABCD　2. ABCD　3. AB　4. BD　5. ABCD

三、不定项选择题(本大题共 5 小题,每小题 2 分,共 10 分)

1. B　2. BCD　3. ABD　4. ABD　5. CD

四、名词解释(本大题共 5 小题,每小题 2 分,共 10 分)

1. 变更之诉

变更之诉,又称形成之诉,是指原告请求法院变更某法律关系之诉。在法院作出变更民事法律关系的判决生效以前,当事人之间的民事法律关系仍然保持现状,在判决发生法律效力以后,原来的民事法律关系就发生了变化。

2. 间接证据

间接证据,是指与待证事实之间具有间接联系,不能单独直接证明,而需要与其他证据结合才能证明待证事实的证据。一般而言,直接证据与待证事实的关系更加紧密,其证明力大于间接证据,因此在诉讼中应尽量收集和运用直接证据。

3. 无独立请求权的第三人

无独立请求权的第三人,是指对原、被告之间的诉讼标的虽然没有独立的请求权,但是案件的处理结果与其有法律上的利害关系,为了维护自己的利益,因而参加到诉讼中的诉讼参加人。

4. 督促程序

督促程序,又称为支付令程序,是指法院根据债权人提出给付金钱或者有价证券的申请,不经过开庭就直接向债务人发出支付令,如果债务人不在法定期间内提出异议,则该支付令就具有强制执行力的程序。

5. 自认

自认是指在民事诉讼过程中一方当事人对另一方当事人主张的、于己不利的事实表示的承认。根据自认的表现形式不同,自认可分为明示自认和默示自认。

五、简答题(本大题共 4 小题,共 20 分)

1. 简述执行行为异议与案外人异议的异同。(6 分)

(1) 执行行为异议是指当事人、利害关系人认为执行行为即执行措施或程序违反法律规定所提出的异议。案外人异议是指案外人,即当事人以外的自然人、法人和非法人组织,认为执

行法院对某项特定标的物的执行,侵害其实体法上的权利,向执行法院提出的异议。(1分)

(2) 提出异议的主体不同。执行行为异议的提出主体是当事人及利害关系人;案外人异议由案外人提起。(1分)

(3) 提出异议的事由不同。执行行为异议的事由包括两大类:一是执行措施违反法律规定;二是执行程序违反法律规定。案外人异议的事由,系案外人对执行标的物主张所有权或其他用益物权。(1分)

(4) 提出的目的不同。执行行为异议的目的是当事人、利害关系人要求从程序上将违反法律规定的执行行为予以纠正或撤销,维护当事人、利害关系人的合法利益。案外人异议的目的是案外人要求从实体上排除对特定标的物的执行,维护其实体权益。(1分)

(5) 对异议的审查处理不同。执行行为异议,经审查,理由成立的,裁定撤销或者改正;理由不成立的,裁定驳回。案外人对执行标的物提出异议后,经审查,异议理由成立的,裁定中止对该执行标的物的执行;异议理由不成立的,裁定驳回。(1分)

(6) 对裁定不服的救济不同。执行行为异议,当事人、利害关系人对裁定不服的,可在规定期限内向上一级法院申请复议。申请复议的主体,不限于提出异议的人,只要认为异议裁定损害其利益的当事人、利害关系人,均可以申请复议。对于案外人异议,案外人、当事人对裁定不服,认为原判决、裁定错误的,依照审判监督程序办理;与原判决、裁定无关的,可以自裁定送达之日起15内向法院提起诉讼。(1分)

2. 简述鉴定人与证人的区别。(5分)

(1) 是否具有专业知识不同。鉴定人需要具有一定的专业知识和技能;证人不需要具有专业知识。(1分)

(2) 了解案件事实的时间不同。鉴定人是在诉讼开始后通过阅卷等方式了解案件事实;证人是在纠纷的发生、发展过程中了解案件事实。(1分)

(3) 是否适用回避规定不同。鉴定人适用审判人员回避的有关规定;证人不适用回避的有关规定。(1分)

(4) 是否具有可替代性不同。鉴定人具有可替代性;证人具有不可替代性。(1分)

(5) 向法庭提供的信息不同。鉴定人向法庭提供的,是对专门问题进行鉴定、分析后得出的意见;证人向法庭提供的,是对案件事实的客观描述,不需要对案件事实进行分析判断。(1分)

3. 简述判决与裁定的区别。(5分)

(1) 适用对象不同。判决适用于案件的实体问题;裁定通常适用于诉讼中的程序事项。(1分)

(2) 作出时间不同。判决一般在诉讼程序结束后作出;裁定既可以在诉讼中作出,也可以在诉讼程序结束后作出。(1分)

(3) 形式不同。判决必须采取书面形式;裁定既可以采取书面形式,也可以采取口头形式。(1分)

(4) 是否允许上诉不同。一般民事判决均可以上诉;大部分民事裁定不可以上诉。(1分)

(5) 救济方式不同。除一审终审外,不服一审判决的可以提起上诉;除不予受理、驳回起诉、管辖权异议的裁定可以上诉外,保全和先予执行的裁定只能申请复议,某些裁定没有救济

途径。(1 分)

4. 简述管辖权异议与移送管辖的关系。(4 分)

(1) 管辖权异议,是指人民法院受理案件后,当事人对管辖权有异议,在提交答辩状期间提出不服该法院管辖的主张和意见。(1 分)

(2) 移送管辖是民事管辖制度的重要组成部分,属于裁定管辖的一种。移送管辖分为两种:一是依申请的移送管辖,即法院受理案件后,当事人对管辖权提出异议,受诉法院经审查发现本院无管辖权,裁定将案件移送至有管辖权的法院管辖;(1 分)二是依职权的移送管辖,即受诉法院在审理案件的过程中发现本院无管辖权,依职权将案件移送至有管辖权的法院管辖。(1 分)

(3) 关于管辖权异议和移送管辖的关系,管辖权异议是法院依申请移送管辖的原因之一,当事人提出管辖权异议后,受诉法院经审查发现本院无管辖权,可裁定移送管辖。法院也可以在没有当事人提出异议的情况下移送管辖。即某一法院受理民事案件后,发现自己对该案没有管辖权,将案件移送给有管辖权的人民法院审理。(1 分)

六、论述题(本大题共 1 小题,共 15 分)

论民事诉讼中的辩论原则。

(1) 辩论原则是指双方当事人在民事诉讼中就有争议的事实问题和法律问题,在审判人员的主持下陈述各自的主张和依据,相互进行答辩和反驳以维护自身合法权益的原则。我国《民事诉讼法》第 12 条规定:“人民法院审理民事案件时,当事人有权进行辩论。”(4 分)

(2) 辩论原则主要体现为以下内容:

① 辩论权是当事人的一项重要诉讼权利。在诉讼过程中,当事人有陈述各自诉讼请求及事实、理由的权利,也有相互反驳对方提出的事实和主张的权利。(1 分)

② 当事人辩论的方式具有多样性,既可以通过口头方式进行辩论,也可以通过书面方式进行辩论;既可以自行辩论,也可以由诉讼代理人代为进行辩论。(1 分)

③ 当事人辩论的范围具有全面性,包括对案件事实方面的辩论,对适用法律的辩论以及对程序问题的辩论。(1 分)

④ 人民法院在诉讼过程中应保障当事人充分行使辩论权。审判人员在诉讼中应为当事人行使辩论权提供充分的时间和对等的机会,并适当行使释明权和诉讼指挥权,引导双方当事人之间的辩论有条不紊的进行。(1 分)

⑤ 辩论原则贯穿民事诉讼的全过程。除了不存在相互对立的双方当事人的特别程序外,辩论原则适用于民事诉讼的所有程序,包括一审程序、二审程序和审判监督程序。(1 分)

(3)《民事诉讼法》确立辩论原则的意义:

首先,当事人通过辩论权的行使,陈述自己的主张并反驳对方的主张,在诉讼过程中据理力争,有利于其合法权益的最终维护。(2 分)

其次,有利于当事人真正参与到诉讼中来,使其获得程序正义的主观感受,并使裁判结果正当化。(2 分)

最后,双方当事人之间的对抗性辩论有利于最大限度地展示案件事实,为审判人员形成正确心证、作出公正裁判奠定基础。(2 分)

七、案例分析题(本题有 3 小题,共 15 分)

1. 诉讼请求应当表述为:请求判令被告在 10 日内将玉石交付原告。(2 分)判决主文应当

表述为：被告在本判决生效之日起 10 日内将玉石交付原告。（3 分）

2. 陈某不可以提出执行异议之诉。（2 分）

本案判决玉石归张某所有，而陈某主张作为担保物的玉石归自己所有，执行法院驳回陈某异议的理由是其异议与判决内容相矛盾。陈某不服该裁定，应当与原判决有关。根据《民事诉讼法》第 234 条的规定，只有案外人、当事人不服执行异议的裁定，且与原判决无关的，才能提起执行异议之诉。本案陈某不服执行异议的裁定，与原判决有关，故不能提起执行异议之诉。（3 分）

3. 陈某可根据《民事诉讼法》第 234 条规定，以案外人身份申请再审。《民诉法解释》第 301 条第 2 款规定，案外人对人民法院驳回其执行异议裁定不服，认为原判决、裁定、调解书内容错误损害其合法权益的，应当根据《民事诉讼法》第 234 条规定申请再审，提起第三人撤销之诉的，人民法院不予受理。（2 分）

适用条件为：(1) 案外人在执行过程中，对执行标的主张权利并提出书面异议，被执行法院裁定驳回；(2) 案外人对驳回异议的裁定不服，认为原判决、裁定有错误；(3) 再审申请须在执行异议裁定送达案外人之日起 6 个月内提出；(4) 再审申请须向作出原判决、裁定、调解书的人民法院提出。（3 分）

《民事诉讼法学》期末考试模拟试卷（二）参考答案

一、单项选择题（本大题共 15 小题，每小题 1 分，共 15 分）

1. B　2. D　3. D　4. C　5. D　6. D　7. D　8. C　9. B　10. D　11. C　12. A　13. A　14. A　15. D

二、多项选择题（本大题共 5 小题，每小题 2 分，共 10 分）

1. BC　2. AB　3. AB　4. ABD　5. ABD

三、名词解释（本大题共 4 小题，每小题 3 分，共 12 分）

1. 缺席判决，是指在一方当事人经法院传票传唤，无正当理由拒不到庭或者未经法院许可中途退庭的情况下，法院依法对案件进行审理并作出判决的制度。

2. 小额诉讼程序，是指基层法院及其派出的法庭在当事人和其他诉讼参与人的参加下，审理和解决事实清楚、权利义务关系明确、争议不大，标的额为各省、自治区、直辖市上年度就业人员年平均工资 50% 以下，或者标的额超过各省、自治区、直辖市上年度就业人员年平均工资 50% 但在 2 倍以下，当事人双方约定适用的简单金钱给付民事案件的活动与程序。

3. 先予执行，是指法院在案件受理后，终审判决作出前，因为一方当事人生活或生产的紧迫需要，根据一方当事人的申请，裁定对方当事人预先给付申请一方当事人一定数额的金钱或其他财产，或者实施或停止某种行为，并立即付诸执行的法律制度。

4. 公示催告程序，是指法院依据申请人的申请，将申请的票据以公示的方式，催告不明的利害关系人在指定期间内申报权利，如逾期无人申报，则作出除权判决，宣告票据失权的一种非讼程序。

四、简答题（本大题共 3 小题，每小题 9 分，共 27 分）

1. 简述必要共同诉讼人的内部关系。

(1) 必要共同诉讼人的内部关系主要解决必要共同诉讼人一人的诉讼行为对其他共同诉讼人是否发生影响的问题。(2 分) (2) 有些国家采取有利原则,即必要共同诉讼人一人的行为,有利于全体的,对全体发生效力;不利于全体的,对全体不发生效力。(2 分) (3) 我国民事诉讼法采取共同诉讼人协商一致的原则,也称承认原则,将共同诉讼人视为一个整体,其中一人的诉讼行为经其他共同诉讼人承认的,对所有的共同诉讼人发生法律效力,而不论该行为对其他共同诉讼人是否有利。该原则体现了私权处分的特点。当然,承认原则也有例外,体现在上诉权的行使方面。必要共同诉讼人中一人对判决不服提出上诉,上诉的效力及于其他共同诉讼人。(5 分)

2.《民诉法解释》第 238 条第 2 款规定:"法庭辩论终结后原告申请撤诉,被告不同意的,人民法院可以不予准许。" 评述该规定所涉及的诉讼制度。

(1) 该条是关于当事人申请撤诉制度的规定,也是《民诉法解释》中增加的关于原告撤诉权行使的限制。(2 分)

(2) 在民事诉讼中,原告有权申请撤诉。申请撤诉应具备以下条件:第一,原告应向受诉法院提出书面或口头的撤诉申请。第二,原告申请撤诉的意思表示应当真实。第三,原告申请撤诉的目的必须正当、合法,即原告申请撤诉是其行使处分权的体现,但不得损害国家、集体和其他公民的利益。第四,原告申请撤诉应当在法院立案受理后到判决宣告之前提出。(4 分)

(3) 由于原告在宣判前均可以申请撤诉,且其实体权利并不受影响,原告可以重新提起诉讼,这就使得被告参加诉讼的成本得不到弥补,而且还可能面临再次被起诉的风险,造成诉累,因此,为了保护被告的利益,《民诉法解释》增加了对于原告申请撤诉的限制,即法庭辩论终结后原告申请撤诉,被告不同意的,法院可以不予准许。(3 分)

3. 简述不同程序中法院对起诉不符合受理条件案件的处理。

(1) 一审程序中法院对起诉不符合受理条件案件的处理分两种情况:第一,在审查起诉阶段,法院认为原告的起诉不符合受理条件的,裁定不予受理;第二,在受理案件后,法院认为原告的起诉不符合受理条件的,裁定驳回起诉。(4 分)

(2) 第二审法院审理上诉案件过程中,发现依法不应由法院受理的,可以直接裁定撤销原裁判,驳回起诉。(2 分)

(3) 按照第二审程序审理再审案件,法院经审理认为不符合《民事诉讼法》规定的受理条件的,裁定撤销一、二审判决,驳回起诉。(3 分)

五、论述题(18 分)

论法院调解与审判的关系。

(1) 法院调解,是指在法院审判人员的主持下,双方当事人就他们之间发生的民事权益争议,通过自愿、平等协商,互谅互让,达成协议,解决纠纷的诉讼活动和结案方式。法院调解是我国《民事诉讼法》规定的一项重要的诉讼制度,也是我国各级法院依法行使审判权的重要方式。民事审判是法院依照法定程序,对民事案件的审理和判决活动,包括对案件的受理、审查、调解、判决与执行等活动。(4 分)

(2) 法院调解以当事人之间私权冲突为基础,以当事人一方的诉讼请求为依据,以民事审判权的介入和审查为特征,以当事人之间处分自己的权益为内容,实际上是公权力主导下对私权利的一种处分和让与。法院调解通过把讲理与讲法结合起来的方式,让当事人能够接受调

解结果，提高自动履行程度，对于化解社会矛盾、解决纠纷、促进和谐社会构建，具有其他方式所无法替代的作用。(4分)

(3) 法院调解与民事审判都是法院解决民事纠纷的重要方式，二者的关系主要表现在以下几个方面：第一，法院调解是在法院审判人员的主持下，当事人相互协商解决纠纷的诉讼活动。在诉讼过程中，调解由法院审判人员主持，当事人根据自愿原则，经过相互协商，合意解决纠纷。法官不仅是调解参与者，而且还是主持者。(2分)第二，法院调解贯穿于民事诉讼程序的全过程。法院根据审理民事案件的需要，在诉讼过程中根据案件的具体情况，能够调解的随时都可以进行调解。就审级而言，法院调解既可以适用于第一审程序，也可以适用于第二审程序，还可以在审判监督程序中适用；就诉讼阶段而言，法院调解从案件的立案阶段、审理前的准备阶段、开庭审理阶段，直至法庭辩论终结后法院宣判之前，都可以进行。(2分)第三，法院调解是法院审理民事案件，解决民事纠纷的一种结案方式。判决并非解决民事争议的唯一结果，调解与判决一样，都是法院行使审判权解决民事案件的方式。在审判人员的主持下，双方当事人经过协商，如能自愿达成调解协议并经法院审查认可，调解书送达双方当事人后具有与生效判决同等的法律效力，诉讼程序即终结。法院调解成为结束诉讼程序中的一种不可忽视的方式。(3分)第四，法院调解是法院行使审判权与当事人行使诉权相结合的产物。法院调解是由审判人员主持劝导当事人协商解决民事纠纷的活动，是法院行使审判权的行为；同时，法院调解也是当事人双方在诉讼中合意解决民事争议的行为，调解协议的达成以当事人对自己权利的处分为基础。没有法院的主持和劝导以及对调解协议的审查确认，调解就不具有诉讼的性质；没有双方当事人的积极参与和配合，调解就难以进行下去。因此，法院调解实质上法院行使审判权与当事人行使诉权的有机结合。(3分)

六、案例分析题(本题有3小题，共18分)

1. (1) 西湖区法院指定鉴定中心进行鉴定的做法是正确的。因为孙某申请鉴定获得准许后，与家电公司协商确定鉴定机构未成时，西湖区法院应指定鉴定机构。(2分) (2) 西湖区法院对净水装置是否存在质量问题这一事实的证明适用高度可能性证明标准是正确的，但是，在净水装置是否因为其本身存在质量缺陷事实真伪不明时，西湖区法院未按照证明责任作出判决是不正确的。因为鉴定意见只是说明净水装置多处开裂导致漏水，但就开裂的原因未给予认定，此时，西湖区法院应根据证明责任判决孙某承担不利后果，而不应判决家电公司赔偿孙某的损失。(3分)

2. 西湖区法院对孙某主张的其橱柜损失是因为净水装置的质量缺陷所造成的这一事实的证明适用高度可能性证明标准是正确的。(2分)我国现行司法解释对证明标准采取了分层次规定不同证明标准的方式，即对通常事实的证明标准适用高度可能性标准，而对欺诈、胁迫、恶意串通、口头遗嘱和赠与这5种特殊事实则规定了排除合理怀疑的证明标准。此外，与诉讼保全、回避等程序事项有关的事实，法院结合当事人的说明及相关证据，认为有关事实存在的可能性较大的，可以认定该事实存在。(3分)现行立法规定证明标准的意义主要体现在两个方面：第一，为法院认定事实提供了依据，即如果待证事实所需要的证据达到了证明标准的要求，法院即可以认定待证事实。第二，为判断当事人是否成功完成证明责任提供依据，即如果待证事实所需要的证据达到了证明标准的要求，就可以免除当事人再次收集证据、提供证据的责任。(3分)

3. 本案判决生效后即收录于裁判文书网，体现了我国现行立法所规定的司法公开制度。我国现行《民事诉讼法》规定，公众可以查阅发生法律效力的判决书、裁定书，但涉及国家秘密、商业秘密和个人隐私的内容除外。我国司法实践中确立了裁判文书上网的制度，该制度的主要功能体现为：第一，有利于促使法院提高裁判文书的质量，以接受社会公众的检验；第二，有利于促使法院公正裁判，提高司法公信力。(5分)

西南政法大学2018—2019学年第一学期《民事诉讼法学》考试试题(A卷)参考答案

一、单项选择题(本大题共20小题，每小题1分，共20分)

1. C 2. B 3. C 4. A 5. C 6. C 7. D 8. A 9. B 10. C 11. C 12. D 13. D 14. C 15. C 16. A 17. B 18. D 19. D 20. C

二、多项选择题(本大题共5小题，每小题2分，共10分)

1. BCD 2. ABC 3. AB 4. ABC 5. AC

三、名词解释(本大题共5小题，每小题3分，共15分)

1. 反诉是指法院受理本诉后，本诉的被告以本诉的原告为被告(1分)，向受理本诉的法院提起(1分)与本诉具有牵连关系的一种独立的反请求(1分)。

2. 有独立请求权第三人，是指对他人之间的诉讼标的(1分)主张独立的请求权(1分)，而参加到原、被告之间正在进行的诉讼的人(1分)。

3. 证明标准是指基于当事人提出的事实主张和证据(1分)，法官形成内心确信(1分)所要达到的程度或最低限度(1分)。

4. 留置送达是指受送达人或与其同住的成年家属(1分)拒收诉讼文书(1分)时，送达人将诉讼文书留在受送达人住所的一种送达方式(1分)。

5. 第三人撤销之诉是指由于不可归责于本人的事由而未能参加诉讼的第三人(1分)，针对法院所作出的存在错误并损害自己利益的判决、裁定、调解书(1分)，将生效司法文书中的双方当事人作为被告，以提起诉讼的方式，请求法院撤销已经发生法律效力的司法文书的诉讼(1分)。

四、简答题(本大题共5小题，每小题5分，共25分)

1. 简答我国《民事诉讼法》规定的公开审判制度的例外。

我国《民事诉讼法》规定的公开审判制度的例外包括：

绝对不公开：(1) 涉及国家秘密的案件(2分)；(2) 涉及个人隐私的案件(1分)。

相对不公开：(1) 离婚案件(1分)；(2) 商业秘密案件(1分)。

2. 简答我国《民事诉讼法》规定的专属管辖案件种类及管辖法院。

(1) 因不动产纠纷提起的诉讼，由不动产所在地法院管辖(2分)。

(2) 因港口作业中发生纠纷提起的诉讼，由港口所在地法院管辖(1分)。

(3) 因继承遗产纠纷提起的诉讼，由被继承人死亡时住所地(1分)或主要遗产所在地法院管辖(1分)。

3. 简答我国《民事诉讼法》规定的民事诉讼证据的法定种类。

答对5点即为满分。

(1) 当事人陈述;(2) 书证;(3) 物证;(4) 视听资料;(5) 电子数据;(6) 证人证言;(7) 鉴定意见;(8) 勘验笔录。

4. 简答我国《民事诉讼法》及《民诉法解释》规定中免于证明的事实种类。

答对 5 点即为满分。

(1) 自认的事实。

(2) 自然规律以及定理、定律。

(3) 众所周知的事实。

(4) 根据法律规定推定的事实。

(5) 根据已知的事实和日常生活经验推定的事实。

(6) 已为生效裁判所确认的事实。

(7) 已为生效仲裁裁决所确认的事实。

(8) 已为有效的公证文书所证明的事实。

5. 简答我国《民事诉讼法》规定的起诉条件。

(1) 原告是与本案有直接利害关系的公民、法人和其他组织。(2 分)

(2) 有明确的被告。(1 分)

(3) 有具体的诉讼请求事实和理由。(1 分)

(4) 属于法院受理民事诉讼的范围和受诉法院的管辖。(1 分)

五、论述题(本大题共 1 小题,每小题 15 分,共 15 分)

论我国民事诉讼法的辩论原则及其完善。

1. 概念:辩论原则是指在民事诉讼中,双方当事人就有争议的事实和法律适用问题,在法院的主持下陈述各自的主张和意见,互相进行辩驳,从而影响法院作出裁判。《民事诉讼法》第 12 条规定:“人民法院审理民事案件时,当事人有权进行辩论。”这是有关辩论原则的法律规范。(3 分)

2. 内容:(1) 辩论权是当事人一项重要的诉讼权利。(2 分) (2) 当事人行使辩论权的范围包括三个方面:一是对案件的实体方面进行辩论;二是对适用法律进行辩论;三是对程序法上的争议进行辩论。(2 分) (3) 辩论可以采用口头和书面两种形式。(1 分) (4) 辩论权贯穿程序的全过程。(1 分) (5) 法院应当保障当事人的辩论权。(1 分)

3. 完善:结合大陆法系辩论主义:一是判断权利发生或消灭的法律效果所必需的要件事实,只要在当事人的辩论中没有出现,法院不得以它为基础作出判决;二是法院在判决理由中所需要认定的事实只限于当事人之间争执的事实;三是认定争执的事实所需要的证据资料必须是从当事人提出的证据方法中获得。(酌情予以判断给分) (5 分)

六、案例分析题(本题有 4 小题,共 15 分)

1. 本案被告得以原告的主张来加以确定:原告主张挂靠单位和被挂靠单位承担责任的,王某、明星汽运公司、鸿运保险公司为共同被告。(1 分) 理由:根据《民法典》第 1210 条和 1213 条的规定,转让机动车未办理手续的,由保险公司在强制责任保险范围内予以赔偿,不足部分由受让人承担侵权责任;明星汽运公司为王某从事中巴车运营的被挂靠单位,根据《民法典》第 1211 条和《民诉法解释》第 54 条的规定,以挂靠形式从事民事活动,当事人请求由挂靠人和被挂靠人依法承担民事责任的,该挂靠人和被挂靠人为共同诉讼人。(1 分)原告不主张挂

靠单位承担责任的，王某、鸿运保险公司为共同被告。(1 分)

2. 王某与明星汽运公司存在挂靠关系的事实由王某承担证明责任(1 分)；明星汽运公司依约代王某向鸿运保险公司交纳了该车的强制保险费用的事实由王某承担证明责任(1 分)；交通事故发生时李某横穿马路没走人行通道的事实，由王某承担证明责任(1 分)；李某受伤状况、治疗状况、误工状况、请他人护理状况等事实，由李某承担证明责任。(1 分)理由：诉讼中，在通常情况下，谁主张事实支持自己的权利主张，由谁来承担自己所主张的事实的证明责任。本案上述事实，不存在特殊情况的情形，因此由相对应的事实主张者承担证明责任。(1 分)

3. 交警大队出具的事故认定书不当然具有证明力。(2 分)理由：在诉讼中，交警大队出具的事故认定书只是证据的一种，其所证明的事实与案件其他证据所证明的事实是否一致，以及法院是否确信该事故认定书所确认的事实，法院有权根据案件的综合情况予以判断，即该事故认定书的证明力由法院判断后确定。(1 分)

4. 李某可以向 F 省 N 市中级法院申请再审。(2 分)理由：根据《民诉法解释》，再审案件原则上向原审法院的上级法院提出。本案不存在向原审法院申请再审的法定事由。(1 分)再审的理由为：对审理案件需要的主要证据，当事人因客观原因不能自行收集，书面申请人民法院调查收集，人民法院未调查收集；有新的证据，足以推翻原判决。(1 分)

南京师范大学 2020—2021 学年第二学期《民事诉讼法学》期末考试 A 卷参考答案

一、判断题(15 分，每题 1 分)

1. 对 2. 错 3. 错 4. 对 5. 错 6. 错 7. 对 8. 对 9. 对 10. 对 11. 错 12. 错 13. 错 14. 对 15. 错

二、单项选择题(15 分，每题 1 分)

1. C 2. D 3. C 4. A 5. B 6. A 7. B 8. D 9. B 10. C 11. A 12. D 13. C 14. A 15. A

三、简答题(40 分，每题 8 分)

1. 与其他民事纠纷解决方式相比，民事诉讼具有哪些特征？(8 分)

(1) 国家公权性；(2 分)

(2) 程序性；(2 分)

(3) 强制性、终局性和权威性。(4 分)

2. 我国《民事诉讼法》第 122 条规定的起诉条件有哪些？(8 分)

(1) 原告必须是与本案有直接利害关系的自然人、法人或非法人组织。(2 分)

(2) 有明确的被告。(2 分)

(3) 有具体的诉讼请求和事实理由。(2 分)

(4) 属于人民法院受理案件的范围和受诉人民法院管辖。(2 分)

3. 简述反诉的条件。(8 分)

(1) 反诉应当在法院受理本诉后、法庭辩论终结前提出。(2 分)

(2) 反诉当事人限于本诉当事人的范围。(2 分)

(3) 反诉与本诉存在牵连关系。(2 分)

(4) 反诉不属于其他法院专属管辖。(1 分)

(5) 反诉能够与本诉适用同一程序。(1 分)

4. 简述当事人申请再审的条件。(8 分)

(1) 申请再审的对象必须是已生效的判决、裁定和调解书。但是需要注意两点:第一,对于已经生效的解除婚姻关系的判决、调解书,不得申请再审;第二,只有三类裁定可以申请再审,即不予受理、管辖权异议、驳回起诉的裁定。(2 分)

(2) 存在法定再审事由。当事人应当在申请再审时指明生效裁判存在《民事诉讼法》第 207 条所列的一种或多种情形。(2 分)

(3) 在法定申请期限内提出。当事人一般应当在判决、裁定生效后 6 个月内提出再审申请,在"有新的证据,足以推翻原判决、裁定""原判决、裁定认定事实的主要证据是伪造的""据以作出原判决、裁定的法律文书被撤销或者变更""审判人员存在不法行为"四种情形下,当事人有权自知道或者知道之日起 6 个月内提出再审申请。(2 分)

(4) 向有管辖权的法院提出。当事人申请再审,原则上应向上一级人民法院提出申请,对于当事人一方人数众多或者双方均为公民的案件,也可以向原审人民法院提出。(2 分)

5. 简述法院调解应遵循的原则。(8 分)

(1) 自愿原则。程序启动自愿与协议达成方面的自愿。(3 分)

(2) 合法原则。调解协议内容不得违反法律、行政法规的禁止性规定,不得损害国家利益、社会公共利益和他人利益。(3 分)

(3) 事实清楚、分清是非原则。(2 分)

四、论述题(10 分)

论诚信原则对当事人的适用。

诚信原则,是指在民事诉讼中,法院、检察院、当事人以及其他诉讼参与人必须公正、诚实和善意地行使权利与实施民事诉讼行为。(3 分)

诚信原则要求当事人在实施诉讼行为时应当诚实和善意。(1 分)具体表现为:(1) 禁止恶意提起诉讼。(1 分)(2) 禁止提起虚假诉讼。(1 分)(3) 禁止矛盾行为。(1 分)(4) 禁止滥用诉讼权利。(1 分)(5) 真实义务。(1 分)(6) 诉讼促进义务。(1 分)

五、案例分析题(20 分)

1. (1) 二审程序当事人的确定:张某、王某二人都为上诉人和被上诉人。(2 分)

(2) 对二审新增加的诉讼请求,二审法院可以根据当事人自愿的原则进行调解,调解不成的,告知另行起诉。双方当事人同意由第二审人民法院一并审理的,第二审人民法院可以一并裁判。(4 分)

(3) 对一审被告在二审程序中提出的反诉请求,二审法院可以根据当事人自愿的原则进行调解,调解不成的,告知另行起诉。双方当事人同意由第二审人民法院一并审理的,第二审人民法院可以一并裁判。(4 分)

(4) 对一审遗漏的原告的诉讼请求,二审法院可以根据当事人自愿的原则进行调解,调解不成的,发回原审法院重审。(2 分)

2. (1) 当事人提出再审申请,并不因此而停止原判决的执行,王某有权申请执行,法院不应该裁定中止执行。一审法院裁定中止执行是错误的。(3 分)

(2) 对决定再审的案件,在尚未再审之前,只能裁定中止原判决的执行,而不能裁定撤销原判决,因为案件还未进行实体审理。(2 分)

(3) 市中级法院审判委员会只能讨论决定是否再审,不能进行实体审理,决定撤销原判。是否裁定撤销原一审与二审的判决,发回一审重新审判,应由市中院另行组成合议庭对案件进行再审后作出决定。(3 分)

西北政法大学 2020—2021 学年期末《民事诉讼法学》考试试卷 A 卷参考答案

一、单项选择题(本大题共 15 小题,每小题 1 分,共 15 分)

1. C 2. C 3. D 4. B 5. D 6. D 7. B 8. A 9. B 10. C 11. C 12. A 13. B 14. D 15. C

二、多项选择题(本大题共 5 小题,每小题 2 分,共 10 分)

1. ABCD 2. ABD 3. ABCD 4. ABCD 5. ABC

三、简答题(本大题共 3 小题,每小题 5 分,共 15 分)

(一) 简答一审开庭审理前的分流机制。(5 分)

1. 诉讼程序向非讼程序的转换:当事人没有争议并且符合督促程序适用条件,可以转入督促程序。(1 分)

2. 通过调解方式分流案件:开庭前可以调解的,采取调解方式及时解决纠纷。(1 分)

3. 程序分类与繁简分流:根据案件情况,确定适用简易程序或者普通程序。(1 分)

4. 需要开庭审理的,通过组织证据交换、召集庭前会议等方式,明确争议焦点,做好审理前的准备。(2 分)

(二) 法院审理上诉案件的范围有哪些? (5 分)

1. 不告不理。上诉案件的审理范围原则上是当事人上诉请求的范围。当事人没有提出请求的,不予审理。(2 分)

2. 有错必纠。一审判决违反法律禁止性规定,或者损害国家利益、社会公共利益、他人合法权益的,即使当事人没有提出,也应该审理。(2 分)

3. 既是事实审也是法律审。上诉案件审理的内容是与上诉请求有关的事实和法律问题。(1 分)

(三) 1. "自然之友"是否有权与华洋公司达成和解协议,为什么? (2 分)

2. 法院应否准许"自然之友"的撤诉申请,为什么? (3 分)

1. 自然之友有权与华洋公司达成和解协议。民事诉讼中允许和解,但达成和解协议之后,法院应当将协议内容公告,公告期间不得少于 30 日。公告期满,法院审查认为和解协议的内容不损害社会公共利益的,应当出具调解书;反之,则不用出具调解书,继续对案件进行审理并依法作出裁判。(2 分)

2. 法院不应准许自然之友的撤诉申请。民事公益诉讼中撤回起诉的条件是诉讼请求已经全部实现。本案中仅仅是达成了和解协议,和解协议有不被履行的风险,因此不能仅凭达成了和解协议就申请撤诉。(3 分)

四、论述题(本大题共 2 小题,每小题 15 分,共 30 分)

(一) 朱一旦如何救济自己权利? (15 分)

第三人朱一旦针对已经生效的调解书可以提起第三人撤销之诉。(5 分)

1. 朱一旦为原告,王建国与王雪琴为被告。(2 分)

2. 朱一旦向作出生效调解书的法院起诉。(2 分)

3. 朱一旦向法院表明自己未参加王建国与王雪琴的诉讼的原因并非归责于自己。(2 分)

4. 朱一旦向法院提供证据证明错误的调解书导致自己的权益遭受到了损害。(2 分)

5. 朱一旦从知道或应当知道自己权益受到侵犯之日起 6 个月内起诉。(2 分)

(二) 你作为胡一天的代理律师,应如何为其提供帮助? (15 分)

1. 书证在对方当事人控制之下的,承担举证证明责任的当事人可以在举证期限届满前书面申请人民法院责令对方当事人提交。(3 分)申请理由成立的,人民法院应当责令对方当事人提交,因提交书证所产生的费用,由申请人负担。(2 分)对方当事人无正当理由拒不提交的,人民法院可以认定申请人所主张的书证内容为真实。(2 分)

2. 申请人胡天一要求医院出具病例等诊疗记录,该诊疗记录属于书证。(2 分)其可在举证期限届满前书面申请法院责令医院提交该书证,申请书应当载明所申请提交的书证名称或者内容、需要以该书证证明的事实及事实的重要性、对方当事人控制该书证的根据以及应当提交该书证的理由。(3 分)

3. 医院有义务保存病人的病例档案等资料,并且有义务提供,但目前因保管不当而丢失,从而拒绝提供病例档案等资料的行为属于无正当理由拒不提交的情形,则法院可以认定申请人所主张的书证内容为真实。(3 分)

五、案例分析题(本大题共 1 小题,共 30 分)

(无标准答案,言之有理即可给分)

1. (1) 原告周翡可以撤回起诉。只要其的撤诉符合出于自愿、目的合法正当、在判决宣告之前、用口头或书面的方式即可。不要考虑被告是否认诺自己的诉讼请求。(2 分)

(2) 如果原告撤回起诉,则离婚诉讼程序终结;视为原告未起诉;原告负担有关诉讼费用。(3 分)

2. 该行为违反诚信原则。诚信原则是指在民事诉讼中,法院、检察院、当事人以及其他诉讼参与人必须公正、诚实和善意地行使权利与实施民事诉讼行为。原告起诉离婚,后不想离婚,应该将自己不想离婚的行为公正、诚实和善意地实施表现出来,体现在诉讼中,比如向法院提交申请撤诉书或者参加离婚调解时告知法院自己不想离婚所以不愿意调解,而非不参加法院调解。(3 分)

3. 吴楚楚妨碍诉讼秩序。行为人实施了妨碍民事诉讼的行为,她冒充别人参加诉讼的行为属于妨碍民事诉讼的行为,该行为发生在审判过程中,行为人主观上是故意的。(3 分)

4. 答案一:法院侵犯了原告周翡的诉讼利益,因为原告未参加法院的调解,而要承受调解书带来的不利后果。(3 分)

答案二:诉讼利益是针对纠纷而言的,不针对当事人,故法院不侵犯原告的诉讼利益。(3 分)

5. (1) 当事人申请再审的条件:

① 主体是诉讼当事人;(1 分)

② 对象是已经生效的判决、裁定以及调解书;(1 分)

③ 时间应在裁判、调解书发生效力后 6 个月内提出；(1 分)

④ 对于调解书的申请再审的事由为当事人必须提出证据证明调解违法自愿原则或调解协议的内容违反法律才可以申请再审；对于判决、裁定申请再审的事由是《民事诉讼法》第 207 条规定的 13 项内容。(1 分)

⑤ 对已经发生法律效力的解除婚姻关系的判决、调解书，不得申请再审。(1 分)

(2) 周翡不能申请再审，因为对已经发生法律效力的解除婚姻关系的判决、调解书，不得申请再审。(3 分)

6. (1) 法院依职权决定再审的条件是：

① 法院发现已经发生法律效力的判决、裁定、调解书确有错误，有权决定对案件再行审理。(1 分)

② 同时，《审判监督若干问题的解释》规定，当事人未申请再审、人民检察院未抗诉的案件，人民法院发现原判决、裁定、调解协议有损害国家利益、社会公共利益等确有错误情形的，有权提起再审。(1 分)

③ 原审法院院长发现本院作出的裁判文书或调解书有误，认为需要再审的，应当提交审委会讨论决定；或者最高院和上级法院对下级法院已经发生效力的裁判文书、调解书发现确有错误的，有权提审或指令下级法院再审。(1 分)

④ 法院决定再审的同时，应当作出裁定，中止原裁判、调解书的执行。(1 分)

(2) 大竹县法院可以依职权决定再审。本案调解书出现了错误，有人冒充当事人参与虚假调解，违反了诚信原则，侵害了司法秩序，损害了社会公共利益。(4 分)

中国政法大学 2018—2019 学年第二学期《民事诉讼法学》期末考试试题参考答案

一、单项选择题(每题 2 分，共 20 分)

1. A　2. B　3. B　4. A　5. C　6. D　7. B　8. A　9. B　10. D

二、判断题(每题 2 分，共 10 分)

1. 对　2. 错　3. 错　4. 对　5. 错

三、简答题(每题 6 分，共 30 分)

1. 评分标准：复述出辩论原则的概念得 1 分，复述出辩论原则的内容得 1 分，复述出辩论主义的概念得 1 分，复述出辩论主义的三大命题得 1 分，指出两者的差异在于是否具有约束性得 2 分。

2. 评分标准：复述出共同诉讼的概念得 2 分，复述出必要共同诉讼的概念得 1 分，举出必要共同诉讼的一个例子得 1 分，复述出普通共同诉讼的概念得 1 分，举出普通共同诉讼的一个例子得 1 分。

3. 评分标准：复述出诉讼中止的概念得 1 分，复述出诉讼中止的情形得 5 分。

4. 评分标准：复述出第三人撤销之诉的概念得 1 分，复述出第三人撤销之诉的起诉条件得 5 分。

5. 评分标准：复述出公益诉讼制度的概念得 1 分；公益诉讼制度特别规定主要包括原告资格、管辖、起诉条件、与行政执法相衔接、对自认和反诉的限制、对和解和撤诉的限制、与私益诉讼的关系等方面,回答出任意5点特别规定的可得5分。

四、思考题(1题,共20分)

评分标准:本题为开放式答案,只要学生言之成理均可得分,教师在评卷时可以根据其观点是否独到、论证是否周延、文字是否通畅等因素酌情增减分数。

五、案例分析题(每小题4分,共20分)

1. 不正确。这是一起因侵权行为提起的诉讼,南区人民法院对案件有管辖权,因此移送是错误的。

2. 不正确。作者与新闻出版单位是隶属关系,只列新闻出版单位为被告即可。

3. 不影响。本案属于普通共同诉讼。

4. 可以。第二审法院可以组织调解,调解不成的,告知当事人另行起诉。双方当事人同意由第二审人民法院一并审理的,第二审人民法院可以一并裁判。

5. 可以准许。根据《民诉法解释》相关规定,只要符合一定条件,二审不仅允许撤回上诉,也可以撤回起诉。